V. VATTIER D'AMBROYSE O. I. ✻

LE LITTORAL DE LA FRANCE

CÔTES GASCONNES — DE LA ROCHELLE A HENDAYE

PARIS
SANARD ET DERANGEON, ÉDITEURS
174, RUE SAINT-JACQUES, 174

LE

LITTORAL DE LA FRANCE

COTES GASCONNES

LE LITTORAL DE LA FRANCE

COTES NORMANDES
DE DUNKERQUE AU MONT SAINT-MICHEL

COTES BRETONNES
DU MONT SAINT-MICHEL A LORIENT

COTES VENDÉENNES
DE LORIENT A LA ROCHELLE

COTES GASCONNES
DE LA ROCHELLE A HENDAYE

COTES LANGUEDOCIENNES
DU CAP CERBÈRE A MARSEILLE

COTES PROVENÇALES
DE MARSEILLE A LA FRONTIÈRE D'ITALIE

Chaque volume orné de très nombreuses gravures dans le texte et hors texte.

LE
LITTORAL DE LA FRANCE

COTES GASCONNES

DE LA ROCHELLE A HENDAYE

PAR

V. VATTIER D'AMBROYSE
OFFICIER DE L'INSTRUCTION PUBLIQUE

Ouvrage DEUX FOIS couronné par l'Académie française
(Prix Montyon et Marcelin Guérin)

DESSINS de CAUSSIN, KARL, O. DUBRÉ, THÉ-FOU,
CHAPON, SAINT-ELME-GAUTIER, E. VINCENT

GRAVURES de PUYPLAT et SMEETON

PARIS
SANARD ET DERANGEON, ÉDITEURS
174, RUE SAINT-JACQUES, 174

1892
Tous droits réservés.

CÔTES GASCONNES

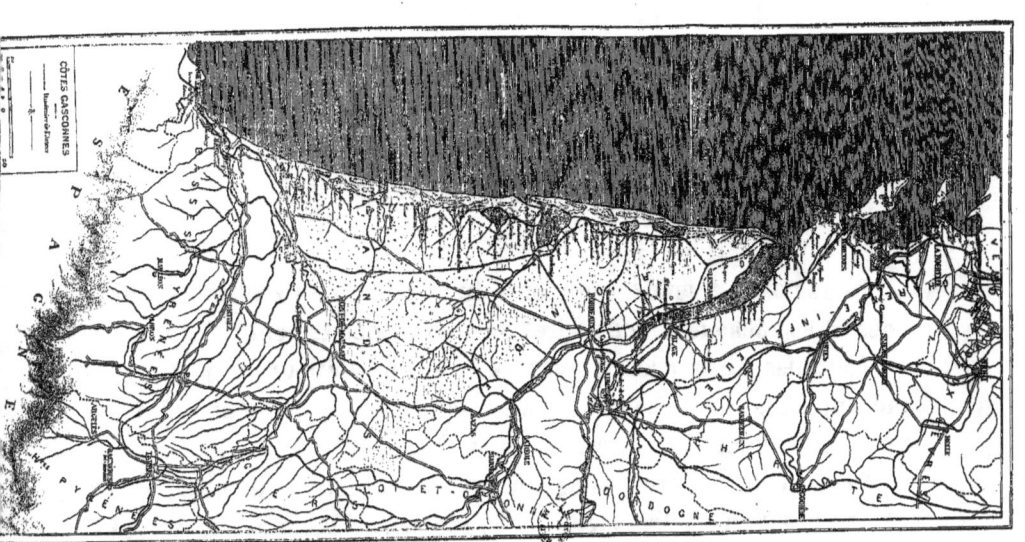

LE LITTORAL DE LA FRANCE. — De La Rochelle à Hendaye.

LE
LITTORAL DE LA FRANCE

COTES GASCONNES
DE LA ROCHELLE A HENDAYE
(FRONTIÈRE D'ESPAGNE)

CHAPITRE PREMIER

LE LITTORAL SUD-OUEST FRANÇAIS

Nous voici parvenus à un point du littoral où les grands aspects des côtes rocheuses vont faire presque complètement défaut.

Envahissants sur les rivages de la Loire-Inférieure, à peu près triomphants sur ceux de la Vendée, les sables reprennent maintenant avec force leur marche destructive.

Sauf quelques exceptions où ils doivent céder la place aux gisements vaseux, leur action est incessante. Pas une marée qui ne joigne son apport à l'apport de la marée précédente et ne condamne le riverain à une lutte sans trêve, pour la sauvegarde du sol qu'il habite, contre l'ennemi toujours inlassé.

Sur les portions de grève où la dune stérile est moins redoutable, sinon à peu près absente, un autre phénomène se produit. La mer s'acharne contre le plus mince obstacle.

« Partout l'Océan attaque et démolit, pièce à pièce, les saillies de la côte ; partout il remblaye les parties rentrantes, et le résultat final de cette double action sera, dans l'avenir, le comblement des golfes aussi bien que le rasement des promontoires [1]. »

---

1. M. DE QUATREFAGES : *Les Côtes de la Saintonge.*

Cette cause, jointe aux atterrissements fluviaux et, peut-être aussi, à un soulèvement graduel du fond marin, détermine des modifications importantes dans le régime de la navigation.

Les chenaux se déplacent ou se trouvent encombrés; les limites littorales s'étendent et finissent par former des marais. En même temps, les bancs de roches protectrices, minés par l'action de la vague, s'égrènent, abandonnant leurs débris, bientôt réduits en sables que le vent disperse au loin.

Ces multiples métamorphoses se continuent sans interruption, et tout le génie de l'homme obtient à peine une trêve précaire, trop fréquemment rompue à l'instant où il pouvait espérer une victoire achetée par les plus patients, les plus merveilleux travaux.

Qu'est devenue l'entrée de la baie de l'Aiguillon, gardant à peine sept kilomètres de largeur sur plus de trente-quatre, qui la formaient autrefois !

Que sont devenues toutes les îles du golfe de la *Sèvre Niortaise,* « formant, aujourd'hui, autant de collines semées sur les plaines, comme autrefois sur la mer[1] » ?

Que devient La Rochelle, étreinte par les vases et regrettant l'époque où les flots faisaient de son roc une sorte d'île bien défendue par leur ceinture mouvante !... A grands frais, on lui a creusé un port nouveau pour éviter une prochaine ruine !

Et, cependant, toute voisine, blanche sous son manteau de sable, la plage qui regarde la petite île d'Aix est l'amorce de la terre où s'élevaient Montmeillan et Chatelaillon. Une partie de cette dernière ville existait encore au commencement du dix-huitième siècle !

Mais à quelle époque disparut, si elle exista jamais, il est vrai, la ville d'Antioche, cachée, affirme une légende, sous le détroit du même nom, ligne de séparation entre les îles de Ré et d'Oléron ?...

Qu'est devenu Brouage, pendant longtemps la cité la plus florissante de la côte sud-ouest française ? La mer s'en est éloignée et le petit canal qui porte son nom voit bien rarement d'infimes bateaux remonter son cours de huit kilomètres !...

---

1. M. de Quatrefages.

Pourtant, depuis deux siècles, la *Charente*, si proche, n'a pas bouleversé son lit. Largeur et profondeur du chenal maritime sont restées les mêmes depuis la création de ROCHEFORT...

La *Seudre,* c'est-à-dire les bras de mer qui pénétraient, autrefois, fort avant dans les terres de la rive droite de ce fleuve, en ont agi d'une manière différente, aidés, on doit le remarquer, par un intelligent système de canaux, vivifiant, actuellement, de nombreux parcs à huîtres et des marais salants.

Aussi, le nom de *Colloque des Iles,* donné, jadis, à ce qui constitue de nos jours le territoire de la commune de MARENNES, reste un simple souvenir historique très lointain.

Une tradition persistante veut que le redoutable pertuis, ou détroit de MAUMUSSON, soit d'une origine relativement récente. A mer haute, il offre une bonne profondeur ; mais, beaucoup mieux qu'à Scylla ou à Charybde, effroi des navigateurs de la mer Tyrrhénienne, on pourrait lui appliquer la représentation de la forme d'un monstre aux nombreuses têtes de chiens hurlants...

Les flots, en se heurtant sous la double influence du vent et des puissants courants qui l'ont creusé, produisent un mugissement comparable à celui d'une meute furieuse. Le marin connaît la signification du cri avertisseur : il évite le danger, presque impossible à conjurer, si la brise et la mer ne sont favorables.

Vis-à-vis Maumusson court tout droit, dans la direction du nord au sud, de la pointe d'ARVERT à celle de la COUBRE, un rivage sans port, sans abri, hérissé de dunes désormais toujours verdoyantes, les semis de pins maritimes ayant réussi à créer dans ces sables des forêts productives.

La pointe de la Coubre s'allonge beaucoup plus avant dans la mer que la pointe de GRAVE, extrémité gauche de l'embouchure de la Gironde.

En face de Grave, constamment rongé par le fleuve et par l'Océan, se dresse le rocher de *Cordouan,* base du plus ancien des phares construits sur le littoral français. C'est encore le témoin de terres ensevelies, et les bas-fonds obstruant la Gironde, en dehors des passes navigables, en sont les derniers vestiges.

Ici, la mer a été doublement terrible. En même temps que ses flots émiettaient la presqu'île de Grave, coûteusement maintenue par une multiple barrière de défenses de toute sorte, les sables, vomis par elle, s'avançaient en trombes épaisses et une ville de plusieurs milliers d'habitants dort sous les dunes immenses... Une station balnéaire a perpétué son nom : Soulac ; puis, comme pour affirmer la vérité des traditions, la vieille église paroissiale, à demi déblayée, émerge maintenant de son linceul séculaire !

En deçà de Soulac, vers la Gironde, à l'extrémité de cette célèbre région du Médoc, le pays, coupé de canaux, rappelle la contrée flamande, sillonnée par les *Watteringes* [1]. Au delà, vers le sud et bordant l'Atlantique, commence la zone si intéressante, au point de vue géologique, des marais et étangs littoraux.

Pendant une bien longue succession de rivages, plus de deux cents kilomètres ! dunes, forêts de pins, marais, étangs, se succèdent avec une régularité complète.

Sauf le bassin d'Arcachon, offrant directement un plus large chenal à la marée, chaque nappe d'eau, en communication avec la nappe qui la précède ou celle qui la suit, se déverse dans l'Océan par un mince courant impropre à former un port, à recevoir la plus humble flottille de pêche.

L'*Adour* lui-même, le joli fleuve descendu des hauteurs de Bagnères-de-Bigorre et grossi du superbe *Gave de* Pau, se heurte à une barre sablonneuse que toute sa force ne peut briser. Vainement a-t-il cherché, par trois fois déjà, à l'éviter, en se jetant sur un autre point de la côte ; trois fois l'obstacle s'est retrouvé vainqueur, et Bayonne entrevoit avec crainte le moment où son port antique deviendra inabordable.

Seule, au milieu de cette côte s'étendant, presque rectiligne, du nord au sud, seule, la *Fosse* ou *Gouffre de* Cap-Breton, à droite de l'Adour, permettrait la création d'un grand port jouissant d'une sécurité complète, au double point de vue des profondeurs nécessaires et de la violence des eaux environnantes.

Quand les vagues démontées, dressant leur crête bouillonnante, menacent l'horizon tout entier ; quand les plus grands navires évitent avec soin le rivage inhospitalier où ils rencontreraient une perte certaine, la faible *pinasse à fond plat* du pêcheur cap-

---

1. Voir premier volume : *De Dunkerque au Mont Saint-Michel.*

bretonnais parcourt les dix kilomètres de longueur du *Gouf* (ainsi l'appelle-t-on dans le pays) et se trouve aussi en sûreté que par un temps exceptionnellement favorable !

Encore un pas... Soudain, les dernières ramifications pyrénéennes relèvent le sol. Aux plages vaseuses ou sablonneuses succèdent les roches abruptes ou crevassées de Biarritz. Un nouvel affaissement formera le port de Saint-Jean-de-Luz ; puis, définitivement maîtresse du terrain, les ondulations se continuent jusqu'à Hendaye, promontoire avancé de l'embouchure de la *Bidassoa*, l'humble ruisseau séparant, au sud-ouest, la France de l'Espagne, et dont la situation destinait le nom à figurer dans les fastes de l'histoire.

Et d'un bout à l'autre de cette région, de La Rochelle à Hendaye, que de drames guerriers retentissent ! Quels souvenirs de luttes sans repos à travers les siècles !

Aux discordes des peuples primitifs succèdent l'impitoyable conquête romaine, l'avalanche des peuples germains, l'envahissement des armées sarrasines, les invasions normandes, la domination anglaise, la délivrance parfois entrevue et si souvent retardée !

Enfin, la grande Patrie française est fondée ; chacune des provinces écrasées par l'étranger a recouvré sa liberté et se presse autour du drapeau national, résolue à le défendre...

Ils l'ont prouvé, les courageux mobiles de la région, au jour néfaste où la France en péril appela ses enfants sur de nouveaux champs de bataille.

Ils le prouveront encore en cet autre jour, qui ne peut manquer de luire, où une délivrance nouvelle rendra à la Patrie mutilée les deux chères provinces qu'elle pleure...

Poursuivons donc notre route. Nous foulerons toujours la terre natale et, pendant ce long voyage, nos cœurs tressailleront de joie, en constatant, une fois de plus, les ressources, naturelles ou acquises par le génie de l'homme, dont la France peut, quand elle le voudra, largement, heureusement profiter.

CHAPITRE II

LA ROCHELLE HISTORIQUE

Ne semble-t-il pas, en lisant ce nom, voir revivre tout un monde disparu?

Étroitement enclose au milieu de ses murailles, confiante dans les flots qui ouvrent les navires du passage vers le secours, la cité s'apprête à subir résolument le siège dont la menacent les troupes royales.

Louis XIII, lui-même, se placera à la tête de son armée.

Qu'importe! Plus d'un siège a déjà été victorieusement repoussé. La Rochelle déploiera son héroïsme ordinaire, elle se montrera ce qu'elle s'est montrée depuis sa fondation : une ville jalouse des privilèges conquis par son esprit d'initiative.

Les capitaines assemblés au camp royal ne sont pas plus illustres que ne l'étaient Philippe-Auguste et Louis VIII, que ne le furent le duc d'Anjou (plus tard Henri III), Henri de Navarre (Henri IV), le duc d'Aumale[1], le duc de Guise, Strozzi, Longueville, lors du siège fameux soutenu en 1573. Comme ceux-ci, force leur sera de reculer et La Rochelle fera triompher « ses droits injustement contestés ».

Tout à coup, un bruit inattendu, incroyable, circule.

Louis XIII ne commande pas seul. Près de lui, un ministre au génie pénétrant a trouvé moyen de forcer la victoire. Du côté de la terre, un blocus étroit empêchera toutes communications...

« Reste la mer que l'on ne peut dompter! » pensent les Rochelais.

La mer deviendra l'alliée du ministre. Pendant chaque reflux, Clément Métézeau, sous les yeux attentifs de Richelieu, enfoncera

---

1. L'un des héros de la *Henriade*.

les premières assises de la digue qui, bientôt, rendra inutiles les navires réunis dans le port.

Rien n'arrêtera le travail. Ni les efforts des assiégés, ni les démonstrations de la flotte anglaise, accourue pour essayer de profiter des occasions fournies par la guerre.

L'impossible est devenu une réalité. La riche ville maritime est, maintenant, une misérable bourgade de toutes parts enserrée et attendant, forcément inactive, l'heure mortelle, car l'assaut est défendu comme inutile aux assiégeants ! La faim ne provoquera-t-elle pas l'obéissance ?

Longtemps elle fut supportée, cette faim inévitable, cruelle. Un homme d'une extraordinaire énergie, JEAN GUITON, maire de La Rochelle, relevait la constance des assiégés et voulait tenir quand même sa promesse de ne pas rendre la ville.

Mais le temps était venu où un pouvoir unique devait guider la fortune de la France ; où, sortant d'un isolement égoïste, toutes les cités françaises devaient concourir à la prospérité commune.

La Rochelle se soumit...

Aujourd'hui, à marée basse, on peut encore distinguer les derniers débris de la digue qui ferma le port. On leur a conservé le nom du grand cardinal, et le hameau immédiatement situé sur la plage voisine s'appelle aussi : Richelieu !...

Voilà le souvenir qui domine tout dans la ville fondée, au douzième siècle, par des riverains fuyant devant les empiétements de l'Océan et par des proscrits : une colonie de *colliberts*, chassée du Bas-Poitou[1].

Le rocher, battu de trois côtés par la mer, sur lequel fut édifiée la cité nouvelle et qui lui donna son nom, touchait, vers la terre, à d'immenses marais, défense excellente contre des attaques

---

1. On nommait *colliberts*, en Poitou, la même race désignée, tour à tour, dans l'ouest et dans le midi, sous les appellations de *cagneux, cacous, cagots*, etc. Malgré les beaux travaux de plusieurs savants et, particulièrement, de M. Francisque MICHEL, l'origine de cette race persécutée n'a pas été absolument éclaircie : sarrasine, gothe, juive ? on ne sait ; mais l'horreur qu'elle inspirait pouvait aussi venir de la crainte de la contagion de la lèpre dont on la croyait généralement atteinte. Elle se chargeait, un peu partout, des travaux réputés *vils*, sans doute parce qu'elle les exécutait. Tel, en Bretagne, le métier de cordier ! La proscription décrétée contre elle s'étendait jusqu'aux limites les plus extrêmes. Dans nombre d'églises datant du moyen âge, on retrouve encore la porte spéciale aux *cacous*, conduisant, jadis, à une enceinte soigneusement délimitée. Toucher un cacou (ici se retrouve la crainte de la contagion) était réputé action monstrueuse ; s'allier à un cacou, c'était, volontairement, se condamner à l'infamie !

possibles, mais qui, naturellement, devait donner peu de goût aux habitants pour les travaux agricoles.

La marine sollicitait leur courage. Beaucoup d'entre eux étaient pêcheurs de race : ils ne tardèrent pas à former de brillants imitateurs, car, en 1152, l'érection d'une église plus vaste prouve l'accroissement de la population et sa naissante prospérité.

Ces deux causes valurent à La Rochelle une sollicitude toute spéciale de la part des seigneurs souverains d'Aquitaine. Des recherches patientes ont prouvé que la constitution de la Commune rochelaise remonte très probablement à Guillaume X, comte de Poitiers, dernier duc d'Aquitaine, père de la célèbre Éléonore de Guyenne [1].

Mais si, comme on l'a cru pendant longtemps, Éléonore ne fut pas la créatrice de cette constitution, elle y ajouta beaucoup, en octroyant des *franchises* nouvelles et en organisant le *Corps de ville* rochelais, c'est-à-dire la municipalité.

Elle ne comptait pas moins de vingt-quatre échevins et de soixante-seize pairs cette municipalité, qui devait si souvent lutter contre les pouvoirs menaçant sa prépondérance. Elle-même proposait au roi, chaque année, trois candidats parmi lesquels devait être choisi le maire, véritable souverain de la cité, pendant toute la durée de ses fonctions.

Un événement terrible pour la France allait faire passer dans la main de nos plus acharnés ennemis la possession de La Rochelle. En 1137, Louis VII, *le Jeune*, épousait Aliénor ou Éléonore, qui lui apportait l'Aunis, la Saintonge, le Poitou, l'Angoumois, l'Auvergne, la Marche, le Limousin, le Périgord, la Gascogne, le Bordelais, l'Agenais, c'est-à-dire un véritable et très florissant royaume.

Quinze ans plus tard (1152), Louis se croyait obligé de répudier Éléonore. Une aussi riche princesse ne pouvait manquer de trouver moyen de réparer avec éclat cette disgrâce. Six semaines après le divorce, Henri II Plantagenet la couronnait reine d'Angleterre et son magnifique patrimoine tombait sous le joug étranger.

---

1. M. E. JOURDAN a retrouvé à Bayonne, en 1856, le statut primitif de la commune rochelaise... qui, depuis, servit de modèle à la chartre célèbre dite *de Rouen*. (L. DE RICHEMOND.)

Trois siècles devaient s'écouler avant que toutes ces provinces pussent faire retour définitif à la Patrie française !

Henri Plantagenet n'eut garde d'oublier de se concilier les villes principales de ses possessions nouvelles. La Rochelle eut part à ces bonnes grâces et les habitants entrevirent bientôt le rôle qu'ils pourraient jouer dans l'avenir.

L'exemple de Gênes, de Pise, de Venise, absolument libres depuis si longtemps déjà[1], les éblouissait. Ils recevaient donc avec joie les faveurs royales, bases de leur grandeur future, veillaient soigneusement à ce que leurs prérogatives ne fussent pas restreintes et s'efforçaient de préparer la régularisation de leur secrète espérance.

Les événements, toutefois, se chargèrent de modifier, non peut-être cette espérance, mais les sentiments que les bourgeois croyaient encore devoir conserver au souverain anglais, protecteur de leur commerce.

Les démêlés de Henri II avec Éléonore et avec ses fils, puis les querelles fratricides de ces derniers ; enfin, le lâche abandon où les laissa Henri III, lors du siège dirigé par Louis VIII, achevèrent de rallier les Rochelais à la France.

Ils s'étaient énergiquement défendus contre Philippe-Auguste, quand celui-ci avait voulu s'emparer des possessions continentales de Jean sans Terre, mais ils accueillirent avec franchise et sympathie le vaillant fils de ce même prince, reprenant ainsi le nom de Français qu'ils n'avaient pas mérité de perdre.

Hélas ! la tourmente guerrière devait encore briser cette heureuse réunion. Aux jours cruels qui suivirent la défaite de Crécy, s'ajoutèrent ceux qui naquirent du désastre de Poitiers. Un contrat léonin fut signé à Brétigny, Jean II devait payer à Édouard III une énorme rançon ; il devait, de plus, céder les conquêtes de Louis VIII.

La Rochelle osa protester.

« *Nous serons et obéirons des lèvres aux Anglais,* dirent hautement les échevins, *mais nos cœurs ne s'en meuvront !* »

Ils le firent bien voir... Saurait-on oublier la France quand on

---

1. On se souvient que, des trois célèbres républiques italiennes, Pise était libre depuis le neuvième siècle ; les autres le devinrent, en fait, depuis le dixième.

l'a aimée ! Nulle faveur, nul privilège ne put ébranler les Rochelais, et lorsque, devant leur cité, l'amiral anglais Pembrocke livra bataille à la flotte de Henri de Transtamarre (protégé du roi Charles V contre Pierre le Cruel), ils refusèrent de prendre part à l'action, prouvant clairement ainsi de quel côté allaient leurs souhaits (1371).

Ils firent mieux encore, peu après. Profitant de l'absence du gouverneur anglais, parti pour secourir Poitiers, que Du Guesclin assiégeait, le maire, Jean Chauldrier (la France doit retenir ce nom), sous un prétexte ingénieux, attira hors du château de la ville l'écuyer Philippot Mansel, qui y commandait pour le gouverneur. Aussitôt, quatre cents bourgeois se jetèrent entre la citadelle et l'écuyer ; ce dernier, pour sauver sa vie et la vie de ces hommes d'armes, ne put faire autrement que de livrer la place (1372).

Froissart relate tout au long cet épisode et Henri Martin ajoute : « Les Rochelais, qui s'étaient faits libres sans l'assistance des hommes d'armes du roi, ne reçurent pas dans leur ville les troupes royales, mais leur demandèrent trêve et envoyèrent douze députés à Paris, proposer à Charles V les conditions de leur obéissance, à savoir : 1° l'autorisation de raser le château qui les avait fort « *grevés* » en diverses occasions ; 2° la promesse de n'être jamais, à l'avenir, démembrés du royaume de France par mariage, traité de paix ou autrement ; 3° l'établissement d'un hôtel de monnaies dans leur ville [1] ; 4° la promesse qu'on ne les soumettrait jamais, sans leur aveu, à nuls subsides, tailles, gabelle ou fouage. Charles V agréa tout, scella de son sceau les chartes qu'ils demandaient et donna « *beaulx joyaulx, aux envoyés, pour reporter à leurs femmes* ». Il y ajouta la concession de privilèges de noblesse au maire, « Jean Chauldrier, et à tous ses successeurs ».

Avantageux pour le roi, qui y gagnait de braves sujets ; avantageux pour les Rochelais, qui y trouvaient entière satisfaction,

---

1. M. de Richemond fait judicieusement remarquer que cette clause était sans doute une garantie contre les altérations de monnaies, si fréquentes à cette époque, et dont une cité commerciale devait redouter les inconvénients. Le sceau de la monnaie de La Rochelle représente, alors, un navire entrant à pleines voiles dans le port, avec l'exergue « 1372. — *Sigillum monetæ rupellanæ.* »

ce traité, bien librement consenti, fut le gage d'une alliance solide et sincère.

En vain des catastrophes inouïes abattirent-elles la France. En vain l'Anglais fut-il à peu près entièrement maître du royaume jusqu'à la Loire, les Rochelais voulurent rester et restèrent Français. Comme l'a dit énergiquement Malte-Brun : « Leurs escadres prouvaient à l'ennemi que la France n'avait pas succombé tout entière à Poitiers et à Azincourt. »

Entre temps, ils ne craignaient pas de s'associer aux expéditions navales les plus audacieuses, puisque ce fut du port de la Rochelle que partit Jean de Béthencourt[1], pour conquérir les îles Canaries.

Un instant, Louis XI, si habile politique cependant, oublia la promesse formelle de Charles V, relative à la réunion de La Rochelle au domaine de la Couronne. Il la comprit dans l'apanage donné à son frère, l'infortuné Charles, duc de Guyenne.

Les bourgeois ne manquèrent pas de s'en plaindre vivement. Mais Charles, on le sait, jouit bien peu de temps de la libéralité du roi...

Louis se hâta de faire droit aux réclamations des Rochelais ; il vint, en personne, les assurer de son amitié. Toujours attentifs pour ce qui concernait les intérêts de la cité, les échevins, profitant de cette circonstance, obtinrent « le droit de continuer leur commerce avec les étrangers, même pendant la guerre et avec les pays ennemis ».

On comprend le degré de prospérité auquel pouvait atteindre une ville jouissant de tels privilèges. Son pavillon, respecté, paraissait être un gage de succès pour les plus aventureuses entreprises, témoin celle de Dominique de Gourgues (1568). Gentilhomme gascon possédant un assez beau patrimoine, il pouvait vivre tranquille dans sa province natale. Mais il apprend que des compatriotes, habitant l'une des terres de l'Amérique septentrionale, la Floride, viennent d'être victimes de la haine et de la convoitise d'Espagnols, leurs voisins ; plusieurs d'entre eux ont été pendus et une inscription ironique, placée par les assassins au-dessus des cadavres, porte qu'ils ont été mis à mort, non

---

1. Voir premier volume.

« *comme Français* », mais comme « *intrus* » sur la terre américaine.

Dominique de Gourgues jure qu'il tirera vengeance éclatante des meurtriers. Ses biens vendus, il arrive à La Rochelle, arme trois vaisseaux, y embarque des soldats, au nombre de deux cents, avec une centaine de matelots renommés, et ordonne de faire voile pour la Floride.

Conduite avec une grande habileté, une rare vigueur, l'expédition réussit. De Gourgues taille en pièces les Espagnols ; puis, faisant suspendre aux mêmes arbres qui reçurent les corps des Français un nombre égal de cadavres ennemis, il remplace la première inscription par celle-ci :

« *Pendus, non comme Espagnols, mais comme traîtres, voleurs, meurtriers !!!* »

La revanche parut si juste ; de plus, le temps était si peu propice aux réclamations et les Rochelais si bien connus pour leur vaillance, pour leurs richesses, leur puissance maritime, que l'Espagne n'osa se plaindre.

Dominique de Gourgues ne fut jamais inquiété et son nom n'a pas été oublié par ses compatriotes.

Une longue suite d'hostilités plus politiques encore, peut-être, que religieuses, jeta La Rochelle au milieu de luttes dont le résultat fut un premier siège conduit, de décembre 1572 à juin 1573, par le duc d'Anjou (depuis Henri III), assisté des plus renommés capitaines du temps, Henri de Navarre, entre autres.

Des deux côtés, l'acharnement fut grand, les pertes immenses. L'armée royale pleura Henri, duc d'Aumale, mais les Rochelais gardèrent leurs positions et une paix avantageuse confirma la plupart de leurs prétentions.

C'est pendant ce siège, dont on parlerait davantage si la lutte de 1628 ne l'avait rejeté dans l'ombre, qu'eut lieu l'étrange épisode suivant, épisode justifiant, une fois de plus, l'observation que, près des drames terribles, se glisse souvent, sinon toujours, la railleuse ironie.

« L'un des postes de la garnison rochelaise avait été établi dans un moulin (le seul que l'on n'eût pas rasé), situé tout près de la contrescarpe : on l'appelait le *Moulin de la Brande*. Le jour, il était gardé par quelques gens de guerre, mais, chaque soir, les soldats se retiraient dans la ville et une *seule* sentinelle y restait en faction. Strozzi vint, pendant la nuit, attaquer ce faible poste, contre lequel il fit braquer deux pièces de canon. Le soldat qui le gardait refusa de le rendre et fit bonne contenance, tantôt tirant de son arquebuse sur les assaillants, tantôt contrefaisant plusieurs voix, pour faire croire à l'ennemi qu'il n'était pas seul. Mais, épuisé de fatigue, il fut bientôt forcé de capituler et demanda « *quartiers pour lui et pour ses gens* ». Strozzi, pensant avoir affaire à une garnison, lui permit de se retirer avec armes et bagages. Lorsqu'il vit sortir du moulin un

Moulin de la Brande.

seul homme, tout équipé et mousquet sur l'épaule, il entra en fureur et voulut faire pendre le téméraire qui avait osé se jouer de lui. Mais Biron, devant qui le soldat fut amené, rit beaucoup de son stratagème et lui fit grâce en faveur de sa hardiesse [1]. »

Le règne de Henri IV fut une période de paix et de prospérité pour l'Aunis comme pour la Saintonge. Les Rochelais, desservis près du roi, trouvèrent en Sully un clairvoyant défenseur, un gouverneur intelligent, auquel ils s'attachèrent avec fidélité.

A cette période remonte une des premières, sinon la première tentative de dessèchement des marais qui couvraient une si notable partie du pays. Humfroi Bradley, un Hollandais, l'entreprit, d'où vient le nom : *des Hollandais*, donné à plusieurs des canaux d'écoulement.

En même temps, le commerce, entravé par les guerres civiles,

---

1. D'Aubigné. *Histoire universelle*, — De Thou. *Histoire universelle*.

reprit un nouvel essor, Pierre du Gua[1], gentilhomme saintongeois, proposa à Henri IV d'affermir, sans dépenses pour la couronne et sous simple réserve de quelques privilèges commerciaux, notre position coloniale dans l'Amérique du Nord. Henri conféra à du Gua le titre et les pouvoirs de lieutenant général sur tous les pays que l'on nommait alors la *Nouvelle-France ;* il lui accorda également le privilège exclusif du trafic des pelleteries. Plusieurs négociants rochelais prirent part à cette belle entreprise et en retirèrent d'immenses bénéfices.

La mort de Henri IV, les troubles de la régence de Marie de Médicis, puis de nouvelles guerres civiles déchirèrent le traité de paix signé à la fin du seizième siècle. Mais il ne saurait entrer dans le plan de cet ouvrage de donner des détails minutieux sur la triste période où les questions politiques se mêlèrent si étroitement aux questions religieuses.

Il n'est pas davantage utile de décrire complètement les deux nouveaux sièges soutenus par La Rochelle : celui de 1622, conduit par Louis XIII ; celui de 1628, dirigé par Richelieu.

Toutefois, il importe de faire ressortir que, si les Rochelais se montrèrent sujets rebelles, leur fidélité envers la France ne se démentit pas. La meilleure preuve en est dans la mollesse avec laquelle l'Angleterre accueillit leurs demandes de secours.

Une flotte, des soldats, des armes, étaient choses faciles à accorder, mais le prix de ces secours devait être, dans la pensée anglaise, une véritable annexion. La Rochelle prendrait la place autrefois réservée à Calais, et la France garderait à son flanc une blessure qu'elle ne pourrait plus refermer et qui compromettrait sa vie !

Les Rochelais virent le danger : ils en mesurèrent l'étendue et, tout en prodiguant des assurances d'amitié, d'alliance commerciale, refusèrent obstinément les conditions qui pouvaient les placer sous le joug anglais.

Ils ne voulaient qu'une chose : conquérir une véritable indépendance et traiter, de puissance à puissance, avec la couronne française ; mais, liens pour liens, ils préféraient ceux qui les

---

1. Pierre du Gua était seigneur de Mons. Il fonda *Annapolis* ou *Port-Royal*, dans la Nouvelle-Écosse (découverte par Cabot, en 1497).

rattachaient à la France, et ils le firent voir en endurant stoïquement les épouvantables souffrances, les deuils irréparables du siège.

De cette dernière épreuve, il n'est pas possible de rien dire que l'histoire, depuis longtemps, ne l'ait enregistré et mille fois discuté... Constatons seulement que la victoire royale ne devint pas l'occasion de représailles odieuses et que le rétablissement du culte catholique se fit de la manière la plus douce. De part et d'autre les convenances, la dignité furent observées d'une façon admirable ; cela ne contribua pas peu à apaiser les esprits.

Cependant, si La Rochelle sortait de l'épreuve avec la douleur de voir son ancien rêve politique à jamais impossible, s'il lui fallut même, pour un moment, sous Louis XIV, craindre une destruction complète dont l'ingénieur général Ferry la sauva[1] ; s'il lui fallut attendre jusqu'en 1689 une enceinte nouvelle, suffisante pour la préserver des entreprises des Anglais et des Hollandais, elle reprit promptement, néanmoins, une place importante dans la marine et dans le commerce français.

Son nom gardait encore, et elle le méritait, un prestige brillant ; son port voyait accourir des marins illustres, jaloux de s'assurer le concours de ses vaillants matelots.

De grandes expéditions y furent organisées, entre autres par LEMOYNE D'YBERVILLE[2], fameux corsaire, fondateur du commerce de la baie d'Hudson, défenseur intrépide, contre les Anglais, du Canada, sa patrie. Poursuivant les travaux de ROBERT CAVELIER DE LA SALLE, son compatriote d'origine[3], il explora (1698) les embouchures du Mississipi, dont une branche porte encore le nom d'Yberville, nom glorieux que la France peut revendiquer avec un légitime orgueil.

Après la révocation de l'édit de Nantes, des protestants rochelais fondèrent, aux portes de New-York, une ville, qu'en souvenir de la patrie, ils nommèrent NEW-ROCHELLE, aujourd'hui en pleine

---

1. Ingénieur général des fortifications du Languedoc, de la Guyenne et de l'Aunis. Il avait été question de raser La Rochelle !
2. Les Lemoyne, nom patronymique de la famille, étaient d'origine normande. Un des frères du corsaire fonda la Nouvelle-Orléans et fut gouverneur de la Louisiane.
3. Voir premier volume, page 317.

prospérité et comptant encore des descendants de ses premiers citoyens. Il en existe une de même aussi au Cap de Bonne-Espérance.

L'un des plus retentissants faits maritimes du dix-huitième siècle, la prise de Rio-Janeiro (1711), par Duguay-Trouin, fut préparé à la Rochelle.

Épuisée par les guerres de Louis XIV et par la famine, la France, voyant sa flotte à peu près ruinée par l'incurie du dernier ministre de la marine, ne pouvait seconder le plan du célèbre Malouin[1].

La réputation de Duguay-Trouin, le crédit, les relations commerciales de sa famille lui valurent la confiance des négociants rochelais. C'est de La Rochelle que, le 9 juin 1711, partit l'escadre de neuf vaisseaux, de cinq frégates et de deux navires de charge emmenant, ensemble, deux mille cinq cents hommes. Le 21 septembre suivant, Duguay-Trouin faisait une entrée triomphante dans Rio-Janeiro.

C'était un vif rayon de gloire voilant l'affaiblissement de la marine rochelaise qui, très éprouvée par des guerres incessantes, allait toujours en déclinant. Elle se réveilla tout à coup, en 1757, pour combattre victorieusement, avec la flotte de Rochefort, les Anglais embossés dans le pertuis d'Antioche et menaçant non seulement les îles voisines de Ré, d'Oléron, d'Aix, mais tout le littoral. Elle combattit encore avec succès nos ennemis séculaires pendant la guerre de l'Indépendance américaine, puis pendant les guerres de l'Empire; aussi, Napoléon, parfois soucieux des intérêts de la marine française, fit-il deux visites à La Rochelle, visites fructueuses, car elles valurent à la courageuse ville l'achèvement de son premier bassin à flot (travail depuis si longtemps arrêté) et, aux dépens de Saintes[2], l'antique cité gallo-romaine, le titre de chef-lieu de la Charente-Inférieure, département formé de l'Aunis, de la Saintonge, ainsi que de quelques parcelles du Bas-Poitou et de l'Angoumois.

1. Voir le volume *Côtes bretonnes* : chapitre Saint-Malo, pour la biographie de l'illustre marin et les détails de l'expédition.

2. Déjà Saintes avait dû, le 2 mai 1648, après la ruine de l'abbaye de Maillezais, se résoudre à la perte de son titre d'évêché. Le siège en fut transporté à La Rochelle. Saint Vincent de Paul, abbé de Saint-Léonard-de-la-Chaume, près La Rochelle, eut une grande part à l'érection du nouvel évêché.

C'était beaucoup, certainement, mais les grands jours de la marine rochelaise ne semblaient pouvoir renaître, non plus que l'importance militaire et politique de la ville. La commotion produite par le complot dit : *Conspiration des quatre sergents de La Rochelle,* fut et devait être éphémère.

Les Rochelais se tournèrent en entier vers le commerce et recherchèrent avec ardeur les moyens de rendre à leur port une activité persistante.

Le passé, avec ses tristesses, ses douleurs, mais aussi ses gloires ; le présent, avec ses incertitudes, car les conditions de la navigation se modifient de plus en plus chaque jour, ne peuvent-ils être un enseignement pour développer l'avenir prospère ?

Tout se transforme : c'est la loi inflexible du destin ; mais l'énergique volonté de l'homme est coutumière de merveilles, quand, patiente, elle ne se laisse pas détourner du but à atteindre.

CHAPITRE III

LA ROCHELLE MODERNE

Les procédés des bâtisseurs parisiens ne tiennent pas encore le haut du pavé à La Rochelle : on y semble même les apprécier fort peu. Aussi le premier aspect des rues déconcerte-t-il l'étranger.

Sombres, massives, les maisons, pour la plupart, sont pourvues d'un porche, faisant corps avec la façade, et donnant accès au rez-de-chaussée ; par suite, ce dernier se trouve plongé dans une demi-obscurité.

La fantaisie architecturale, d'ailleurs, a régné, absolue, dans la disposition de ces porches.

Tous les styles, ou, pour parler avec plus d'exactitude, le manque de style est frappant.

Tel arceau simulera presque l'ogive, tel autre tiendra du plein cintre ; dans nombre d'habitations, deux piliers, très simples, soutiendront un entablement rectiligne, et, comme nulle séparation ne marque la limite d'un immeuble avec l'immeuble voisin, le tout forme, de chaque côté des rues, un promenoir fort agréable pour les passants, mais qui trompe sur le mouvement réel de la circulation.

On a d'autant plus de plaisir à user de cet abri, que le pavage de la majorité des rues et des trottoirs, véritable mosaïque de jaspes, de granits, de laves, de porphyres, exécutée avec d'anciens lests de navires, occupe certainement fort la curiosité, mais rend la marche très fatigante.

Par bonheur, on rencontre encore assez de monuments dignes de fixer l'attention et de faire oublier ce petit inconvénient.

Par les souvenirs qu'il rappelle, l'Hôtel de ville attire tout d'abord. On a hâte de voir la « *Maison commune* » où, si souvent, les maires rochelais convoquèrent les habitants pour aider à défendre « les droits et privilèges » de la cité.

Jean Chaudrier (1370), l'habile vainqueur de Philippot Mansel ; Jacques Henry (1572), l'adversaire résolu du duc d'Anjou ; Jean Morisson, son digne successeur (1573), mort à la mairie pendant le siège ; Jean Guiton, l'indomptable au cœur français, malgré sa résistance, puisqu'il ne voulut pas livrer La Rochelle aux Anglais (1628) ; toutes ces grandes figures retrouveraient, dans le vieil édifice restauré, un palais municipal digne de leur ville tant aimée.

Quoique renfermant une ou deux grandes salles, la *Maison commune* n'est pas très vaste. Dans l'enceinte fortifiée, si peu développée, le terrain se faisait rare ; mais ce que le monument perd en étendue, il le regagne, en noble simplicité, par ses deux façades ; en grâce architecturale, par ses bâtiments intérieurs.

Des murs en pierre unie, surmontés de créneaux et de mâchicoulis ; deux tours ; deux beffrois, l'un à toiture conique, l'autre terminé en pyramide, ornés, tous deux, de charmantes et délicates sculptures ; la double façade percée, au sud, de deux belles portes, à l'ouest, d'un portail plus sévère, paraissant conduire dans une forteresse, et surmonté de superbes gargouilles : voilà l'ensemble extérieur.

Il est fâcheux que l'ensemble intérieur ait subi des modifications peu en harmonie avec le style, datant : pour le petit pavillon, de Henri II ; pour la grande galerie, de Henri IV.

Il faut même avouer qu'une statue en faïence polychrome, représentation absolument exacte, paraît-il, des traits et du costume du roi populaire, ne produit pas du tout le bon effet que l'on en attendait.

L'entaille faite par le poignard de Jean Guiton, dans une table de marbre, n'émeut pas davantage. Cette table, il est vrai, ne se trouve pas à sa place, qui serait la *salle des Échevins,* au-dessous du portrait du maire-amiral.

Par un singulier caprice, une pendule Louis XIII, fort belle d'ailleurs, cache à demi la marque célèbre, corollaire de la harangue si énergique de Guiton.

Quant au poignard qui la produisit, les Rochelais, paraît-il, le transformèrent en une épée d'honneur offerte à leur illustre compatriote, l'amiral Duperré.

Les églises n'offrent guère d'intérêt, pas même le vieux clocher de Saint-Barthélemy, rangé aujourd'hui parmi les monuments historiques.

Des anciennes portes de la ville, celle dite de l'*Horloge* est fort belle, avec sa flèche élancée, son cadran et ses trophées sculptés.

Bientôt, en nous rendant au port, nous verrons trois autres tours très curieuses.

Un des grands attraits de La Rochelle consiste dans le nombre de maisons remarquables qu'elle possède [1].

Une des habitations de la rue Saint-Sauveur repose sur une véritable crypte, divisée en deux nefs, ou allées à voûtes et arceaux en ogive, retombant sur des piliers composés de colonnettes accolées. Chaque nef forme trois travées. C'est une sorte d'église en miniature.

Une maison de la rue des Gentilshommes possède, dans sa cour, des sculptures assez curieuses pour que les dessins en aient été déposés à la Bibliothèque. Cette belle cour n'est pas unique en son genre dans la ville.

La même rue des Gentilshommes garde encore une maison remarquable de style renaissance, ornée d'un cordon de huit figurines. On visite la « maison de Jean Guiton », seulement pour le souvenir de l'homme célèbre qu'elle rappelle.

Dans la rue du Temple, une habitation du quinzième siècle dresse ses trois étages, en saillie les uns au-dessus des autres, et surplombés par un toit très aigu que soutiennent des consoles sculptées.

Cette rue du Temple avait pris son nom de l'ordre célèbre fondé par Hugues des Payens et Geoffroy de Saint-Adhémar pour la défense de la Terre Sainte. Les restes de la Commanderie magistrale de La Rochelle sont encastrés dans une habitation plus moderne. On distingue surtout des fenêtres romanes et des

---

[1]. Nous empruntons une grande partie des détails suivants à M. Louis de Richemond, le si obligeant archiviste du département, l'érudit auteur de plusieurs ouvrages très intéressants ayant pour sujet les hommes et les choses de la Charente-Inférieure.

cheminées octogones. Les fouilles faites en 1865 ont amené la découverte de pierres sépulcrales.

Mais, de toutes les constructions remarquables remontant aux derniers siècles, la maison dite « de Henri II ou de Diane de

Hôtel de ville de La Rochelle (intérieur et extérieur).

Poitiers », rue des Augustins, et une autre de la rue du Minage, sont les plus intéressantes.

La première occupe, d'après M. Jourdan, l'emplacement d'un vieil hôtel du treizième siècle, propriété des sires de Baillac, auxquels succéda le fameux maire Jean Chaudrier.

Reconstruit, cet hôtel devint, en 1695, le Bureau des finances et le siège de la nouvelle administration municipale. Voilà pourquoi un des historiens de la ville, M. Massion, l'appelle : *Ancien échevinage de La Rochelle*.

Le bâtiment actuel est composé d'un corps de logis principal et de deux ailes quadrangulaires en avancée ; l'aile gauche, moins saillante, est beaucoup plus élevée. Deux frises, formées de roses et de têtes de biche alternées, s'enroulent tout le long de l'édifice ; deux corniches soutenues par d'élégantes consoles ciselées, les surmontent et sont elles-mêmes couronnées par des combles pyramidaux en ardoise, que trouent d'élégantes lucarnes. Du rez-de-chaussée, à colonnes ioniques, continuées (à l'étage supérieur) en colonnes doriques cannelées, s'élèvent de grands cintres, encadrant les fenêtres et les portes de forme carrée. La façade entière présente un grand luxe d'ornementation artistique : visages de chérubins, vases débordant de fleurs et de fruits, têtes de panthères, de béliers, cartouches contenant, jadis, des inscriptions maintenant effacées. Aux deux angles de l'aile droite, deux niches laissent voir des croissants reposant sur des urnes, un dragon et un satyre. Malheureusement, ce gracieux hôtel n'a pas traversé sans mutilation les deux derniers siècles. Aussi, quelque intelligente que puisse être une restauration, est-il impossible de ne pas regretter l'obligation d'y avoir recours : si rarement la blessure se trouve guérie !

La maison de la rue du Minage date du seizième siècle. Les arcades de son porche reposent sur des colonnes d'ordre dorique ; une rangée de cartouches entrelacés règne au-dessus. Les fenêtres du premier étage présentent des pilastres, d'ordre composite, supportant un fronton sculpté et rehaussé de têtes humaines. De riches lucarnes complètent l'édifice. Les portes à colonnes, la charpente de la toiture, rappelant le style de Philibert De Lorme, la grâce des détails, l'ornementation de la cage de l'escalier et divers vestiges d'anciens bâtiments forment un ensemble bien digne d'attirer l'attention. Une autre particularité, dont on retrouve quelques exemples en Poitou et en Saintonge, réside dans l'intérieur du porche, décoré, à son plafond, de cartouches alternants, contenant des devises morales, aujourd'hui difficiles à déchiffrer. M. de Richemond, qui les a patiemment relevées et publiées (pour la première fois), fait observer, avec raison, qu'elles présentent, sinon un intérêt puissant, du moins un type et un caractère très prononcés des contractions du siècle où elles furent gravées sur la pierre. Les voici dans leur ordre :

> A l'indigent soit la maison
> Un refuge en toute saison.
>
> Ostez la mangeaille
> A qui ne travaille.
>
> Endurer et n'oser se plaindre
> Est servitude bien à craindre.
>
> Le saige est contraint d'endurer
> La chose qu'il ne peult changer.
>
> Vaincre le mal en bien faisant
> Est à notre Dieu fort plaisant
>
> A parler tardif,
> A ouïr hâtif.
>
> Tempérance en jeunesse
> Donne joie en vieillesse.
>
> Mieulx vaut avoir sagesse
> Que posséder richesse.
>
> Vérité de toy ysse
> Faisant à tous justice.

Des dernières inscriptions on ne parvient à déchiffrer que les mots Vérité. — Adversité. — De Dieu révère la loy. — De servir... estre... paraître...

Ces délices d'archéologue sont fréquentes dans une ville où, à chaque instant, l'œil se trouve sollicité par une jolie tourelle accolée au flanc d'un mur, par une façade élégante, par des portails, des cartouches, des écussons, des fenêtres à croisillons, des pignons, des balcons ou des porches laissant entrevoir des cours intérieures, pleines de promesses sculpturales.

Le temps sans doute, n'est pas éloigné où La Rochelle, voulant se moderniser, tiendra peu compte de tout cela... au grand dommage de son originalité, bientôt alors devenue un simple souvenir.

En avançant vers le port, l'aspect de la ville change complètement. Si déchu qu'en soit le commerce, l'animation causée par le départ ou l'arrivée des barques de pêche, les transactions du marché au poisson, le service, régulier comme les marées, des bateaux à vapeur faisant escale aux divers points des îles de Ré et d'Oléron, le va-et-vient occasionné par les travaux du gril de radoub, par les trains du chemin de fer, dont la gare est tout proche, donnent au tableau des notes gaies, des lignes ondoyantes fort agréables.

Les fêtes de la Société des Régates Rochelaises [1] contribuent souvent encore à augmenter cette agitation de bon aloi.

Le cadre, d'ailleurs, est pittoresque. L'enceinte fortifiée, tracée par Vauban, s'harmonise avec la fameuse *Tour de la Lanterne*, datant du quinzième siècle, mais qui n'a pas perdu sa curieuse pyramide en pierre, où, chaque soir, brillait le fanal destiné à montrer aux navires la route du port.

Une courtine rallie la vieille Lanterne à la massive *Tour de la Chaîne*, située à l'entrée du chenal, vis-à-vis l'énorme donjon de *Saint-Nicolas* (terminé en 1384). Son nom lui vient du système de chaînes en fer que l'on y pouvait tendre et rattacher au donjon, si les nécessités du moment obligeaient à intercepter l'accès du port.

M. Lisch, étudiant patiemment ces antiques tours qu'il est chargé de restaurer, en vint à se convaincre qu'une vaste ogive les réunissait et, comme autrefois le Colosse de Rhodes entre ses jambes monstrueuses, voyait passer les navires sous sa voûte hardie.

L'hypothèse est ingénieuse, et serait déduite, non pas seulement de certains détails des tours, car un registre des archives intitulé : *Etat général de la régie des Aydes et formule de l'élection de la Rochelle, 10 septembre* 1725, porte cette mention : « L'entrée du havre est défendue par deux forts. Le passage des vaisseaux est sous une arcade qui règne au-dessus par la communication de l'un à l'autre fort, fermée par une chaîne de fer que l'on tend tous les soirs, etc., etc. »

Mais, ainsi que le fait observer M. de Richemond, aucun plan,

---

[1]. La Société a pour Président honoraire M. BELENFANT ; pour Président, M. W. ROMIEUX ; pour Secrétaire, M. PRÉVOST.

LA ROCHELLE. — LA TOUR DE LA LANTERNE.

aucune description antérieure ne signale l'arcade monumentale. Cependant, elle eût dû être bien célèbre et les historiens de la ville ne l'auraient pas, ce semble, oubliée. D'un autre côté, sa présence devait constituer un grand inconvénient pour les navires, obligés d'abaisser leur mâture et de prendre de minutieuses précautions contre les avaries. On peut donc, sans crainte, penser que, si jamais l'ogive exista, son existence ne fut pas de longue durée [1].

En été, La Rochelle voit arriver beaucoup de baigneurs qui s'installent soit aux environs, soit dans la ville même. En dehors de l'enceinte fortifiée, le Champ de Mars, les bords du canal et la superbe promenade du Mail font comprendre cet empressement. Mais la ville, avec sa physionomie si caractérisée, attire peut-être encore davantage. Les beaux arbres de la place d'Armes, ceux des Remparts, de l'avenue de la Gare, des bassins, des terrepleins, des quais sont alors dans toute leur vigueur. Le port semble sortir d'un épais bosquet, sur le fond verdoyant duquel les mâts des barques ou des navires, les cheminées fumantes des bateaux à vapeur se profilent pittoresquement.

A mer haute, les deux tours gardiennes de l'entrée du chenal et la *Lanterne* se reflétant, superbes encore, dans les eaux, rappellent le passé glorieux de la cité.

---

[1]. La construction de la *Tour de la Lanterne* remonte à 1445. Le maire PIERRE BRAGIER la commença et elle fut terminée (1476) par le maire JEHAN MÉRICHON, premier historien de La Rochelle. « *Un capitaine bien gaigé* », affirme Rabelais, qui la décrit, y commandait. On la nommait, aussi, *Tour du Garot*, parce que, pour désarmer les navires de leurs canons avant leur entrée dans le port, on employait une machine nommée *garrot*. La Lanterne, fait remarquer M. MASSIOV, présente une grande ressemblance avec les tours pyramidales de Saint-Eutrope de Saintes, de Marennes, etc. Une rampe douce conduit de la rue, appelée *Sur les Murs*, vers l'entrée. L'intérieur mérite d'être visité. Longtemps cette tour a servi de prison militaire.

La *Tour de la Chaîne* et celle de *Saint-Nicolas* méritent aussi une visite attentive. La première avait un capitaine particulier qui portait le titre de « *désarmeur des nefs* ». Tous les vaisseaux entrant dans le port de La Rochelle y devaient déposer leurs armes et leur artillerie, « *de peur de quelque surprise ou mauvais dessein sur la ville ou sur le port, qui étaient comme une des clefs de la France du côté de l'océan* ». (Congrès scientifique, XXIII° session.)

La *Tour Saint-Nicolas* ou plutôt le Donjon, représente une sorte de môle polygonal, auquel sont acculés circulairement quatre tours semi-cylindriques, excepté du côté qui regarde la mer. Une plate-forme le termine, enserrée elle-même par un parapet en saillie.

Il faut une permission du génie pour le visiter. On remarque entre autres une grande salle ornée d'un charmant autel gothique, et des sculptures très curieuses.

Du sommet de la plate-forme, la vue embrasse une magnifique étendue de mer, les côtes du continent et des îles.

On s'attendrait presque à voir défiler le Corps de Ville, ayant à sa tête un de ces maires dont le nom est synonyme d'énergie, et qui se faisaient gloire de ne reconnaître d'autres lois que les lois mêmes de leurs vieilles chartes.

On s'attendrait à assister au départ et à l'arrivée de l'une de ces flottes qui rendaient universelle la gloire militaire et commerciale de La Rochelle.

Mais ces jours sont bien loin... Renaîtront-ils? C'est-à-dire le port, si avantageusement placé sur une côte presque inhospitalière, recouvrera-t-il sa prospérité d'autrefois? Pour répondre affirmativement, il faut visiter le port nouvellement construit dans la baie de *La Pallice*.

Cependant, quoique l'avenir sollicite, avec raison, notre attention, il est juste de ne pas délaisser complètement le passé, et de rappeler à la mémoire les noms que La Rochelle, justement orgueilleuse, a incrits sur son Livre d'or.

Porte Saint-Nicolas.

CHAPITRE IV

LES ROCHELAIS CÉLÈBRES

L'un des plus anciens fut un bienfaiteur de la cité. ALEXANDRE AUFREI, AUFFREDI ou AUFREDY naquit dans la seconde moitié du douzième siècle. Son histoire tient du roman, un roman bien humain, bien touchant.

Bourgeois de La Rochelle et riche armateur, Aufredy voulut étendre encore ses relations commerciales : il envoya toute une flottille trafiquer au loin. Mais le succès ne répondit pas à son espoir. Les navires ne reparurent plus et, après une longue attente, force fut de les regarder comme perdus !...

Tombé dans la plus extrême misère, l'ancien armateur se vit obligé de s'enrôler parmi les portefaix du port, et pas un de ses parents, unanimes à blâmer son imprudence, ne lui tendit la main, ne vint à son aide, à l'aide de sa malheureuse femme.

Le temps passa. Qui eût pu douter que la ruine d'autrefois n'était pas à jamais consommée ?

Cependant, un jour, le pauvre portefaix ressentit une violente émotion.

La petite flottille de navires marchands dont on signalait l'arrivée, et pour laquelle il s'apprêtait à offrir son travail, cette flottille ne portait-elle pas son pavillon ? N'était-ce pas un rêve ? Un dernier rêve produit par tant de souvenirs douloureux !...

Mais, déjà, mille exclamations retentissent ; on répète avec enthousiasme, on acclame le nom d'Aufredy. Le portefaix est, en un moment, soulevé sur les robustes bras de ses compagnons de labeur. La nouvelle se répand que les navires supposés perdus apportent d'immenses richesses. Nouvelle vraie, Audrefy est redevenu plus opulent qu'il ne l'a jamais été. Aussitôt il retrouvera des parents, des amis... Une petite vengeance pouvait bien être permise : celle de l'armateur fut noble et généreuse. Instruit par l'expérience, il songea, avant toutes choses, à assurer un refuge aux malheureux. En 1203, il fondait un hospice civil dont il confiait la gestion à un conseil de magistrats. Une chapelle y était annexée et le titre de fondation réservait à l'évêque de Sainte[1] la nomination de l'aumônier chargé de la desservir. Enfin, oubliant la dureté de ses parents, Aufredy spécifia qu'un membre de sa famille devrait toujours figurer parmi les administrateurs de l'hôpital. Ces dispositions prises et assurées, l'armateur n'eut plus qu'un but : décider sa chère femme, Péronnelle, à se consacrer, avec lui, au service des premiers malades recueillis, ce qui eut lieu.

L'hôpital Aufredy conserve toujours à son fronton le nom du généreux fondateur et, ainsi, son histoire touchante peut devenir un enseignement permanent.

PIERRE DORIOLE, fils de JEAN DORIOLE, quatre fois élu maire, et élu deux fois, lui-même, à la première magistrature de la ville, fut, le 26 juin 1473, nommé chancelier de France par Louis XI, en considération, disaient les lettres du roi, « de ses vertus, loyauté, grand sens, littérature, suffisance, prud'homie et bonne diligence ».

M. de Richemond rappelle que Pierre Doriole « chercha à rassembler les *Coutumes* des diverses provinces du royaume pour en composer un code uniforme, rendu obligatoire pour toute la France ». Louis XI, on le voit, avait fait un choix excellent et il ne tint pas au roi, mais à l'époque, si l'utile réforme ne put être accomplie (1407-1485).

Ils sont très nombreux les Rochelais que leurs divers tableaux ont fait connaître comme historiens, comme savants, comme écrivains. Cela ne saurait surprendre dans une ville où les lettres et les sciences ont toujours été en honneur, ainsi que le prouve la création de l'*Académie des Belles-Lettres, Sciences et Arts de La Rochelle*, confirmée, en avril 1732, par lettres patentes de Louis XV.

JEHAN MÉRICHON (1440-1498 ?), cinq fois maire de La Rochelle, magistrat actif et courageux, bailli d'Aunis, ambassadeur de

---

[1]. L'évêché de La Rochelle, nous venons de le voir, ne date que de mai 1648.

Louis XI, écrivit *La Paterne*, annales contenant les « noms et surnoms de tous les maires et recteurs de la Communauté de ceste ville de La Rochelle depuis la fondation d'icelle jusqu'en 1468 ».

Pierre Mervault (1607-1675), membre du Corps de Ville de La Rochelle, a écrit un *Journal du Siège de* 1628, impartial et très touchant.

François Tallemant (1620-1690), qu'il ne faut pas confondre avec son frère Gédéon Tallemant, seigneur des Réaux, l'auteur des *Historiettes*. François Tallemant mourut sous-doyen de l'Académie française, où il avait mérité d'entrer pour ses belles traductions des *Hommes illustres de Plutarque* et de l'*Histoire de la République de Venise*. Son goût, en poésie, était moins sûr ; voilà pourquoi Boileau ne le ménage guère dans les *Satires*.

Louis-Etienne Arcère, supérieur de l'Oratoire, historiographe de La Rochelle, a su écrire les annales non seulement de cette ville, mais du pays d'Aunis, qu'il faut toujours consulter quand on veut remonter aux sources des événements dont la contrée fut le théâtre.

Le style du P. Arcère peut manquer de naturel et de simplicité, mais il a pour lui, choses bien rares, la sincérité et la modération.

Tout près de nous, Delayant s'est fait une réputation par des travaux historiques considérables. Son *Histoire des Rochelais*, sa *Bibliographie rochelaise* et son *Histoire du département de la Charente-Inférieure* rectifient plus d'une erreur ou mettent en lumière des noms peu ou mal connus.

René-Josué Valin (1695-1765) est célèbre par ses études du droit et des lois maritimes. Il laissa la réputation d'un homme de bien, d'un magistrat éclairé, d'un jurisconsulte éminent. Sur le nouveau tombeau qui lui a été élevé en grande pompe, à Nieul, vers la fin de 1841, sont gravés les titres de ses principaux ouvrages : *Nouveau Commentaire sur la Coutume de la Rochelle ; Traité des Prises ; Nouveau Commentaire sur l'Ordonnance de la marine de* 1681.

La science doit à La Rochelle quelques-uns de ses plus glorieux adeptes, et nommer Réaumur suffirait pour illustrer la ville.

Né en 1683, mort en 1757, René-Antoine Ferchaud, seigneur de Ruaumur, ou Réaumur, se voua à la solution des problèmes les plus variés. Personne n'ignore, mais il est toujours agréable de le rappeler, que Réaumur, reçu, à vingt-quatre ans, membre de l'Académie des sciences, pour des mémoires sur la géométrie, travailla pendant toute sa vie avec une ardeur constamment croissante, un succès toujours aussi retentissant que mérité.

En 1731, il inventait le thermomètre qui porte son nom, invention précédée et suivie de découvertes pour la cémentation et l'adoucissement des fers fondus ; pour la fabrication du fer-blanc ; pour celle de la porcelaine. Une sorte de verre blanc opaque, dite *porcelaine de Réaumur,* lui est due en entier.

Le premier, encore, il essaya la théorie de l'incubation artificielle, devenue, actuellement, d'application si facile ; il fit faire de grands progrès aux classifications botaniques et, parmi tant de beaux *Mémoires,* produisit un véritable chef-d'œuvre : *Mémoire pour servir à l'histoire des insectes.* Avec raison, M. de Quatrefages fait ressortir qu'on ne saurait pousser plus loin l'observation exacte et fine. Ces rares qualités, Réaumur les déploya encore dans ses recherches sur les mollusques et les zoophytes et, sans peine, on comprend l'immense influence exercée, un demi-siècle durant, par un tel esprit, sur le développement de la science.

La Rochelle l'avait donné à la France, et la France le donna au monde entier.

Jean-Théophile des Aguliers, mécanicien, mathématicien, physicien et astronome, devint l'ami et fut le dévoué collaborateur de Newton, dont il s'appliqua à répandre les théories. Ses propres ouvrages scientifiques ne sont pas oubliés (1683-1744).

Charles-Marie Dessalines d'Orbigny (1770-1856), d'abord médecin à Esnandes, puis à La Rochelle, s'abandonna bientôt avec ardeur à son goût pour les sciences naturelles. Georges Cuvier n'avait pas de correspondant plus actif, plus dévoué. Le savant docteur rencontra en ses quatre fils d'heureux imitateurs. Mais, parmi eux, Alcide d'Orbigny (1802-1857), le brillant voyageur, le professeur célèbre de paléontologie au Muséum et son frère Charles, auteur du *Dictionnaire universel d'Histoire naturelle,* devaient rendre inoubliable le nom de leur père.

Aimé-Jacques-Alexandre Goujaud de Bonpland (1773-1858) est surtout connu pour l'amitié qui le lia à Humboldt et pour sa collaboration aux travaux du célèbre auteur du *Cosmos.*

LA ROCHELLE. — VUE GÉNÉRALE DU PORT ET DE LA RADE, PRISE DE LA TOUR SAINT-SAUVEUR

La réputation de Bonpland n'est pas égale à son mérite, car elle ne devrait le céder en rien à celle de Humboldt. Mais le savant rochelais eut le grand tort d'être modeste ; il y ajouta la *faute* de passer presque sa vie entière au fond de l'Amérique méridionale, notamment au Paraguay, où, peu soucieux de sa gloire, il se contenta de former, pour le Muséum, de merveil-

Réaumur.

leuses collections botaniques et d'expérimenter, dans une plantation qu'il avait fondée, les meilleures méthodes agricoles. Fait prisonnier par le fameux docteur FRANCIA, qui punissait ainsi Bonpland d'avoir ravi au Paraguay le monopole du *maté*, l'herbe sacrée (comme la coca l'était au Pérou), le grand botaniste ne resta pas inactif et profita de son séjour forcé de dix années sous la loi de l'intraitable dictateur pour étudier davantage encore la flore du pays. A lui, aussi, est due une excellente description des *Monuments indigènes de l'Amérique*.

Bien inspirée, par bonheur, la France n'a pas laissé les manuscrits de Bonpland en la possession de l'étranger. Il serait, peut-être, digne du monde savant français de mettre en la lumière qui lui revient ce nom dont il a le droit d'être fier à tant de titres, car les qualités morales de Bonpland égalaient sa vaste intelligence, et l'Amérique du Sud n'a pas perdu le souvenir de sa bonté.

Jean-René-Constant Quoy (1790-1869) naquit près de La Rochelle et, dès l'âge de dix-sept ans, commençait sa belle carrière. Chirurgien auxiliaire de la marine en 1807, titulaire en 1810, il parvint, en 1848, au grade d'inspecteur général du service de santé de la marine, grade le plus élevé en ce genre. Il joignit à ce titre de très beaux travaux d'histoire naturelle et avait figuré avec honneur dans plusieurs expéditions scientifiques, entre autres dans celles de l'*Uranie*, sous Louis-Claude de Freycinet, et de l'*Astrolabe*, commandée par Dumont d'Urville. La chaire illustrée par de Blainville, au Jardin des Plantes, semblait devoir lui être confiée. Il n'échoua que devant la candidature de Valenciennes, soutenue par l'Institut.

Quoy était encore un écrivain délicat, un juge littéraire exquis et pénétrant. Une lettre de lui (1er mars 1850) en donne une preuve irréfutable, car elle contient le meilleur des parallèles entre Chateaubriand et Lamartine.

On a fait de Louis-Benjamin Fleuriau de Bellevue cet éloge complet que, « s'il fut un véritable savant, il fut aussi, et avant tout, un homme de bien ». C'est grâce à son initiative que La Rochelle vit créer une Société des sciences naturelles, germe du beau musée Fleuriau, où se trouvent réunies des collections zoologiques départementales de réelle valeur.

Sur un piédestal en granit, érigé dans le Jardin Public, la Ville a placé un buste du toujours regretté fondateur et, au milieu de la nomenclature de ses titres, a voulu que les premiers mots gravés sur le socle fussent ceux-ci : « *A Fleuriau de Bellevue, la cité reconnaissante.* »

Près des savants figurent plusieurs artistes, parmi lesquels Eugène Fromentin, né dans un hameau voisin.

L'Orient avait attiré Fromentin, qui sut en reproduire la réalité tout en l'enveloppant d'une véritable poésie.

Non moins séduisant écrivain, il donna *Dominique*, où l'on retrouve, fixés avec le même bonheur, les paysages d'Aunis et de Saintonge.

Bouguereau William-Adolphe, peintre distingué né à La Rochelle en 1825. Membre de l'Institut en 1876. Médailles d'honneur en 1878 et en 1885.

Souvent on a réclamé pour La Rochelle la grande figure militaire de La Noue Bras de Fer, « aussi honnête homme que grand homme de guerre. Habile capitaine comme César et savant comme lui, La Noue sut manier également l'épée et la plume ; il fut militaire et auteur, et, s'il fit des choses dignes d'être écrites, il en écrivit qui méritent d'être lues ». (Le P. Arcère.)

La Noue n'est pas Rochelais. Près de Bourgneuf, dans la Loire-Inférieure, nous avons visité les ruines de son château natal[1]. Mais La Rochelle se souvient que, sous Charles IX, le célèbre calviniste ayant été choisi par elle comme « gouverneur pour les armes », La Noue fit l'impossible, tout en défendant énergiquement les intérêts de la ville, pour amener une réconciliation avec le roi. Ces efforts, du reste, n'aboutirent pas, puisque bientôt (février 1573) commençait un premier siège. La Noue, alors, avait quitté la ville, où il ne possédait plus d'autorité, mais les Rochelais l'estimaient et ils avaient acquis, pendant son gouvernement, une discipline, une organisation militaires qui contribuèrent certainement, dit avec raison M. de Quatrefages, à les mettre en état de résister aux cruelles fatigues, aux sacrifices dont une ville bloquée devient le théâtre.

Le marquis François de Beauharnais (1756-1828) fut lieutenant général des armées du roi et député aux États généraux. Père de cette touchante comtesse de Lavalette, célèbre par son dévouement conjugal, il eut pour belle-sœur Joséphine Tascher de la Pagerie, l'aimable créole martiniquaise appelée à connaître, en un délai si court, et les éblouissements du sort le plus incroyable et les amertumes les plus sensibles.

François-Nicolas Billaud-Varennes (1760-1819), le célèbre conventionnel, mort dans l'exil, à Saint-Domingue, après son évasion de la Guyane, était également aussi Rochelais.

---

1. Voir, *Côtes vendéennes : De Lorient à La Rochelle*, chap. xxxviii.

Les gloires maritimes ne pouvaient manquer à une ville dont l'attention presque entière se portait vers les choses de la mer.

Au milieu d'un grand nombre, se détachent trois figures énergiques célèbres à divers titres.

Jean Guiton ne fut pas seulement le maire indomptable, âme de la résistance des Rochelais pendant le siège de 1628, il fut encore un très habile, un très vaillant marin. Les escadres de La Rochelle, dont il était *amiral*, devenaient l'effroi des ennemis de la ville. Malheureusement, parmi « ces ennemis » figuraient les flottes royales et, trop souvent, Guiton leur infligea de fâcheuses défaites.

Le 2 novembre 1628, l'amiral-maire se rendait à Londres. Il y resta jusqu'en 1635, époque où Richelieu, poursuivant l'abaissement de la maison d'Autriche, accepta les services de Guiton, impatient de se signaler contre les Espagnols, et lui conféra le titre de capitaine d'un des vaisseaux du roi.

On a dit que la date de la mort du célèbre Rochelais n'était pas exactement connue et on a supposé qu'elle arriva en 1646, au combat naval de Télamon, qui vit aussi périr, à peine âgé de vingt-sept ans, le regretté et valeureux Armand de Maillé-Brézé, *grand maître, chef et surintendant de la navigation du royaume.*

Cette supposition est démentie par les registres de l'état civil de La Rochelle, qui fixent à 1654, et dans la ville même, l'époque de la mort de l'ancien maire [1].

Jean Guiton eut le malheur de vivre à une époque de transition politique. Né un peu plus tard, *il se fût*, sans nul doute, signalé à l'admiration complète de la France.

Pierre Martin, capitaine de navire, se couvrit de gloire au Bengale, où tout l'honneur de la prise d'un fort lui revint. Louis XIV l'anoblit et Martin acheta alors la terre de *Chassiron* [2], dont il joignit le nom au sien. Appelé à la direction de la Compagnie des Indes, il en remplit très honorablement les fonctions. Ses fils et ses petits-fils ont su se faire remarquer, autant par des publications littéraires ou agricoles que par la manière dont ils ont tenu des places élevées, dans la magistrature et dans la diplomatie.

---

[1]. A. Gauthier. *Précis de l'Histoire de La Rochelle.*
[2]. Située dans l'Ile d'Oléron.

Cette rapide et bien incomplète revue des hommes célèbres de La Rochelle se poursuit par un nom presque contemporain, devant lequel la postérité s'inclinera comme nous-mêmes.

Guy-Victor Duperré (né en 1775) s'embarqua à seize ans. Il atteignait sa dix-huitième année quand il prit rang de second chef de timonerie sur la corvette *le Maire*, Guiton. En 1808, il était capitaine de vaisseau et les Anglais n'avaient pas, dans les

Statue de Duperré.

Indes, d'adversaire plus redoutable. S'il n'eût tenu qu'à Duperré, nous posséderions encore l'île de France ; longtemps il la défendit et sut, le 23 août 1810, gagner une éclatante victoire datée du Grand-Port de cette belle colonie. Le vainqueur fut récompensé par le grade de contre-amiral et le titre de baron. Le blocus de Cadix (1823) appela de nouveau l'attention sur Duperré qui, bientôt, se signala brillamment à la prise d'Alger. Nommé amiral et pair de France, il eut la joie de voir ses compatriotes lui offrir (1830) une épée d'honneur, forgée, en partie, avec le poignard de Jean Guiton. La suite de la carrière du grand marin fut encore consacrée à la mer. Président du Conseil d'Amirauté, il fut trois fois ministre de la marine et mourut en novembre 1846. Sa ville natale ne s'est pas contentée d'obtenir son portrait et de donner son nom à l'un des quais : elle a tenu à honneur de lui élever une statue. Sur le piédestal, une inscription résume la biographie de Guy-Victor Duperré. Par une heureuse inspiration, on n'a pas oublié d'y graver les héroïques paroles du jeune capitaine de vaisseau, alors qu'en 1808, commandant *la Sirène*, il se trouvait, par le travers de Groix, aux prises avec un ennemi bien supérieur en nombre :

« *Coule si tu peux ! Je n'amène pas ! Feu partout !!!* » s'écria-t-il, électrisant ainsi son équipage et déconcertant l'ennemi.

Quel merveilleux recueil d'actions souvent sublimes, et toujours empreintes d'un indomptable courage, offrent les annales de notre marine ! Pour le seul petit coin de terre où nous sommes parvenus, que de souvenirs encore !

L'équipage tout entier du vaisseau *le Vengeur* était saintongeois et le second du capitaine Renaudin était un Rochelais nommé DELOUCHE.

En 1813, JEAN PICHEZ, un Rochelais, commandant *la Dorade*, navire de l'État, se croyait en sûreté dans la baie de La Teste, quand une flottille de péniches anglaises vint l'envelopper. Pichez est le premier tué, au moment où il commande le feu, et les Anglais, plus nombreux, emmènent prisonnier l'équipage. Tout à coup, les marins français, quoique déjà descendus dans les péniches, reviennent de leur stupeur, se révoltent, fondent sur les agresseurs et, à leur tour, conduisent les vainqueurs prisonniers à Rochefort !...

Peut-on davantage oublier la belle carrière de SAMUEL-LOUIS MESCHINET DE RICHEMOND (1783-1868), qui fit ses premières armes sous La Touche-Tréville et, dans toutes les missions qui lui furent confiées, donna des preuves de la plus haute capacité, du plus grand courage.

« Par un épouvantable ouragan, le 15 décembre 1833, *le Superbe* se perd à l'entrée de la rade de Parakia. Second du vaisseau, de Richemond se distingue avant, pendant et après le naufrage, sauve la vie de son commandant et l'honneur du pavillon[1]. »

Oui, on peut l'affirmer : si jamais, chose impossible, le patriotisme, le dévouement au pays s'effaçaient du cœur du reste des Français, on les retrouverait dans l'âme, dans le cœur de nos admirables marins, à qui l'héroïsme est si naturel, à qui sont familiers les plus spontanés, les plus absolus sacrifices !...

Nous l'avons vu depuis notre premier pas sur le Littoral de France. Combien de noms ont surgi entourés de la double auréole du courage, du stoïcisme invincible !

Combien nous en retrouverons encore ! La terre française ne manquera jamais de fils généreux et dignes d'Elle.

---

1. M. Meschinet de Richemond était le père du distingué archiviste de la Charente-Inférieure. Henri IV avait anobli cette famille.

CHAPITRE V

LE PORT ACTUEL ET LE PORT NOUVEAU DE LA PALLICE

Pourvue de rades très sûres, grâce à l'abri fourni par les côtes des îles de Ré et d'Oléron, située au fond d'un petit golfe facilement accessible, même sous grands vents d'ouest, La Rochelle offre un véritable port de refuge. Si les exigences toujours croissantes du commerce n'avaient transformé les conditions de la marine marchande, la capitale de l'Aunis [1] serait donc encore une ville très florissante.

Mais, les dimensions données aux navires, la brièveté du temps accordé aux voyages, la perte de plusieurs colonies, le fait, surtout, qu'une grande part de nos transactions ont lieu avec l'Amérique du Nord, ces diverses causes ont amené une décadence difficile à conjurer.

En même temps, la présence d'un obstacle toujours renouvelé, les vases, ajoute au péril de la situation.

En vain, un canal de chasse a-t-il été établi : ce que le reflux emporte, le flux, de nouveau, le déposera à l'heure suivante. Il suffit de voir le port presque asséché à mer basse, pour comprendre l'impossibilité d'entrée de l'un des magnifiques navires commerciaux maintenant en usage.

Ces vases, à la vérité, offrent un très bon ancrage, mais comment empêcher qu'elles ne diminuent chaque jour la profondeur ? Comment obtenir, sans un bouleversement complet des bassins, des quais, des dépendances du port, la place nécessaire, la facilité réclamée par un grand trafic ?

Ou il n'y fallait pas songer, ou il fallait tout créer à nouveau.

---

[1]. On sait que l'Aunis ou Aulnis (*Pagus alinensis, alienensis* ou *alnisus*) formait, à l'origine, un petit pays indépendant de celui des *Santones* (capitale Saintes), d'où est venu le nom de Saintonge.

Ce dernier parti prévalut. Une étude attentive de la côte, poursuivie par M. Bouquet de La Grye, fit juger qu'une sorte de fosse dite : *Mare à la Besse*, communiquant avec la rade de *La Pallice*, permettrait l'établissement d'un port en eau profonde.

Les travaux furent poussés avec activité et l'inauguration en eut lieu le 12 août 1890, le commerce en prit possession le 1er mai 1891.

Ce port, au nord de la baie de La Rochelle dans la rade de La Pallice, dont il tire son nom, est protégé contre la mer du large par trois grands brise-lames naturels ; au sud et au sud-ouest par l'île d'Oléron ; à l'ouest par l'île de Ré et au nord par le seuil connu sous le nom de « Peu Breton », qui s'étend entre le port de La Prée (île de Ré) et l'embouchure de la Sèvre. La rade de La Pallice, bien connue de tous les marins, offre une excellente tenue et ne présente que des courants maniables et bien orientés. Le mouillage varie de 10 à 20 mètres au moment de la basse mer. L'appareillage y est facile par tous les vents.

Le port de La Pallice s'ouvrant dans cette rade est facilement accessible par les gros temps, soit par le pertuis d'Antioche, soit par le pertuis Breton.

L'avant-port a une superficie de 12 hectares et demi ; il est creusé à 5 mètres au-dessous du niveau des plus basses mers, ce qui lui donne un mouillage à haute mer de 9^m,50 en mortes eaux et de 11 mètres en vives eaux.

L'avant-port est limité par deux jetées laissant entre leurs extrémités une passe de 90 mètres de largeur, qui forme l'entrée de l'avant-port qui s'ouvre dans la direction O.-N.-O.

L'écluse qui établit la communication entre l'avant-port et le bassin a 22 mètres de largeur et une longueur totale de 235 mètres ; son radier est au niveau du fond de l'avant-port, c'est-à-dire à 5 mètres en contre-bas des plus basses mers. Elle contient 3 paires de portes métalliques, dont une de flot qui sert de porte de garde en cas de mauvais temps, et deux paires de porte d'ebe qui comprennent entre elles un sas de 165 mètres de longueur pouvant recevoir les plus grands transatlantiques français.

Le bassin est une superficie de 11 hectares et demi ; il est creusé à 4 mètres au-dessous des plus basses mers et s'étend dans la direction de l'ouest à l'est ; il a dans cette direction une longueur totale de 700 mètres. Sur les 400 premiers mètres à partir de l'ouest, il présente une largeur de 200 mètres ; au delà, sa longueur est réduite à 120 mètres ; son pourtour a un développement de 1,800 mètres, présentant une longueur utilisable de 1,600 mètres environ.

A l'extrémité ouest du grand quai sud du bassin s'ouvrent deux formes de radoub : l'une à une longueur de 180 mètres, une largeur d'entrée de 22 mètres et une hauteur d'eau sur les tins qui varie, suivant l'état de la lune, de 8 mètres à $9^m,50$; l'autre a une longueur de 111 mètres, une largeur d'entrée de 14 mètres et une hauteur d'eau sur les tins qui varie de 7 mètres à $8^m,50$.

Chaque forme est munie, à son extrémité opposée du bassin, d'une fosse à gouvernail, et elle présente, en vue de diminuer les épuisements en cas d'admission de petits navires, un seuil intermédiaire de bateau-porte qui divise sa longueur en deux parties inégales.

La grande forme ne contenant pas moins de 45,000 mètres cubes d'eau pourra être vidée dans une durée maximum de cinq heures.

Une zone de terrains de 200 mètres de largeur, tout autour du bassin, permet de réunir à proximité des navires tous les établissements publics que peut nécessiter le commerce maritime. Ces terrains sont aménagés sur une largeur de 100 mètres seulement. — Cette première zone est consacrée aux terre-pleins pour le dépôt des marchandises, au réseau de voies ferrées, à une large voie de ceinture, à la construction de hangars pour mettre les marchandises à couvert, à l'entrepôt réel des douanes. Des grues à vapeur roulantes assureront la rapidité des opérations de chargement et de déchargement.

Les ouvrages de l'avant-port, l'écluse, le bassin et la première zone des terre-pleins sont éclairés à la lumière électrique.

Une distribution d'eau potable est rendue facile par de nombreuses bouches établies sur les quais. La redevance due par les vapeurs pour leur approvisionnement est fixée à 1 franc par mètre cube.

Les voies ferrées qui sont établies sur les quais du bassin de La Pallice aboutissent toutes par des courbes et enlacement à la ligne principale de La Pallice à La Rochelle, en un point situé vers l'extrémité est du quai nord où se trouve la halte provisoire ouverte au service complet de la grande et de la petite vitesse.

Par cette ligne, le port de La Pallice se trouve en relations directes avec Paris et le Nord; avec Nantes et l'Ouest; avec Angoulême et Limoges; avec Bordeaux et le Midi; avec Poitiers et le centre de la France.

Sur ce champ nouveau, La Rochelle peut prendre une superbe place. Excellemment pourvue, quant aux avantages maritimes; dotée, alors, de trains rapides et directs vers Paris, La Rochelle engagera une partie que toutes les prévisions permettent de regarder comme des plus avantageuses.

C'est l'avenir, lointain encore, mais c'est sûrement l'avenir : il s'agit de le bien préparer.

La meilleure preuve que le choix de l'emplacement du port nouveau est bon, se trouve dans les appréhensions soulevées à son sujet. Bordeaux, surtout, parmi les ports français, se voit menacé. Nous ne parlons pas de l'opinion de nos rivaux étrangers, si ardents, si peu scrupuleux à la lutte. Il est bien facile de voir que tous nos efforts pour renouveler notre commerce, tant intérieur qu'extérieur, causent une inquiétude mal dissimulée sous le dehors d'une dédaigneuse indifférence.

Mais ce que nous devons dire, c'est l'impérieuse nécessité, pour nos villes maritimes, d'étudier sans faiblesse la réalité; et si, de l'étude approfondie, ressort la conviction qu'un régime nouveau de trafic s'impose, il faut sur-le-champ, se résigner au sacrifice, seul moyen de conjurer la ruine imminente. Ce qui serait perdu, d'abord, on le récupérerait par une intelligente association d'argent, de travail. Car, là même où une fortune colossale croulerait, l'entente d'un grand nombre de moyennes et de petites fortunes accomplira des prodiges.

Voici pourquoi il est très intéressant d'étudier le port nouveau de La Rochelle. Aujourd'hui isolé dans une campagne d'aspect assez morne; creusé de toutes pièces et n'ayant à compter, pour prendre son développement avec aucune difficulté topographique, que deviendra-t-il?

« La rade de La Pallice, bien connue de tous les marins, est d'une sûreté proverbiale. Protégée contre la mer du large par trois grands brise-lames naturels : au sud et au sud-ouest, l'île d'Oléron, à l'ouest, l'île de Ré, au nord, le seuil sous-marin, connu sous le nom de « Peu Breton » qui s'étend entre le fort de la Prée (île de Ré), et l'embouchure de la Sèvre, elle offre une excellente tenue aux navires et ne présente que des courants maniables et bien orientés... Le chenal, en raison de sa faible longueur, est facile à entretenir. Son envahissement par les galets n'est pas à craindre ; la quantité de ceux qui pourront s'arrêter au sud des jetées n'atteindra pas 1 000 mètres cubes par an et sera encore loin de suffire pour le lestage des navires. Quant aux fonds de la rade, la comparaison des levés exécutés à diverses époques démontre qu'ils peuvent être considérés comme sensiblement immuables, et la direction concordante de la lame et des courants à l'ouverture du chenal permet de prévoir qu'il ne se produira pas de barre à l'entrée du port.

Les plans ont été judicieusement tracés ; le nouveau bassin peut recevoir les plus grands navires, même les Transatlantiques dont on exagérerait encore la longueur actuelle ; la tenue de l'avant-port est excellente : à peine si les vents du sud-ouest, les seuls qui puissent modifier l'état de la mer à La Pallice, donnent-ils un peu d'agitation.

« Le nouvel établissement maritime de La Pallice, avec des quais bien outillés et convenablement aménagés, est en mesure de suffire à un mouvement commercial de *sept à huit cent mille tonneaux.*

« Dans le cas où le développement du trafic rendrait nécessaire l'agrandissement du port, on pourra, soit étendre progressivement le bassin vers l'est, soit créer de nouveaux bassins dans une vaste dépression qui existe entre la pointe de Chef-de-Baie et le port actuel. Quelle que soit la solution qui sera adoptée, les agrandissements ne pourront se faire que du côté de la ville et ils auront toujours pour effet de rapprocher le nouveau port de l'ancien. »

Cette dernière affirmation est des plus encourageantes pour l'avenir de La Rochelle. Déjà si bien dotée, au point de vue nautique, par sa situation, elle se trouvera posséder deux ports, tous deux actifs, tous deux sûrs, tous deux accessibles par tous les vents et en outre des besoins commerciaux auxquels ils répondent, jouant ainsi le rôle bienfaisant de ports de refuge.

Une prospérité nouvelle et durable semble donc assurée à La Rochelle, et la progression ascendante du mouvement du vieux port prouve bien qu'une escale aussi avantageusement placée ne peut être abandonnée.

Au surplus, les améliorations apportées à l'ensemble maritime ont grandement contribué à cette reprise du commerce.

Le vieux port, on le sait, se compose du chenal, d'un port d'échouage, de deux bassins à flot, d'une écluse de chasse avec bassin de retenue et d'un chantier de construction.

Deux gares, l'une affectée au triage des marchandises, l'autre établie latéralement au grand côté du bassin à flot extérieur et dans les meilleures conditions pour le service des quais suffisent à toutes les exigences du trafic.

La mise en communication du canal de navigation intérieure de Marans avec le bassin à flot extérieur de La Rochelle, l'élargissement du chenal ; enfin, des modifications apportées aux ouvrages de défense militaire constituent de véritables bienfaits pour l'ancien port.

Les principaux éléments du commerce rochelais consistent dans l'importation de houilles anglaises, de minerais espagnols et de vins de même provenance, toujours de plus en plus demandés, maintenant que le phylloxera achève de détruire les vignobles de l'Aunis et de la Saintonge. Viennent ensuite les bois du Nord et ceux du Canada, qui tiennent de mieux en mieux leur place sur le marché français ; les poissons salés, les guanos les fers, les grains.

L'exportation réclame des sels, des vins, des eaux-de-vie, des bois de pin, des grains, des pierres à bâtir.

La seule pêche du poisson frais arme soixante-trois chaloupes pontées et trois bateaux à vapeur. Pour la même cause, les ports voisins ou étrangers dirigent sur La Rochelle cent soixante chaloupes et un bateau à vapeur. Le tonnage moyen des embarcations rochelaises est de 20 tonneaux. Un million d'hommes composent leurs équipages.

Il est très facile de se rendre compte de l'importance du produit de la pêche par ce fait que l'année 1883 a donné *en dehors* de la prise des maquereaux et de la sardine, un total de 3,200,000 kilogrammes.

L'année précédente, féconde en tempêtes (1882), avait été très mauvaise pour les pêcheurs. L'industrie huîtrière et celle des bouchots à moules profitèrent de l'impossibilité fréquente où ces braves gens se trouvaient de prendre la mer.

Il est presque incroyable de voir à quel point l'huître portugaise s'est acclimatée sur toute cette partie du littoral. Elle devient une ressource sérieuse, car d'autres espèces marines, les crevettes, par exemple, disparaissent très notablement.

De tout ce qui précède, ressort la conviction très consolante que les alarmes sur la décadence du port de La Rochelle ont été pour le moins fort exagérées.

Ainsi que tous nos ports, sans exception, il a dû subir une crise et se mettre en état de répondre aux exigences suscitées par la concurrence étrangère.

Mais les plus mauvais jours sont, espérons-le, passés. L'activité rochelaise n'a pas faibli. Elle peut commencer à se rendre compte des résultats probables de l'avenir, à les préparer, surtout avec une sagacité que l'expérience acquise double d'une énergie nouvelle.

Si, bientôt, sur les routes commerciales reconquises, La Rochelle ne peut faire flotter le fier pavillon bleu et blanc de son antique Corps de Ville, du moins ses navires, bien équipés et toujours entreprenants, s'abriteront nombreux, sous le drapeau national, concourant ainsi, non à une prospérité particulière, égoïste, mais, destinée plus glorieuse, à la prospérité commune de la Patrie.

CHAPITRE VI

AU NORD DE LA ROCHELLE. — MARANS. — ESNANDES
LA CULTURE DES MOULES. — LALEU. — LES MARAIS SALANTS
DE LA CHARENTE-INFÉRIEURE

Le marais vendéen nous a déjà offert [1] l'occasion d'étudier les terrains d'alluvion produits et par le flux marin et par les débris sédimenteux que charrient les fleuves. La rencontre des courants accumule, sur divers points plus menacés, les vases résultant de ces deux forces, et bientôt, la configuration du rivage se trouve profondément modifiée.

Le canton de Marans a subi ces modifications; il n'est, du reste, qu'une parcelle de l'ancien Poitou, confinant, à l'ouest, la baie envasée de l'Aiguillon, si réduite, de nos jours, en largeur et en profondeur.

Les apports incessants de la *Sèvre Niortaise* ont été une des causes du mal. La mer, à une époque relativement récente, baignait NIORT, formant un vaste golfe de toute la contrée où, maintenant, la seule trace de son passage est prouvée par l'existence de véritables montagnes ou bancs d'huîtres et autres coquilles marines.

M. de Quatrefages n'admet pas l'origine naturelle de ces buttes. Il explique fort bien que leur relief, la contexture et la disposition de leurs assises accusent la main humaine, chose probable. Un peu partout, dans les terrains spongieux qu'il voulait dessécher, l'homme a dû commencer par essayer de fixer, au moyen de petites digues, ce sol demi-mouvant. Il est plausible de croire que la présence de matériaux d'un emploi facile a conduit à l'entreprise patiente, suivie, mais en somme aléatoire.

1. Voir *Côtes vendéennes : De Lorient à la Rochelle*, chap. XXXIX.

L'altitude moyenne de cette grande plaine d'alluvion ne dépasse guère 1ᵐ,50 au-dessus du niveau de la mer, et elle tend à gagner toujours en surface : les atterrissements annuels de la baie de l'Aiguillon n'étant pas évalués à moins de 75 ou 80 centimètres [1].

Tous les centres habités, nous l'avons vu, occupent des noyaux rocheux, jadis îlots entourés par l'Océan.

Partout, la campagne offre l'aspect des marais flamands [2] ou du marais de Dol [3]. Des canaux et des levées, nommées *bots*, protègent les desséchements qui ont assaini, en en permettant la culture, une cinquantaine de milliers d'hectares de terres fertiles. Le principal des canaux (défense efficace contre les inondations) fut établi par des ingénieurs hollandais, habiles dans le travail qui a constitué la notable partie du sol des Pays-Bas. La nationalité des ingénieurs explique le nom donné à leur œuvre : *Canal des Hollandais*.

Une large tranchée latérale reçoit les eaux de nombre de petites artères et se déverse à l'anse de Brand. Quelques rigoles aboutissent directement à la mer ; enfin plusieurs rivières, telles la *Vendée*, l'*Autise*, après avoir baigné le pays, viennent se jeter dans la Sèvre niortaise et en doublent le volume.

Bâtie sur une des anciennes îles du golfe poitevin, la petite ville de Marans est aujourd'hui à *six* kilomètres de l'Océan, qui lui forme un port fréquenté, et remonte encore à environ six nouveaux kilomètres au delà.

Fort ancienne, cette ville a toujours eu une importance stratégique et commerciale. Au quatorzième siècle, une pièce authentique nous l'apprend, les relations de Marans avec La Rochelle étaient assez suivies pour avoir nécessité une *levée*, appelée *Botz*. C'est, sauf une lettre, on le voit, le même nom toujours en usage pour désigner les digues routières ou autres.

Ce botz devait être d'origine déjà ancienne, puisqu'il s'agit de réparation. Voici un extrait de la pièce officielle.

Le 14 juin 1375, Charles V autorise la dame Perronnelle de Thouars, veuve d'Amaury de Craon, comte de Dreux et sire de

---

1. D'après M. Jules Girard. *Les Côtes de France*.
2. Voir *Côtes normandes : De Dunkerque au Mont Saint-Michel*.
3. Voir *Côtes bretonnes : Du Mont Saint-Michel à Lorient*, chap. Dol.

Marans, à lever un péage sur les gens et marchandises passant à Marans.

« ... Comme il lui conviegne (à la comtesse) faire grans fraiz et mises pour la reparacion et retenue nécessaires du pavement que l'on appelle Botz, qui est entre ledit lieu de Marent et notre ville de La Roichelle, par où il convient que les marchans qui mainent vivres et autres denrées et autres personnes passent, et aussi pour la reparacion et garde des barbacannes et ysles dudit Marent, assis en frontière de noz ennemis, tant par mer que par terre, les quelz fraiz elle ne pourroit bonnement faire sanz aide des gens du païs, si comme elle dit, que nous veuillons ottroyer un aide ou subside à deux ans, qu'elle a avisé moins dommageable pour les bonnes gens qu'elle a peu, à lever pour la manière qui s'ensuit. C'est assavoir :

« Pour chascune personne de pié passant par ladicte ysle, un denier ;
« Pour chascune beste chevaline, asine, bovine et béline, un denier ;
« Pour chascune charge de cheval, vin, sel, poisson, draps euvre de pois et autres denrées et marchandises passans tant par terre que par mer, quatre deniers ;
« Par ainsi que nulz dessus diz ne paieront hors que une foiz le jour qu'ils passeront.
« Pour mettre et convertir es reparacions et retenues dessus dictes.
« Si donnons en mandement par ces présentes au gouverneur de La Roichelle ou à son lieutenant que il se transporte audit lieu de Marent et se conforme bien et diligemment si la dicte aide est prouftable à lever par la manière dessus dicte pour ledict lieu et pour la chose publique du païs d'environ, et s'il la treuve ainsi estre prouftable, qu'il la mette sus et à la lever, cueillir et employer ès dictes reparacions et gardes commette une ou plusieurs bonnes personnes qui en saichent rendre bon compte quant et où il appartiendra, en cas toutes voies que plus tôst ne pourroient les dictes reparacions estre foites [1]... »

Plusieurs fois assiégée, Marans tomba, en 1583, au pouvoir de Henri de Navarre, depuis Henri IV. Son importance militaire allait prendre fin, Richelieu en fit raser le château (1638).

Actuellement, et en dépit des difficultés de la navigation, la ville reste un point très commerçant. Les seules transactions en grains se chiffrent par plusieurs millions, auxquels il faut ajouter les produits des bois, des animaux de ferme, des légumes, surtout des fèves. Les foires, nombreuses, sont très suivies.

Le port, bien connu des expéditeurs de denrées, fut noté pour une somme de trois millions cent cinquante mille francs, sur

---

1. *Documents historiques inédits sur le département de la Charente-Inférieure*, publiés, en 1874, par M. DE RICHEMOND, archiviste du département.

l'ensemble des grands travaux maritimes projetés par M. de Freycinet. Il serait vraiment déplorable qu'un centre comme Marans ne fût pas toujours en mesure de conserver son activité de si bon aloi. Heureusement, il n'en est pas ainsi : le grand canal qui doit unir Marans à La Rochelle se reliera, à coup sûr, plus tard, avec les canaux du Centre et de l'Est. C'est la vie même du pays qui sera ainsi renouvelée et assurée.

D'après la configuration du rivage, on comprend que la grande pêche ne puisse y être pratiquée. La force des bateaux varie de vingt-cinq centièmes à deux tonneaux. A l'Aiguillon, quelques petites chaloupes emploient la drague.

Le tramail, l'épervier, le chalut, la courtine, l'haveneau sont les engins du pêcheur. Le poisson est généralement vendu frais, soit à Marans, soit à Luçon, ou dans les localités voisines. Mais la véritable pêche, le meilleur travail et la fortune des riverains consistent dans la *culture* des moules.

La baie de l'Aiguillon est comme le quartier principal de cette très vieille industrie, datant du onzième siècle, et possédant à présent, sur le littoral de la baie et sur celui de la Sèvre maritime, plus de douze cents grands *bouchots* en plein rapport.

D'Orbigny père a raconté l'origine et les procédés de l'industrie moulière :

« En 1035, dit-il (1064, suivant d'autres auteurs), une barque irlandaise vint échouer à une demi-lieue d'Esnandes ; le patron, nommé PATRICE WALTON, fut seul sauvé. S'étant établi dans le pays, il inventa d'abord ces filets d'*allouret*, servant à prendre les oiseaux qui rasent l'eau pendant les soirées et les nuits obscures. Pour tendre ces engins, il fallait aller au milieu des vases. A cet effet, Walton construisit l'*acon*, sorte de toue longue de 2 à 3 mètres, large de 50 centimètres, qu'on dirige en s'agenouillant sur une jambe, et en laissant l'autre, chaussée d'une longue botte, en dehors du bateau, pour servir à la fois de gaffe et de gouvernail.

« En visitant les piquets de ses allourets, l'Irlandais s'aperçut, un jour, que le frai des moules s'y attachait et que les coquillages venus ainsi en pleine eau étaient supérieurs, pour la grosseur et la qualité, à ceux qui se développent dans la vase, sur les côtes. C'est alors qu'il imagina les *bouchots*, angles immenses formés de pieux et de clayonnages, dont la base regarde la terre et le sommet la pleine mer. Une étroite ouverture, ménagée à l'extrémité de l'angle pour recevoir des filets ou d'autres engins qui arrêtent le poisson au moment du reflux, complète le bouchot, en en faisant, tout à la fois, un parc à moules et une pêcherie. L'invention de Walton fut accueillie avec faveur; à son exemple, on construisit des bouchots, et, sans attendre que le *frai* des moules vînt spontanément se fixer sur les clayonnages et les fascines, on le recueillit sur les côtes pour le transporter dans les parcs qu'on lui avait préparés. »

Ajoutons que l'intérieur des parcs est garni de rangs de pieux parallèles à la base, divisant l'étendue en compartiments ayant, chacun, une destination spéciale. Certaine rangée n'atteint pas une longueur moindre d'un kilomètre : les plus courtes ont 200 mètres, suivant, nécessairement, la direction de l'angle donné. Les pieux ont environ 3 mètres de hauteur ; ils sont espacés de 2 mètres en 2 mètres et l'intervalle qu'ils laissent reçoit un clayonnage approprié.

« L'industrie de Walton, a écrit M. de Quatrefages, se perfectionna, se systématisa, pour ainsi dire, et chacune de ses opérations reçut un nom qui, emprunté à un tout autre ordre d'idées, pourrait faire croire que deux *bouchoteurs*, causant de leurs affaires, s'entretiennent d'agriculture.
« Les petites moules, écloses au printemps, portent le nom de *semences*. Elles ne sont guère plus grosses que des lentilles jusque vers la fin de mai. A partir de cette époque, elles grossissent rapidement, et, en juillet, elles atteignent la taille d'un haricot ; alors elles prennent le nom de *renouvelaire* et sont bonnes à *transplanter*. Pour cela, on les détache des bouchots plantés au plus bas de l'eau et on les place dans des poches faites de vieux filets, que l'on fixe sur des clayonnages moins avancés en mer. Les jeunes moules se répandent tout autour de la poche et s'attachent à l'aide des filaments que les naturalistes désignent sous le nom de *byssus*. A mesure qu'elles grossissent et que l'espace commence à leur manquer, on les *éclaircit* et on les *repique* sur de nouveaux pieux de plus en plus rapprochés du rivage. Enfin, on *plante* sur les bouchots les plus élevés les moules qui ont acquis toute leur taille et sont devenues marchandes. C'est là que se fait la *récolte*. Chaque jour, une énorme quantité de moules fraîchement cueillies sont transportées, en charrette ou à dos de cheval, à La Rochelle et sur quelques autres points, d'où les expéditeurs les envoient jusqu'à Tours, Limoges et Bordeaux.

La consommation de tous les produits de la mer augmentant chaque jour, en raison des facilités de transport données par les chemins de fer, la culture des moules tend à se développer de plus en plus. Circonstance heureuse qui, d'immenses espaces envahis par les vases, a fait un champ d'extraordinaires moissons.

Rien d'étrange comme le spectacle offert, pour la première fois, au voyageur, lors d'une visite aux bouchots.

La construction si primitive de l'*acon* ou *pousse-pied*, ce radeau destiné à effleurer la surface vaseuse, n'est pas sans inspirer une certaine appréhension, très vite dissipée, d'ailleurs.

Le *pilote*, plongeant dans l'amas gluant celle de ses jambes qui doit faire l'office de gouvernail, tient à honneur d'avancer rapidement.

Le sillage tracé laisse transparaître un peu d'eau; la surface entière frissonne et ondule, mais on atteint sans encombre le parc. Tout au plus risque-t-on, si la promenade a lieu un peu avant l'heure favorable, de rapporter sur ses vêtements quelques larges marques du milieu visité.

Rien n'égale l'adresse, la dextérité, le coup d'œil des boucho-teurs examinant leurs parcs. Tout se fait à point nommé et, quand les pluies fréquentes ne viennent pas en contrarier la culture, la qualité des moules dépasse de beaucoup celle de leurs pareilles croissant en liberté. Elles offrent, de plus, une sécurité presque complète sous le rapport sanitaire, aussi plusieurs bourgs du nord de l'arrondissement de La Rochelle se livrent-ils d'une manière à peu près exclusive à cette industrie : MARSILLY, VILLEDOUX, CHARRON, ESNANDES figurent pour plus d'un million de francs sur les tableaux comparatifs des pêcheries du sud-ouest.

On a fait cette petite remarque à propos des bouchots, que leur forme générale affecte la représentation du W commençant le nom de Walton, le naufragé irlandais, créateur d'une industrie dont le produit est si important pour la région entière. Rarement un bienfaiteur obtient la reconnaissance qu'il mérite, aussi est-ce avec plaisir que l'on constate une sorte d'exception en faveur d'un homme dont la nationalité a toujours inspiré à la France une si vive sympathie.

On ne saurait quitter ESNANDES sans visiter la curieuse église *fortifiée* du bourg. C'est, sur une échelle moins vaste, la repro-duction d'un château seigneurial, protecteur de la contrée qu'il domine. Et, vraiment, des rivages, témoins pendant tant de siècles de luttes implacables, d'invasions terribles, devaient avoir grand besoin de lieux de refuge où les malheureuses popu-lations s'entassaient, en soupirant après l'heure de la délivrance, trop souvent tardive, sinon vainement espérée.

La preuve combien les descentes ennemies préoccupaient les

habitants se reconnaît au soin avec lequel les ouvertures regardant la mer sont aveuglées. Des fossés entourent l'église. Les murs, d'une épaisseur de près de 5 mètres, portent çà et là des marques de créneaux. Deux logettes rondes, pour les vigies, renflent la façade ouest ; la façade méridionale porte deux autres guérites de forme carrée. Les fenêtres ont conservé leurs mâchicoulis et la toiture se termine en plate-forme, bordée de chemins de ronde. Trois portails décorent la façade, celui du milieu présente des sculptures de style roman et six colonnes à chapiteaux ornés en supportent les voussures.

La partie la plus ancienne du monument semble appartenir au douzième siècle, mais avec réparations et ajoutages du treizième, du quinzième et du seizième. Esnandes n'est pas le seul bourg de l'Aunis et de la Saintonge qui possède une église fortifiée, mais nulle autre ne l'emporte sur la sienne en intérêt réel, et son classement parmi les monuments historiques se trouve de tout point justifié.

En revenant vers La Rochelle, les contours du rivage traversent le territoire de Nieul-sur-Mer, devenu, ainsi que l'Houmeau, bourg voisin, le siège de grands parcages d'huîtres. Les procédés d'élevage ne diffèrent pas très sensiblement de ceux employés en Bretagne[1].

Il faut, seulement, que les parqueurs aient soin de veiller à dévaser les réservoirs ; autrement les produits seraient compromis.

Ici, on n'élève pas l'huître : elle est importée, soit des bancs dragués au large, soit des côtes bretonnes. Le temps de séjour dans les parcs est subordonné au degré de volume, de couleur ou de délicatesse nécessaire au mollusque pour devenir *marchand*, c'est-à-dire vendable. Bientôt, dans les îles, de même que dans tout le pays baigné par la Seudre, nous retrouverons la culture des huîtres prenant chaque jour une extension plus considérable, dont les effets viennent atténuer les mécomptes éprouvés avec les divers travaux agricoles.

Nieul-sur-Mer, bourg important, tenait un certain rang parmi les *terres nobles* de l'Aunis ; ses revenus étaient considérables, ainsi que l'on en peut juger par la pièce suivante, datée du 6 dé-

---

[1] Voir *Côtes bretonnes* : chap. Cancale.

cembre 1382 et signifiée tant au gouverneur qu'au receveur de La Rochelle.

« Charles (VII) par la grâce de Dieu roy de France, à tous ceulx qui ces lettres verront, salut. Comme Jehan Lespaignol, lequel par don et octroy de notre très chier seigneur et père, que Dieux absoille, avoit et prenoit par sa main chascun an, durant sa vie, *trois cens livres tournois* de rente, à assiete de païs, sur les cens, rentes et revenus de la terre de Nieul, près La Rochelle, soit alez de vie à trespassement, ainsi que l'on dit, savoir faisons que nous, aians consideracion et regart aux bons si agreables services que nostre amé et féal chevallier et chambellan Guy de la Trémoïlle nous a fais en temps passé et en ceste présente chevauchée de Flandres, et fait encores de jour en jour en plusieurs manières, à ycellui avons donné et octroié, donnons et octroions par ces présentes, de grâce espécial, les dictes trois cens livres de rente à les prendre et avoir par sa main chascun an, tant comme il vivra, en et sur le cens, rentes et revenues de la terre dessus dicte, pour la fourme et manière qui le dict deffunct les souloit prendre et avoir, quand il vivoit, par le don et octroy dessus diz. Si donnons en mandement à noz amez et féaulx trésoriers à Paris et à tous noz austres justiciers et officiers... que nostre dict chambellan ils laissent et facent joir et user de nostre présent don et octroy, sans faire ou souffrir qu'il soit contraint, empeschié ou traveillié en aucune manière contre la teneur de ces lettres... Donné en nostre ost (armée) à Courtray, en Flandres, le VIe jour de décembre, l'an de grâce mil CCC quatre vins et deux, et de nostre règne le tiers. Par le roy, à la relaccion de messieurs les dux de Berry et de Bourgogne... »

Une charte encore plus ancienne, car elle date de 1220, mentionne un prieuré appartenant aux Templiers. L'église et son clocher méritent d'être remarqués. Le fameux jurisconsulte VALIN, Rochelais, avocat et procureur du roi à l'Amirauté de La Rochelle, avait été enterré dans l'église. Un nouveau tombeau a reçu le cercueil, et des inscriptions rappellent les titres de Valin au respect de ses compatriotes.

L'HOUMEAU fut, comme Nieul, un bourg bien connu au moyen âge. Les historiens rappellent que son nom ancien était *Ulmus*, d'où vient le nom actuel. Il possédait un port dit du *Plomb*, très fréquenté dès le onzième siècle. Les vases l'ont comblé et, sans le petit promontoire qui garde la même désignation, le souvenir en serait à peu près perdu.

M. de Richemond fait remarquer que le nom de LALEU, commune annexée maintenant à La Rochelle, est tout féodal, car il est la traduction du mot *alodium* ou *franc aleu*, désignant une terre exempte de redevances. Ce fut le cas du bourg donné en franchise complète à l'abbaye de Cluny, par les seigneurs de Chastel-Aillon (1053).

L'église de Laleu remonte à 1592, et l'un de ses seigneurs, Paul Yvon, mathématicien distingué, fut maire de La Rochelle (1630).

En 1690, Renée-Magdeleine de Rambouillet était dame de Laleu ou plutôt l'Aleu.

Au siège de La Rochelle, conduit par Louis XIII en personne, le monarque vint établir son logement à Laleu, où il habita ; les changements opérés dans cet immeuble sont insignifiants.

Le port nouveau de La Pallice est situé sur le territoire de Laleu, qui se termine, au nord-ouest par le cap de *Chef-de-Baie*, ou *Chef-de-Bois*, extrémité septentrionale de la baie rochaise ; ce cap s'élève en face de la pointe orientale la plus avancée de l'île de Ré.

Une petite anse, nommée de la *Repentie*, se rencontre un peu plus vers le nord. C'est l'escale choisie par un grand nombre de passagers, heureux d'éviter la traversée, quadruple en longueur, des bateaux de La Rochelle à Saint-Martin-en-Ré. Le chenal, ici, n'a guère que 4 kilomètres.

Encore près de Laleu, dans l'ancienne commune de Saint-Maurice, qui lui a été réunie, on voit une chapelle placée sous le vocable de saint Maurice et des soldats de la légion Thébaine. Le général baron Dumont l'a fait construire. Au fronton intérieur se détache la noble devise : *Gloria victis!* couronnant des plaques de marbre où sont gravés les noms des jeunes soldats de l'Aunis morts pour la France en 1870-71.

Souvenir sacré, ces noms rappellent une époque dont la pensée doit rester en nos cœurs, à la fois comme un hommage reconnaissant et comme une espérance. L'avenir n'appartiendra pas toujours aux vainqueurs !

Nous voici arrivés tout près des marais salants, mais nous ne nous y arrêterons pas longtemps, car nous avons étudié en détail les marais salants bretons[1]. Il suffira donc de constater les quelques différences existant, soit dans les noms donnés aux diverses parties d'un marais, ou d'Aunis ou de Saintonge, soit dans la culture elle-même.

---

1. Voir *Côtes vendéennes : De Lorient à La Rochelle*, chap. GUÉRANDE.

L'industrie saunière de l'arrondissement de La Rochelle exploite un peu moins du quart des marais du département entier : 1,839 hectares, sur 7,825, produisant des sels fort estimés. On les divise en sels blancs pour l'alimentation, et en sel verts, employés à la préparation des poissons de conserve.

Plusieurs salines sont établies aux portes même de La Rochelle.

Le premier des bassins d'un marais ouvre sur la prise d'eau : c'est le *jard* ; il atteint *un mètre* de profondeur et joue le rôle d'une sorte de filtre ; à sa suite viennent trois autres petits bassins : les *conches*, bien nommées, car ce sont de véritables coquilles ayant à peine 5 ou 6 centimètres de capacité. L'évaporation s'opère dans les *mors* et les *tables*, compartiments distribués autour du carré long, ménagé sur le tiers du marais. Ce carré est lui-même divisé par une large tranchée, profonde de 5 centimètres, appelée *muant*. De chaque côté sont les petites rigoles nommées *nourrices*, conduisant, par un lit de moins de 3 centimètres, l'eau, enfin saturée de sel, sur les *aires*, où les cristaux se déposeront avec une rapidité en rapport avec l'élévation de la température.

Les levées de séparation entre les bassins reçoivent, à leur sommet, une culture appropriée : elles sont appelées *bosses*. En Vendée, nous le savons, on les nomme *bossis*[1].

Depuis plusieurs années, l'industrie saunière a subi nombre de mécomptes, parmi lesquels figure la grande concurrence faite sur les marchés par les sels de l'Est. Elle se relèvera certainement. Le sel marin possède une saveur particulière qui le fait préférer, non sans raison, dans bien des cas.

Tout en souhaitant une prospérité commune aux diverses contrées de la France, il est permis de désirer pour nos populations du littoral, rudement éprouvées, un résultat compensant leur labeur sans trêve.

La mer les décime impitoyablement : puisse-t-elle, au moins, suffire à leur existence trop souvent si courte !...

---

1. Voir *Côtes vendéennes* : chap. LE MARAIS VENDÉEN.

CHAPITRE VII

L'ILE DE RÉ

Gisant de l'est à l'ouest, en face du département de la Vendée et de la côte nord-ouest de l'arrondissement de La Rochelle, l'ILE DE RÉ doit être maintenant visitée : sa position la constituant, en réalité, limite extrême et gardienne de la baie rochelaise.

Un simple coup d'œil jeté sur la carte donnera, comme le plus superficiel examen des lieux, cette impression que Ré a dû être arrachée par la mer aux côtes de l'Aunis.

Le *pertuis Breton*, qui la sépare du Bas-Poitou ou Vendée, présente une étendue de 12 kilomètres dans sa plus grande largeur, mais le chenal du passage existant entre l'extrémité sud-orientale de l'île et la rive de la commune de Laleu n'a pas 5 kilomètres.

Aussi, l'opinion des historiens qui font de l'île l'ancien *Promontorium Santonum* est-elle très vraisemblable. Un cataclysme, fort probable sur ce point du littoral, de nos jours encore sujet à tant de transformations, un cataclysme aurait, vers le troisième siècle, détaché le promontoire, qui, bientôt, allait devenir l'*insula Rhea* des Romains.

Et si l'intervention de tourmentes physiques semblait être suggérée par la difficulté de soutenir cette thèse, l'aspect de l'île, au contraire, en démontrera la vraisemblance complète, sinon la réalité.

Longue de 30 kilomètres environ, Ré, très découpée, n'offre pas un contour étendu, son extrême largeur dépassant à peine 5 kilomètres. Promptement réduite, cette largeur, vers le milieu de l'île, s'abaisse au chiffre de *soixante-dix mètres!* constituant le passage de la route qui conduit à Ars.

De nombreux travaux, maintes fois bouleversés, maris longuement, patiemment continués, protègent l'isthme d'Ars. Il faut, néanmoins, toujours redouter de nouvelles attaques de la mer. Au sud, la lame arrive sans obstacle du large, battant furieusement digues, épis, dunes naturelles et factices. Au nord, les divers bras du *Fier*, ancien golfe ou baie future, unissent leurs efforts aux efforts de la *mer sauvage*, et, pendant la tempête, envahissent le passage qui disparaît sous leurs flots.

La terre, alors, tremble sous le choc répété, et les riverains se demandent avec angoisse si les obstacles protecteurs ne seront pas emportés avec le reflux !

Les derniers mois de 1885 ont vu fréquemment interrompre les communications d'Ars avec le reste de l'île.

Près d'un mètre d'eau couvrait la route !

Toute la persistance intelligente des ingénieurs parviendra-t-elle à empêcher la réunion des deux mers ? On le souhaite sans l'espérer beaucoup. Les forces naturelles étant ici presque indomptables, Ars semble destiné à voir se renouveler la catastrophe qui, du promontoire de l'Aunis, forma l'*insula Rhea*.

Basse sur les flots, presque entièrement privé d'arbres, entourée d'immenses platins vaseux découvrant au reflux, envahie par les dunes sablonneuses, nommées *peus* ou *peuchs*, l'île ne présente aucun intérêt pittoresque. Sans le vaste champ d'étude qu'elle offre à la science ; sans les grands souvenirs historiques qu'elle rappelle ; sans l'importance que lui confère sa situation, et sans l'industrie dont ont fait toujours preuve ses habitants, « quatre fois plus nombreux que ceux du reste de la France, eu égard à l'étendue du sol », elle ne recevrait guère de voyageurs.

Mais il n'est pas possible d'oublier le rôle de Ré dans notre histoire nationale, ni de méconnaître celui qu'elle peut jouer dans le relèvement de notre commerce maritime.

Nous venons de voir qu'un chenal, large de moins de 5 kilomètres, sépare la pointe sud-orientale de l'île du rivage de la commune de Laleu. Le bateau à vapeur rochelais quadruple au moins cette distance, car il va toucher à Saint-Martin, *capitale* rhétaise, après avoir fait escale au petit port de La Flotte.

Le passage le plus court n'est fréquenté que par le bateau postal prenant les voyageurs pressés d'arriver, soit à Rivedoux, soit à Sainte-Marie ou, encore, soucieux d'éviter les attaques réitérées... du mal de mer.

Cette voie étant préférée, il faut aller s'embarquer à la grève de la *Repentie* et souhaiter que la mer « donne assez d'eau » à l'arrivée, pour permettre de décliner l'offre d'une promenade à dos de matelot sur les vases !

Au point de vue pittoresque et aussi pour ne pas subir une première impression peu favorable, il est mieux de prendre pied à Saint-Martin.

La petite ville apparaît, sentinelle attentive, appuyée sur un château fort et sur d'épaisses murailles, prête à résister avec courage à l'ennemi, comme elle le fit toujours dans le passé.

L'aspect inévitablement triste d'une ville soumise aux servitudes militaires est modifié par l'animation du port, de la rade, et le feuillage de vieux arbres jette une nuance heureuse sur le fond grisâtre de l'ensemble.

Tout de suite on comprend que Saint-Martin ait été et doive rester une position importante. Vauban l'appréciait. Sur l'ordre de Louis XIV, il donna le plan de l'enceinte fortifiée et de la citadelle, rendant ainsi plus efficace la défense de cette partie du littoral français.

En même temps, on s'occupait du port, objet, depuis, de travaux bien justifiés. Le premier port créé en vue des relations commerciales date de 1537, affirme un des historiens de l'île, le docteur Kemmerer. Quant au bassin à flot, il fut creusé en 1831. Le chenal est, maintenant, rendu très accessible. La rade est très bonne. Depuis la suppression du bagne de Rochefort, elle reçoit de grands navires destinés au transport des condamnés à la déportation qui, en attendant l'heure du départ, sont internés à la citadelle de Saint-Martin.

Très fréquenté, le port reçoit les produits des pêches fructueuses faites tant par les nombreuses chaloupes que par les intrépides explorateurs pédestres de la côte.

La culture de l'huître de Portugal, répandue aujourd'hui sur tout le littoral de l'île, donne des résultats très satisfaisants, ainsi que la récolte des amendements marins et le passage des bancs de thons.

Les vignes, par malheur, sont devenues la proie du phylloxera et les nombreux marais salants ne sont plus aussi rémunérateurs pour les propriétaires.

Mais, à moins de connaître parfaitement le pays, on ne se douterait guère qu'une véritable crise commerciale a pesé sur l'île. Les bateaux arrivent avec le flux, les quais sont encombrés de mannes de poissons aux écailles chatoyantes ; on les trie, on les emballe. Bientôt « le vapeur » accostera ou repartira, versant la foule de ses passagers au milieu de la foule accourue de tous côtés.

Les marins de l'État coudoient les pêcheurs, en échangeant avec eux des phrases jovialement sarcastiques et colorées, surtout si des soldats, « ces pauvres terriens », redoutant la petite traversée, ou pâles encore du voyage accompli, s'avisent de « stopper dans leur sillage ».

Ce mouvement, ce bruit, ces multiples tableaux composent un agréable souvenir, et l'on se trouve mieux préparé pour une visite complète de l'île.

Resserrée entre ses murailles, mais propre et bien bâtie, la petite ville fait remonter son origine aux Romains. Dans tous les cas, elle existait au sixième siècle, puisque le fameux LENDASTE ou LEUDASTE[1], comte de Tours, connétable de Chilpéric Ier, y est né en 540.

Toutefois, l'humble hameau date sa puissance militaire de 735, époque où EUDES, duc d'Aquitaine, fait construire sur son territoire un fort, une chapelle, qu'il dédie à saint Martin de Tours, et un couvent de bénédictins.

Mille ans se sont écoulés... Pour asseoir les fondations d'une maison destinée au gouverneur de l'île, on fouille (1730) l'emplacement du monastère, détruit par les Northmen après une courte existence.

Soudain, la pioche fait surgir de terre un crâne couronné... le crâne du fondateur, inhumé près de sa femme VALRADE. Selon l'usage des premiers mérovingiens, adopté pendant longtemps par les Carolingiens, leurs successeurs, Eudes avait été enseveli avec les insignes de son pouvoir. La couronne ducale retrouvée (en cuivre et de forme très simple) a pris place dans la collection parisienne des antiques.

---

1. Fils d'un serf nommé Leucadius ou, mieux, Leocadius.

Plus de deux siècles sont, ensuite, consacrés à la défense des côtes de l'île, périodiquement envahies par les Northmen.

Enfin, le douzième siècle voit s'établir la grande seigneurie rhétaise, qui comprend les noms célèbres des Mauléon, des Thouars, des La Trémoïlle, des Bueil, des Sancerre. Mais cette domination fut, peut-être par la force des choses, vraiment bénigne. Les insulaires jouissaient de droits fort étendus :

Établissement du jury ;

Liberté de réunion ;

Vote universel ;

Liberté commerciale ;

Liberté d'industrie ;

Liberté de la chasse ;

Liberté de jaugeage ;

Droit de ne porter les armes que pour la défense de l'île [1].

Les droits de souveraineté étaient réservés, naturellement, aux seigneurs. Parmi ces droits, en figure un que l'on voudrait effacer de l'histoire des pays maritimes où, à peu près toujours, on le rencontre : *Les bris et naufrages* appartenaient aux suzerains !

Un navire devenait-il le jouet de la tempête qui le poussait, épave inerte, sur la côte ? Les riverains s'en emparaient et l'équipage, s'il n'avait péri dans les flots, *était mis à mort ! ! !*

On a besoin de se souvenir que les cruelles invasions normandes et autres donnaient une apparence de légitimité à ces hécatombes atroces. Les naufragés *pouvaient* avoir fait partie de ces flottes armées pour le pillage, pour la ruine presque irrémissible !

Bientôt, il faut se hâter de le dire, les seigneurs furent les premiers à montrer plus de respect pour la vie humaine. Les Mauléon et les Thouars, suzerains de Ré, stipulèrent des garanties en faveur des naufragés. Plus tard, les rois étendirent ces garanties, et des *lieux d'asile* furent édifiés sur les côtes.

Dans l'île de Ré même, non loin du bourg des Portes, un de ces asiles existait encore il n'y a pas très longtemps. Les mots *Sauvegarde du roy* se voyaient gravés sur sa façade. Le malheu-

---

1. Docteur Kemmerer. Les ouvrages de cet infatigable historien de l'île de Ré sont des plus fructueux à consulter.

reux qui s'y réfugiait échappait à la poursuite effrénée des habitants, car toujours, hélas ! le mal pousse des racines profondes, et il n'était pas trop de la crainte d'une accusation de lèse-majesté, surtout de ses conséquences, pour arrêter l'ardeur des bourreaux.

Un autre droit plus glorieux appartenait au seigneur de l'île, titré *Amiral de la mer*, droit si bien reconnu que le roi Henri II, par une Ordonnance spéciale, fait défense à tous les grands de son royaume de prendre le titre « appartenant exclusivement au seigneur de l'île de Rhé, qui peut, seul, jouir des droits d'amirauté sur ses terres ».

Le monarque oubliait les titres de la famille de Léon [1] ; mais, quoi qu'il en fût, l'Ordonnance prouvait assez le haut rang des suzerains de Ré.

Pendant cette longue période des siècles, l'histoire de Saint-Martin ne se différencie pas sensiblement de l'histoire du reste de l'île ; on y relève, néanmoins, des preuves de la prééminence de la petite cité sur les autres communes. L'érection de ces communes fut un don de Henri III d'Angleterre (1262) ; chaque centre habité avait à sa tête un syndic, mais un syndic général, nommé par toutes les paroisses, résidait à Saint-Martin. Ce magistrat représentait l'île entière lorsqu'une contestation obligeait à en soutenir les droits.

De même, chaque commune avait un lieutenant commandant sa milice, mais le lieutenant de Saint-Martin donnait le mot d'ordre. Ces milices, fortement organisées, étaient appelées *campani*. Plus d'une fois, l'île leur dut son salut.

C'était encore Saint-Martin qui, tous les ans, réunissait les plus adroits tireurs pour fêter la *royauté de l'arquebuse*, royauté concédée pour une année au vainqueur du jour et qu'il devait consacrer par de nouveaux exploits, à moins de voir un rival plus heureux en possession de ses privilèges.

Du treizième au dix-septième siècle, nombre de dates sanglantes sont inscrites par les Anglais dans les annales rhétaises. C'est au quatorzième siècle que la puissance royale pénètre à Saint-Martin et, de là, rayonne sur les autres communes. Sous Charles VII, la réunion à la couronne était consommée.

---

1. Voir *Côtes bretonnes : Du Mont Saint-Michel à Lorient*, chap. xxv.

En 1627, Toiras, le grand capitaine [1], commandait à Saint-Martin ; il dut soutenir contre Buckingham un siège de trois mois. Activement pressé et craignant de succomber, il voulut avertir Louis XIII, alors campé devant La Rochelle. Mais comment faire parvenir un avis ? Les passages étaient si bien gardés qu'il n'y avait aucune sûreté à dépêcher même le plus petit bâtiment.

« Pierre Lanier, Gascon, natif d'Aimet, en Agénois, soldat au régiment de Champagne, se présente et offre de faire le trajet à la nage. Après avoir été longtemps exposé à la violence des flots, aux mousquetades, aux morsures des poissons, à la poursuite d'une chaloupe qu'il n'évita qu'en plongeant plusieurs fois, il arriva enfin à la côte de Laleu !... Le roi, qui relevait de maladie, répondit lui-même aux dépêches de Toiras et récompensa, en prince généreux, l'intrépide nageur qui les avait apportées et dont la hardiesse fut célébrée par un poète du temps [2]. »

C'est sur la grève de la *Repentie* (commune de Laleu) que Lanier aborda ou plutôt échoua, demi-mort de fatigue. On l'y recueillit. Soigné et revenu à lui, il put, accomplissant sa mission, sauver Ré d'une nouvelle invasion anglaise.

En 1682, Pierre Arnou était gouverneur de Ré. Il songea à fortifier plus sérieusement encore Saint-Martin et, sur-le-champ, se mit à l'œuvre avec tant d'activité que « soixante-cinq jours après la pose de la première pierre de la nouvelle citadelle, la défense eût été possible [3] ».

Vauban approuva l'œuvre d'Arnou et donna le plan détaillé du reste de l'enceinte à élever. Le gouverneur, en récompense de son zèle, fut nommé intendant à Rochefort.

Trois ans après que Saint-Martin eut reçu le cadeau royal,

---

1. Jean du Caylard de Saint-Bonnet, maréchal de France (1585-1636).
2. Le P. Arcère (de l'Oratoire), *Histoire de La Rochelle*.
Voici les vers dédiés à Pierre Lanier :

> Siècles futurs, vous ne le croyez pas !
> Un élève de Mars sur ces humides plaines,
> Qu'agitent des autans les bruyantes haleines,
> Triton audacieux, a déployé ses bras :
> Toiras l'ordonne, il nage ; affrontant le trépas,
> D'Albion et des flots il brave la furie.
> Phébé guide sa course, il touche enfin nos bords
> Et montre à l'univers, par de nobles efforts,
> Ce que peut sur son cœur l'amour de la patrie !

3. Théodore de Blois : *Histoire de Rochefort*.

lord Barklay venait éprouver la force de ses murailles. Deux jours durant, l'escadre anglo-hollandaise épuisa son artillerie contre la ville, pour disparaître ensuite, rebutée de son insuccès.

Les guerres du dix-huitième siècle et celles du premier Empire menacèrent souvent l'île de Ré. Chacun de nos désastres comme chacune de nos victoires ont eu un écho dans le cœur de cette vaillante population.

Actuellement, Saint-Martin, quoique place forte, est une petite ville calme, aimable, gardant (combien elle a raison !) le culte de ses vieux souvenirs.

Presque toutes ses rues portent des noms historiques, et elle n'est pas dénuée d'attrait pour l'artiste.

Un portique, de style Renaissance, est encore à peu près intact. Plusieurs vieilles maisons en bois semblent remonter au delà du quinzième siècle ; l'une d'elles appartint à Sully.

L'ancien *Hôtel des cadets*, c'est-à-dire des jeunes gentilshommes élevés aux frais du roi pour le service de la marine, existe toujours, mais a été transformé en hôtel pour les voyageurs.

La demeure de l'amiral de Montmorency possède une superbe cheminée, digne de figurer dans un musée.

L'église paroissiale date du douzième siècle. Elle remplaça la chapelle du couvent des Bénédictins, détruit par les Normands. Ruinée lors du bombardement ordonné par l'amiral Barklay, elle a été assez mal réparée. Une crypte s'étend au-dessous de la nef ; elle est de style gothique, comme les parties les plus anciennes de l'édifice, que des mâchicoulis et des tourelles, chargées de sculptures bizarres, défendaient.

Sur les piliers les plus voisins de l'entrée principale, on voyait autrefois l'épitaphe du baron de Chantal, père de Mme de Sévigné, tué, dit-on, par Cromwell, en 1627, à la pointe de Sablonceaux, et enterré dans l'église. La même année, deux des frères de Toiras succombaient. Leur tombe, voisine de celle de Chantal, avait aussi son épitaphe sur un des piliers.

Les casernes, avec leur belle esplanade plantée d'arbres, les murailles, la citadelle, complètent la décoration monumentale de Saint-Martin.

Cependant, il est temps de poursuivre notre visite aux autres points intéressants ou historiques de Ré.

Le sud-est de l'île se trouve très anciennement mentionné dans les chroniques. Notre-Dame de Sainte-Marie, paroisse de la commune du même nom, fut bâtie par le duc Eudes, avant l'église de Saint-Martin. Il y adjoignit un château dans lequel, en 740, vint se réfugier le duc Hunold, qui l'habita vingt-trois années durant.

Rivedoux serait la corruption du nom Hymnedoux, retrouvé, ainsi écrit, dans nombre d'actes du seizième siècle. Il indiquerait l'origine du village. Vers 596, une grande dame espagnole faisait naufrage sur la côte regardant le pertuis d'Antioche. Sauvée des flots malgré les cruels usages des habitants, elle voulut élever une chapelle, bientôt but de pèlerinages nombreux.

« Après treize siècles, cette chapelle, toujours détruite et toujours reconstruite, existe encore au milieu de ce désert de sable... Le nom d'Hymnedoux prouve que les pèlerins, en abordant, jetaient à tous les vents leurs chants sacrés... Sans respect pour la langue française, les insulaires l'appellent Rivedoux. » (Docteur Kemmerer.)

La Flotte, centre maritime, comme son nom l'indique, fait remonter sa fondation au dixième siècle. Son port, très amélioré, éclairé par un feu fixe situé sur le môle, est toujours fréquenté par de nombreuses chaloupes et peut recevoir des petits bâtiments. Depuis quelques années, on y vient beaucoup prendre les bains de mer.

Sur son territoire, La Flotte comptait le château des Mauléon et plusieurs « maisons nobles » ou seigneuries, entre autres celle de Mille-Fleurs, la *Blandinie*, du treizième siècle, qui vit mourir (1234) Savary de Mauléon, guerrier célèbre et l'un des premiers trouvères français. Il fut enseveli dans une abbaye voisine appartenant aux moines de Cîteaux, appelée *Notre-Dame des Châteliers* ou des *Petits Chasteliers*, abbaye fondée par Ebles de Mauléon, son père, en 1178, au milieu des bois de son domaine.

Le monastère resta debout pendant cinq siècles et devint[1] une sorte d'école agricole, car on attribue aux Cisterciens la propagation de bonnes méthodes viticoles.

Au quinzième siècle, les Anglais l'incendièrent. Les ruines

---

1. Docteur Kemmerer.

gardent les tombes de Savary de Mauléon et de la douce reine Marie d'Anjou, femme de Charles VII.

Il ne nous reste plus maintenant qu'à suivre la route conduisant à Ars. Des ormeaux, plantés de chaque côté, n'arrivent pas à dissimuler la monotonie du voyage. Le sol n'a que peu ou point de relief.

Çà et là, des parcs à huîtres ou des marais salants bordent le rivage. Un bois de pins, orgueilleusement appelé « forêt de Henri IV », occupe la partie la plus élevée d'un petit coteau formé par les dunes.

Quelques moulins à vent agitent encore leurs longs bras, mais les conditions de l'alimentation indigène ont bien changé. Le pain grossier d'autrefois a disparu. L'orge récoltée est vendue pour les brasseries ou échangée contre du froment, car l'île récolte peu de blé.

Excessivement morcelée, la terre est, en général, très bien cultivée par les propriétaires eux-mêmes, mais beaucoup ont subi une ruine presque complète depuis l'invasion du phylloxera.

Jadis, les vins blancs de l'île de Ré formaient l'objet d'un grand commerce. Ils conservaient bien quelque arrière-goût de l'engrais marin, *sart* ou *varech,* donné aux vignes, mais n'en constituaient pas moins une boisson saine et une notable ressource pour le pays. Les vins non potables étaient brûlés par les distillateurs de la Charente-Inférieure qui, en les mélangeant avec d'autres crus, en tiraient des eaux-de-vie très passables.

Cette ressource manque désormais à l'île, obligée de reconstituer ses vignobles ou de se tourner, chose à demi faite, vers d'autres industries. Le développement pris par la culture des huîtres aide, dans une certaine mesure, à traverser la crise.

Ars est encore bien loin... Pour chasser l'ennui, songeons, une fois de plus, au passé. L'intérêt qu'il offre est toujours si grand !

Deux ou trois curieuses pièces, datant du seizième siècle, nous initieront aux mœurs du temps.

La première est relative à un vœu que le suzerain de l'île désire faire accomplir par un tiers. Elle date du 29 février 1503.

Louis II de La Trémoïlle, *le chevalier sans reproche,* écrivait

« aux procureur et receveur de l'île de Ré » pour leur annoncer qu'ayant fait un vœu à « Monseigneur sainct Jacques de Compostelle, en Galice », il souhaitait que l'on trouvât un homme sûr, disposé à faire le voyage et à porter devant l'hôtel du saint « ung sierge poisant cent livres de cyre ». Suivaient les autres détails du vœu et les instructions destinées à en assurer l'exécution intégrale.

Tout aussitôt, « Françoys Joubert, escuier, seigneur de Bourlaude, senneschal de la terre et seigneurie de l'ysle de Ré » (aux appointements de 30 livres annuels), reçut « de noble homme Jehan Cothereau, procureur de ladite ysle (aux gages

Marchandes de poisson de l'île de Ré.

annuels de 20 livres), l'assurance que messire Guillaume Boulain, prebstre, homme devocieulx », serait un digne représentant du seigneur de La Trémoïlle.

Une convention solennelle fut passée et tous les frais du voyage, y compris les messes à faire dire, avec les certificats à retirer, fixés à la somme de « cinquante-deux livres dix solz », monnaie du temps[1].

L'exécuteur de la haute justice de La Rochelle était chargé de l'accomplissement des arrêts rendus par le prévôt et le procureur de l'île. Les pièces authentiques suivantes en témoignent :

---

1. *Documents historiques inédits*, publiés par L. de Richemond, qui fait remarquer la grande renommée dont jouissait le pèlerinage de Saint-Jacques-de-Compostelle pendant tout le moyen âge.

« Nous, les prévost et procureur de l'Isle de Ré, certifions à qu'il appartiendra que le XXIIIJ^me jour de décembre, vigille de Noël, ung nommé Blays Morandeau fut constitué prisonnier pour estre chargé d'avoir occis ung nommé François dit le Mentrieux (Ménétrier), lequel fust détenu prisonnier jusques au cinquiesme jour de ce présent moys de février, montant quarante-cinq jours, pendant les quelz a esté procéddé à la factiõn (sic) de son procès. Pour lequel faire le dict Morandeau a allégué aucuns moïens de justifficacion, à quoy a convenu le recepvoir et pour ce faire lui donner terme compectant, aussi après ledit procès faict, a convenu d'envoyer au juge criminel, demeurant en la ville de La Rochelle, qui en a décidé; et depuis a fallu faire venir l'executeur de la haulte justice de La Rochelle en ladicte ysle, qui a esté la cause de la longue detencion dudit Morandeau. Pendant lequel temps le recepveur a fait la mise de la despence dudit Morandeau à VIIJ derniers tournois par jour, montant XXX solz IIIJ deniers.

« Et oultre ledit recepveur a baillé à Vincent Dadault, exécuteur de la haulte justice, la somme de quarante solz six deniers, pour son voyage de l'execucion de la sentence donnée contre ledit Morandeau, par laquelle est dict qu'il sera mené, la corde au coul, du bourg Sainct Martin, jusques au lieu de la Flote, devant la maison de Pierre Beuhet, clamer pardon à Dieu, (à) justice et à Monseigneur du cas dudict homicidde, et banny de ladicte ysle. Et aussi a baillé ledit recepveur sept solz six deniers tournois pour la despense dudit exécuteur; dont du tout advions fixé avecques ledit exécuteur par ceste certifficacion signée de noz mains, le dixiesme de février l'an mil (cinq cens) et vingt et cinq. »

La quittance du bourreau prouve qu'un autre Morandeau avait, lui aussi, été fustigé, à moins qu'il n'y ait simplement erreur de prénom.

Elle prouve, de plus, que l'institution du jury existait à Ré, car Vincent Dadault prend soin de dire que la sentence a été rendue par « Messieurs les manans et habitants de ladicte ysle ».

Voici cette quittance :

« Je Vincent Dadault, exécuteur de la haulte justice patibulaire de la ville et gouvernement de La Rochelle pour le Roy nostre sire, confesse avoir eu et reçeu de honorable homme Thibault Maroys, recepveur de hault et puissant seigneur Monseigneur de l'Isle de Ré, la somme de cent solz tournois, pour avoir esté au passaige sept ou huyt foiz, moy deulxiesme, à grans fraictz et mises, et pour avoir fustigé audit lieu de l'isle Guillaume Morandeau, mosnier, lequel avoit esté comdempné par messieurs les manans et habitans de ladicte Isle. De laquelle je enquicte ledit recepveur susdit par ceste quictance signée de ma main... ce mardy des Roisons mil cinq cens vingt et cincq. »

Une troisième pièce, très longue, datée de 1531, est relative à l'ordre du seigneur de la Trémoïlle contre les vagabonds, nom-

breux, paraît-il, à Ré, et aux frais de justice pour cette même
année ; on y voit figurer tous les genres de supplices : pendaison,
fustigation, oreilles coupées...

La plus grosse de ces dépenses provient des exigences du
Prévôt des maréchaux de La Rochelle. On lit même un reproche
dans cet alinéa du tableau officiel :

« Item, pour le salaire dudit prévôt des maréchaux pour estre venu depuis
sa maison à La Rochelle et de La Rochelle passé en l'ysle avecques ses gens,
a été baillé par ledit receveur la somme de 36 livres 11 sols, par commandement des officiers ; lequel prévôt des maréchaux ne se voulut contenter à
moins que de ladicte somme, ains toujours demandoit 20 écus, pour ce...
36 livres 11 solz. »

Et les officiers de l'île, donnant une longue explication de ces
exigences, ajoutent :

« Ledit prévôt auparavant de vaquer à sa charge, déclara qu'il *entendoit
estre bien payé de sa vacation*, auquel lui fait response qu'il seroit *bien contenté* et l'exécution foite, ne *se voulut contenter à moins de la* somme de
36 livres 11 solz contenus en sa cédule signée de sa main, en ce non
compris lesditz défraiz (de ces gens) persistant qu'il devoit avoir 20 écus,
parce qu'il les avoit bien gagnés, tant pour avoir passé la mer que aussi
pour la vacation de son greffier, qu'il avoit amené avecques lui, et autres
gens pour la défense de sa personne, ce qu'il n'eût fait s'il n'eût passé ladicte
mer. »

Les autres frais de justice étaient moins considérables, puisque
l'on voit figurer :

« Etienne Bonnyveau, serrurier, 25 sols, pour ses gaiges d'avoir servi le
seigneur de l'Isle de Ré à enferrer et désenferrer les prisonniers. »

Toutefois ne serait-ce pas un mauvais souvenir celui qui laisserait sous l'impression des rigueurs du code judiciaire de
l'île ? Et l'oubli ne serait-il pas étrange, si les noms étroitement
mêlés aux annales de Ré ne se présentaient à la mémoire ?

Contemporain de Leudalte, ce fils de serf parvenu aux plus
hautes dignités, saint Amand, évêque de Maëstricht, vint se fixer
au prieuré de *Loix* (585), jadis île distincte de Ré, à laquelle
maintenant elle est entièrement rattachée. Peu après (590), saint
Blaise se retire au hameau de *Saint-Martin*.

Les puissants ducs d'Aquitaine, Eudes, Waïfre, Heunold, s'occupent de Ré avec un soin constant.

En 1475, un Rhétais de Saint-Martin, Mérindot, détourne par son habileté les projets d'invasion contre la France, médités par Édouard IV d'Angleterre.

Le seizième et le dix-septième siècle virent briller les Foran. Job Ier (de cette famille), fait prisonnier à la bataille de la Chaume (1622), se précipite dans les flots plutôt que de trahir ses compagnons !

Jacques, son fils, devenu contre-amiral, bat souvent les flottes espagnoles. Job II, fils et petit-fils des précédents, se distingue tellement comme amiral qu'il a, plus d'une fois, été regardé comme l'égal de Ruyter.

Ses frères, marins excellents, furent tous capitaines de vaisseau.

Une autre famille, celle de Mathurin Gabarret, n'a pas donné moins de onze officiers généraux, figurant avec honneur dans les flottes royales.

Lors du terrible combat naval de 1625, livré par l'amiral de Montmorency, Durand, né à Loix, et Bernicard, enfants d'Ars, excitèrent l'admiration des deux flottes en défendant leur navire avec un indomptable courage. Ne pouvant le sauver, ils le firent sauter, entraînant avec eux quatre vaisseaux ennemis [1].

Nicolas Baudin commanda (1800-1804) une belle expédition aux terres australes et enrichit le Muséum de ses découvertes relatives à l'histoire naturelle [2].

L'armée de terre a vu également des enfants de l'île de Ré se signaler dans ses rangs :

Les généraux Goguet, d'Hastrel ; le colonel Jacques Oudet, mort glorieusement à Wagram.

Et nombre d'autres encore, dont plusieurs tout près de nous... Ré peut être fière de cette brillante couronne qui la place à un rang si enviable dans l'histoire nationale...

Un roulement sourd nous rappelle au présent : les bras nombreux du *Fier d'Ars* s'agitent, poussés par le vent; les vagues de la Mer Sauvage répondent à cette invite.

Il faut dévorer la route, car, du sommet des phares des Baleines, le tableau sera sublime.

---

1. Docteur Kemmerer.
2. François Péron, qui accompagnait Baudin, a écrit une attachante relation de ce voyage.

Ars, malgré son église du douzième siècle, aux riches sculptures, aux boiseries curieusement fouillées, au clocher élevé, assez gracieux sous la bizarre calotte noire dont la navigation fait un point de repère, Ars sera rapidement traversé, quoique sa jolie place, dessinée en jardins, ses rues propres, ses maisons blanches, ornées parfois de petites tourelles et de mascarons, aient un aspect tout à fait engageant.

Six kilomètres encore et voici l'entrée du phare principal.

Ancien costume de fête des femmes de l'île de Ré.

Une vieille tour à feu avait déjà été élevée, en 1679, sur ces bas-fonds dangereux, prolongés à plus de dix kilomètres en mer et si souvent battus par des lames énormes.

Depuis longtemps, cette tour était reconnue insuffisante; aussi la construction de deux nouveaux phares fut-elle décidée.

Le premier, situé à la pointe nord-ouest de Ré, domine de 50 mètres les plus hautes marées. Son feu, éclipsé de demi-minute en demi-minute, a une portée de plus de 24 milles marins[1].

---

[1]. Voir pour la description complète des appareils des phares et l'explication des autres termes de marine, le volume *Côtes normandes*.

Terminé en 1854, il est, depuis 1881, éclairé à la lumière électrique.

Eloigné de 3,000 mètres en mer, sur un écueil tout à fait isolé, même pendant les plus bas reflux, un second phare, haut de 22 mètres, à feux fixes, avec une portée de 15 milles, complète l'orientation de la route à suivre par les navires, soit qu'ils veuillent entrer dans le pertuis Breton, soit qu'ils doivent reconnaître le pertuis d'Antioche ou continuer leur voyage vers le sud.

Appelés *des Baleines*, du nom de l'écueil qu'ils signalent, ces phares sont admirablement, presque luxueusement aménagés. Un joli jardin, créé sur la dune, entoure la construction principale et repose la vue fatiguée par la réverbération des sables [1].

Ce n'est pas, néanmoins, cette agréable oasis qui doit frapper l'imagination et la captiver.

Il faut gravir la spirale de l'édifice et venir s'accouder sur le petit balcon qui entoure extérieurement la lanterne. Si le vent soulève les flots, l'âme comme les yeux éprouveront une impression profonde de grandeur sévère.

Chaque lame semble pousser la lame qu'elle suit à un assaut furieux contre les dunes ébranlées. Ces bruits que l'on entend seulement au bord de l'Océan, « cet appel de la mer » des poètes,

---

[1]. Un coup d'œil jeté sur la carte marine de la Charente-Inférieure suffit pour faire reconnaître l'utilité que les phares des *Baleines* présentent aux navigateurs. C'est, en effet, le point le plus avancé dans l'Océan de tout le département; c'est-à-dire un prolongement sous-marin de l'île qui s'étend à plus de 9 kilomètres, semé d'écueils battus par la grosse mer venant du large, sans être brisée sur aucune autre terre.

Le phare principal présente une hauteur de 49^m,35 au-dessus du sol et 50 mètres au-dessus du niveau des plus fortes marées. Son feu se projette à 22 milles marins. Le vieux phare de 1679 sert aujourd'hui de magasin.

Le nouveau phare, commencé en 1849, en même temps que le phare en mer, est séparé de ce dernier par une distance d'environ trois kilomètres.

Ces phares renferment des chambres destinées aux ingénieurs en tournée d'inspection et offrant tout le confortable, l'élégance d'un appartement soigné. Au milieu d'un riche appartement, on remarque, comme dans la plupart de ces constructions, les bustes de Fresnel et de Beautemps-Beaupré, hommage bien justifié. Fresnel n'est-il pas l'inventeur de l'appareil lenticulaire maintenant généralement employé dans les phares? Et Beautemps-Beaupré n'a-t-il pas créé les excellentes cartes marines de l'*Atlas hydrographique*, cartes reproduisant jusqu'aux moindres accidents de nos côtes?

Des incrustations de marbre revêtent la chambre où, chaque nuit, veille un des gardiens. C'est que l'appareil d'éclairage y pénétrant par une ouverture circulaire du plafond, une propreté minutieuse devenait indispensable et, seules, ces surfaces exactement polies pouvaient la produire.

remplissent tout l'espace, gémissent ou râlent de tous les points de l'horizon.

La crinière des vagues ondule plus épaisse et se teint de reflets marbrés, empruntés à la lividité de l'onde ou du ciel. Dressées en montagnes effrayantes ou ruisselant en avalanches impétueuses, ces vagues frappent le rivage avec un retentissement de mort. L'île entière ne disparaîtrait-elle pas dans la tourmente ? Ne flotte-t-elle pas, radeau misérable, à la merci des vents ?

Des voiles fuient la côte menacée ; les lueurs protectrices ont signalé le danger, comme, en une resplendissante nuit d'été, elles dormiront, nonchalantes, sur la frange irisée du flot !...

C'est la vie même de l'Océan et des populations qu'il nourrit. Ses bienfaits d'aujourd'hui, il faudra chèrement les payer demain... Mais ses colères de la veille, on les oubliera devant son radieux chatoiement, en écoutant le terrible « appel » devenu le plus suave des murmures !

Et cette irrésistible séduction marque de sa trace puissante le rivage même le plus déshérité. Comment se souvenir si la route parcourue pour toucher au but était ou aride ou monotone ?

La mer a déployé les vastes replis de ses lames, elle s'est montrée ou cruelle ou souriante, mais toujours merveilleusement belle. Aussi le cœur et l'âme, emportés dans un rêve grandiose, se sont-ils sentis vivre jusqu'au delà des limites où le mystère commence.

Rêve, mystère, réalité, tout se fond en un hymne délicieux de poésie dont on retrouva la trace aux heures de tristesse, dont on savourera le souvenir, même après de nombreux jours écoulés...

CHAPITRE VIII

AU SUD DE LA ROCHELLE : LES SOUVENIRS CELTIQUES DE L'AUNIS
CHATEL-AILLON. — L'ILE D'AIX. — FOURAS

On a souvent écrit que l'Aunis était de formation géologique plus récente que la Saintonge. Une étude approfondie non seulement du sol, mais des monuments primitifs et de traditions, si persistantes qu'elles s'imposent comme des faits indéniables, cette étude a prouvé l'antiquité de la province.

Les Celtes ou les Kymris, n'importe le nom que l'on donne à ces premiers habitants de la Gaule, les Celtes ou les Kymris foulèrent la terre d'Aunis. Leurs travaux, moins bien conservés que ceux possédés encore par plusieurs provinces, ont laissé cependant une empreinte reconnaissable à SAINT-LAURENT-DE-LA PRÉE, par exemple, et à LA JARNE. Cette dernière commune a gardé, plusieurs siècles durant, un *dolmen* parfaitement intact[1].

Dressé au sommet d'une colline élevée, il était supporté par quatre piliers : trois à l'une de ses extrémités, un seul à l'autre. Cette disposition a causé sa ruine. Le pilier isolé venant à manquer, le monument entier s'est écroulé, mais on ne peut douter de son origine. Sa table avait huit mètres de pourtour et chaque pilier étant plus haut de plus d'un mètre.

Quelle tombe recouvrait-il ? En Aunis, pas plus qu'en Saintonge, ni en Poitou, ni en Bretagne, ni dans aucune contrée, son histoire ne sera révélée. Nulle inscription, nul hiéroglyphe que l'on puisse interpréter, qui puisse devenir le premier point lumineux dans le mystérieux dédale...

La race antique et forte a passé ; ses monuments cyclopéens

---

1. Voir, pour la description et l'interprétation des monuments celtiques ou mégalithiques, le volume *Côtes vendéennes*.

résistent au temps et ne succombent guère que sous les efforts de l'homme ; mais en tombant, ou en s'effritant, ils ne livrent pas leur secret. On peut leur enlever des ossements, des bijoux, des armes, on ne leur arrachera pas un mot, un nom, et, sur toutes les cartes où figurera le profil étrange de ces sphinx, c'est avec raison que l'on écrira : *Monuments élevés par des peuples inconnus !!*

Même après ses absorbants et irritants souvenirs, l'église de La Jarne et son beau portail éveilleront l'attention de l'archéologue.

Cette attention, tout le rivage désormais, jusqu'au coteau de Fouras, la sollicitera vivement. Les transformations y ont été si complètes, que la lecture d'un grand nombre de vieux titres authentiques suffira à peine pour en donner une idée précise.

Nous voici à Angoulins, jadis ville avec un port de mer... Sa population était assez nombreuse pour avoir nécessité la construction de deux églises, mentionnées (1110) dans une bulle du pape Pascal Ier.

Au dix-septième siècle (1615), Angoulins n'est pas encore dépouillé de son titre de ville !

Le vent de mer se joue des sables qui couvrent le port englouti, et ride, en passant, le flot étendu sur les autres cités !!

Un chenal, long de six kilomètres, remplace aujourd'hui un promontoire dont la pointe extrême est représentée par l'île d'Aix. On arrivait à Aix en traversant Montmeillan (ou Montmélian), depuis longtemps submergé, et Chatel-Aillon qui, rongé sans relâche, a laissé, en 1709, crouler ses derniers débris dans les vagues.

Lors du reflux des grandes marées, un pan de murailles surgit, çà et là, comme pour attester qu'une ville riche, peuplée, célèbre, couvrait les terres englouties. On y a rencontré également des débris de poterie, des sépultures de diverses époques, des auges extrêmement anciennes, enfin un dépôt d'objets en métal, les plus variés et les plus disparates, objets, a-t-on supposé, destinés à être fondus : ils sont maintenant au musée de La Rochelle. Parmi eux on trouve deux bagues en or, une chevalière et une bague avec pierre, une petite madone en argent, mutilée, un fragment de monnaie d'or gallo-romaine, des pièces de Louis XIII, Louis XIV, et une pièce de billon de la première république [1].

Chatel-Aillon n'était rien moins que la première des quatre grandes baronnies de l'Aunis, la métropole de cette province pendant deux siècles, et, plus tard, le chef-lieu de l'une des trois vigueries établies pour le pays. Ses seigneurs avaient la suzeraineté du littoral situé entre les deux embouchures de la Sèvre et de la Charente.

Tant de nobles titres ne suffisant pas encore, on a inféré, de la lecture de chartes du onzième et du douzième siècle, appelant la ville *Castrum Alonis* et *Castrum Julii*, que Châtel-Aillon portait le nom de Jules César, donné au promontoire à l'époque de la conquête romaine.

Une hypothèse de plus ou de moins ne tire pas à conséquence, mais celle-ci fait, semble-t-il, admirer pour la millième fois le naïf acharnement des antiquaires, toujours enclins à reporter au vainqueur des Gaules l'origine du moindre hameau.

Il est vrai qu'une charte de l'abbaye de Bourgueil, datée de 1005, donne à supposer que la fondation de Châtel-Aillon serait due à un évêque de Saintes, nommé Alon. Par suite, le château d'Alon aurait donné son appellation au pays tout entier : l'Aunis ou Aulnis étant indifféremment désigné par les mots : *Pagus alonis, alonensis, alnensis*, dont le nom, plus moderne, n'est que la contraction.

Ebles de Châtel-Aillon fut célèbre au onzième siècle et, de par la volonté de Charles VII, Dunois compta au nombre des successeurs de ce baron. Les derniers seigneurs de la châtellenie furent les Green de Saint-Marsault, qui possédèrent, de 1615 à 1789, ce que la mer voulait bien respecter des ruines de la vieille forteresse féodale.

En 1864, la commune d'Angoulins céda à l'évêché de La Rochelle les débris de la dernière église de Châtel-Aillon.

Elle porte le vocable de saint Romuald, parce qu'elle avait eu

---

1. Ce dépôt si curieux a été trouvé par M. Pierre Thibaudeau, lieutenant des douanes à Tasdon (banlieue de La Rochelle). Il a généreusement donné au musée du chef-lieu les objets les plus précieux comme les plus infimes.

Saisissons l'occasion pour dire que M. Thibaudeau s'est signalé dans un périlleux sauvetage.

M. Georges Musset, conservateur de la bibliothèque et des musées de La Rochelle, a fait revivre tout le passé de Châtel-Aillon, par des conférences et par une publication spéciale.

pour premiers desservants des moines camaldules. Plusieurs comtes de Poitiers l'avaient enrichie de leurs libéralités.

Ce n'est plus qu'un souvenir et un témoin des grandeurs d'autrefois, en attendant que l'Océan, s'il poursuit sa marche destructive, la recouvre, elle aussi, de ses flots pesants.

L'île d'Aix, par la nature de son sol (un bloc de grès vert), a pu résister à l'assaut des vagues, mais non sans se trouver de beaucoup réduite. Elle ne mesure pas 3 kilomètres en longueur et sa plus grande largeur atteint à peine 1 800 mètres.

Les chenaux qui la séparent de Châtel-Aillon et d'Enet n'ont encore qu'une faible profondeur ; au quinzième siècle, ils pouvaient être franchis pédestrement à l'heure du reflux.

Presque dépourvue d'arbres, Aix, au temps passé, possédait une couronne de chênes verts, semblable à celle de sa voisine, la côte de Fouras. Le reflux, laissant les vases à découvert, permet souvent d'en retirer des troncs d'arbres réduits à l'état de lignites. Parfois, ils sont devenus assez compacts, assez pénétrés par les gaz de leur enveloppe séculaire, pour que leur cassure brillante imite, à s'y méprendre, l'apparence du jais.

Parfois, également, une sorte d'ambre jaune se rencontre au milieu de ces bois envasés. Il répand, en brûlant, une senteur douce et aromatique.

A ces vestiges matériels s'ajoute la trace laissée dans les chroniques par les phases diverses de l'histoire de l'île.

Isambert de Châtel-Aillon fondait, à la pointe du promontoire, un monastère pour les religieux bénédictins de l'abbaye de Cluny (814). Trente ans après, les Normands brûlaient le couvent et prenaient la place des moines. On fait même dériver le mot *Aix* du mot saxon *Aïa* ou *Eïa*, qui signifie *inondé*, qualification bien justifiée par la position du lieu.

La paix conclue par Charles le Simple avec Rollon livra la Neustrie aux terribles pirates, devenus dès lors tranquilles possesseurs de la belle province, en attendant, il est vrai, qu'ils reprissent, après la conquête de l'Angleterre, leur rôle d'ennemis de la France. Cette paix provisoire ayant délivré l'île d'Aix, les moines de Cluny réédifièrent leur prieuré, et Guillaume IX, duc d'Aquitaine, leur donna le territoire en toute propriété, don ratifié, en 1107, par le pape Pascal II.

En 1122, le célèbre abbé, général de l'ordre de Cluny, Pierre le Vénérable, l'ami de saint Bernard, vint visiter le monastère relevé. En 1136, un descendant du premier fondateur, portant, lui aussi, le nom d'Isambert, fut inhumé dans le vestibule de l'église de ce couvent. Un troisième Isambert renouvelle solennellement la donation, en 1167, mais son fils Ebles trouva peut-être la libéralité trop grande, car, moins de dix ans après, il annulait l'acte de munificence de son père et expropriait les religieux. Cependant il dut y avoir un arrangement, puisque l'on voit les évêques de Saintes s'occuper du monastère et que, vers 1182, le pape autorise les Bénédictins de l'île d'Aix à envoyer un des leurs diriger l'église Saint-Barthélemy, qu'ils avaient fait bâtir à La Rochelle même.

Le 26 août 1372, Charles V qui, par sa prudence et son habileté, obtenait des succès nombreux dans ses efforts pour ramener à la couronne les provinces perdues, concluait un traité avec les habitants de l'île. JEAN DE RIÉ et MORELET DE MONTMAUR avaient été négociateurs pour le roi. L'obéissance au monarque fut promise sous condition que les franchises et privilèges de l'île seraient sauvegardés.

En 1381, la guerre s'étant rallumée, les Anglais s'emparèrent de l'île d'Aix, mais ce ne fut pas pour longtemps. Jean de Castille allié de la France, les vint bloquer et les réduisit à capituler.

Pendant les guerres civiles qui, de 1574 à 1628, ensanglantèrent le pays, Aix fut tour à tour prise, reprise ; son église et le couvent furent détruits.

Louis XIV jugeant, avec raison, la situation de l'île fort importante pour la défense du littoral et du port nouveau de Rochefort, Vauban fut chargé de la mettre en état de sérieuse résistance. Les travaux et la garnison ne se trouvèrent pas suffisants en 1757, époque où une flotte anglaise dévasta complètement la pauvre île. *Onze mille hommes, amenés sur dix-huit vaisseaux de ligne, neuf frégates, deux galiotes et quatre-vingt-dix bâtiments de transport,* se ruèrent contre les habitants. Rien ne fut épargné, et l'incendie acheva ce que n'avait pas consommé le pillage. *Les malades, réfugiés dans les casemates, ne trouvèrent pas grâce devant ces pirates,* que commandait pourtant un amiral : HAWKE, nom si justement exécré sur la côte bretonne.

Le commissaire des guerres, GARNIER, a laissé un récit de cette atroce invasion : il contient des détails inouïs.

Mais on peut avoir du courage, quand il s'agit de massacrer des gens sans défense ou de détruire des habitations, des récoltes, et en manquer si une lutte à armes égales devient inévitable. Ce fut le cas des Anglais. La fière contenance des Rochelais leur donna à réfléchir ; ils jugèrent prudent de s'éclipser sans tenter aucune attaque sérieuse contre La Rochelle ou l'île de Ré, ou toute autre partie du littoral qui eût été en mesure de rendre coup pour coup.

Leur séjour, du moins, prouva la nécessité de fortifications nouvelles, qui furent aussitôt entreprises.

Trois événements historiques eurent encore l'île d'Aix pour théâtre.

Le premier est un de ces faits que tout cœur patriote voudrait rayer des annales d'un pays, car ils sont les conséquences des divisions civiles les plus terribles.

On était en 1794 ; des prêtres condamnés à la déportation se trouvaient détenus en rade de l'île. La plupart moururent de faim et de misère !... On les enterra dans l'île Madame.

Le 11 avril 1809, la flotte de l'amiral ALLEMAND [1], mouillée au sud d'Aix, se vit, par une nuit très noire et au milieu d'une violente tempête, assaillie par toute une flottille de brûlots, qu'une escadre anglaise, embossée au nord-ouest de l'île, dans la rade des Basques, avait lancée !

La flotte britannique avait pour chef l'amiral GAMBIER (né en 1756, mort en 1833), Français d'origine, ce qui ne l'empêcha pas de se donner avec ardeur au succès de la plus lâche des tactiques de guerre, afin d'arriver à détruire l'un de nos grands établissements maritimes.

« Les Anglais, dit M. Thiers [2], avaient conçu le projet de détruire la flotte de Rochefort par les plus terribles moyens qu'on pût imaginer, fussent-ils au delà de ce que la guerre permet en fait de cruautés et de barbarie.... L'amiral Gambier fut envoyé avec treize vaisseaux, grand nombre de fré-

---

1. On a souvent écrit « Lallemand », mais les correspondances officielles portent « Allemand ».

2. Lire l'épisode entier dans l'*Histoire du Consulat et de l'Empire*, tome XI, pages 132 et suivantes.

gates, corvettes, bricks et bombardes devant l'île d'Aix, et il était hardiment venu mouiller dans la rade des Basques, profitant de la circonstance qu'à l'époque, ces parages si importants n'étaient pas encore assez défendus.... Le fort Boyard n'existait qu'en projet....

« Les Anglais eurent l'idée d'employer des brûlots et d'en porter le nombre à *trente*, ce qui ne *s'était jamais vu* et ce qui n'était possible qu'à une marine infiniment puissante, ayant dans son vieux matériel des ressources considérables à sacrifier. Trente bâtiments destinés à périr, pour en détruire peut-être trois ou quatre, c'était agir avec une fureur qui ne calcule pas le mal qu'elle essuie, pourvu qu'elle en fasse à l'ennemi....

« Le vice-amiral Allemand, en les voyant mouiller aussi longtemps dans la rade des basques, ne put pas douter de l'existence d'un projet incendiaire contre le port de Rochefort et contre la flotte. Il plaça ses onze vaisseaux et ses quatre frégates sur deux lignes d'embossage fort rapprochées l'une de l'autre et appuyées, à droite, par les feux de l'île d'Aix, à gauche par ceux du bas de la rivière. Elles présentaient une direction non pas opposée du courant, mais parallèle, de manière que les corps flottants destinés à les atteindre, au lieu de venir les heurter, passassent devant elles. L'amiral y ajouta la précaution d'une double estacade l'une de 400 toises, l'autre de 800, formée de bois flottants fortement liés ensemble et fixés à l'aide de lourdes ancres qu'on avait jetés de distance en distance....

« (Suivent tous les détails de la défense organisée et de l'attaque)... Le vice-amiral Allemand s'attendait, d'après les exemples connus, à cinq ou six brûlots... soudain, il vit une ligne enflammée de *trente* brûlots !... Comme des *volcans* en éruption, ils emportèrent, sous l'impulsion du flot et du vent, les restes des estacades et vinrent se répandre autour de nos vaisseaux. En vain les divisions de canots voulurent-elles accrocher ces bâtiments brûlots. Ils étaient de trop fort échantillon pour être retenus par de faibles chaloupes, et ils entraînaient avec eux ceux qui étaient assez téméraires pour s'attacher à leur flanc..... »

On comprend sans peine la confusion résultant d'une telle situation, confusion augmentée par la crainte de voir détruire la flotte entière. Cependant, le misérable guet-apens faillit, un instant, tourner au détriment des Anglais.

« Mais la scène n'était pas finie. Nos vaisseaux avaient coupé leurs longs câbles et étaient allés s'échouer à l'embouchure de la Charente, du fort de Fouras à l'île d'Enet. Par malheur, quatre d'entre eux, surpris par la marée descendante, étaient restés attachés aux pointes d'une chaîne de rochers qu'on appelle les *Palles*... C'étaient *le Calcutta, le Tonnerre, l'Aquilon, la Ville de Varsovie*. Presque tous les capitaines, obéissant à un mouvement spontané, avaient jeté leurs poudres à la mer, de peur d'explosion, en cas d'incendie.

« D'autres avaient été, au milieu de cette confusion, privés de leur embarcation et des matelots qui les montaient. Ils n'étaient donc guère en état de se défendre. Les Anglais, exaspérés par le peu d'effet de leurs brûlots, voulaient, en venant attaquer les quatre bâtiments échoués sur les *Palles*, les prendre ou les détruire et se dédommager ainsi de l'insuccès de leur atroce combinaison. Le *Calcutta*, abordé par plusieurs vaisseaux et frégates, canonné dans tous les sens, ayant à peine l'usage de son artillerie, fut défendu quelques heures, puis abandonné par le capitaine Lafon, qui, n'ayant plus que deux cent cinquante hommes, crut, dans l'impossibilité où il était de conserver son navire, devoir sauver son équipage. Le malheureux ignorait à quelles rigueurs il allait s'exposer. Le *Calcutta*, ainsi abandonné, sauta en l'air quelques instants après. L'*Aquilon* et la *Ville de Varsovie*, ne pouvant se défendre, furent obligés d'amener leur pavillon et furent brûlés par les Anglais, qui y mirent le feu. Deux nouvelles explosions apprirent à l'escadre le sort de ces vaisseaux.

« Enfin le *Tonnerre*, ayant une voie d'eau, se traîna péniblement près de l'île Madame.... Le capitaine Larivière fit tout pour le sauver.... Après des efforts inouïs, continués sous le feu des Anglais, se voyant condamné à sombrer à la marée haute, il débarqua ses hommes sur une pointe de rochers d'où ils pouvaient, à marée basse, gagner l'île Madame, puis il partit le dernier, en mettant lui-même le feu à son navire qui s'abîma de la sorte sous les couleurs françaises.

« Ainsi, sur onze vaisseaux, quatre périrent, non par la rencontre des brûlots, mais par le désir de les éviter.

« L'amiral Gambier regagna les côtes d'Angleterre avec la gloire douteuse d'une expédition atroce, qui avait coûté à l'Angleterre beaucoup plus qu'à la France. Le résultat le plus réel de cette expédition fut une profonde intimidation pour toutes nos flottes mouillées dans les rades, et une sorte de trouble d'esprit chez la plupart de nos chefs d'escadre, qui voyaient des brûlots partout et imaginaient les plus étranges précautions pour s'en garantir. Le ministre Decrès, malgré ses rares lumières, ne fut pas exempt lui-même de cette forte émotion. »

Ce n'est pas tout sur cette cruelle affaire, un épilogue affreux devait la terminer. Deux officiers supérieurs furent condamnés : le capitaine du *Calcutta*, à être fusillé, et le capitaine du *Tourville*, à la dégradation. Ces deux sentences, si rigoureuses, reçurent leur exécution.

Des écrivains ont dit que l'amiral Gambier, n'ayant pas atteint le but marqué par son gouvernement, fut mis en disgrâce ; il semble certain, au contraire, qu'on le récompensa, puisque, très peu de temps après, on le retrouve chevalier du Bain et baron ! Ce dut être, dans le for intérieur de sa conscience, des honneurs difficiles à porter ; le souvenir de sa patrie d'origine ne pouvait point ne pas l'assaillir, et il savait bien que, digne exécuteur d'ordres inavouables, il venait d'imprimer une tache nouvelle, honteuse, sanglante, au front de l'Angleterre.

Cependant si la France subissait l'effet moral d'un grand

désastre, un vif rayon de gloire enveloppait encore son pavillon.

Parmi les navires assaillis se trouvait le *Régulus*, commandant Lucas, un des héros de Trafalgar. Il faut lire, dans un manuscrit conservé à la bibliothèque de Rochefort, les détails extraordinaires des combats soutenus par le *Régulus*, pendant *quatorze jours entiers*, lors de l'affaire des brûlots.

Un moment, le capitaine avait désespéré de pouvoir résister; mais bientôt il se retrouva ce qu'il était réellement, un merveilleux marin, l' « homme de Trafalgar ». Entouré d'ennemis de tous côtés, il leur tient successivement tête. En vain les munitions commencent à manquer, le *Régulus* sort triomphant des nuages de fumée qui l'envahissent; il fait face à toutes les attaques, sans repos, sans trêve... Les Anglais doivent s'avouer vaincus! Le commandant Lucas ramène son vaisseau à Rochefort, « aux acclamations enthousiastes de toute la population rassemblée sur les rives du fleuve et du port[1] ».

Deux faits, au milieu de cent autres, ressortent de la lecture du désastre des brûlots. Si les fortifications, exécutées depuis, avaient existé, la flotte anglaise n'eût pu tranquillement se préparer, dans la rade des Basques, à sa monstrueuse attaque. Et si, moins confiant dans les mesures prises, l'amiral Allemand avait fait rentrer son escadre en Charente, Gambier n'aurait pas eu la joie de détruire quatre vaisseaux français, et notre marine n'eût pas subi le contre-coup d'une émotion morale plus funeste que le mal réel éprouvé. Au moins, le beau rôle est encore ici pour la France; tous les écrits authentiques le prouvent!...

Six ans plus tard, le 15 juillet 1815, des vaisseaux anglais croisaient de nouveau devant l'île d'Aix. Le *Bellérophon*, capitaine Maitland, l'un de ces navires, avait déjà figuré dans la journée, si brillante pour notre patrie, des *Sables-d'Olonne*[2], gagnée par le capitaine Jurien La Gravière; cette division était envoyée par l'Angleterre qui offrait l'hospitalité à Napoléon Ier.

Plusieurs officiers de marine française, estimant l'offre peu sincère, pressaient l'empereur de s'abandonner à leur fidélité : ils promettaient de le conduire aux États-Unis.

---

1. *Biographie de Michaud*, qui fait un juste éloge du commandant du *Régulus*.
2. Voir volume : *Côtes vendéennes*.

La proposition fut repoussée. Napoléon mit le pied sur le *Bellérophon*. Il ne devait plus fouler aucune terre française, et l'on sait ce que l'Angleterre fit de son prisonnier.

Actuellement, l'île d'Aix, position stratégique d'une importance très considérable, offre au port de Rochefort ses deux rades, aussi belles que sûres.

La première, dite *des Basques*, orientée au nord-ouest de l'île, commande le *pertuis d'Antioche*, passage séparant l'île de Ré de l'île d'Oléron. Les fonds vaseux atteignent *quinze* mètres; les plus grands vaisseaux y peuvent mouiller[1], malgré l'agitation que trop souvent les courants du pertuis y provoquent.

La seconde rade a pris le nom de l'île; c'est, à proprement parler, la continuation de la première, dont elle n'est séparée que par un petit chenal de moins de quatre kilomètres, situé entre l'île et le fort Boyard.

Tous les navires arrivant de Rochefort, ou s'apprêtant à remonter la Charente, viennent mouiller ici. Ils y trouvent un fond excellent, un abri assuré, et les bâtiments qui ont dû souffrir des coups de vents fréquents dans le pertuis se voient sauvés aussitôt qu'ils ont reconnu l'île d'Aix.

Les avantages présentés par la rade de l'île d'Aix sont si incontestables, que l'on y a demandé la création d'un port d'escale et de refuge[2].

L'idée est bonne; elle est, de plus, patriotique, car, depuis Brest jusqu'à Hendaye, nulle position n'est d'accès plus facile et nulle ne rendrait de meilleurs services à notre marine marchande.

Mais il faut compter avec les exigences trop motivées de la marine de guerre. Enfin, le port nouveau de La Rochelle compensera, jusqu'à un certain point, ce qui, peut-être, ne saurait se faire à Aix.

Quoi qu'il en soit, toutes ces circonstances ont fait de l'île une annexe, un complément du port de Rochefort.

Par suite, le commerce et la pêche ne peuvent y être bien florissants.

---

1. On se souvient que cette expression pittoresque, empruntée au vocabulaire maritime, signifie : *jeter l'ancre*.

2. En 1878, M. E. Allard, ancien maire de Fouras, a publié une très instructive brochure sur cette question si intéressante.

Le mouvement général porte, on le comprend, sur les besoins du service de la marine militaire et des habitants, au nombre de deux cent cinquante.

Le port reste une simple cale d'échouage, mais des travaux récents en ont rendu l'accostage facile à toute heure et par tous les vents, chose précieuse, car si les vents d'est, du sud-est ou du sud soufflent, le débarcadère de l'ancien quai est très difficile, parfois même dangereux.

Un feu fixe, blanc, appareil catadioptrique [1] de cinquième ordre, élevé de vingt mètres au-dessus des plus hautes mers, éclaire la rade et, combiné avec le feu rouge placé sur la rive droite de l'embouchure de la Charente, il indique l'entrée du pertuis d'Antioche.

Quatre bateaux de pêche et une trentaine de matelots forment toute la flottille de l'île d'Aix.

Sur la pointe nord extrême, limitant la rive droite de l'embouchure de la Charente, un vieux donjon, débris d'une forteresse féodale, signale le bourg de FOURAS.

Privilégiée par sa situation, cette commune forme une véritable petite presqu'île, dotée de deux ports que fréquentent environ soixante-dix barques de pêche, et de deux plages permettant aux baigneurs de profiter de toute journée favorable, à l'abri du vent, qui pourrait rendre fâcheuse la sortie du bain.

Les vases, si redoutables pour tous les rivages de cette région, ne gagnent pas de terrain à Fouras ; elles semblent plutôt reculer devant la ligne brillante du sable, chaque année plus élargie.

Dominant un coteau de 10 à 30 mètres d'altitude, le bourg, d'ailleurs, échapperait aux émanations malfaisantes rampant dans les bas-fonds, et comme il jouit encore du privilège, rare pour les stations maritimes de la Charente-Inférieure, de posséder des bois de pins et de chênes verts, on comprend qu'il soit devenu une sorte d'Arcachon pour le département.

Travailleuse entre toutes, la population maritime de Fouras ne compte pas moins de deux cent cinquante solides matelots faisant produire à leurs barques et à leurs filets une somme annuelle de quatre cent mille francs. Ils savent suffire à toutes les éventua-

---

1. Voir volume : *Côtes normandes.*

lités, et l'anse du port sud voit à peu près constamment une ou deux chaloupes sur son petit chantier de construction.

Le port *Nord*, dit aussi du *Quai*, présente une jetée de plus de 100 mètres de longueur, avec épi et balise ; son chenal est indiqué par un feu fixe blanc de cinquième ordre, appareil

Bateaux de pêche employés de La Rochelle à Bayonne.

dioptrique. Un gril de carénage complète le port. Mais l'abri qu'il offre reste précaire, sauf par les vents du sud et du sud-ouest, et il a l'inconvénient de n'être praticable qu'après trois heures de flot[1].

---

1. *Les ports maritimes de la France*, ouvrage publié par le Ministère des Travaux publics.

Le port *Sud*, ou de la *Coue*, situé à 1 200 mètres du précédent, vers la Charente, est encore un peu moins profond, mais il abrite parfaitement les bateaux des vents du nord ou du nord-ouest. Les dispositions sont d'ailleurs à peu près les mêmes, sauf en ce qui concerne, naturellement, le gril de carénage, inutile à élever en double spécimen.

Cependant, malgré ses deux ports, Fouras trouvait de grands inconvénients pour l'expédition du produit de la pêche, son unique industrie. L'accostage de barques ne pouvait avoir lieu que six heures durant, par marée. L'obstacle n'existe plus. Un débarcadère, appelé *de la Fumée*, à cause du rocher de ce nom sur lequel il a été construit, s'étend du sud-ouest au nord-est, près de la pointe de l'Aiguille, à trois kilomètres du bourg. Toujours accessible, sauf pendant quelques instants où le reflux des marées de vive eau extraordinaires fait découvrir sa base, la jetée de la Fumée complète les aménagements maritimes nécessaires à la vaillante petite flotte fourasienne, qui sait en tirer le meilleur parti.

Fouras doit-il son nom au mot basque *fora*, équivalent du celte *fforest*, dont nous avons fait forêt? Cette étymologie est d'autant plus vraisemblable que le bourg possède des bois touffus; ensuite, que toutes les traditions parlent d'une vaste forêt couvrant les alentours et se terminant seulement à l'extrémité de l'île d'Aix. Une charte de 1080 fait du reste mention de la forêt.

Ecrasé ou plutôt englobé, sans doute, par ses puissantes voisines, les seigneuries de Montmeillan et Châtel-Aillon, Fouras figure peu dans l'histoire de l'Aunis. On sait pourtant que deux actes authentiques, l'un du 17 octobre 1074, l'autre de 1080, tous deux signés par le même Geoffroi, concèdent successivement l'église de Fouras à l'abbaye poitevine de Noaillé, puis à celle de Saint-Maixent.

Au quinzième siècle, la terre de Fouras était une châtellenie relevant du gouvernement de La Rochelle et du pays d'Aunis.

Parmi les principaux seigneurs, on cite les noms d'Aymard de Maumont (1351); de Jean Brosse, sieur de l'Aigle (1469-1473); Marie Furgen et Georges Geoffroi (1495); René de Bretagne (1515-1546); Jeanne de Vivonne (1572); le marquis de Matitot

(1601) ; Louis de Poulignac, chevalier, seigneur d'Argence (1639) ; Louis Chesnel, seigneur d'Écoyeux (1716)[1].

Toujours au quinzième siècle, Fouras possédait un château, un fort et une église. Cette dernière n'a pas laissé de ruines. Quant au château, il a été si souvent réparé, que rien de la construction primitive n'existe plus. Le donjon actuel ne date pas d'au delà du quatorzième siècle. La tour est devenue le poste du sémaphore et les fortifications élevées par Vauban ont complété la défense. Les meilleures conjectures attribuent la fondation de la forteresse, soit aux ducs d'Aquitaine, soit à Charlemagne, qui, justement préoccupé des invasions normandes, aurait voulu garder l'entrée de la Charente.

Pendant les guerres de Philippe VI contre l'Angleterre, le château de Fouras, position importante, fut souvent disputé. Aymar de Maumont, malgré toute sa valeur, ne put le conserver ; mais Philippe récompensa ce fidèle serviteur en lui donnant des terres confisquées sur des seigneurs alliés de l'ennemi.

Plus tard, sous le règne de Jean II, JEAN LE MAINGRE, SIRE DE BOUCICAUT, le compagnon et l'élève de Du Guesclin, l'héroïque guerrier, fait maréchal à vingt-cinq ans, le futur gouverneur de Gênes, devenue un instant française, Boucicaut se promit de reprendre Fouras. Il s'adressa aux Rochelais, qui lui fournirent des soldats et les machines de guerre alors en usage. La garnison anglaise ne résista pas à un siège en règle et Aymar de Maumont fut remis en possession de sa châtellenie.

Après cette cruelle guerre de Cent ans, il faut arriver aux discordes civiles du seizième siècle pour entendre de nouveau parler de Fouras. En 1585, sous Henri III le prince de Condé, quittant La Rochelle pour se rendre à Brouage, s'empara de Fouras dont on ne retrouve plus le nom qu'en 1590, époque où Henri IV date du camp de Gonesse des lettres patentes confirmant aux Fourasiens les privilèges que leur avaient concédés les seigneurs de la châtellenie.

Le dix-septième siècle vit les ingénieurs militaires occupés à fortifier à l'embouchure de la Charente. La côte de Fouras, qui termine cet estuaire, reçut sa part de défense. Le fort de l'Ai-

---

1. Docteur E. BOUTIRON : *Notice sur Fouras*.

guille, les redoutes du Cadoret et du Treuil-Bussac y furent alors élevés.

En 1757, l'amiral anglais Hawke eût vivement souhaité traiter Fouras comme, par malheur, il put le faire de l'île d'Aix. Mais une petite armée, sous les ordres du général Langeron, accourt pour défendre le promontoire, et la descente projetée devint impossible. La force ne réussissant pas, la ruse déloyale fut essayée. Une goélette à bombes s'avança jusque près de la côte ; deux chaloupes canonnières françaises la repoussèrent et éloignèrent également, en lui faisant subir de graves avaries, une frégate ennemie accourue au secours de la goélette [1].

La grande disette de l'an II eut son contre-coup à Fouras. Il fallut faire appel à des souscripteurs riches ou de bonne volonté et solliciter l'aide de communes moins éprouvées.

Un dernier fait se rattache au bourg, fait contesté il est vrai. A l'extrémité du quai du port sud ou de la *Coue*, une pierre porte, gravé, le nom de Napoléon Ier, parce que, dit-on, c'est de Fouras que l'empereur déchu partit pour l'île d'Aix...

Fort étendu, bien percé, bien bâti et possédant un grand nombre de jolies habitations modernes, Fouras présente un réel attrait, mais c'est surtout du côté de la mer qu'il intéresse et captive l'attention.

Vu du large, bien campé sur sa colline assez élevée et escarpée pour mériter le nom de falaise, dominé par son château ombragé par ses bois, le bourg se révèle tout pittoresque, tout souriant.

Se dirige-t-on vers le port Nord ? L'île d'Aix, avec ses belles rades, est voisine, comme, au port Sud, l'île Madame, le rocher si bon défenseur de la Charente. Un mouvement incessant anime ce superbe golfe : navires de l'État, bâtiments marchands, simples barques de pêche y croisent sur les flots tranquilles.

Le fond de l'horizon est fermé par les contours de l'île d'Oléron, laissant voir, un ciel clair aidant, les ombrages de la forêt de Saint-Trojan, la citadelle de sa petite ville appelée Le Château, l'ancienne station de marine militaire nommée Boyardville... des bouquets d'arbres, le panache de fumée du bateau à vapeur

---

1. D. Massiou. — *Histoire de la Saintonge*.

de La Rochelle, la silhouette des tours de cette dernière cité, les premiers rivages de l'île de Ré...

Si, en même temps, l'heure de la marée ramène à Fouras sa vaillante flottille de pêche, l'animation du débarcadère, envahi par la foule, donnera une dernière nuance, pleine de gaieté, à ce ravissant spectacle.

Une brillante matinée d'été, ou l'un de ces couchers de soleil si pleins d'aspects doux et imprévus, particuliers aux rivages d'Aquitaine, rend encore plus profonde l'impression ressentie. C'est un des feuillets de voyage que l'on aime à relire et qu'il devient impossible d'oublier.

Sur la plage.

CHAPITRE IX

ROCHEFORT ANCIEN ET MODERNE. — SES HOMMES CÉLÈBRES

Sur un plateau rocheux, émergeant de la rive droite de la Charente, au milieu de bois épais et de marécages, une forteresse, ayant droit de haute, moyenne et basse justice[1], était connue dès le onzième siècle.

Elle ne subit presque aucun changement pendant la longue succession de seigneurs qui, tour à tour, la possédèrent, soit par droit de naissance, soit par alliance, don ou achat.

Ces seigneurs avaient un rang élevé, car, en 1047, on voit le nom de Fouchard de Rochefort, suivi des noms des quatre fils du comte d'Angoulême, apposé sur la charte de fondation de l'abbaye Notre-Dame de Saintes, près de ceux des plus puissants gentilshommes du pays, servant de témoins à la fondatrice, Agnès de Bourgogne[2].

Un moment, semble-t-il, La Rochelle, au temps de Louis VII, fut dans la dépendance de Geoffroy de Rochefort, héritier d'Isambert, seigneur de la ville, et on lui attribue, ainsi qu'à son parent Ebles de Mauléon, la fondation de l'église Saint-Barthélemy, en faveur des moines de l'île d'Aix. Plus tard, un arrangement intervint entre Geoffroy et Ebles, qui resta seul possesseur de La Rochelle, bientôt échangée, au profit d'Aliénor de Guyenne, contre de nouvelles terres.

Le nom de Rochefort figure encore sur divers contrats du treizième siècle et, au quatorzième, on retrouve trace des *coutumes* dues au châtelain, c'est-à-dire des impôts particuliers

---

1. C'est-à-dire qu'elle possédait tous les droits réservés aux plus puissants seigneurs de l'époque.
2. Veuve de Guillaume le Grand, duc de Guyenne, épouse, en secondes noces, de Geoffroy Martel, comte d'Anjou.

qu'il fallait lui payer pour avoir libre accès sur la Charente, dans les limites de ses possessions.

En 1307, Philippe le Bel fut, un instant, maître de Rochefort, qu'il venait d'acquérir « au prix de cinq cents livres et du droit de *la forest de Benon, à couper par pied, à arbager, à chauffer et à faire quanque mestier sera, et chasser après lièvres, connils (lapins) et goupils (renards) par toute ladite terre, hors de la forest et garenne du roy* ». Cela n'empêchait pas les seigneurs du même nom de garder un rang élevé dans la province, puisqu'ils formaient alliance avec les plus anciennes et les plus considérables familles du pays.

Jean sans Terre donna Rochefort à GUICHARD D'ANGLE, ou d'Angoulême, qui maria sa fille Jeanne avec Aimeri II, seigneur de MORTEMART, sénéchal du Limousin.

Le traité de Brétigny soumit Rochefort à Edouard III d'Angleterre, qui en investit son fils Edouard, le célèbre *Prince Noir*, le vainqueur de Jean II, dit le Bon, à la funeste bataille de Poitiers.

En 1370, Charles V déclarait la Guyenne confisquée au profit de la couronne française, car le roi avait, disait-il, « *ouy droit sur les complaints et griefs dont ses sujets clamoient droit en la cour* »; accablés, étaient, ces pauvres sujets, par les vexations des Anglais dont le monarque s'intitulait *Roi des Français*.

Quatre ans plus tard, Charles V reçoit « hommage » de trois cents livres tournois, à vie, sur le revenu de Rochefort, somme énorme prouvant la valeur de cette châtellenie.

Charles VI possédait la suzeraineté de Rochefort; Charles VII la possédait également : un des articles du traité de ce souverain avec le roi d'Ecosse, Jacques I*er*, portant qu'en échange des soldats fournis par Jacques, le comté de Saintonge et la seigneurie de Rochefort lui appartiendraient.

De Louis XI à François I*er*, le château reste en la possession de seigneurs particuliers, puis il revient à la couronne et en est, de nouveau, distrait, suivant les besoins du moment ou les hasards de la guerre.

C'est ainsi qu'un compte de travaux faits à Rochefort et présenté le 15 octobre 1480, apprend que le seigneur est, alors, « Charles de Coyctivy, comte de Taillebourg et de Rays ».

Vingt ans plus tard, pour le même possesseur, le 11 mars 1500, fut fait l'inventaire de l'artillerie, des armes et des meubles du château de Rochefort.

« INVENTAIRE *des biens meubles estant en chasteau de Rocheffort*, appartenant à très hault et puissant Monseigneur Charles, comte de Taillebourg, lesquelz biens noble homme Jehan Queu, escuier, seigneur de la Vigerie, avoit en garde soubz la main de mon dit seigneur comme garde de la place du dit Rocheffort, et lesquelz ont esté baillez et livrez à noble homme Jacques de Culan, escuier, seigneur de Coulonges, à présent cappitaine dudit Rocheffort, par nous, Yves Faure, juge dudit Rocheffort et ad ce commis de mon dit seigneur pour en respondre touteffoiz et quantes que par mon dit seigneur en sera ordonné.

« Fait le XJ^{me} jour de may l'an mil cinq cens.

« Premièrement, six pièces d'artillerie dont il y en a trois de fonte et trois de fer, dont les trois de fonte sont emmanchies de bois et deux de fer enchâssées en bois et autre de fer, non enchâssé avecque six boëtes de fer pour ladicte artillerie.

« Item : di arcbalaistes depasse toutes garnyes de cordes dont il y en a une des dix rompues et à toutes les dictes arcbalaistes n'y a que trois tours avecques certaines trousses de traictz.

« Item : dix brigandines toutes rompues, garnyes de neuf gardebratz.

« Item : six couches de plumes telles quelles avecques quatre traversiers.

« Item : en ung coffre rond estant en la grand tour, une couverture de lit, cinq riddeaultz, trois orillers et trois estendars à la livrée de monseigneur.

« Item : deux voulges (armes de guerre) et une javeline.

« Item : trois platz d'estaing et une quarte merchez es armes de monseigneur.

« Item : deux tables garnyes d'*eschemaulx*, d'ung banc tournys, d'un banc à quatre piez.

« Item : un dressoir.

« Item : une meulle à faire moutarde, rompue devant.

« Item : ung fallot de fer.

« Item : deux routisseurs.

« Item : en la salle basse, ung chaslit sans couche, ung banc tournys, ung dressoir et une table garnye de deux *eschemaulx*[1]. »

L'inventaire n'est pas brillant ! et vraisemblablement une attaque imprévue aurait trouvé la garnison bien mal pourvue. Mais, peut-être aussi Charles de Coëtivy voulait-il simplement débarrasser sa forteresse charentaise de tout le matériel hors de service.

1. *Documents historiques inédits sur le département de la Charente-Inférieure.*

Vers la fin du seizième siècle (1564), plusieurs fiefs et paroisses relevaient de Rochefort.

Bientôt ce nom retentit davantage dans l'histoire : les discordes civiles amenant tour à tour la conquête ou la perte du château voisin de La Rochelle, dont les possesseurs pouvaient causer grand dommage à la ville.

Parmi les généraux qui s'en emparèrent, on compte le duc de Montpensier et le duc de Mayenne.

Sous Henri IV, Rochefort était de nouveau réuni à la couronne. Par lettres patentes datées du 11 septembre 1599, le roi en investit Adrien de Loseré, son premier valet de chambre, *qui payait cinquante mille écus le don du souverain.*

Vers 1614, les Rochelais se rendaient maîtres du château, conquête éphémère et dernière vicissitude infligée à la vieille châtellenie, qui avait fini par faire retour aux héritiers d'Adrien de Loseré[1], lorsque Louis XIV songea à y créer un port (1666).

La pensée était digne d'un roi soucieux des intérêts du pays : le littoral sud-ouest, privé de défenses efficaces, pouvant être assez facilement occupé par l'ennemi. Un port militaire, abrité comme l'est celui de Rochefort, annulait presque cette redoutable éventualité.

Du reste, pas plus qu'à toute autre entreprise, les critiques ne manquèrent à la création nouvelle.

La première, sérieuse à la vérité, avait trait à la nature du sol. Tous les marécages dont Rochefort était environné devaient empoisonner l'air. Ensuite, les eaux de la Charente nourrissaient des vers destructeurs, et il fallait considérer l'éloignement de la mer, des rades...

L'insalubrité était réelle ; mais des travaux constants devaient la faire disparaître et l'ont effectivement annihilée. Le ver redouté, le taret, destructeur des digues de la Hollande, n'a jamais compromis les vaisseaux mouillés dans le fleuve. On l'avait sans doute confondu avec la fourmi blanche ou *termite*, fléau des habitations de la côte, depuis la rive gauche de l'embouchure de la Sèvre Niortaise jusqu'à la Seudre, et un peu au delà.

---

1. Au nombre de ces héritiers, représentés par la famille de Chkussks, figurait une petite fille de Mme de la Sablière, future épouse Trudaine, conseiller d'État et prévôt des marchands de Paris.

Quant à l'éloignement de la mer, il devenait une protection pour les arsenaux et les magasins du port. Au surplus, chaque point où une descente pouvait être tentée, y compris le littoral des îles, fut mis en état de défense. Le premier effet de ces mesures aboutit, en 1674, à l'infructueuse tentative de l'amiral hollandais Tromp, qui n'avait annoncé rien moins que la ruine du nouveau port établi sur la Charente.

Il nous eût été facile de rendre mal pour mal... Peu de temps après, « le sieur de Saint-Hubert », ingénieur de la marine, inventait « un mortier, qui tirait *sept bombes à la fois*, lesquelles bombes recevaient le feu d'une *seule lumière*. Une autre machine du même ingénieur contenait un canon et un mortier qui tiraient en même temps ».

On le voit, les *mitrailleuses* ne datent pas uniquement de la seconde moitié du dix-neuvième siècle. Mais on ne voit plus, de nos jours, ce qui arriva au « sieur de Saint-Hubert ».

Ses « machines » lui furent achetées par le roi et « *anéanties, par crainte que leur usage fût trop meurtrier* ».

L'art de la guerre est revenu de ces scrupules !!! Le courage individuel passera avant peu à l'état de lettre morte. Ne se foudroie-t-on pas aisément, maintenant, à plus de douze kilomètres de distance !!!...

Après avoir parcouru déjà Cherbourg, Brest et Lorient [1], il n'est pas nécessaire de visiter en détail les ateliers du port de Rochefort, ateliers, du reste, admirablement aménagés et renommés pour la bonne construction des navires.

Cette construction fut surtout un moment célèbre, quand M. Hubert (il semble que le port soit destiné à voir des ingénieurs de ce nom), quand, disons-nous, M. Hubert en prit la sous-direction.

Les premiers ateliers en métaux pour machines (de Rochefort) furent fondés par lui. Il installa avec le même soin une admirable corderie perfectionnée, et construisit le *Sphinx*, qu'il munit d'une machine à vapeur de 160 chevaux, achetée chez l'Anglais Fawcett.

---

1. Voir pour ces trois ports : *Cherbourg*, le premier volume du *Littoral* ; *Brest*, le second volume ; *Lorient*, le troisième volume.

ROCHEFORT. — GARDE-CÔTE CUIRASSÉ « LE TONNANT », CONSTRUIT DANS LES ATELIERS DU PORT.

Il créa une machine à gournables[1] et une autre pour étirer les tourons. Cependant, la plus curieuse de ses inventions fut certainement celle d'un *moulin à vent* remplissant les multiples fonctions : 1° de laminoir pour le plomb à doubler les soutes[2] des navires ; 2° de pilon à broyer les peintures ; 3° de drague pour nettoyer les bassins !!! Elevé à l'entrée de ces bassins, un curieux, et pourtant très simple système de va-et-vient fait de planches, manœuvré par des cordes, obtenait ce dernier résultat. Le tout, surveillé par quatre forçats seulement, constituait le meilleur et le plus économique mode de travail pour ces diverses opérations[3].

Rochefort n'a pas dégénéré, mais son port n'a pas été l'objet d'une faveur assez marquée : bientôt nous saurons pourquoi.

La ville, en elle-même, n'a rien de pittoresque ni de remarquable, à part son magnifique hôpital maritime, bâti (1671-1676) sur une colline, en dehors de l'enceinte fortifiée, superbement ombragé et pourvu de toutes les dépendances nécessaires. Il renferme le plus profond des puits artésiens connus, car c'est à 856 mètres qu'il a fallu chercher la nappe d'eau jaillissante !!!

Rochefort, néanmoins, se présente bien avec ses remparts plantés et quelques unes de ses rues ornées d'arbres. Il possède une école de médecine navale, une Société d'agriculture, sciences et arts, une bibliothèque... Ses archives ont gardé les dépêches de la cour, de 1672 à 1813.

Tout moderne que soit le port, son histoire compte des faits glorieux et plusieurs de ses enfants se sont illustrés.

Alors que Toulon recevait les Anglais (1793), Rochefort combattait avec énergie nos implacables ennemis.

Quand, le 14 décembre 1798, EDMOND RICHER, lieutenant de vaisseau, commandant la *corvette* française *la Bayonnaise*,

1. Les *gournables* sont de longues chevilles cylindriques en bois dur : chêne ou if. Préalablement enduites de goudron, elles servent à fixer les bordages d'un navire et permettent ainsi d'éviter l'emploi de chevilles en fer, facile à prendre la rouille.

2. *Soutes*, compartiments divers, véritables magasins ménagés dans l'entrepont ou la cale d'un navire pour la conservation des provisions, du matériel, etc., etc.

3. Nous devons ces renseignements à M. CHARIOT, ancien ingénieur de la marine, élève de M. Hubert, pour lequel, avec raison, il professe un véritable culte. Nous ne ferons qu'une observation : le port de Lorient a, paraît-il, construit aussi un navire appelé *Sphinx*. Serait-ce une erreur pour Lorient, ou bien la marine française a-t-elle possédé, à peu de temps de distance, deux *Sphinx* ?

enleva à *l'abordage* la *frégate* anglaise *l'Embuscade*, c'est à Rochefort qu'il conduisit sa belle prise. La curieuse lettre suivante, de l'amiral Bruix, donne la mesure de l'enthousiasme avec lequel fut accueilli le triomphe de Richer. Bruix, marin si intrépide et qui fournit une carrière justement célèbre, pouvait mieux que personne louer dignement le jeune officier. Aussi, avec une bonhomie spirituelle et narquoise, offre-t-il de récompenser de la *même manière* « tout enseigne de vaisseau qui acccomplirait un fait d'armes semblable ! »

Cette phrase laisse supposer que les autres officiers de la *Bayonnaise* : Gulgner, Corbie, Aimé, Frouin, le Danseur, furent aussi récompensés, car leur conduite avait été admirable.

La lettre de l'amiral est adressée à son ami, le contre-amiral Nielly, alors préfet maritime à Dunkerque [1] :

Paris, le 13 nivose,
an VII de la République françoise,

Avant de répondre à tes différentes lettres particulières, je voulois, mon cher camarade, avoir quelque chose de positif à t'annoncer sur le sort de ton intéressant Eugène. Deux fois je me suis mis à l'affût pour en parler à mon collègue, le ministre de l'intérieur, et toujours sans succès ; mais comme son examen n'a été autorisé que pour savoir si notre jeune homme méritoit vraiment la dispense d'âge, et que j'ai vu les larmes venir aux yeux de mon vertueux collègue, lorsque je l'ai informé de la manière dont Eugène s'est tiré de cet examen, j'ai tout lieu de croire qu'il obtiendra la dispense qu'il désire.

L'arrêté du Directoire exécutif, relatif à la mémorable action de la corvette *la Bayonnaise*, t'aura prouvé que j'étois de même avis que toi et qu'il falloit honorer ce beau fait de guerre par les plus grands témoignages de la satisfaction du gouvernement. Peut-être trouvera-t-on qu'aucun exemple, depuis l'organisation, ne justifie le saut que j'ai fait faire au brave Richer. Je répondrai à cela que si l'on me cite un seul exemple d'une action comparable à la sienne, je passe condamnation, mais j'aime à croire et je suis persuadé qu'aucun officier ayant l'amour et le sentiment de la vraie gloire ne désapprouvera la nomination de Richer au grade de capitaine de vaisseau. Au surplus, la carrière est ouverte à tout le monde, et demain, si un enseigne de vaisseau prenoit une frégate avec une corvette, je dirois au Directoire : « Il est à l'égal de Richer », et cet enseigne seroit fait capitaine de vaisseau. Espérons, mon cher Nielly, que le bel exemple que le capitaine, les officiers et l'équipage de la *Bayonnaise* viennent de donner, trouvera de

---

1. Un tableau du musée de Versailles consacre le fait d'armes de Richer et son nom fut donné à l'une des rues de Paris.

nombreux imitateurs et que la marine républicaine s'élèvera ainsi au niveau des destinées de la France et de la gloire de ses armées de terre.

Au surplus, j'ai remarqué et fait remarquer au Directoire que, même dans la défaite de nos bâtiments d'Irlande, nos marins avoient fait des prodiges, et donné ainsi à nos propres ennemis une très haute idée de notre valeur, à laquelle il n'a manqué que des armes égales pour obtenir la victoire.

Tu as dû voir par mes lettres officielles que tous les ports doivent concourir, dans ce moment, à l'armement des vaisseaux qui sont à Brest. Je réclame particulièrement tes bons soins, mon cher Nielly, et les efforts de ton zèle, pour m'aider à exécuter ce grand acte de la volonté du Directoire. Je compte essentiellement sur toi et que tu feras contribuer le port où tu commandes de la manière la plus marquante. Ne crains pas, mon ami, de le dégarnir dans cette circonstance ; ceux qui seront dégarnis pour l'armée navale seront aussi ceux qui auront le plus de part à la reconnaissance du gouvernement.

Adieu, mon cher Nielly ; je t'écris en causant avec vingt personnes, je ne t'embrasse pas moins de tout mon cœur, dont les sentiments pour toi doivent t'être connus.

E. Bruix [1].

Trois des plus grands noms de la marine française sont revendiqués par Rochefort. Ceux de LA GALISSONNIÈRE (1693-1756) et des LA TOUCHE-TRÉVILLE (1745-1804).

Lieutenant-général des armées navales, le marquis de la Galissonnière compta autant de succès que de campagnes. Le Canada, alors, n'avait pas été arraché à la France, et le grand marin, signalé par ses brillants faits d'armes, fut investi du gouvernement de cette belle colonie. Son souvenir n'y est pas oublié : l'estime et l'affection des Canadiens, restés si français, entourent toujours son nom. Chargé par Louis XV de combattre les Anglais, devenus tout-puissants dans la Méditerranée, le lieutenant-général des armées navales ajouta encore à sa gloire, et le combat de Minorque réduisit Byng, l'amiral ennemi, à une défaite complète. Malheureusement pour la France, la Galissonnière ne devait pas survivre longtemps à ce dernier triomphe. En le perdant, notre marine si éprouvée faisait une perte presque irréparable.

Deux ans après la mort de l'illustre vainqueur de Byng, un de

---

1. Eustache Bruix, né à Saint-Domingue en 1759, mort en 1805, se distingua pendant la guerre de l'Indépendance des États-Unis et parcourut la carrière la plus belle. Sa sortie de Brest, bloqué par les Anglais, est célèbre, de même que son ravitaillement de Gênes, où Masséna était enfermé.

ses compatriotes, appartenant à une famille déjà bien connue par ses services dans la marine, le VASSOR DE LA TOUCHE-TRÉVILLE prenait rang sur notre flotte : il atteignait à peine sa treizième année. Ses premières campagnes s'accomplirent sous les yeux de son oncle, le brave LE VASSOR DE LA TOUCHE, qui termina sa carrière dans le poste de commandant de la marine à Rochefort.

Les exploits du neveu, principalement quand on lui confia l'*Hermine*, frégate de vingt-six canons, sont restés légendaires. Le 29 mai 1779, il s'emparait d'un corsaire de Falmouth et, le lendemain, d'un second corsaire portant le nom de : *la Résolution des Dames de Londres*. Chargé de conduire en Amérique le général La Fayette, il lutta encore, avec l'*Hermine* seule, contre quatre bâtiments anglais. Peu après, il figurait avec honneur dans le combat naval de la Chesapeak, puis il vint se ranger sous le commandement de LA PÉROUSE, qui montait la frégate l'*Astrée*. Ce fut au cours de cette campagne que les deux marins durent lutter, avec leurs deux frégates, contre *six vaisseaux* de guerre anglais et qu'il sortirent vainqueurs de ce combat!!!

Si grand que se fût alors montré la Touche-Tréville, son caractère héroïque se dessina mieux encore, dans le désastre qu'il essuya avec la frégate *l'Aigle*, le 12 septembre 1782, à l'entrée du fleuve la Delaware. La frégate fut perdue, mais son commandant empêcha qu'elle ne devînt utile à l'ennemi et l'équipage fut sauvé.

La Touche-Tréville resta prisonnier des Anglais jusqu'à la paix de 1783.

On sait comment le glorieux marin fit oublier cet échec, avec quel zèle il dirigea le port de Rochefort, avec quelle ardeur il battit, par deux fois, le fameux Nelson, avec quelle énergie il conduisit la campagne de Saint-Domingue, avec quelle joie il se préparait à la descente sur les côtes anglaises, rêvée par Napoléon ; enfin, combien il releva notre prestige sur la Méditerranée.

Atteint d'une grave maladie, il fut bientôt en danger de mort, mais il voulut expirer sur son navire, *le Bucentaure*. « Un officier de mer doit mourir sous le pavillon de son vaisseau, » répétait-il.

Sa mort, arrivée le 29 août 1804, fut, comme celle de la Galissonnière, un deuil cruel pour la marine française.

Rochefort peut aussi, à bon droit, s'honorer d'avoir vu naître JEAN-BAPTISTE AUDEBERT (1759-1860) ; à la fois écrivain, dessinateur, graveur, il fit paraître plusieurs ouvrages d'histoire naturelle très remarquables, et porta, disent ses biographes, « une perfection jusque-là inconnue dans la gravure des figures coloriées, en même temps que, le premier, il réussissait à fixer l'or par impression ».

RENÉ-PRIMEVERRE LESSON, le naturaliste estimé, fit, à bord de la corvette *la Coquille*, un voyage dont il écrivit la très attachante relation (1822-1825), en même temps qu'il marquait de son nom plusieurs découvertes botaniques [1].

---

[1]. A propos de ce voyage, il est bon de faire remarquer que le lieutenant de la *Coquille* était alors le futur explorateur des terres australes, DUMONT-D'URVILLE. Dans le si instructif album : *L'œuvre de François Roux*, enrichi par M. l'amiral Pâris d'une notice sur les principaux navires de la marine française, depuis 1792, nous trouvons les détails suivants, intéressant la biographie de l'illustre victime du terrible accident du chemin de fer de Versailles.

« L'*Astrolabe* fut mise à l'eau en 1811, ainsi que plusieurs autres bâtiments, et nommée d'abord, *la Coquille*. Malgré sa destination première, si modeste, de gabare-écurie, ce petit navire est un de ceux qui ont joué un rôle des plus importants et des plus méritoires. La *Coquille* fit pendant cinq ans les côtes de la Méditerranée et de la mer Noire, avec le commandant Gauthier. Elle reçut, à Naples, un coup de foudre qui la força d'aller s'échouer, mais en perdant sa cargaison de vivres. Elle fit, pendant trois ans, un voyage autour du monde, sous les ordres de M. DUPERREY, puis changea de nom et repartit, en 1826, sous les ordres de M. d'Urville.

« Devenue l'*Astrolabe*, elle s'échoua six fois, apprit à Hobart-Town les découvertes du capitaine Dillon, qui, voulant savoir si deux hommes, laissés antérieurement à Ti Kopia, existaient encore, eut les premiers documents probables sur le naufrage de La Pérouse. L'*Astrolabe* ayant eu trop tard connaissance de ces faits, n'eut plus qu'à découvrir le lieu du naufrage, et au troisième tour qu'elle accomplit de l'île de Vanikoro, la chaloupe resta deux jours à draguer sur les restes de son homonyme (on sait que le vaisseau de la Pérouse s'appelait *Astrolabe*), voyant clairement la direction, les ancres, les canons, et pouvant apprécier la manière dont le navire s'était échoué. Une partie des débris exposés au Musée de marine de Paris proviennent de ce dragage pénible.

« Depuis lors, les Français sont retournés à Vanikoro et, au moyen du scaphandre, ils ont rapporté les grosses ancres et les gros canons que l'*Astrolabe* n'avait pu emporter. On les a disposés en forme de trophée sur une des places d'Albi, ville natale de la Pérouse.

« En 1837, l'*Astrolabe* repartit avec M. d'Urville, accompagné, cette fois, de l'amiral JACQUINOT, qui avait fait les mêmes campagnes que lui et montait un navire semblable au sien, la *Zélée*. Ils furent se faire étreindre par les glaces et découvrirent des terres vers le pôle Sud ; ils restèrent à sec pendant plusieurs heures dans le détroit de Torrès. Enfin, après plusieurs navigations insignifiantes, l'*Astrolabe*, refondue plusieurs fois, fut démolie et servit à chauffer des bureaux, en 1851, après *quarante ans* de service, presque toujours à la mer ; c'était à peu près pour l'aspect, un trois-mâts marchand, de vitesse médiocre, mais se comportant bien à la mer. Son peu de tirant d'eau la rendait propre à chercher l'inconnu, à faire des découvertes avec la quille, comme on dit, et son équipage, peu nombreux, exposait moins à une catastrophe par un naufrage lointain, en ce qu'il avait des chances de se sauver en entier dans ses canots.

« M. d'Urville a été embarqué à bord de ce navire quatre fois. D'abord, avec

Le cimetière de Rochefort possède le monument élevé à l'héroïque lieutenant de vaisseau BELLOT, mort pendant sa dernière expédition à la recherche de Sir John Franklin.

Ce tombeau [1] ne manque pas tout au moins d'originalité. Il se compose d'un canot renversé, supporté par quatre ours polaires et abritant l'effigie du jeune officier, représenté en costume d'explorateur des terribles régions où il devait trouver la mort... C'est, à proprement parler, de l'histoire en action.

La biographie suivante est trop instructive, en sa modeste simplicité, pour ne pas paraître dans *le Littoral de la France*, qui a l'ambition de conserver, de rappeler à la reconnaissance, à l'admiration de la patrie, les noms illustres qui forment sa gloire [2].

BELLOT (René-Joseph), né à Paris le 18 mars 1826, est mort le 18 août 1853.

Sa famille étant venue, en 1831, se fixer à Rochefort, c'est dans cette ville que Bellot fut élevé ; il considérait Rochefort comme sa ville natale, et l'on trouve bien souvent dans ses papiers et dans ses lettres, actuellement

M. GAUTHIER. Et ce fut au moment où ce dernier faisait des observations sur le sommet du mont Saint-Élie de Milo, pour opérer son travail remarquable de l'Archipel, que l'on trouva la *Vénus* dans les ruines d'un théâtre. M. d'Urville, qui était très lettré, reconnut l'importance de cette statue et fit un rapport qui engagea notre ambassadeur à Constantinople, M. DE RIVIÈRE, à acquérir au plus tôt ce chef-d'œuvre antique, que des étrangers souhaitaient également acheter. M. BRETT, notre consul à Milo, fit assez diligence pour l'obtenir et l'envoyer en France.

« Puisqu'il est ici question de mon ancien commandant, je dois dire qu'il était aussi un botaniste distingué, ayant vu les plantes sur les lieux où elles croissent et, qu'étant jeune, il avait publié, à ce sujet, un ouvrage intitulé *Flore Levantine*. Outre les deux relations volumineuses des deux voyages dont il fut chef, il a publié, en 1834, pour la jeunesse, le *Voyage pittoresque autour du monde*, sorte d'inspection des pays lointains. Enfin, son ancien aspirant (c'est M. l'amiral Pâris qui parle ainsi de lui-même) a pu lui rendre hommage en plaçant son buste, exécuté par M. Oliva (d'après un plâtre moulé sur sa tête), devant les débris de la Pérouse, rapportés par le capitaine DILLON et par lui.

« Le souvenir de tels navires (continue M. l'amiral Pâris, en jugeant l'*Astrolabe*) mérite d'être conservé autant que celui de vaisseaux célèbres par les combats, et s'il est heureux que le musée de marine possède le vaisseau *le Royal-Louis*, que montait Tourville, il l'est également d'avoir le modèle de l'*Astrolabe* et d'en posséder aussi un bon portrait.

« On peut regretter de n'avoir pas de vestiges des navires de la Pérouse et de d'Entrecasteaux, et même de ceux de Cook : les voyages d'explorations scientifiques étant utiles à toutes les nations. »

1. Les frais de ce monument furent couverts par une souscription faite dans les ports militaires, notamment à Cherbourg et à Rochefort.
2. Cette biographie, rédigée d'après les documents authentiques, nous a été envoyée par un frère du regretté officier, marin lui-même et officier distingué, M., le lieutenant de vaisseau BELLOT, du port de Rochefort, également chevalier de la Légion d'honneur, qui vient de rentrer en France, après avoir exercé les fonctions de son grade au Gabon.

entre les mains de son frère, les preuves de l'affection, de la reconnaissance qu'il portait à cette ville, où on lui avait fourni les moyens de s'instruire.

Entré à l'Ecole navale à quinze ans et demi, il en sortit, en 1843, le cinquième sur une promotion de quatre-vingts élèves : six mois plus tard, et après un embarquement sur les vaisseaux *le Suffren* et *le Friedland*, il partait pour une campagne dans la mer des Indes, à bord de la corvette *le Berceau*, où il fit vaillamment son devoir. Déjà il avait mérité l'approbation de ses chefs par un acte de dévouement, en sauvant un homme tombé à la mer, lorsque, en 1845, il reçut le baptême du feu à Madagascar, dans une expédition dirigée contre Tamatave ; blessé d'une balle, le courage et l'intrépidité qu'il déployait à terre, comme chargé du service de l'artillerie, lui valurent la croix de la Légion d'honneur ; *il n'avait pas encore vingt ans !* Tous ses supérieurs le signalaient déjà comme étant, par sa haute intelligence, son caractère et sa tenue, supérieur de tout point à son âge et à sa position. « *On le trouve*, écrivait le commandant Romain-Desfossés, *partout où il y a un bon exemple à donner et un danger à braver !* » Jamais officier de vaisseau n'avait mieux commencé !

Cinq ans plus tard, les expéditions envoyées à la recherche du grand navigateur arctique, Sir John Faanklin, occupaient toute l'attention publique. Rempli d'une noble ambition, l'imagination exaltée à l'idée des écueils et des périls dont est semée la navigation dans les mers du pôle, le cœur profondément touché aux récits de l'admirable dévouement de Lady Franklin, Bellot conçut le projet de s'y dévouer lui-même ; il voulait, en sa qualité de Français et d'officier de marine, s'associer à cette grande œuvre d'humanité et de science que dirigeait l'Amirauté anglaise. En 1851, il demanda et obtint l'autorisation de se joindre à l'expédition nouvelle qui se préparait en Angleterre. Magnifiquement accueilli à Londres et par Lady Franklin, il se rendit à Aberdeen d'où, le 13 mai 1851, il partait, à bord de la goélette *le Prince Albert*, que commandait le capitaine Kennedy. L'expédition fut rude, périlleuse, mais intéressante par ses découvertes et par les circonstances qui l'accompagnèrent ; Bellot en a publié lui-même une courte analyse dans les *Annales maritimes* (après sa mort, ses papiers et ses récits furent réunis en un volume, paru sous le titre de *Journal d'un voyage aux mers polaires*). De retour, le 16 octobre 1852, Bellot reçut, en Angleterre, un accueil enthousiaste. Le capitaine Kennedy, les officiers ainsi que les marins du *Prince-Albert* parlaient avec admiration des services qu'il avait rendus, de l'intelligence, du dévouement, du courage dont il avait fait preuve. L'Amirauté anglaise fit officiellement connaître au gouvernement français les sentiments de haute satisfaction que lui avait inspirés le jeune officier ; Sir Roderick Murchison accompagna des paroles les plus flatteuses, pour les services rendus à la science, la nomination du marin français comme membre de la Société de Géographie de Londres ; son nom fut donné à un détroit et à un cap ; et il reçut, en France, des mains du ministre, M. Théodore Ducos, sa nomination (à un grand choix) au grade de lieutenant de vaisseau.

Cependant la pensée de retourner dans les régions arctiques, l'idée d'aller lui-même chercher Sir John Franklin dans des parages non encore explorés, où il pensait arriver à des résultats plus positifs que ceux encore obtenus, ne cessaient de préoccuper cette âme ardente. Bellot refusa de suivre le capitaine américain Kane, dans une expédition destinée à visiter le détroit de Smith, espérant encore que la France se déciderait, à son tour, enfin, à envoyer un navire dans ces régions déjà explorées par toutes les nations maritimes du nord. De même, et par un sentiment d'extrême délicatesse, il refusa l'offre de Lady Franklin, qui lui proposait le commandement et la propriété du steamer *Isabelle*, pour une expédition dans le détroit de Behring, « avec le capitaine Kennedy, comme lieutenant sous ses ordres, et l'ancien équipage du *Prince-Albert*, tout prêt à aller partout avec lui ». Bellot craignait que cette extrême confiance témoignée à un Français ne produisit mauvais effet en Angleterre et n'attiédit les sympathies inspirées par Lady Franklin à ses compatriotes.

Après ces divers refus, témoignant si hautement de sa modestie délicate, de son rare désintéressement, et tenant à ne pas laisser passer la saison de 1853 sans retourner dans les contrées arctiques, Bellot demanda l'autorisation de se joindre à une expédition nouvelle, dirigée par le captain Inglefield, à bord de l'aviso de guerre anglais *le Phœnix*. Il partit de Woolwich le 10 mai 1853, pour aller rejoindre l'escadre de Sir Edw. Belcher, dans le détroit de Barrow. Au mois d'août, le *Phœnix* se trouvait en compagnie du *North-Star* dans la baie *Erebus* et *Terror*. Bellot, toujours prêt à courir au-devant de tous les dangers, s'offrit pour se lancer, dans le canal de Wellington, à la recherche du commodore Belcher, afin de lui remettre des dépêches importantes de l'Amirauté anglaise; c'était là une mission pleine de périls, mais son dévouement habituel la lui avait fait demander comme une faveur. Le 12 août il partit, emmenant avec lui quatre hommes, un traîneau, et un canot de caoutchouc. Après plusieurs jours d'une marche aussi pénible que dangereuse, le champ de glace se rompit tout à coup. Le jeune officier, séparé de deux de ses compagnons, est emporté avec les deux autres au milieu du détroit, sur un glaçon qu'une brise furieuse chasse au loin ! ! Les trois hommes se taillent un abri dans un rocher de glace, à l'aide de leurs couteaux, et Bellot s'efforce de rassurer ses deux compagnons de misère : « Avec la protection de Dieu, leur dit-il, pas un cheveu ne tombera de nos têtes. » Ce furent ses dernières paroles; quelques instants après, monté sur les glaçons pour voir comment la glace flottait, il était emporté par la tempête et disparaissait dans une crevasse !

Ainsi périt, à l'aurore de la gloire, un jeune officier qui promettait d'être un jour l'honneur de notre nation. La France et l'Angleterre ont pleuré sa fin prématurée. Les circonstances de cette mort causèrent dans les deux pays une émotion profonde, et divers monuments ont été élevés pour perpétuer la mémoire de cette vie si remplie, quoique si courte.

A Rochefort, le mausolée est placé dans le cimetière, près du caveau de la famille. Un des squares et un quai de la ville portent le nom de Bellot.

L'Angleterre a également éternisé son souvenir en lui élevant un obélisque à Greenwich, sur les bords de la Tamise, à l'endroit même où, avant de monter à bord du *Phœnix*, il avait reçu les adieux de ses amis. Un autre monument se trouve dans les mers polaires, à l'entrée du canal de Wellington.

La ville de Paris a donné à l'une de ses rues le nom de Bellot et les Anglais habitant Paris ont eu à cœur de payer à la noble victime un tribut de reconnaissance, en faisant placer au Musée de marine une plaque commémorative.

A tous ces hommages rendus au dévouement du jeune officier, nous devons joindre l'éloge de la vie de Bellot, qui fut prononcé, en Angleterre, par le premier lord de l'Amirauté, Sir James Graham ; celui publié, en France, par M. Xavier Marmier. Enfin, avec l'illustre physicien anglais, le colonel Sabine, dans sa lettre à M. de la Roquette, nous pouvons dire de Bellot : « *En vérité, j'ai rarement trouvé son égal, jamais son supérieur !* »

Voici deux ans, déjà, que l'on annonçait, dans les termes suivants, la mort d'un ancien officier d'infanterie de marine, parti du port de Rochefort :

« Il vient de mourir à Pressigny, dans le département du Loiret, un ancien chef de bataillon de l'infanterie de marine, M. Passor, dont le nom figure avec éclat parmi les Français qui ont conquis des colonies, car il est intimement lié à l'histoire de la prise de possession de Mayotte et de Nossi-Bé, où M. Passot avait rempli les fonctions de commandant supérieur. En 1839, étant aide de camp du contre-amiral de Hell, gouverneur de l'île de la Réunion, il fut chargé d'une mission dans les deux îles et parvint, à force de patience, d'habileté et uniquement par des moyens pacifiques, à leur faire accepter la souveraineté de la France. Or, l'importance commerciale de ces îles ne peut se discuter.

« Le modeste conquérant était âgé de soixante-dix-sept ans. »

On peut le redire, hélas ! sans crainte que la réalité démente heureusement l'assertion : Nous oublions trop, en France, et nous ne savons pas toujours rendre à ceux qui contribuent à la grandeur, à la prospérité du pays, toute la justice mesurée à leur mérite...

Mais une question souvent agitée à propos de Rochefort appelle les plus sérieuses réflexions. Il faut, tout au moins, essayer de l'aborder.

Le port militaire de la Charente a-t-il, vraiment, une grande utilité ?

CHAPITRE X

UTILITÉ DU PORT DE ROCHEFORT
POUR LA DÉFENSE DU LITTORAL FRANÇAIS SUD-OUEST

Quand on étudie la carte des 3 000 kilomètres [1] de notre littoral, une crainte ne tarde pas à obséder l'esprit.

Nos rivages sont-ils assez bien gardés ? Tels que se montrent nos ports de guerre, suffiraient-ils à toutes les exigences pour lesquelles ils ont été créés ?

L'application de la vapeur à la marine a presque radicalement changé les conditions de la vavigation. Puis est venue l'exagération des formes des vaisseaux, exagération dont on semble enfin reconnaître les défauts, pour ne pas dire les dangers, et qui, peut-être, sera suivie d'une transformation complète aussi grave, aussi féconde en fâcheux imprévus.

Devant de pareilles éventualités, il faut bien que l'outillage des ports s'améliore constamment. Il faudrait, sur la même échelle, que leur sécurité progressât et devînt absolue. Ce n'est pas le cas de nos arsenaux maritimes.

Nous n'en possédons que cinq : Cherbourg, situé dans cette partie de la Normandie appelée Cotentin, presqu'île battue par de grands courants et pointant vers l'Angleterre, dont 100 kilomètres, à peine, la séparent [2].

Au milieu de la ligne extrême occidentale de la péninsule bretonne, Brest [3] ouvre directement son étroit goulet sur les flots de l'Atlantique.

---

1. En chiffres à peu près rigoureusement exacts : *deux mille neuf cent dix kilomètres*, ainsi répartis : Pas-de-Calais, 80 kilomètres. — Manche, 840 kilomètres, — Océan Atlantique, 940 kilomètres. — Méditerranée (plages du continent), 600 kilomètres. — Littoral de la Corse, 450 kilomètres.

2. Voir, premier volume, les chapitres consacrés à Cherbourg.

3. Voir, deuxième volume, les chapitres consacrés à Brest.

Lorient[1], port moderne, s'étend, au sud du Morbihan, sur les deux berges d'une petite rivière très profonde, et a formé sa rade de l'embouchure d'un petit fleuve.

Une immense étendue de côtes se prolonge ensuite. Deux grands fleuves creusent, larges, abordables, leurs estuaires donnant accès vers le centre et le midi de la France, vers des contrées où un ennemi avide de butin rencontrerait de grandes richesses. Un seul port militaire, celui de Rochefort, au-dessus de l'embouchure de la Charente, protège cet espace !

Viennent, enfin, les 600 kilomètres du littoral méditerranéen, que Toulon, établi vers la limite orientale, près la frontière italienne, doit défendre !

Quel est, au point de vue stratégique, la valeur de ces ports ?
Une voix autorisée répondra :

« Toulon, dont l'étendue a plus que triplé depuis une trentaine d'années, Toulon, où des sommes colossales ont été dépensées en outillage, en constructions neuves, en bassins, en travaux de défense, *sans cependant qu'on soit parvenu à assurer sa sécurité*, Toulon, notre premier grand port, est plutôt un port d'armement, de désarmement, de réparation, de ravitaillement, de préparations d'expéditions, qu'un port de construction[2]. »

« Il en est de même de Brest qui, resserré entre les collines qui l'entourent, n'est guère susceptible, à moins d'immenses dépenses, de se développer davantage.

« Reste Cherbourg, où les millions ont été jetés à pleines mains, Cherbourg, mais il faut oser le dire, car c'est la vérité, Cherbourg qui était une grande idée et avait sa raison d'être à l'époque de la marine à voiles, Cherbourg ne présente plus aujourd'hui les conditions que nécessite la sécurité d'un arsenal, et serait forcé d'abdiquer devant les longues portées de l'artillerie nouvelle. Dans le cas d'une guerre maritime sérieuse, il faudrait donc, ainsi qu'il a été fait en 1870, s'empresser, à la première alarme, de l'évacuer sur un autre port. Si, de plus, à ces considérations, on ajoute qu'en cas de guerre avec l'Angleterre, une croisière qui s'établirait entre Portland et Aurigny, comme points extrêmes, aurait le double effet de barrer la Manche et d'isoler Cherbourg des autres ports, on arrive à se demander si, vraiment, il n'y a pas lieu de regretter les immenses dépenses qui ont été faites à Cherbourg. »

---

1. Voir, troisième volume, les chapitres sur Lorient et Port-Louis.
2. Nous citerons fréquemment dans ce chapitre des extraits du beau et très intéressant travail de M. le contre-amiral JUIN, travail intitulé *la Vérité sur le port de Rochefort*. On ne saurait mettre plus de bon sens et de patriotique dévouement au service d'une cause important à la sécurité même du pays. — Nous ne nous promettrons qu'une réserve : elle a trait au port de Brest, et on en verra la raison au cours du chapitre.

Il ne faut pas, ici, se méprendre sur la pensée de l'auteur. Nul sacrifice ne lui semble trop grand, quand il s'agit d'assurer le bon emploi des forces, des ressources de la France, il souhaite, seulement, voir employer judicieusement ces ressources, surtout il ne peut comprendre que, devant les efforts de nos ennemis, il soit question si souvent de diminuer à la fois, et notre prestige et nos moyens d'attaque ou de résistance.

« L'Italie, écrit-il, malgré la faiblesse relative de ses budgets, met en chantier les plus puissants vaisseaux de l'époque, jette des centaines de millions dans la construction de l'arsenal de la Spezzia, sur la Méditerranée, vote de grosses sommes pour l'amélioration de Venise, sur l'Adriatique (malgré la difficulté qu'offrent les passes) et considère comme indispensable la création d'un troisième grand port à Tarente, dans le sud du pays. »

« Alors que la Russie crée de nouveaux types, que l'Allemagne, voulant être à la fois grande puissance militaire et grande puissance maritime, fait de Kiel et de Wilhemshafen, au fond de la Jahde, des arsenaux de premier ordre, pense sérieusement à creuser un canal de jonction entre la Baltique et la mer du Nord, et travaille lentement, mais sûrement, à prendre, si nous n'y pensons, le rang de seconde puissance maritime qui, jusqu'ici, était dévolu à la France. Alors que la Turquie elle-même a créé à Constantinople un arsenal qui, avec trois ou quatre cents ouvriers européens, pour diriger et entraîner les indigènes, marcherait de pair avec les premiers établissements de l'Europe... comment songer à délaisser tout à fait Rochefort!! »

Car, si invraisemblable que cela puisse paraître, la question de la suppression du port de Rochefort, comme port de l'État, a plus d'une fois failli être décidée !

Pourtant, répétons-le, quand on étudie la carte du littoral français, on est frappé des dangers qui pourraient résulter d'une pareille mesure.

Brest et Lorient suffiraient-ils à les conjurer ? On ne doit pas oublier qu'à côté des grands ports, il faut d'autres établissements pouvant leur venir en aide, et où, à l'abri du feu de l'ennemi, en dehors du trouble causé par les armements répétés, on puisse construire et produire en tout temps, en toute circonstance, pendant la paix et surtout pendant la guerre.

« Or, nul port, plus que Rochefort, dont l'attaque par terre et par mer serait très difficile, sinon impossible, nul port ne satisfait mieux à ces conditions ; aussi quand, à propos des doutes qui s'élevaient sur la nécessité de conserver à Rochefort toute son importance, l'amiral Laplace répondait au président de la commission d'enquête (1850) qu'il considérerait comme un grand malheur que l'importance de Rochefort fût diminuée, l'amiral Laplace était dans la vérité. »

Les deux admirables hommes d'État qui s'appelèrent Richelieu et Colbert avaient sérieusement étudié les moyens de rendre la la France prépondérante sur mer. Ils sentaient qu'un pays en possession de routes maritimes aussi avantageuses que les nôtres, de populations côtières aussi bien douées, ne pouvait rester à un rang infime, mais, au contraire, devait arriver à conquérir la première place. Seulement, ni Richelieu, qui disait : « Il y faudra dépenser beaucoup de temps et d'argent », ni Colbert, qui assura le recrutement de notre flotte, n'eussent songé à restreindre nos moyens d'action.

Tout au contraire, et de cette pensée obstinée naquit la préoccupation de la défense du littoral sud-ouest. On a vu que d'abord Brouage fut choisi, puis Rochefort prévalut. L'événement a donné raison aux ingénieurs.

Depuis deux siècles, les changements géologiques survenus dans la Charente maritime ne sont pas de nature à entraîner aucun inconvénient pour le port militaire. Mieux étudiée, mieux connue, par conséquent, on n'y a plus à craindre d'accident semblable à celui du *Fougueux*, le seul, d'ailleurs, qui se soit produit depuis que le port existe. « Encore, cet accident a-t-il été plutôt le résultat d'une manœuvre manquée, que celui des difficultés de la rivière. »

Quelques seuils rocheux gênaient la navigation : avant peu, ils seront rendus inoffensifs. « L'exécution des travaux en cours augmentera immédiatement de 0^m,75 le tirant d'eau des bâtiments pouvant naviguer de Rochefort à la mer, à une marée donnée, et procurera en outre des facilités considérables, en faisant disparaître presque complètement les sujétions relatives aux heures de passage sur les points aujourd'hui dangereux ; les échouages sur de mauvais fonds, sauf par les marées exceptionnelles, cesseront d'être à craindre dans toute la partie améliorée, presque aussi bien que dans les fosses [1]. »

---

[1]. *Ports maritimes de la France.* — Il n'est pas besoin de donner une longue explication du mot « fosses » ici appliqué. Il signifie que certains endroits du chenal de la Charente sont extrêmement profonds.

Le fond du fleuve est, en lui-même, extrêmement favorable : M. l'amiral Juin y a vu des navires remorqués conserver une vitesse suffisante, tout en ayant leur quille enfoncée de 75 centimètres dans la vase molle.

Un exemple tout récent est la meilleure conclusion à donner.

Le 21 mars dernier (1886), le cuirassé de croisière, *le Du Guesclin*, un de nos plus grands types maritimes, jaugeant au moins 6 000 tonneaux, est sorti du port de Rochefort. Il calait $7^m,25$ à l'arrière et $7^m,12$ à l'avant.

Dans les endroits les moins profonds de la Charente, et où il aurait pu enfoncer, sans mouvement, de 30 à 40 centimètres, au milieu des vases, il se trouvait avoir encore au moins 25 centimètres d'eau sous la quille, et, partout ailleurs, bien davantage.

Cette descente, très bien et très facilement réussie, a démontré victorieusement qu'on pouvait construire à Rochefort les plus grands navires et les en faire descendre, à un moment donné, sans crainte aucune.

Les dangers présentés par le fleuve, dangers exagérés par les pilotes « effrayés de la responsabilité pesant sur eux », et l'éloignement de la mer, l'embouchure de la Charente se trouvant à 22 kilomètres de distance, avaient conduit à l'étude de divers plans de canaux qui devaient donner à la fois facilités des plus grandes aux exigences d'un port militaire en pleine activité, et annihiler à peu près entièrement les servitudes du commerce envers la marine de l'État.

Provisoirement, ces canaux restent à l'état de projet ; peut-être même, si les travaux en cours réalisent les améliorations espérées, seront-ils abandonnés.

Or, depuis les discussions qui avaient trait à l'abandon de Rochefort comme port militaire, une question de premier ordre s'est trouvée posée et elle semble bien près d'être résolue dans un sens inattendu : la supériorité, pour l'attaque et pour la défense, des navires maniables, légers et de grande vitesse, sur les immenses et pesants vaisseaux cuirassés.

Nous le répétons, elle semble bien près d'être résolue affirmativement, et dans ce cas aucune ombre ne planerait plus sur l'utilité du port de Rochefort, de ce port dont, avec trop d'insouciance, on a oublié les incontestables gloires, les services qu'il a

ROCHEFORT. — LE PORT MILITAIRE

rendus au pays et les avantages qu'il offrirait au cas d'une guerre maritime.

Ses gloires, les annales de la marine française en gardent la trace éclatante ; ses services ont été immenses.

Au temps heureux de sa fondation, la cité nouvelle vit, dans un laps de moins de douze années (1666-1678), son port construire *vingt-quatre vaisseaux*, et si bientôt cette production s'affaiblit, elle ne resta pas moins considérable ; surtout, elle classa brillamment le travail de ses ingénieurs.

« Jamais un type nouveau n'a été créé sans qu'on l'ait vu immédiatement paraître sur les chantiers de son port ; il a souvent devancé les autres ports de plusieurs années dans la réalisation des progrès de l'époque : atelier d'ajustage, construction des premiers bateaux à vapeur dignes de ce nom, construction du bateau plongeur. »

Les superbes bâtiments à voiles *l'Inflexible*, *le Louis XIV*, *la Ville de Paris*, l'un des plus beaux de nos anciens vaisseaux à trois ponts ; *la Gloire*, ancienne frégate de premier rang ; *le Du Guesclin* ; les bâtiments à vapeur *le Berthollet*, *le Gomer*, *le Descartes*, *le Vauban*, *l'Asmodée*, *le Mogador*, notre plus grande frégate à roues ; *la Sémiramis*, frégate à hélice ; plusieurs vaisseaux du type du *Napoléon* ; les grands transports *la Creuse*, *la Corrèze* ; la frégate cuirassée *la Guyenne*, citée dans les escadres pour la perfection de son armement ; *le Duquesne*, notre plus grand croiseur, le cuirassé *le Du Guesclin* ; les corvettes *le Montcalm*, *l'Armide*, *le Tigre* ; un grand nombre de batteries flottantes, de croiseurs rapides comme *la Flore*, *le Fabert* ; une multitude d'avisos légers ; *le Tonnant*, immense garde-côte ; le *bateau sous-marin : le Plongeur*, lancé et expérimenté en 1863, sont sortis de l'arsenal de Rochefort.

Dans toutes les entreprises maritimes, le même arsenal a largement concouru. Enfin, lors des cruels événements de 1870-71, Rochefort put compter au premier rang de nos défenseurs.

Non seulement son port arma plusieurs bâtiments pour nos stations lointaines, non seulement il expédia aux armées ses bataillons d'élite de fusiliers, de canonniers marins et sa brave infanterie de marine, mais il rendit possible la défense de Paris et, pour l'honneur de la France, il en permit la prolongation :

d'abord, par l'envoi de ses canons de gros calibre ; ensuite par la fabrication d'un matériel de guerre considérable.

Les immeubles et ateliers du port de Rochefort, avec leur outillage, représentent d'ailleurs une valeur dépassant *quarante millions*.

Voilà donc ce qu'a pu faire le port de la Charente, avec un budget bien restreint, car il n'a participé que dans une mesure des plus médiocres aux allocations consenties pour Brest, Cherbourg et Toulon.

Mieux partagé, il est vrai, c'est-à-dire sainement apprécié, il figure pour environ dix millions sur le dernier grand plan de travaux publics.

Voilà ce qu'a été Rochefort dans le passé. En étudiant ce qu'il est dans le présent, on peut conclure de ce qu'il est appelé, si on le souhaite sérieusement, à devenir dans l'avenir.

Pour être complet, tout arsenal a besoin d'une rade, mais d'une rade sûre, bien abritée, facile à défendre. Sous ce rapport, la terrible « Affaire des Brûlots » causa le plus grand préjudice à Rochefort. On avança, non sans quelque apparence de raison, que les vaisseaux mouillés dans les rades de l'embouchure de la Charente étaient et seraient toujours grandement exposés. L'assertion n'a plus guère d'autre valeur que celle attachée à un intérêt rétrospectif, le plan du port et des rades de Rochefort présentant, tout au contraire, avec les systèmes d'attaque et de défense actuels, une sécurité complète.

Vingt-deux kilomètres, nous venons de le dire, séparent l'arsenal rochefortais de la Rade de l'Ile d'Aix, sa première et, en quelque sorte, sa véritable rade.

Ce beau golfe est entouré : par l'île qui lui a donné son nom, par une masse rocheuse sur laquelle a été construit le fort Boyard, par des écueils prolongeant l'île Madame, et enfin par le banc vaseux dû aux alluvions fluviales. Les fonds varient de *huit à quinze mètres*, en présentant un mouillage excellent.

« Les bancs n'ont jamais été déplacés par les tempêtes. Il n'y a pas d'exemple, même par les coups de vent nord-ouest (les seuls qui puissent influer sur la tenue des navires), qu'un bâtiment ait chassé sur ses ancres ; et les fonds bordant le littoral sont d'une telle nature qu'un bâtiment pourrait le plus souvent y faire côte impunément. » (Amiral Juin.)

En avant de la rade de l'île d'Aix, nous retrouvons la RADE DES BASQUES, limitée par le relief des îles d'Oléron, de Ré, d'Aix, et une petite partie des rivages du continent. Deux passages y donnent accès : le *pertuis Breton*, situé entre l'île de Ré et la terre ferme ; le *pertuis d'Antioche*, qui sépare les îles de Ré et d'Oléron.

Une troisième rade, appelée DES TROUSSES, s'étend entre l'îlot du fort Boyard et la côte de l'île d'Oléron. Un peu moins accessible pour les navires d'un grand tirant d'eau, qui doivent, pour y pénétrer, attendre le flux, elle est, comme les deux précédentes, très sûre et d'une excellente tenue. Le champ de manœuvres pour les escadres ne laisse donc rien à désirer. Quant aux services dépendant du port lui-même, les canonnières à vapeur, les transports, les remorqueurs en rendent l'exactitude, la facilité et la rapidité complètes.

Mais en temps de guerre, font remarquer les détracteurs, toutes ces facilités, tous ces avantages se tournent au détriment de Rochefort. Pour preuve, le désastre de 1809.

On n'oublie qu'une chose : les bâtiments détruits alors étaient *à voiles;* ils ne pouvaient donc abandonner un mouillage lorsque le vent debout et la marée contrariaient la manœuvre. Il y a plus encore : à cette époque, *le fort Boyard n'existait pas.* Il eût certainement empêché le désastre. Avec ce fort si utile, la construction des batteries des Saumonards et de Boyardville, dans l'île d'Oléron; celles de l'île d'Aix, de Caudepont, du fort Liédot, de l'île Madame, ont complété un ensemble de défense que les nouvelles lignes de torpilles immergées rendraient formidable.

Sans doute il faut compter avec les résultats toujours croissants de la portée des canons de gros calibre, comme avec tous les engins de destruction sans cesse inventés. Seulement, alors, il n'est que temps de penser aux modifications nécessaires pour la défense du littoral *entier;* il n'est que temps de voir combien nos meilleurs arsenaux peuvent être exposés.

L'arsenal rochefortais, au contraire, se trouve, en quelque sorte, inexpugnable, de par sa situation, qui le met à portée d'un renouvellement complet de son matériel, sans pour cela l'obliger à interrompre le cours de ses constructions.

On se souvient, en effet, qu'à RUELLE, sur la Charente (7 kilomètres d'Angoulême) un moulin à poudre et une fonderie de canons de marine sont établis depuis 1750. L'organisation de cet établissement porte sur une production annuelle de plusieurs centaines de canons. Il serait superflu d'ajouter que tous les perfectionnements apportés à l'artillerie moderne y sont l'objet d'études sérieuses.

Rochefort ne risque donc pas de manquer de pièces de siège ni de canons pour l'armement de ses vaisseaux.

Il ne risque pas davantage de manquer de ces nouveaux et terribles engins : les torpilles de tous systèmes.

Une école spéciale de défenses sous-marines a été fondée dans l'île d'Oléron, à Boyardville, située, comme l'indique son nom, en face du fort Boyard. Les expériences, les recherches y étaient incessantes [1].

Une récapitulation rapide des avantages présentés par Rochefort prouvera combien il serait dangereux, pour notre littoral, que ce port fût supprimé.

Situation sur un fleuve profond et facilement défendable.

Rades superbes, excellentes et présentant, en grand nombre, des abris commodes pour les navires d'attaque ou de défense.

Ateliers parfaitement organisés et renommés pour leurs excellentes constructions.

Ravitaillement des plus faciles au milieu d'une contrée plantureuse.

Production et entretien du matériel toujours assurés.

Que faudrait-il donc de plus?

N'oublions pas que nos rivages du sud-ouest sont très exposés.

Si, dans une guerre maritime, Cherbourg court le danger d'être réduit à l'impuissance, Brest, du moins, pourrait bloquer en quelque sorte l'entrée de la Manche, et faire éprouver des pertes sérieuses à l'ennemi, obligé, s'il ne voulait pas livrer combat, aux détours d'une longue et pénible route.

---

1. Depuis que ce chapitre a été écrit, la suppression de Boyardville s'est trouvée décidée, comme nous le verrons en explorant l'île d'Oléron.

Cependant, si nos rivages, là encore, et particulièrement l'estuaire de la Seine, se trouvaient sous le coup de cruelles épreuves, que dire de nos côtes sud-ouest, privées de la protection de Rochefort !!

La Loire, la Gironde s'ouvriraient favorables aux bâtiments légers, portant la dévastation sur tous les points de leurs belles campagnes... Ce n'est pas Lorient, insuffisant et qui, d'ailleurs, devrait garder une trop large étendue des plages bretonnes, ce n'est pas Lorient qui pourrait suffire à la tâche !

« Jusqu'ici, dit l'amiral Juin, à la fin de son beau travail, jusqu'ici nous n'avons fait valoir, pour le maintien de l'arsenal de Rochefort, que les raisons tirées de son outillage, de sa situation éloignée du littoral, de la sécurité de sa rivière, de son aptitude à bien et promptement construire, de la possibilité d'y armer presque tous les navires; pour terminer, nous invoquerons d'autres raisons, tirées de la situation stratégique de Rochefort, aussi dignes de fixer l'attention que les premières.

« Notons d'abord qu'en matière de blocus, plus le nombre de ports est considérable, moins les blocus sont faciles à maintenir : que si l'on ne conserve, par exemple, qu'un port sur l'Océan, ce port serait bien plus facile à bloquer.

« Que, de tous les ports de l'Océan, Rochefort, par suite de son éloignement de la côte anglaise, sera le plus difficile à bloquer, à cause du besoin de renouvellement de combustible qu'éprouveraient les bloqueurs.

« Que le blocus des rades de Rochefort sera des plus difficiles à maintenir très serré.

« Notons aussi la position de Rochefort au fond du golfe de Gascogne, où son arsenal et l'embouchure de la Charente sont les seuls points de la côte, depuis Brest jusqu'à la frontière d'Espagne, offrant des moyens de ravitaillement et un abri à une flotte ou à des croiseurs battus par le mauvais temps, s'ils n'étaient désemparés à la suite d'un combat.

« Rochefort, enfin, est le centre de la mobilisation des réservistes de l'infanterie et de l'artillerie de marine et des équipages de la flotte, réservistes provenant de *seize* départements. Même à ce point de vue, il aurait encore sa raison d'exister.

« L'arsenal de Rochefort supprimé, toutes les défenses des îles d'Oléron, de Ré, d'Aix tombent, parce qu'on ne croira plus avoir besoin de les entretenir. Les embouchures de la Loire et de la Gironde ne sont plus couvertes... Quoique l'opinion publique soit aujourd'hui contraire à l'attaque des villes ouvertes pour les rançonner, il ne faudra pas cependant s'attendre à voir disparaître ce reste des temps barbares, en face des tentatives auxquelles poussent une proie facile et du peu de risques à courir. Bordeaux, Nantes, La Rochelle peuvent être facilement incendiés par le moyen de bateaux à vapeur et l'utilisation des immenses et nombreux paquebots, transformés en flotte de transport. Ce qui a été tenté avec la marine d'autrefois peut l'être aujourd'hui avec plein succès.

« Les îles de Ré, d'Aix, d'Oléron peuvent être prises et un corps expéditionnaire nombreux, ayant alors une excellente base d'opérations, pourrait être facilement débarqué sur le continent, remonter les deux grands cours d'eau qui débouchent dans le vaste golfe compris entre le cap Finistère et les côtes de Bretagne, puis, combinant leurs mouvements avec ceux d'un ennemi franchissant la frontière terrestre, nous préparer des désastres incalculables.

« En arrière de cette première ligne de défense créée par les îles éparses sur notre littoral de l'ouest, il faut donc un point central de résistance, pouvant servir de base et de pivot aux opérations qui permettraient de combiner les moyens employés pour la défense de ce littoral. Il faut des dépôts de charbon pour ravitailler les croiseurs.

« Ces considérations (sauf la dernière, que l'on ne pouvait soupçonner encore pour une marine à voiles) expliquent les anciennes constructions des immenses forteresses de Saint-Martin-de-Ré, du Château-d'Oléron, de Brouage, de La Rochelle, ainsi que la création de Rochefort lui-même.

« Or, pour remplir le but de la défense de nos côtes du golfe de la Gascogne, existe-t-il une plus belle position maritime que celle créée par l'abri des îles ? Que les rades de Rochefort et les pertuis ?

« Nous ne le croyons pas, et cette pensée n'est pas seulement la nôtre. Elle a été partagée par beaucoup d'officiers généraux qui, venus pour ainsi dire en exil à Rochefort, comme majors généraux et, par suite, disposés, peut-être, à mal juger les choses, ont quitté le port, convaincus autant que nous de la nécessité, non seulement du maintien, mais du développement de Rochefort. »

Ces sages, ces patriotiques paroles n'ont pas besoin de commentaire, et Rochefort, nous l'espérons fermement, n'a pas lieu de redouter désormais l'abandon de son arsenal, comme établissement de grande marine militaire.

La France a subi des revers inouïs, et peut-être, par suite, obligée de calculer avec un soin minutieux l'emploi de ses ressources, elle ne saurait cependant pousser l'oubli de sa sécurité jusqu'à l'imprudence absolue. Elle ne saurait, non plus, être assez naïve pour compter sur la bonne foi, la générosité de ses ennemis. Elle se souvient de la manière dont, à son égard, ont été observées les fameuses « lois de la guerre » et du « droit des gens », ces lois si merveilleusement élastiques, selon qu'elles favorisent ou gênent le caprice, la cruauté, la basse vengeance des vainqueurs.

C'est seulement quand nous aurons assuré notre sécurité, quand nos frontières maritimes et terrestres se trouveront de force à repousser l'invasion, que nous pourrons songer à faire des économies d'armement, à restreindre nos moyens d'action.

Jusque-là, et combien nous sommes loin du but ! ! Jusque-là, nous n'avons pas le droit de marchander nos sacrifices... Ne sont-ils pas la rançon filiale qui doit rendre à notre mère mutilée, à notre France, le rang, l'éclat glorieux, parfois voilés, mais non anéantis pour toujours !

Types des environs de Rochefort.

CHAPITRE XI

LES ENVIRONS DE ROCHEFORT : TONNAY-CHARENTE
LE PORT-DES-BARQUES. — SOUBISE

L'établissement d'un port à Rochefort n'avait pas eu lieu, nous l'avons vu, sans hésitations, sans tâtonnements. Cherchant, avant tout, une grande sécurité pour l'arsenal futur et n'ayant pas à compter avec des exigences aussi impérieuses que celles de la marine actuelle, on jugea d'abord qu'une position à sept kilomètres en amont de Rochefort, sur la rive droite de la Charente, pouvait offrir de grands avantages.

« ..... On remonta jusqu'à Tonnay-Charente (*sic*) et on s'y fixa (dit le P. Théodore de Blois). Cette ville est dans une charmante situation. Elle a pour point de vue un paysage varié, d'une grande et d'une agréable étendue. L'eau y est excellente, l'air pur, et l'on trouve dans son voisinage toutes les commoditez qui peuvent faciliter l'établissement d'un port. On prit des mesures pour y établir la marine, on traça le plan du port, on planta les piquets, on détermina le lieu des magasins, et le 12 juillet 1664 les vaisseaux du Roy entrèrent dans la rivière. Le *Triomphe*, de 42 pièces de canon, fut le premier qui s'établit devant Tonnay-Charente.

« Le premier janvier de l'année suivante, il y arriva un Suédois, venu de la part du Roy, pour faire des ancres. Il en forgea de trois, de quatre et de cinq milliers. Les embarquements et les débarquements s'y faisoient déjà : la marine même y était florissante, et M. d'Apremont y désarma une escadre d'onze vaisseaux, dont six avoient été achetés des Hollandois et trois du Roy de Dannemark. Mais cet établissement fut sujet, comme les autres, à la révolution. M. de Mortemart, à qui appartenait Tonnay-Charante, fit difficulté de vendre sa terre. Cet obstacle fut fortifié par l'éloignement de la rade. On fit encore attention que la rivière étant, en cet endroit, d'une médiocre largeur, la seule machine employée à carrener un vaisseau l'aurait entièrement barrée ; ainsi cet établissement, qui dura à peu près trois ans, s'évanouit. M. Colbert fut piqué de tous ces obstacles ; mais il n'en fut pas rebuté. Il jetta les yeux sur Rochefort, où tout réussit au gré de ses désirs pour l'établissement de la marine. »

Si Tonnay-Charente[1] se trouva, par suite, relégué au rang plus modeste de port de commerce, il n'en devint pas moins, forcément, une sorte d'annexe de Rochefort, et ces deux circonstances contribuèrent, dans une large mesure, à sa prospérité.

Tonnay a, depuis longtemps, à peu près oublié sa vieille origine celtique et sa situation de place forte, siège d'une haute baronnie. Les Normands attaquèrent plus d'une fois son château féodal et, pendant la longue succession de guerres contre les Anglais, convoitant la possession de la riche Saintonge, Tonnay, assis sur la marche de cette dernière province et de l'Aunis, fut alternativement pris, repris.

En 1262, Henri III d'Angleterre, qui venait de défier saint Louis, établit son camp devant Tonnay, dans les prairies de la rive gauche de la Charente. C'est alors que, songeant à se concilier les braves marins de l'île de Ré, il leur envoya une « charte de commune » *Pro hominibus de insula de Re, ad habendum majorem et juratos, et communiam — teste rege.*

Les insulaires eurent lieu de se féliciter de cette faveur ; quant au monarque anglais, la fortune ne lui fut pas favorable. Successivement, ses troupes furent mises en pièces à Saintes et à Taillebourg, les deux fleurons guerriers de la couronne de Louis IX.

Incendié par les Anglais (1383), le château de Tonnay fut reconquis sur eux (1385), par l'un des oncles de Charles VI, le duc de Bourbon.

Lors des guerres de religion de la fin du seizième siècle, Coligny, battu à Jarnac, rallia son armée à Tonnay, et Jeanne d'Albret vint y présenter aux chefs calvinistes son fils, le futur Henri IV.

Les dernières convulsions de ces guerres eurent leur écho à Tonnay, puis le silence et l'apaisement suivirent. Les murailles furent en partie démolies, le château détruit ; la ville se trouvant agrandie, le port appela aussitôt toute la sollicitude des habitants, qui cherchèrent les moyens d'accroître leur industrie, et principalement de suffire aux besoins de la navigation.

---

1. Cette ville ajoute à son nom celui du fleuve, afin de se distinguer d'une commune voisine appelée Tonnay-Boutonne, parce qu'elle est située sur une petite rivière, affluent de la Charente.

Les travaux à exécuter dans ce port entraînaient quelques difficultés, à cause de la nature du terrain des berges du fleuve ; ces difficultés sont depuis longtemps vaincues, et le commerce maritime de Tonnay est aussi florissant que le comporte la crise pesant sur une des plus riches productions de la région : les eaux-de-vie et les vins.

Un gril du carénage, des quais, des chantiers, des cales, des appontements[1], c'est-à-dire des sortes de prolongements (en bois) des quais sur la rivière, où ils atteignent la limite favorable pour le déchargement des bateaux à toute heure de marée, des grues à vapeur, transbordant directement les marchandises, de ces mêmes bateaux, sur les wagons du chemin de fer : tout se réunit pour faire de Tonnay un port très bien aménagé, très bien outillé et d'un fond excellent.

« Son commerce se fait, en grande partie, par des steamers anglais d'environ 1,200 tonnes, d'une longueur de 75 à 80 mètres, d'une largeur de $7^m,80$ à 8 mètres et d'un tirant d'eau de $5^m,10$ à $5^m,20$ et même $5^m,50$.

« Des navires de plus fort tonnage pourraient y être admis, mais le peu de largeur de la rivière devant les quais ne permet pas l'évitage. Un navire de 80 mètres de quille (*l'Alice*) et de plus de 2,000 tonnes n'a pu éviter, on a dû le descendre à Rochefort.

« Quelques grands voiliers français et étrangers viennent aussi charger des eaux-de-vie pour l'Australie et le Canada. (*Ports maritimes de la France.*)

Ici une remarque affligeante s'impose. Le commerce de Tonnay, ainsi, hélas ! que celui d'un grand nombre de nos ports, est fait « en grande partie par des steamers anglais ». Quelle est donc notre apathie et comment nos armateurs ne songent-ils pas, dans cette ville ou ailleurs, à imiter nos voisins ?...

L'Anglais, toujours pratique, expédie ses navires à la recherche de nos produits agricoles ou industriels, mais il a soin de remplacer le lest de jadis par une cargaison de ses houilles, devenues indispensables un peu partout.

Ne pourrions-nous, renversant les termes du problème, exporter nos produits par nos bâtiments et ramener, à peu de frais, des charbons, toujours assurés d'un marché suivi ?

Combien de réflexions naîtraient, si l'on étudiait sérieusement

---

1. Que les Anglais appellent *Wharf*.

les causes de notre malaise maritime ! Mais ces réflxions sortent du cadre imposé au *Littoral de la France*. Quittons donc Tonnay-Charente, non, toutefois, sans avoir visité son admirable pont suspendu.

La route nationale, dite de Bordeaux à Saint-Malo, devait franchir la Charente. Longtemps un bac suffit ; cependant, la circulation augmentant, les inconvénients de ce mode de transport devenaient plus graves. La construction d'un pont fut résolue, mais il fallait, en même temps, ne pas gêner le mouvement du port ; on s'arrêta, en conséquence, à l'idée d'un pont suspendu. Inauguré en 1842, ce bel ouvrage, dominant de 22 mètres la chaussée des quais, permet aux navires marchands de passer sous son tablier, long de plus de 200 mètres et large de 5 mètres, moyennant la simple précaution d'abaisser leurs petites voiles de perroquet [1].

La différence de niveau de la rive gauche est rachetée par une chaussée, de plus de 400 mètres de longueur, établie sur des voûtes en ogive d'une rare élégance.

C'est un véritable monument de l'art moderne, dessinant sa ligne svelte et gracieuse au milieu du joli paysage qui entoure la ville.

Tonnay-Charente a donné à la France un nom glorieux, celui de l'amiral comte Louis-Léon Jacob (1768-1854), le défenseur de Rochefort (1817) contre les Anglais, le sage gouverneur de la Guadeloupe, l'habile organisateur des expéditions de Morée et d'Alger.

Toutefois, plus que ces brillants faits d'armes, l'invention des *signaux sémaphoriques* gardera la mémoire de Jacob contre l'oubli. Serait-il possible d'énumérer les services dont les stations de sémaphores ont négligé de tenir la merveilleuse liste ? Marine militaire, marine marchande, marine de pêche, toutes ont dû, maintes fois, le salut aux pavillons arborés par le guetteur attentif. Et, si éblouissant que puisse être l'éclat d'une action guerrière, n'y aurait-il pas injustice à négliger de rappeler l'action plus modeste qui protège ou sauve des milliers d'existences !

---

1. Voile carrée, en toile légère, qui surmonte les huniers ; voir, premier volume, page 197 et suivantes.

Descendons maintenant la Charente jusqu'à la rive gauche de son embouchure. Nous voici à dix-neuf kilomètres de Rochefort, dans un village faisant partie de la commune de Saint-Nazaire, et qui a toujours tiré son importance des mouvements du chef-lieu maritime.

Sur ce point du fleuve existe une fosse bien abritée, tenable à peu près par tous les temps, et d'un fond assez fluide pour que les navires obligés d'échouer puissent y rester droits. Profonde encore de près de trois mètres par les plus basses mers, elle sert de refuge et de point de stationnement aux barques des pilotes, qui peuvent s'y maintenir toujours à flot.

Cette circonstance a probablement déterminé le choix de son nom : Port-des-Barques.

Avant l'introduction des machines à vapeur dans la marine, les navires construits à Rochefort étaient halés jusqu'au Port-des-Barques, où ils mouillaient en attendant de se rendre à l'île d'Aix.

Aujourd'hui encore, les voiliers arrivant de Rochefort ou de Tonnay-Charente y attendent les vents favorables et viennent s'y abriter, lorsque le temps est mauvais.

Ce village est surtout une station de pilotage et un port de pêche. Il ne possède pas moins de quarante-quatre bateaux dont les équipages s'occupent de la pêche en mer et, depuis quelques années, de la culture des huîtres portugaises, ainsi que celle des moules de bouchots. Ces deux dernières industries, donnant des produits rémunérateurs, leur développement augmente, favorisé par la nature vaseuse des fonds.

Il a fallu protéger le Port-des-Barques, en construisant des quais destinés à neutraliser l'action de la mer sur ces terrains sans défense ; une jetée achève ces travaux.

« Depuis quelques années, la marine militaire a établi, près du Port-des-Barques, sur le platin vaseux situé au sud de la pointe de Piédemont, un vaste polygone et une école de tir au canon pour les exercices de l'artillerie de marine et des équipages de la flotte. »

Cette école complète en quelque sorte les batteries et la redoute édifiées sur l'île Madame, bloc rocheux de 900 mètres de longueur sur 600 de largeur, qui commande l'entrée de la Charente et que l'on peut atteindre à pied sec, lors du reflux. La roche plate, nommée *les Palles*, longue de près de 4 kilomètres, se relie à l'île Madame.

Sur le territoire immergé de Saint-Nazaire, c'est-à-dire au milieu des vases qui prolongent la rive gauche de l'extrémité de l'embouchure de la Charente, une tour s'élève, haute de 14 mètres, pour servir d'aiguade aux bâtiments prêts à prendre la mer. Un canal conduit dans la tour l'eau d'un bassin qui, lui-même, est distant de plus de 3,000 mètres de la source où il s'alimente.

Revenons sur nos pas ; car les marais salants et les marécages rendent impossible la route au bord de la mer.

D'ailleurs, il faut voir Soubise où, de Rochefort, on arrive en traversant le fleuve au moyen d'un bac.

« Ce lieu situé sur la Charante, dit le P. Théodore de Blois, paraissoit encore avantageux à la marine. Il n'est ni trop éloigné, ni trop près de la mer ; l'ancrage y est bon ; on y avait déjà construit et on voit dans les Archives du magasin général de Rochefort, l'inventaire des vaisseaux du Roy : *la Victoire, le Tigre* et *le Saint-Hubert,* bâtis (1659) à Soubise.

« Ce dessein eut le sort des autres[1]. M. de Rohan, à qui appartenait Soubise, refusa de vendre cette terre, qui avait été autrefois dans la maison de Partenay et qui avait été érigée en principauté. Cette opposition fit prendre le parti de chercher sur la même rivière un lieu convenable. »

Pittoresquement située sur un coteau dominant la Charente, Soubise ou Soubize était autrefois une ville assez étendue, fortifiée, et un point stratégique important. Elle défendait l'accès de la Saintonge, ce qui l'exposa à d'incessantes attaques. Les Anglais y subirent, en 1372, une sanglante bataille, infligée par Yvain de Galles ; quarante ans après, cette place leur était définitivement enlevée.

Le 15 juin 1489, une lettre de « Très haut et excellent prince Monseigneur le comte d'Angoulême, lieutenant et gouverneur pour le Roy, ès pays et duchée de Guyenne » prescrit à tous les « manants et habitants de Soubize de réparer et fortifier la ville et le castel dudit lieu, dans la crainte d'une descente des Anglais ».

Cette baronnie était en la possession de la fameuse maison de

---

1. C'est-à-dire des projets multiples qui devaient aboutir à la création de Rochefort.

Parthenay-Larchevêque [1]. Catherine, dernière descendante, après une vie très agitée, épousa, en secondes noces, le vicomte de Rohan. Elle eut un fils, le célèbre duc de Rohan, gendre de Sully et chef reconnu des calvinistes français.

Elle assista au siège de La Rochelle et y déploya une grande énergie. En 1667, François de Rohan obtenait l'érection de Soubise en principauté.

Puis, on vient de le voir, l'antique baronnie eut un instant le privilège d'appeler l'attention de Louis XIV : les souvenirs de famille empêchèrent le nouveau prince de Soubise de consentir à vendre la ville dont il venait de prendre le nom. Rochefort profita de ce refus.

Bien déchu de son importance passée, Soubise reste encore un très agréable petit bourg, dont on visite avec plaisir la campagne accidentée, où les archéologues retrouvent deux dolmens, cachés au fond du bois de la Saussay, et où les malades vont chercher la santé en buvant l'eau d'une source minérale assez renommée.

Nous ne nous sommes pas détournés de notre itinéraire, car nous voici sur la route de Marennes et, à mi-chemin, nous allons rencontrer une ville oubliée, extrêmement intéressante dans son lamentable abandon.

1. Cette famille avait ajouté à son nom celui de L'archevêque, pour honorer la mémoire de l'un de ses membres, Josselin, mort archevêque de Bordeaux, en 1086.

TONNAY-CHARENTE. — LE PONT SUSPENDU

CHAPITRE XII

BROUAGE

Les voyageurs parlent de villes de la Chine, murées depuis plusieurs siècles et dont, jamais, nul n'a pris souci de réparer les coûteux moyens de défense.

L'herbe y pousse au hasard ; des arbres, des arbustes ont grandi entre les pierres disjointes des murailles ; les portes fortifiées sont tombées, les maisons se sont affaissées ; à peine si une population rare, étiolée, timide, longe encore les rues. Un éclat de voix ne semblerait pouvoir y trouver d'écho, le rire y sonnerait semblable à une profanation...

Le souvenir même y est oublié : c'est l'agonie... c'est la mort... Une mort trop lente, mais certaine !

Brouage donne bien l'idée de ces cités désolées.

Partout, l'herbe couvre les remparts plantés d'ormes.

Des bandes de moutons la paissent et vivent pacifiquement, côte à côte, avec quelques bestiaux et des troupes de volailles.

Çà et là, d'attentives ménagères, après avoir terminé leur lessive, viennent étendre aux branches des arbres les pièces de linge, qui profiteront du premier rayon de soleil !

Partout la ruine, l'abandon dans sa plénitude ! L'ancien logis du gouverneur laisse crouler ses dernières pierres. Les voûtes des casemates se fendent sous l'action de l'humidité. Nombre de constructions portent à leur fronton une désignation prouvant qu'elles appartiennent à une place de guerre, mais elles restent à la merci des enfants, qui viennent y installer leurs jeux, ou des animaux, qui y cherchent un abri.

L'église est une grange, pauvre entre toutes. Les portes de la ville ont dû être enlevées pour le passage de la route : elles gênaient les charrois !

Il y a plus, un village voisin, Hiers, a été réuni à Brouage, ou mieux, Brouage lui a été uni, afin de composer un centre assez habité pour mériter le nom de *commune*. Ce village, d'ailleurs, est mentionné le premier et non par simple raison d'euphonie : Hiers-Brouage ! ! !

Triste retour des grandeurs !

Le port de mer, si florissant du quinzième au dix-septième siècle, celui où nombre d'antiquaires et de géographes [1] ont cru reconnaître le célèbre *Portus Santonum;* celui que Gérard Mercator décrivait comme très important ; celui dont la tour, disait Palissy, gardait l'entrée du pays contre les pirates et les gens de mer, tombé à cet état de décadence ! ! ! ...

La mer, qui faisait de Brouage un des ports, ou plutôt le port estimé entre tous de la côte, la mer a brusquement changé en ruine complète ce qu'elle avait créé. Brusquement, car, au temps de Richelieu, les navires pouvaient encore arriver sous les murs de la ville, et le grand ministre songea pendant un instant à faire de ce havre un port militaire. Il préférait même, paraît-il, Brouage à Brest ! Seul, Leroux d'Infreville put obtenir que l'on s'occupât de l'admirable port breton [2].

Mais, pour tout dire, Richelieu songeait à établir une défense sérieuse du littoral sud-ouest, dépourvu alors de la protection que, plus tard, Rochefort lui donna.

Projets évanouis, la mer s'est retirée. Elle a laissé plus de huit kilomètres d'alluvions vaseuses entre elle et Brouage. Aussi Brouage achève-t-il de mourir !

Place de guerre (sur le papier, sans doute, puisque le petit corps de troupe qui la gardait n'a pas été renouvelé, et que les fortifications ne sont pas encore l'objet de réparations, cependant urgentes), la ville a pour toute garnison une demi-douzaine de douaniers, chargés surtout de la police des marais salants. Sauf le commerce du sel et le faible mouvement maritime du havre; sauf également la culture, toujours de plus en plus enveloppée des moules de Bouchots, Brouage ne possède pas l'ombre d'une industrie, et il n'y a pas espoir que cette situation puisse changer,

---

1. M. E. Desjardins, entre autres, dans sa *Géographie de la Gaule.*
2. Voir, second volume : chapitre *Brest.*

beaucoup d'autres points du littoral, mieux situés pour une renaissance commerciale ou industrielle, devant, vraisemblablement, attendre longtemps encore qu'il soit possible d'encourager leurs efforts.

Enfin, aussi, le pays est sous le coup d'une réputation d'insalubrité bien difficile à effacer. De grands travaux d'assainissement ont cependant été accomplis ou sont en voie d'exécution et, sous une foule de rapports, la campagne, à l'heure actuelle, n'est pas plus sujette aux exhalaisons fiévreuses que beaucoup d'autres stations marines.

Ses habitants n'ont pas, en vérité, l'air d'être mal portants et, si peu favorisés qu'ils soient, à tous égards, au milieu de ce quasi-désert, ils semblent subir assez volontiers leurs conditions d'existence.

« Si seulement, disent-ils, on leur rendait une petite garnison et le dépôt de poudres : le magasin où elles étaient placées leur communiquait une qualité tellement *exceptionnelle !* »

Ce magasin était un ancien entrepôt de vivres construit par ordre de Richelieu ; on pouvait y resserrer un million de kilogrammes de poudre de guerre.

Dans sa belle notice sur le port de Brouage (qui fait partie du sixième volume des *Ports maritimes de la France*), M Crahay de Franchimont s'exprime ainsi :

« Cette ville étrange, qui présente une superficie de plus de *dix hectares*, couverte de constructions, et qui compte à peine *deux cents habitants*, a été, pendant le moyen âge et presque jusqu'à nos jours, une puissante cité, centre d'un commerce important, et son port a été, pendant de longues années, l'un des plus *célèbres de la côte ouest de l'Europe*.

« Au seizième siècle, *huit mille hectares* de salines, réduits aujourd'hui à *cinq cents*, approvisionnaient de sel tout le littoral de l'Occident, et étaient desservis par d'importantes ramifications du havre, dont on comptait encore, en 1720, plus de trente branches navigables. Accessible aux plus grands navires de guerre du temps, le port acquit de bonne heure une importance militaire considérable, et devint un point stratégique de premier ordre pendant l'occupation des Anglais et la lutte de l'indépendance rochelaise, à l'époque des dernières guerres de religion.

« La ville eut alors un siège royal, un bureau des fermes, un siège d'amirauté, où devaient *s'élaborer plus tard les premiers éléments de la célèbre Ordonnance de la marine de* 1681 ; elle reçut un gouvernement, un hôpital, un arsenal et d'immenses magasins, transformés aujourd'hui en dépôts de poudre et merveilleusement appropriés à cette affectation par leur état de conservation et de sécheresse [1].

« Bien qu'il soit fait mention dès le huitième siècle du commerce de Brouage, la ville elle-même n'est pas de construction très ancienne ; car ce n'est guère qu'en 1550 que le seigneur Jacques de Pons, baron de Mirambeau, en jeta les premiers fondements et lui donna le nom de *Jacopolis*. Ce nom n'a pas toutefois subsisté, et celui de Brouage, qui a prévalu, tire sans doute son origine de l'antique tour de Brouë, qui domine toute la plaine à l'extrémité du promontoire des Santons, et dont le nom celtique rappelle, lui-même, les vasières que découvrirent, à l'époque historique, les eaux de l'Océan, en se retirant de la région [2].

« La ville fut fondée, dit-on, sur les terrains affermis par les dépôts de lest des navires dont l'importance est si considérable, encore aujourd'hui, qu'ils *forment des carrières abondantes* où les routes voisines puisent les ressources annuelles de leur entretien : cependant, il est probable que le faible relief du sol sur ce point ne saurait être exclusivement attribué à cette cause, et qu'il faut plutôt considérer le sous-sol de Brouage comme l'une des dernières ramifications sous-marines de l'île d'Hiers, située à peu de distance dans le sud, et dont le massif calcaire émerge de 16 mètres environ au-dessus du niveau moyen de la mer.

Les funestes guerres civiles de la fin du seizième siècle devinrent une des causes de la ruine de Brouage. Le prince de Condé voulut (1586), dépité de n'avoir pu s'emparer de la ville, ruiner au moins son port. « Vingt bâtiments chargés de pierres furent coulés à l'entrée du havre, à sa jonction avec l'un de ses affluents principaux, dit chenal de *Grand Garçon*. »

Le gouverneur de Brouage (sous Henri III et Henri IV), d'Epinay-Saint-Luc, puis Richelieu, s'efforcèrent, mais sans y réussir, d'enlever l'obstacle. Malgré cela, le port vit armer et désarmer encore des flottes considérables. Aussi, en 1621, Brouage gênait-il assez les Rochelais pour que ceux-ci essayassent de renouveler l'action de Condé. La tentative n'eut pas de suite et les vingt navires réfugiés dans le havre y restèrent en sûreté.

C'est à Brouage que Richelieu, songeant aux moyens de réduire La Rochelle, concentra ses armements maritimes. Il chargea un célèbre ingénieur du temps, D'ARGENCOURT, du soin d'élever l'enceinte fortifiée (terminée sous Louis XIV), et il fit construire des quais, réduits aujourd'hui à l'état de vestiges.

---

1. C'est tout dernièrement que les poudres ont été enlevées.
2. Tout le pays entre Rochefort et Marennes formait, au temps des Romains, la partie Nord du golfe des *Santons*.

La prospérité de Brouage semblait donc pouvoir être durable, et elle paraissait d'autant plus assurée que la question de défense du littoral sud-ouest s'imposait.

Les études ordonnées avaient abouti au choix du havre de Brouage. Tout était prêt, les travaux allaient commencer. Quelle en eût été l'issue pour l'avenir? Beaucoup d'argent vainement dépensé, du moins est-ce probable, si l'on réfléchit à la manière dont sur ce point la mer se comporte. Mais le plan arrêté se trouva soudainement changé. La raison? Le P. Théodore de Blois la raconte ainsi dans son *Histoire de Rochefort* :

« Après la paix de 1570, Mirabeau, qui était rentré dans Brouage, l'environna d'un bon fossé, le renferma d'un rempart et de murailles garnies de flancs et de ravelins. C'est précisément le havre de cette place qui la rendait recommandable. Il est formé par un bras de mer qui s'avance deux lieues dans les terres et qui se termine à la tour de Broué, d'où la ville a pris le nom de Brouage. La Popelinière, qui écrivait en 1570, dit que, dans ce tems-là, *ce havre étoit estimé par toutes les nations le port le plus assuré et le plus commode qui fût en Europe*. Il est défendu d'un côté par les fortifications de la ville, que fit faire le cardinal de Richelieu, et de l'autre par les marais qui rendent le pays presque inaccessible.

« C'est dans ce lieu si favorable à la navigation qu'on se détermina de faire un port. Le soin en fut confié à M. Colbert de Terron, intendant de l'Aunis et des îles adjacentes. Comme il faisait sa demeure ordinaire à Brouage, il s'intéressa dans ce projet ; mais comme les plus grands desseins sont quelquefois renversés par des bagatelles, celui-ci échoua par des raisons dont la tradition populaire a conservé le souvenir. M. de Terron ayant reçu plusieurs insultes du commandant de la place, pour le mortifier à son tour, prit la résolution de retirer la marine de Brouage et voici le prétexte dont il se servit. Sous le règne de Henri III, Brouage, défendu par M. de Saint-Luc, fut attaqué par le Roy de Navarre et le prince de Condé. Ne pouvant pas s'en saisir, ils prirent la résolution de ruiner le havre. Ils en donnèrent la commission au sieur de Saint-Gelais, qui l'exécuta avec succès. Il fit enfoncer à l'entrée du port plusieurs vaisseaux pleins de l'est. Les vases, qui sont abondantes en cet endroit, embourbèrent tellement ces vaisseaux échoués, qu'il fut impossible à M. de Saint-Luc de les faire retirer. Le cardinal de Richelieu entreprit de rétablir ce havre, mais, après une dépense de cent mille francs, ne put faire retirer qu'un seul vaisseau.

« M. de Terron fit valoir toutes ces difficultez en cour. Il y représenta l'impossibilité de relever l'estacade enfoncée. Il fit connaître que le havre étoit comblé par les vases, que les habitants du pays, ne trouvant de ressources que dans les marais salans, en avoient rempli toute la contrée et que, par ces coupures, ils avoient presque tari ce havre, parce que les eaux qui y montoient avoient par là été détournées dans les terres. Les avis de M. de Terron furent écoutés et, pour faire perdre de vue Brouage, il proposa Soubise. »

Soubise, pas plus que Tonnay, ne profita de la bonne volonté de M. de Terron : une ville nouvelle fut créée, et du même coup Brouage pencha promptement vers la ruine.

Vint ensuite la décadence du commerce du sel. Les magnifiques salines du pays se convertirent en marais immenses, produisant des exhalaisons pestilentielles.

Vauban proposa un plan de dessèchement; diverses causes empêchèrent ses importants travaux ; ils ne furent repris sérieusement qu'en 1782, avec l'aide de *douze régiments*. Les dépenses n'atteignirent pas moins de 1 200 000 francs cette année-là, et 600 000 francs pour chacune des sept années suivantes [1].

La Révolution remit tout en question. En 1804 la tâche fut reprise, mais peu après nos désastres l'ajournèrent encore. C'est seulement en 1818 qu'elle reçut une impulsion décisive. M. LETERME, sous-préfet de l'arrondissement de Marennes, s'y consacra avec un dévouement absolu et réussit à en faire comprendre l'importance aux propriétaires des terrains qu'il s'agissait de transformer. Des syndicats s'établirent. Ce qui eût été trop onéreux pour quelques-uns seulement devint presque facile pour tous. Des canaux, des ponts, des aqueducs, une chaussée traversèrent le marais. Bref, des foyers de pestilence sont devenus des prairies, des champs bien cultivés, ayant une véritable valeur, et si la fièvre n'a pas entièrement disparu de la contrée, ses ravages sont beaucoup moins redoutables.

Il en est résulté, pour Brouage, un doublement de population, ce qui n'est pas beaucoup dire, son agglomération propre ne dépassant guère deux cents habitants ; mais c'est un grand progrès sur l'année 1825, où l'on en comptait seulement *cent cinq !!!*

Le commerce à peu près unique est celui des moules de bouchots, rapportant de cent à cent vingt mille francs par an.

« L'établissement de ces bouchots n'est pas sans inconvénient pour les navires qui louvoient sur les platins de Brouage et de Mérignac, mais, en considération des ressources qu'ils procurent à un pays complètement déshérité depuis la décadence de la saline, les ingénieurs n'ont pas hésité à donner jusqu'ici un avis favorable à leur création. »

---

1. Détail donné par M. Crahay de Franchimont.

Diverses améliorations du havre de Brouage sont encore en projet. Tel qu'il est, il contribue à donner un peu d'animation au marais. De petits navires du port de 80 tonneaux y viennent charger des fèves à destination de l'Angleterre, du grain, du sel; cela suffit pour prouver que le pays n'est pas absolument délaissé. Bientôt la ligne de fer future entre Marennes et Rochefort lui apportera un regain d'existence.

Dans sa tristesse saisissante, Brouage exerce sur l'imagination une action irrésistible, on s'y prend à fouiller avec ardeur le passé, à le reconstituer, on se plaît à tant de souvenirs trop peu souvent évoqués.

L'église, si délabrée, a contenu les tombeaux de plusieurs gouverneurs puissants. Devant son portail, une colonne de marbre a été élevée par le Conseil général en l'honneur de SAMUEL CHAMPLAIN, un enfant de Brouage (1570-1635), l'immortel explorateur du Canada et de ses lacs (à l'un desquels il a donné son nom), l'illustre, vaillant et sage fondateur de Québec.

Champlain eut la douleur de se voir obligé de céder aux Anglais sa chère colonie; mais, pour lui, l'épreuve fut courte, il vit chasser l'étranger, rentra à Québec et y gouverna jusqu'à sa mort. Combien son âme de patriote aurait souffert, s'il avait pu prévoir que l'immense, le beau pays devenu français, en partie par ses soins, nous serait un jour arraché !

La tradition veut que l'équipage du navire *le Vengeur* ait été entièrement composé de marins recrutés à Brouage et à Marennes.

La tradition s'allie encore à l'histoire pour honorer d'ÉPINAY-SAINT-LUC, qui défendit si bien la ville dont on l'avait fait gouverneur;

Et pour juger sévèrement le comte DU DAUGNION, gouverneur, lui aussi, de Brouage, mais qui profita des immunités de sa charge pour commettre mille exactions et se rendre redoutable à Anne d'Autriche, régente de France pour son fils Louis XIV. Comme l'habile Du Daugnion avait su rassembler une flotte considérable et se composer une véritable petite armée, on paya très chèrement sa soumission, tant en argent qu'en honneur... peu mérités.

Il est possible encore de faire le tour des remparts; mais l'œil chercherait vainement l'ancien port qui, au temps de Louis XIV, était formé « par un bassin demi-circulaire, s'étendant du havre au canal qui longe les fortifications ». Il est transformé en pâturages.

La belle enceinte carrée si soigneusement construite, avec ses écussons aux armes de Richelieu et de Louis XIII, avec ses élégantes petites tourelles suspendues au-dessus des fossés, la belle enceinte sera-t-elle, comme on l'a fait espérer, classée parmi les monuments historiques ? Cela est juste et désirable, mais que l'on se hâte, la ruine est déjà si grande ! Il n'y a pas à remplacer que les portes, jetées bas, on l'a vu, pour laisser plus de commodité aux charrettes... des pans entiers de murailles ont besoin d'être consolidés. Oui, il faut se hâter, ou bien la ville à qui les rois avaient concédé le droit de porter les armes de France et de Navarre, perdra son dernier fleuron...

Du haut de son linceul de vieilles murailles couronnées d'ormes, Brouage découvre un horizon mélancolique, en harmonie avec les ruines sous lesquelles il se penche :

Le marais à perte de vue, des canaux vaseux, des salines, des prairies et quelques troupeaux de moutons, la ligne du petit havre, parfois choisie pour refuge de barques de pêche, parfois recevant un léger bâtiment qui vient prendre une mince cargaison.

Nulle animation, nul bruit de vie. A peine si le passage d'une voiture ou du courrier quotidien attire quelques têtes curieuses.

Rien ne saurait distraire du passé et l'on s'attendrait presque à voir surgir de ces débris les ombres des guerriers de jadis ou celle de l'éplorée Marie Mancini, maudissant la raison d'État qui l'avait exilée à Brouage...

Le soleil enveloppe de sa pourpre brillante les pierres amoncelées du lieu qui fut le palais du gouverneur. Il se joue entre les branches des ormes centenaires, il met une teinte chaude au blason des écussons et disperse ses rayons sur les gracieuses tourelles des bastions. Comme un voile enflammé, il répand sa lumière à la surface morne des mares stagnantes et fait briller au loin, tout au loin, la vague poussée par le flux.

CHAPITRE XIII

MARENNES. — LES PARCS A HUÎTRES. — LA POINTE ET LE FORT DU CHAPUS

Les Italiens appellent *Maremma* tout terrain marécageux, riverain de la mer. En Poitou, le même mot, légèrement modifié, désignait, nous apprend Du Cange, les parties de côtes sur lesquelles existaient des marais salants.

Nul autre nom ne pouvait mieux convenir à l'ancien *Colloque des Iles*, bâti dans la vase et tout environné de marais gâts[1], de marais salants ou de parcs à huîtres.

Pays de fièvre, mais depuis longtemps en voie d'assainissement, grâce à l'initiative dévouée, infatigable, de M. LETERME[2], dont il doit garder le souvenir.

Si Marennes devient jamais une ville très salubre, si la campagne qui l'entoure renaît à la vie agricole, au travail rémunérateur, certes l'honneur en remonta au clairvoyant administrateur, à l'homme énergique dont rien n'ébranla l'intelligente ténacité. Apathie, opposition, mauvais vouloir, durent céder; peu à peu, des améliorations inespérées encouragèrent ses premiers essais.

Aujourd'hui, les travaux continuent. Un canal, creusé de la Charente à la Seudre, drainera le marais, en même temps que le port maritime amélioré et le chemin de fer achèveront d'infuser une vitalité nouvelle dans toute la contrée. Cela suffira-t-il? Rien ne coûte de l'espérer, car, en se souvenant de l'état où se trouvait Marennes au commencement du siècle, on peut bien dire que le plus difficile est fait!

---

1. Voir, troisième volume.
2. Sous-préfet de Marennes en 1818.

La petite ville n'est pas animée ; ses rues propres, mais quasi désertes et bordées de plusieurs grands vieux hôtels, ont un aspect presque morne. Le silence et l'obscurité paraîtraient seuls leur convenir. Il n'en saurait guère être autrement. Tout le travail se trouve concentré sur les plages, où salines et parcs à huîtres sont multipliés. Ces derniers, principalement, apportent dans le pays une aisance que l'on ne connaissait plus depuis la moins-value des sels de l'ouest.

D'abord, l'impôt ayant frappé les sauniers, nombre de révoltes essayèrent de faire supprimer la « gabelle » ; puis, la concurrence des sels anglais, des sels du midi et de l'est ; enfin, beaucoup de mauvaises années avaient presque ruiné cette branche d'industrie.

La culture raisonnée de l'huître a compensé, en partie, le désastre, et plus que jamais les *huîtres vertes* de Marennes sont réputées, recherchées.

Ausone, qui les chanta avec enthousiasme, suivait en cela le goût de ses compatriotes, gourmets insatiables et savants appréciateurs des choses de la table.

Il faut avouer cependant que la couleur verte du mollusque élevé dans les eaux de la Seudre ne plaît pas à tout le monde : la belle huître d'un blanc nacré compte de chaleureux partisans. Mais, comme il y a place dans le torrent de l'approvisionnement universel pour les productions les plus variées, l'huître verdie n'a rien perdu, au contraire, de sa renommée et, chose heureuse, elle fait la fortune d'un pays jusqu'ici très peu favorisé.

Plusieurs théories ont été émises à propos de ce verdissage des huîtres de la Seudre. La première, très naturellement, attribue à la présence du cuivre, dans les terrains des *claires*[1], cette coloration remarquable. La seconde met en avant l'influence d'une algue, dont la fructification ou le développement seraient particuliers aux rivages de la contrée.

La question, croyons-nous, n'est pas encore tranchée avec une entière netteté. Tout ce qu'il nous est permis de dire, c'est que la surface des claires se montre souvent envahie par une substance fine, présentant certains mouvements semblables à ceux

---

1. Lieux où l'on place les jeunes huîtres d'élevage.

des spores d'une plante. Puis, lentement, la substance est absorbée. Elle se renouvelle, peu après, dans les mêmes conditions, et ainsi de suite.

Des parcelles métalliques se comporteraient sans doute différemment, si ténues qu'elles fussent, et ce ne serait pas l'unique exemple d'une plante ou de tout autre organisme spécial à une région déterminée.

D'ailleurs, les deux opinions peuvent se donner un mutuel appui. Le métal contenu dans le terrain ne favoriserait-il pas la production de l'algue ?

Nous retrouverons à La Grève, à La Tremblade, les parcs huîtriers. Poursuivons donc notre visite dans Marennes.

Un seul monument mérite d'appeler notre attention : l'église et surtout son clocher, le plus élevé de ceux que possède le département de la Charente-Inférieure. La vieille église était une véritable forteresse, aux solides murailles entourées de fossés. Maintes fois ruinée, elle dut, au dix-huitième siècle, être remplacée par l'édifice actuel, où le style roman, allié au style gothique et à divers détails plus modernes, forment un ensemble vraiment bizarre.

Le clocher ne surmonte pas directement l'église : il lui est accolé et mesure plus de quatre-vingts mètres de haut. C'est un véritable amer [1] pour les navigateurs qui, depuis sa construction, ne manquent pas de le « reconnaître » pour se guider dans les pertuis.

D'abord attribué aux Anglais, on l'a mieux étudié, et maintenant on ne le date pas d'une époque antérieure à 1450. Or, à ce moment, les Anglais, poursuivis par les armes victorieuses de Charles VII, avaient évacué la Guyenne.

D'une architecture très hardie et d'un aspect gracieux, la tour, quadrangulaire, s'appuie sur des contreforts carrés, divisés en étages. Une plate-forme, avec clochetons, supporte la base octogone de la flèche, et est entourée d'une balustrade découpée. Le portail, à volutes, avec dais et pinacles, est orné de feuilles. Trois des faces de la tour sont percées de longues fenêtres à voussures multiples.

1. Voir, premier volume, page 114.

L'ensemble satisfait les yeux, et l'on regrette que l'art architectural ne puisse se montrer aussi indulgent.

De graves défauts de construction, nuisant à la beauté de l'œuvre, en avaient compromis la durée. Une restauration commencée lui rendra toute sa solidité, toute son élégance.

Marennes n'a pas beaucoup paru dans l'histoire. Située au milieu du golfe des Santons, elle a vu passer les vaisseaux de Rome et ceux des Gaulois, défenseurs malheureux de la patrie. Ses habitants faisaient déjà un commerce lucratif d'huîtres, de blé, de vins.

Parfois, semble-t-il, on la désigna, au moyen âge, sous le nom de Saint-Pierre de Sales, vocable de son église, qui, vers 1040, se trouvait en la possession de l'abbaye Sainte-Marie (située dans la capitale de la Saintonge).

Louis IX abandonna Marennes à Henri III d'Angleterre, lors du traité de 1259, qui rendait au monarque vaincu plusieurs de nos riches provinces.

Sous le règne de Philippe de Valois, elle avait titre de comté et appartenait au roi lui-même. Un peu plus tard, elle eut pour seigneurs les sires de Pons ; mais sous Charles V (1372) tout le sud de la Saintonge, avec l'île d'Oléron, fut, sur la demande expresse des habitants et par suite des victoires de Du Guesclin, incorporé à la couronne.

Au dix-huitième siècle, les comtes de Soissons partageaient, avec l'abbesse de Sainte-Marie, la presque totalité des revenus de Marennes.

Revenus d'ailleurs bien amoindris. Les fastueuses folies de François Ier et ses guerres, plus funestes encore, avaient préparé la décadence du sud saintongeois. Eléonore d'Aquitaine, puis, après elle, les rois d'Angleterre et de France, avaient exempté ce pays de tout impôt sur le sel. Il en était résulté que les salines de Marennes donnaient lieu à un commerce extrêmement actif et le seul, ou à peu près, alors possible dans ces immenses étendues marécageuses.

François Ier établit « la gabelle » ; immédiatement, une révolte éclata.

Le roi-chevalier dut venir, en personne, comprimer la rébellion. Il choisit La Rochelle pour lieu de séjour et fit comparaître devant lui les principaux chefs insurgés, que l'on avait enfermés au donjon de la Lanterne.

Après une sévère admonestation où il parlait de la loyauté des Saintongeois, François remit ces malheureux en liberté, mais sans tenir compte de leurs supplications par rapport à l'impôt.

La trêve, naturellement, fut de peu de durée ; les insurrections se succédèrent jusqu'au jour où, recevant un don d'environ 2 millions de livres (somme énorme vu la valeur de l'argent à cette époque), Henri II consentit au retrait momentané de l'impôt.

Toutefois, l'activité commerciale reconquise ne tarda guère à être troublée par les discordes civiles du seizième et du dix-septième siècle.

Ces causes amenèrent l'abandon progressif des salines et, par suite, rendirent le pays à peu près inhabitable... Il n'a commencé à reprendre une vie réelle que sous la sage administration de M. Leterme.

La campagne entourant Marennes est d'aspect absolument triste. Les marais salants et leurs digues, les ramifications des divers chenaux, les chemins de halage, trop fréquemment submergés, les passerelles, permettant d'affronter les caprices des grandes marées, les berges vaseuses de la Seudre, continuées sur les *claires* à huîtres, tout ajoute à la morosité du paysage. Il faut bien vite gagner le bord de la mer pour échapper à cette fâcheuse impression.

Les grands travaux entrepris par la direction des ponts et chaussées imprimeront très probablement un mouvement heureux au commerce de Marennes. Un port aussi commode que possible, une amélioration dans le canal de la Charente à la Seudre, un bassin à flot, des écluses, des quais, un bac à râteau pour le dévasement ; enfin, des communications faciles bientôt assurées, donneront au pays le moyen de sortir complètement de sa torpeur.

Il ne faut peut-être pas trop compter sur une reprise favorable de l'industrie du sel. Hélas ! nous sommes trop souvent nous-mêmes les propres artisans de notre ruine, et c'est pourquoi nous voyons bon nombre de nos navires de grande pêche s'approvisionner de sels *étrangers !* Il en résulte que l'arrondissement saintongeois donne à peine le *sixième* de ses produits d'autrefois et que la surface de ses salines a diminué de plus des deux tiers.

Par contre, l'agriculture fait de rapides progrès et l'industrie ostréicole se développe beaucoup.

Une autre branche de commerce, celle des produits chimiques tirés de la mer, a paru, pendant un instant, vouloir s'implanter dans la région.

C'eût été une heureuse concurrence à la vente des produits anglais sur les côtes occidentales françaises.

On peut espérer voir cette idée être reprise et donner des résultats encourageants, lorsque les moyens de transport seront rendus plus abordables. Il faut le désirer, surtout pour le relèvement de notre commerce, si éprouvé dans toutes ses sources.

La longue presqu'île sur laquelle s'élève Marennes se termine, à l'ouest, par la pointe du CHAPUS.

Ce fut, selon toutes probabilités, la place où, violemment attaqué par la mer, le sol finit par céder et laissa passer les flots dangereux du pertuis de *Maumusson*, qui allaient faire d'Oléron une île nouvelle.

A quelle époque remonte ce cataclysme? Les documents sont muets. Une curieuse légende rappelant, mais avec moins d'autorité, celle qui a trait à la séparation de Jersey du continent, est rapportée par Bernard Palissy.

« Des gens de mon pays, dit-il, prétendaient avoir passé autrefois de l'île d'Alvert (Arvert) en île d'Oléron, en ayant mis seulement une teste de cheval ou de bœuf à un petit fossé, ou autrement petit bras de mer qui se joignait des deux bouts à la grande mer. »

Plusieurs historiens ont confirmé cette opinion. Elle s'accorde difficilement, toutefois, avec la géographie de Pline et un grand nombre de chartes du moyen âge.

Peut-être cependant y a-t-il lieu d'en tenir compte, car aucune de ces chartes ne donne la largeur exacte du détroit, *en toutes ses parties*. Il pouvait très bien se faire qu'un passage existât à la pointe du Chapus, passage semblable, vers l'heure du reflux, à ces « pas » ou chaussées, dépressions de promontoires que l'on retrouve encore à l'île Madame, par exemple.

Mais, aussi, ce « pas » de plus ancienne date « découvrait-il »

MARENNES. — LE CLOCHER DE L'ÉGLISE

seulement aux grandes marées? N'étant, dès lors, que d'un usage précaire et essentiellement subordonné aux circonstances favorables, il ne se trouvait pas mentionné, tout en ayant pu laisser à des vieillards le souvenir gardé par Bernard Palissy.

On a retrouvé des vestiges de jetée en deux ou trois endroits de la pointe du Chapus. C'étaient des débarcadères ménagés pour assurer la plus grande commodité et les plus faciles relations entre Oléron et le continent.

C'est, encore, de nos jours, la route la plus directe, la moins fatigante pour aborder dans l'île.

« Les premiers ouvrages construits à la pointe du Chapus et aux environs l'ont été par les marins des localités voisines... Ces ouvrages étaient faits à pierre sèche... Ils consistaient en petites jetées, derrière lesquelles on opérait l'embarquement et le débarquement des marchandises et des produits de la pêche... En 1691, M. de Louvois fit commencer la construction du fort du Chapus sur une pointe de rochers entrecoupés de petites fosses, et éloignés de la terre ferme d'environ 440 mètres. On fit un massif dans toute la base de l'édifice ; cette opération demanda des soins extrêmes et on travaillait souvent aux flambeaux pour profiter de la marée basse. La terre ferme et le fort furent réunis par une chaussée de 380 mètres de longueur... » (*Ports maritimes de la France.*)

M. de Louvois et, après lui, le génie militaire agissaient sagement en fortifiant la pointe du Chapus, car elle commande l'entrée nord du pertuis de Maumusson et, par conséquent, le chenal sud de la magnifique étendue d'eau formant, sous divers noms, les rades de Rochefort.

Le Chapus est le complément de la citadelle du Château-d'Oléron, comme celui-ci est le complément de Boyardville, du fort Madame, en un mot de tous les points des îles et des rivages de terre ferme de la Saintonge et de l'Aunis, où une invasion ennemie aurait des chances de débarquement.

Toutefois, à côté des justes exigences de la sauvegarde du rivage, il fallait penser à la facilité réclamée pour les communications de l'île d'Oléron avec le continent : on n'y a pas manqué. Deux jetées, un mur de soutènement, une cale, des quais, un môle, en assurant des voies abordables, ont eu pour effet de développer si bien le mouvement de transit qu'il a fallu élargir la cale d'accostage de la jetée nord.

Une cinquantaine de barques de pêche, des petits navires caboteurs, les bâtiments qui viennent en relâche, lorsque les vents violents du sud-ouest rendent impossible la remonte de la Seudre, puis le bateau à vapeur qui fait un service très régulier entre le Chapus et le Château d'Oléron : tels sont les éléments de l'animation de la Pointe.

L'ouverture du chemin de fer de Rochefort à cette pointe, par Tonnay-Charente et Marennes, l'augmentera considérablement. Aussi prévoit-on le moment où de grandes améliorations devront être encore réalisées au port du Chapus.

L'objet principal du commerce, la base de l'aisance régnant aujourd'hui dans le pays, si pauvre il y a peu de temps encore, c'est l'industrie ostréicole. Les statistiques ont constaté que, depuis la réussite des huîtres portugaises sur les bancs environnant la pointe du Chapus, on n'expédie pas moins d'une *quinzaine de millions* d'huîtres comestibles. Quant au transbordement des petites huîtres d'élevage, il ne porte pas sur un nombre inférieur à *cent millions !*

De plus, la culture des moules de bouchots prend une extension favorisée par la nature des rivages. L'avenir s'annonce prospère, et c'est avec joie que l'on se pénètre d'un tel sentiment.

Pourquoi, hélas ! tous nos ports, petits ou grands, ne peuvent-ils compter sur semblable fortune !

CHAPITRE XIV

L'ILE D'OLÉRON

La Rochelle est en relations journalières avec Oléron ; mais la traversée exige au moins trois heures, et il est fort rare que la marée permette seulement un court séjour dans cette île.

Par le Chapus, au contraire, on peut profiter d'un départ très matinal et revenir le soir même, après un passage en bateau n'excédant guère une demi-heure.

Cependant, l'île mérite mieux qu'une visite superficielle, et sur toute cette partie du littoral, seule, avec Fouras, elle laissera dans le souvenir une impression aimable, pittoresque.

Aucun doute ne saurait guère exister sur la position territoriale ancienne d'Oléron. Les flots, rongeant sans cesse les parties friables des côtes d'un promontoire, ont fini par rester vainqueurs. Le régime du détroit ou pertuis de *Maumusson* le prouve et l'examen géologique confirme cette démonstration. Les fonds sous-marins, ainsi que le rivage du continent et celui de l'île, sont formés des mêmes couches, alternant dans le même ordre. Seulement, la séparation remonte à plus de deux mille ans, puisque Pline parle en termes formels de l'*Uliarius Insula*.

Nous venons de voir qu'elle ne fut peut-être pas absolue, en ce sens que, dans les grandes marées, on pouvait y aborder de certains points de la côte. Ainsi s'expliqueraient les persistantes traditions.

Au surplus, de nos jours encore, bon nombre de bas-fonds témoignent, surtout aux abords du Château, de l'œuvre de la mer, et à l'époque du reflux des marées d'équinoxe, le chenal séparant l'île de la terre ferme atteint à peine *trois cents mètres* de largeur.

Les Romains tinrent garnison à Oléron.

Le grand évêque de Clermont, Sidoine Apollinaire, dont les écrits sont si précieux pour l'histoire de son temps (cinquième siècle), écrivait à son ami *Nammatius*, officier dans les légions romaines : « Malgré le courage de vos troupes, la prudence et l'habileté que je vous connais, je ne vous vois pas sans inquiétude exposé aux fréquentes attaques de ces terribles pirates saxons. » Il termine en donnant à l'île le nom d'*Olionarionensis* ou *Olario*, appellation à peine modifiée par les chartes du dixième, du onzième, du douzième siècle, où l'on trouve *Olarion*, désignation traduite, dans le latin du quatorzième siècle, par le mot *Ularum*.

C'était, d'ailleurs, un nom destiné à retentir dans le monde entier. La fameuse *Coutume d'Oléron* se répandit chez les peuples maritimes, où on la connaissait tantôt sous le titre de : *Rôles* ou de *Lois*, tantôt sous celui de : *Jugements d'Oléron*. Elle formait un code des plus complets, vu l'époque où elle fut rédigée, et l'Angleterre, qui garde avec un soin jaloux tout un arsenal de vieilles lois, n'a pas encore mis en oubli certaines des prescriptions de la *Coutume*.

A qui faire remonter l'honneur de ce code protecteur des *Us et droits des gens de mer* ? L'opinion commune le reporte à Aliénor (Éléonore) d'Aquitaine, dont la sollicitude pour sa province natale ne se démentit jamais. Il est certain que le gouvernement d'Éléonore fut très éclairé et que son influence contribua à faire de l'Aunis et de la Saintonge des pays prospères autant que civilisés. Elle les exonéra d'impôts accablants, tout en abolissant les droits cruels de *bris*, *d'aubaine*, *d'épave*, exercés jusqu'alors (nous l'avons vu à Ré) avec une barbarie atroce.

On en peut conclure qu'Éléonore était capable de créer la *Coutume d'Oléron* et de l'introduire dans ses riches possessions personnelles, d'abord, puis dans les autres parties du royaume dont, malheureusement pour la France, elle portait la couronne.

En réalité, on ne connaît pas le nom de l'auteur. Tour à tour, on a avancé que, les premiers, les Flamands s'occupèrent de coordonner ce code si important pour leur marine. Après eux, c'est à Éléonore, puis à son fils Richard Ier, *Cœur de Lion*, roi d'Angleterre, qu'on l'attribue. Enfin, Othon de Saxe, seigneur d'Oléron (1196), l'aurait rédigé.

Ce point d'histoire ne sera probablement jamais bien éclairci ; on doit pourtant remarquer cette circonstance : puisque les *Rôles* portèrent toujours sans conteste, comme nom d'origine, la désignation : *d'Oléron*, il faut bien que les seigneurs d'Oléron aient eu, à tout le moins, le mérite de la mise en vigueur d'un code substituant des principes plus sages, plus humains, au régime barbare du temps.

Mais une chose très certaine pour l'île, c'est le nombre de privilèges que lui concéda Éléonore. Grâce à elle, les biens des veuves et des orphelins ne furent plus à la merci des seigneurs ; les veuves purent se remarier, chose défendue jusque-là ; les parents eurent le droit de conclure une union pour leurs enfants, en ne prenant conseil que sur leurs propres convenances. On put vendre et exporter du sel, ainsi que d'autres denrées du pays, liberté jusqu'alors inconnue. Ces sages mesures contribuèrent beaucoup à augmenter l'opulence de l'île.

Les vieux titres manquent rarement, chaque fois qu'ils parlent d'Oléron, de faire l'éloge de la fertilité du sol, de la richesse de sa faune et de sa sylviculture. Les pêcheurs y ramènent des filets merveilleusement pleins ; dans les belles forêts, les chasseurs forcent le sanglier, le cerf, le daim et masse de menu gibier, à poil et à plume. On y prend « vifs », dit une vieille charte, « chaque année un cerf, une biche, un sanglier, une laie, un chevreuil, deux daims, deux lièvres, pour récréer les nonnes de l'abbaye de Notre-Dame de Saintes ».

C'est un véritable pays de Cocagne, aux ressources sans nombre, aux charmantes campagnes bien ombragées, aux côtes accidentées.

L'éloge, pour ne pas mériter d'être aussi absolu, est vrai encore. La différence d'aspect, entre Ré et Oléron, surprend le regard.

Des bouquets de bois, des forêts, des coteaux varient la campagne ; certaines plaines donnent l'illusion d'un petit coin de terre tout riant du centre de la France ; on s'y croirait loin, très loin des bords de l'Océan, sans la voix grave du flot, soutenant de son harmonie les bruits plus familiers des champs, des villages....

En arrivant de Marennes par la pointe du Chapus, on aborde

au Château, petite ville fortifiée, chef-lieu de l'un des deux cantons de l'île. On croirait rencontrer une image affaiblie de l'entrée de Palais, à Belle-Ile.

La citadelle garde un des côtés du port. Quelques grands arbres dominent les remparts. Au fond du bassin, la ligne verte de la route, bien ombragée, promet un abri contre le vent ou le soleil.

On franchit la porte de la ville et de jolies plantations d'arbustes, de fleurs, semblent souhaiter la bienvenue. Une population à la physionomie sympathique circule dans des rues propres, aux maisons blanches, bien bâties.

Les soldats, les marins coudoient les cultivateurs, les petits commerçants, les pêcheurs, les pêcheuses. Ces dernières, chaussées d'énormes bottes de mer montant au-dessus du genou, n'ont guère du costume de la femme que la coiffure, et encore ! car, souvent, leur jupon rudimentaire est remplacé par le gros pantalon de drap imperméable. Il faut bien un pareil vêtement pour oser aborder les immenses étendues vaseuses sur lesquelles sont tracés bouchots à moules ou parcs à huîtres.

Près des pêcheuses, les jeunes vigneronnes, avec la capeline, ou *capot,* qui les préserve du soleil : Note discordante pour les vieilles paysannes, fidèles encore au *balai* ou *balet,* sorte de large auvent en nankin, dressé sur une carcasse rigide emboîtant profondément la tête, et maintenu par un ruban de velours noir.

Le mouvement de toute cette population afflue, en général, vers le port, favorisé de trois voyages journaliers pour le continent.

Il faut embarquer les produits de la mer et de la terre ; il faut préparer de nouveaux envois ou lier des relations commerciales nouvelles. Puis, le bateau parti, on retourne dans les villages ou dans les hameaux disséminés au milieu de la campagne.

Si la vue de la petite cité a fait bien augurer de l'exploration de l'île, la promesse n'est pas trompeuse. Partout l'intérêt se trouvera excité. Le sol, fort bien cultivé, donnait, il y a peu de temps encore, de très bons petits vins rouges et des vins blancs, changés, par les distillateurs, en eaux-de-vie passables. Le phylloxéra a fait son apparition... Sa marche désastreuse n'est arrêtée que par les sables excessivement fins des dunes, mais dans ces

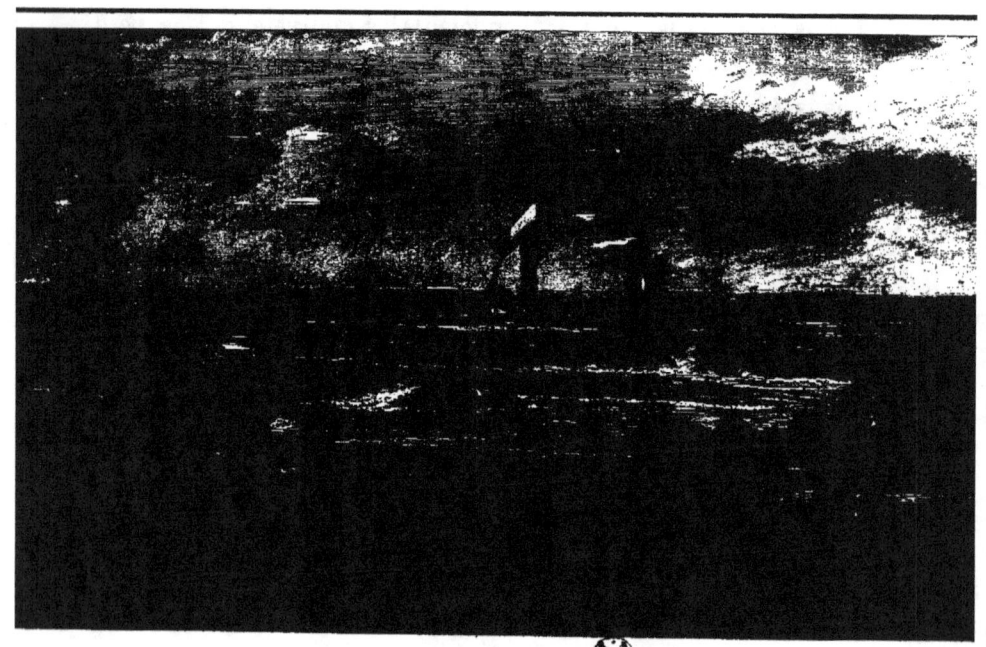

ILE D'OLÉRON. — UNE PLAGE.

sables la récolte est précaire ; de plus, la qualité laisse à désirer.

C'était la ruine complète de l'île... L'industrie ostréicole est en train de réparer tout. Puisse, avec le temps, les vignobles se reconstituer et un remède être trouvé contre le fléau.

Les champs sont mis en valeur, pour la plus grande portion, par les propriétaires eux-mêmes, et c'est plaisir de voir, sur les sillons, des gens bien tenus, très avenants. Les paysannes revêtent de longs sarraux blancs sur des jupons rouges, qui laissent transparaître le bas bien blanc, bien tiré... Elles semblent ainsi on ne peut plus propres et accortes.

Sans être bien accentué, le relief du sol est suffisant pour varier le paysage. Des haies bornent les prairies, les champs ; des arbres de toute essence croissent, ou isolés, ou en bouquets, ou en taillis. Leur feuillage plus clair, plus mobile, tranche sur le fond noirâtre des forêts de pins dominant les dunes qui bordent la mer.

Des moulins à vent tournent leurs longs bras vers le ciel. Les hameaux s'entourent de vergers ; il manque seulement le babillage d'un ruisseau pour rendre chaque tableau presque parfait.

Saint-Pierre, bâti au centre de la partie la plus large de l'île (10 kil.), occupe une gracieuse vallée enfouie dans la verdure de vieux ormes, de nombreux jardins, de places élégamment ornées de fleurs et d'arbustes.

Les traces druidiques y étaient autrefois très communes, mais dolmens, menhirs, peulvens [1], n'ont pas échappé aux destructions sauvages. On en reconnaît à peine les ruines, et le dernier vestige des habitants primitifs consiste dans le nom donné à un village : *Pierre-Levée,* appellation significative, trahissant son origine.

Le séjour des Romains a été constaté par la découverte de monnaies et de cercueils.

L'église paroissiale de Saint-Pierre n'est pas sans intérêt ; mais toute l'attention se reporte sur *la Flèche,* joli monument du moyen âge, fort bien décrit par Lesson. « C'est une flèche ou fanal (*phanum*), haut d'environ 25 mètres et fait de gros moel-

---

[1]. Voir, troisième volume, page 62 et suivantes.

lons smillés. Cette pyramide, octogone dans le bas, se terminait par un cône hexagonal que la foudre a renversé en 1793, et qu'on a remplacé, assez grossièrement, par une pyramide à quatre pans. Elle est assise sur un terrain empierraillé, et un perron conduit à une porte ogivale, d'où part un escalier à vis, se rendant sur la plate-forme. Les angles du fût sont garnis de trois tores droits, réunis par de petits cintres légèrement aigus. Des ouvertures, placées de distance en distance, servent à éclairer l'escalier. Ce monument, gracieux et svelte, date du douzième siècle et paraît être de construction anglaise, soit d'Aliénor, soit de Richard, son fils. »

La Flèche émerge, fine, élégante, de massifs de thuyas, de lauriers-tin gigantesques, de fusains et de jolis parterres, presque en tous temps fleuris.

Une maison de bourg a gardé la curieuse enseigne suivante :

: CEANS A BON VIN ET LOGIS
: III . RLE . OV . BLD . 1585

L'image d'un trois-mâts, voiles déployées, est placée entre ces lignes.

On continue la route par une visite à Boyardville, école des études de défenses sous-marines, dépendant du port de Rochefort. Tous les systèmes déjà parus y étaient l'objet des plus savantes expériences.

C'est vraiment chose terrifiante que de penser à la perfection où sont arrivés des engins destructifs aussi puissants, et l'on se demande, non sans une amertume profonde, combien de temps encore l'homme usera son intelligence, ses forces, ses ressources matérielles dans des problèmes de mort, au lieu d'appliquer son génie au progrès de sa culture morale et du bien-être de sa propre existence ! !

Les bateaux torpilleurs, ainsi que les torpilles dormantes ou auto-mobiles assombriraient trop nos pensées : hâtons-nous donc de quitter cette atmosphère où il semble toujours que la dynamite, la nitro-glycérine et mille autres produits de la redoutable chimie moderne vont faire explosion.

Poursuivons notre exploration de l'île. Nous arrivons à Saint-

Georges, dont l'antique église remonte aux premiers temps de l'ère française. Au treizième siècle, sa possession était revendiquée par Ebles de Châtel-Aillon.

Saint-Denis, fort ancien également, fut l'objet des libéralités d'Aliénor de Guyenne, qui munit son église de fossés et de créneaux. Bâti à l'extrémité nord de l'île, Saint-Denis possédait sur son territoire la vieille tour de Chassiron, portant un fanal (allumé en 1680) qui signalait les dangers de la *côte sauvage* et du pertuis d'Antioche. En 1484, Oléron était encore unie par une chaussée aux écueils d'Antioche [1]. Il n'y a pas un siècle que les restes de cet ouvrage ont totalement disparu.

Un nouveau phare, beaucoup plus élevé que la tour (50 mètres), mais qui en a conservé le nom, projette bien loin en mer la lueur de son appareil dioptrique de premier ordre. Grâce à lui, l'entrée du pertuis est facile et les navires poussés par la tourmente peuvent chercher asile dans les rades des Basques ou de l'île d'Aix.

On se souvient que la seigneurie de Chassiron avait été acquise, au dix-septième siècle, par le capitaine rochelais Pierre Martin, que Louis XIV, charmé de sa belle conduite au Bengale, venait d'anoblir.

C'est pendant une tempête causée par les vents d'ouest ou de sud-ouest qu'il faut venir à Chassiron. La mer, pourtant, y est moins redoutable qu'à Maumusson (extrémité sud de l'île), mais on comprend alors la marche des courants, et les transformations sans nombre dont la côte conserve les traces deviennent, en quelque sorte, présentes au regard.

Là, devant soi, le *rocher d'Antioche* ne serait-il pas le dernier sommet de la ville mystérieuse bâtie en souvenir des croisades? Et ces écueils, ruisselants de l'écume des flots, rugissant sous l'écrasement de la vague démontée, ne sont-ils pas les derniers vestiges des terres effondrées, attendant que d'autres sols disparaissent à leur tour?

Toute cette *côte sauvage* est superbe, avec ses rochers, ses dunes immenses, que l'on s'efforce de fixer par des plantations de joncs et de pins maritimes. En la parcourant sous le vent

---

1. M. Le Terme.

d'ouest, la crainte le dispute à l'admiration, à l'enthousiasme !

Quels spectacles ! Quelles luttes entre la ténacité de l'homme défendant le petit lambeau de terre dont il a besoin pour vivre, et la force prodigieuse battant en brèche ses frêles travaux !

Qui donc aura le dernier mot ? L'homme parfois !!...

En voici une preuve au village de SAINT-TROJAN. Le détroit de Maumusson y a causé de cruels ravages, ruinant toutes les défenses et accumulant à de prodigieuses hauteurs[1] le sable, résidu des plages émiettées.

De ce cahos, l'Administration des Forêts a fait une oasis pleine de fraîcheur. On parcourt, sans se lasser, collines et vallées imprégnées de la fraîche et balsamique senteur des pins. On contemple le dangereux détroit et on s'y croirait vis-à-vis l'Ile de Sein où, ainsi que l'a dit Brizeux :

« Les perfides courants brillent comme de l'huile. »

Les eaux du pertuis d'Antioche s'y rencontrent, s'y choquent et produisent le mugissement funèbre, trop souvent précurseur de naufrages.

Saint-Trojan est aujourd'hui à l'abri du linceul de sables qui déjà avait englouti sa vieille église, placée sous le vocable d'un évêque de Saintes dont Grégoire de Tours ne se lasse pas d'exalter les vertus.

On y peut actuellement saluer un modeste héros, le garde maritime MURAT, qui ne compte plus les sauvetages accomplis au péril de sa vie, et que *la Société centrale de sauvetage des naufragés* vient de faire décorer de la Légion d'honneur, après avoir, pendant nombre d'années, épuisé pour lui toutes les récompenses dont elle dispose.

Combien nous aurions lieu d'être fiers si une liste complète de nos sauveteurs et de leurs actes était dressée !

Le bourg moderne de Saint-Trojan est le rendez-vous de beaucoup d'habitants de terre ferme, heureux de trouver, pour l'été, un lieu d'agréable repos. Le choix, vraiment, ne peut être meilleur.

---

1. Plus de 25 mètres. Les dunes sont ici appelées « puschs ». Elles occupent 200 kilomètres carrés de la surface d'Oléron.

En revenant vers LE CHATEAU, quelques-uns des épisodes de l'histoire de l'île se représentent à la mémoire.

Riche, fertile et commandant l'entrée de deux des détroits qui donnent accès sur les rivages du continent, Oléron ne pouvait manquer d'être convoitée par les peuples conquérants de l'Aunis et de la Saintonge.

Kymris ou Celtes l'habitèrent. Les Romains y établirent un *castrum*, là même où la petite *capitale* moderne est bâtie.

Possédée par les puissants ducs de Guyenne, elle fut, en grande partie, donnée à deux abbayes : celle de Vendôme, en 1040, et sept ans plus tard à celle de Notre-Dame de Saintes.

Guillaume Ier, Guy, comte de Poitiers, Geoffroy Martel, Guy de Guyenne, Guillaume VIII, Othon de Saxe conférèrent à l'île de grands et nombreux privilèges.

De tous ces principes souverains, Éléonore d'Aquitaine est la plus célèbre et, si elle ne rédigea pas les *Rôles d'Oléron*, du moins elle les fit promulguer dans toute l'étendue de ses possessions.

Au treizième siècle (1222), un prince de LUSIGNAN, comte de la MARCHE, sollicita de Philippe-Auguste l'investiture féodale d'Oléron. Le monarque l'accorda avec empressement. Ne fallait-il pas que Lusignan conquît sur les Anglais son futur petit royaume ! Il y parvint et, pendant cent trente ans, Oléron resta fief de la couronne de France. Le traité de Brétigny (1360) donna une fois encore ce riche pays aux Anglais, mais ils ne le gardèrent que douze ans, car des lettres patentes de Charles V (1372) prouvent le retour de l'île à la France.

Plusieurs seigneurs furent, en peu de temps, châtelains d'Oléron : MONTMAUR (1373), de par la munificence de Charles VI, munificence bientôt regrettée et conférée à la maison de PONS, qui garda le fief jusqu'en 1444. Vers cette époque ou un peu plus tard, Charles VII donnait l'île à André, comte de VILLEQUIER, et à Antoinette de MAIGNELAIS, sa femme ; sous François Ier, Oléron rentrait dans la maison de Pons.

La Seigneurie d'Oléron était donc prospère ; mais, si les châtelains touchaient avec empressement, cela va sans dire, leurs revenus, ils se montraient moins soucieux de remplir les charges qui leur incombaient. Nous en trouvons la preuve dans une pièce de la fin du quinzième siècle.

Les *levées* de l'île, c'est-à-dire les digues, étaient en mauvais état et faisaient courir un grand danger à toute une notable partie des terres ; mais, pour lors, il y avait contestations entre les de Pons « seigneurs d'Oléron, Arvert, Chesseulx et Brouhe (Brouage) » et les seigneurs de Villequier-Maignelais, qui tenaient de Charles VII les droits « pouvant afférer audit roi sur ladite île ».

En attendant la clôture du débat, les levées s'effondraient !

Finalement, les deux familles furent obligées à payer, par moitié, les frais de rétablissement des digues, frais montant à plus de cinquante mille écus, monnaie du temps.

Lors des guerres entre catholiques et protestants, les Rochelais, ayant d'Aubigné à leur tête, s'emparèrent de l'île et s'y établirent (1584). Pour maintenir leur position, ils réparèrent et augmentèrent les défenses du Château. L'armée royale, toutefois, les délogea et garda Oléron jusqu'en 1624, époque où Soubise la chassa, pour être, peu après, vaincu lui-même par Montmorency.

Richelieu, appréciant l'importance de la situation, fit commencer par d'ARGENCOURT (1630) la forteresse actuelle. Puis Vauban, le chevalier de Clairville, et, enfin, Ferry, continuèrent les travaux, qui furent terminés en 1695.

Au point de vue des attaques possibles par les armes modernes, la citadelle du Château serait probablement très insuffisante. Mais peut-on douter que toutes les mesures soient prises pour parer au danger, et qu'un système rationnel de défenses efficaces de nos rivages ne prévienne un débarquement de troupes ennemies ? Nous ne le pensons pas.

Placée à l'extrémité septentrionale de la pointe d'Arvert, qu'elle paraît prolonger et à laquelle, tout semble le prouver, elle était autrefois réunie, l'île commande l'estuaire de la *Seudre*, les rades de Rochefort et se développe, sur une étendue de 30 kilomètres, vers Ré, dont le pertuis d'Antioche la sépare.

Son littoral (après avoir dépassé le Château, vers le nord), jusqu'à la pointe de la Perrotine, abrite la belle rade *des Trousses*, station ordinaire des vaisseaux cuirassés, qui y trouvent un ancrage absolument sûr, par des fonds de *dix* et *dix-huit* mètres au-dessous des plus basses mers.

La suite du rivage oriental protège la rade des Basques.

Cinq ports sont ouverts au commerce d'Oléron. Le premier, au sud-est, se trouve être celui du Château, creusé dans un plateau vaseux. Il possède un avant-port, une jetée, une cale, un gril de carénage, un port d'échouage, un bassin à flot ; mais tout cela est devenu très insuffisant, ainsi que le constate la statistique des *Ports maritimes de France.*

Le chenal est trop étroit : deux navires un peu importants ne sauraient s'y croiser et le tirant d'eau, très faible, cause une grande perte de temps aux embarcations fréquentant la localité. Ce sera pis encore, lorsque le chemin de fer de la pointe du Chapus à Marennes et Rochefort doublera les relations existant entre l'île et la terre ferme. Le projet à l'étude est donc justifié de tout point.

Plus de vingt mille voyageurs circulent chaque année entre le Château et le continent ; de même, le chiffre du tonnage augmente continuellement : la vente des huîtres se développant avec rapidité. Le sel, le vin, le poisson et les coquillages, surtout les pétoncles, constituent les autres branches de commerce ; mais, assurément, la bonne situation des pêcheurs de ce quartier maritime est due en notable partie à l'extension de l'industrie ostréicole. Malgré la grande quantité de naissain récoltée dans les parcs, on doit importer nombre de petites huîtres d'Arcachon ou de Bretagne, et c'est du travail, de l'aisance pour la laborieuse population, car le seul produit de cette vente monte à près de *quinze cent mille francs.*

Le port de LA PERROTINE n'a pas un mouvement annuel moindre de cinquante mille tonnes. Il a donc une très réelle importance. Le sol au milieu duquel il se trouve est, comme la généralité des terrains du rivage oriental, au-dessous du niveau des grandes mers.

Des dunes, maintenant fixées, séparent, en beaucoup d'endroits, les marais de l'Océan ; elles ont été cependant forées, çà et là, par les vagues qui envahissent à chaque flux ces sortes de canaux. Telle est l'origine du port de La Perrotine (dépendant de la commune de Saint-Pierre), mais elle constituait un danger pour le chenal, qui pouvait s'ensabler. Cela arriva en 1837. « Les navires avaient été absolument bloqués, et il avait fallu rouvrir le chenal à bras d'hommes. » On prolongea la jetée ; le succès fut complet, car, depuis, aucune autre barre ne s'est formée.

Le chenal, long de 6 kilomètres environ, débouche au nord de la pointe des Saumonards, couverte de belles plantations de pins, et à moins d'un demi-kilomètre de la rade des Trousses. Ce lieu est nommé le Magasin ou les Magasins, à cause des dépôts de marchandises qui, depuis longtemps, y ont été établis.

La situation extrêmement favorable de ce port, au centre de l'île, les communications si faciles établies avec le continent, le voisinage de Boyardville et de la rade des Trousses (qu'il met en rapport avec Oléron tout entière), la proximité de Rochefort, donnant lieu à des mouvements de troupes ; infanterie de marine ou marins, font de La Perrotine l'escale la plus importante de l'île. Force était, dès lors, de remédier au manque de profondeur du chenal et à l'insuffisance des quais, sources de gêne et de frais considérables pour le commerce.

Ce port fut donc, très justement, inscrit au nombre des points classés parmi les grands travaux publics à exécuter.

Tant achevés qu'en cours d'exécution, ces travaux comprennent une écluse de chasse et de navigation, un bassin à flot, de nouveaux quais...

En un mot, le commerce y trouvera toutes les facilités d'embarquement et de déchargement depuis longtemps désirées. C'est l'augmentation, à bref délai, du trafic de La Perrotine, trafic consistant principalement en vin, en sel et en matériaux de construction.

Le port du Douhet forme l'embouchure du canal maritime de la commune de Saint-Georges, ancien déversoir des marais environnants. Un moulin peint en blanc signale l'entrée du port, trop souvent obstruée par les sables et les galets, ce qui nécessite, non seulement l'ouverture fréquente des écluses de chasse pour éloigner le sable, mais le déblayement, à bras d'hommes, des galets.

La côte est longée de roches à peine recouvertes par le produit de l'émiettement des dunes. Plus d'une fois, on avait essayé de rendre stable l'entrée du Douhet, port si nécessaire au bourg de Saint-Georges ; les travaux furent emportés par la mer.

De nouveaux ouvrages, commencés en 1838 et améliorés depuis, ont résisté ; cependant ils exigent un soin constant, surtout dans le service de l'écluse de chasse, obligée de s'ouvrir même en marée de vive eau.

Le commerce roule, sauf en quantités moindres, sur les mêmes objets que reçoit ou exporte la Perrotine.

Le port de SAINT-DENIS est situé à 6 kilomètres de la pointe de Chassiron. Deux jetées l'abritent, au nord et à l'ouest. Les bateaux viennent échouer sur un fond rocheux, prolongement des écueils d'Antioche et des Palles. Toutefois, près de ces derniers, une fosse, munie de bouées, peut donner asile aux barques arrêtées par le reflux dans leur route vers le port. Des balises signalent les dangers voisins. Celle que l'on a élevée sur les rochers d'Antioche n'a pas moins de 18 mètres de hauteur.

Pendant très longtemps, les difficultés d'accostage bornèrent la navigation de Saint-Denis à la durée de la belle saison. En hiver, on prenait soin de haler sur la côte les barques, d'ailleurs légères, et tout était dit.

Maintenant, un véritable petit port existe, mais il a dû être deux fois déjà rétabli : les ensablements le menaçant et rien ne prouvant que les derniers travaux suffiront pour enrayer le mal.

Le possible, sans doute, est fait, eu égard au peu de mouvement commercial. Avant l'invasion du phylloxera, on exportait beaucoup de vin. Actuellement, on vient surtout chercher du sable de dune, destiné à la confection de mortiers solides. La charge réunie des bateaux entrés et sortis ne dépasse pas une jauge de 6 000 tonnes.

Le cinquième des ports d'Oléron et le moins favorablement situé, celui de LA COTINIÈRE, ouvre au centre du rivage occidental de l'île. Des dunes et des rochers dangereux l'entourent, la lame le bat fréquemment avec rage, aussi le fond n'offre-t-il pas de sécurité et seules quelques barques de pêche le fréquentent.

Cependant, la situation maritime a assez d'importance pour que la chambre de commerce de Bordeaux s'y soit intéressée (1845). En effet, La Cotinière serait un excellent port de refuge et d'observation pour les pilotes de l'entrée de la Gironde.

Plusieurs fois des ouvrages ont été construits, notamment en 1862, où deux jetées et un petit quai donnèrent sur-le-champ une certaine animation au mouillage. Une terrible tempête (1870) détruisit tout. A peine en retrouverait-on les derniers débris.

Mais ces fâcheuses conditions ont justement décidé la *Société centrale de sauvetage des Naufragés* à établir un poste à La Cotinière. Les vaillants pilotes du canot explorent avec intrépidité les bords de ce rivage, qui a vu tant de drames maritimes. Leurs services ne sont plus à compter, tellement ils sont nombreux.

Il est impossible de quitter Oléron sans mentionner une question, cause de vif intérêt pour les insulaires. A la suite d'une enquête plus ou moins judicieuse, un décret (1853) supprima un grand nombre d'*écluses à poisson*, disposées sur les côtes de l'île.

Ces écluses consistent dans l'utilisation des points reconnus favorables, pour l'apport, à l'heure du flux, des poissons que la vague roule avec elle. On entoure ces terrains ou ces roches d'ouvrages en pierres sèches, au milieu desquels la moisson marine reste prisonnière, et d'où on la retire à volonté.

La suppression des écluses apporta, on le comprend sans peine, une grande perturbation dans le travail des riverains et une très notable diminution dans leurs ressources... Plusieurs centaines d'habitants se sont réunis pour adresser une pétition demandant le retrait, au moins partiel, du décret de 1853. La demande sera entendue, il faut l'espérer, car tout ce qui peut améliorer les conditions de l'existence, si pénible, en somme, des populations mêmes les plus favorisées de notre littoral doit appeler la très sérieuse, la très bienveillante attention du législateur.

Reprenons la route du Château pour profiter du bateau à vapeur qui nous mettra, par la pointe du Chapus, à l'embouchure de la *Seudre,* notre nouvelle étape.

Justement, une foire a lieu, le lendemain, aux environs de Marennes et l'animation déjà grande du petit port se trouve de beaucoup accrue.

Les parqueurs d'huîtres déchargent des charrettes les centaines de paniers où sont entassés les succulents mollusques.

Des voyageurs arrivent, suivis de nombreux bagages. De simples curieux se disposent à profiter gaiement de quelques heures de repos. Près d'eux, des cultivateurs conduisant des animaux destinés au marché ont pas mal de peine à dominer la peur qui s'empare des pauvres bêtes. Les chevaux hennissent et ruent; les bestiaux meuglent et cherchent à s'enfuir.

Une grande voiture couverte s'avance. Elle renferme la boutique d'un marchand forain. Une autre, énorme en longueur comme en largeur, est la maison roulante d'une troupe de saltimbanques.

Les douaniers circulent, prenant les notes utiles pour leur service. Des soldats garnissent les remparts dominant le chenal et, curieux ou distraits, suivent du regard les préparatifs. Des barques de pêche rentrent au port.

Au milieu du bruit, des rires, des cris, des appels, des lazzis, le patron, pardon ! *le capitaine* du petit bateau à vapeur, debout à son poste de commandement, jette des ordres aussitôt obéis. Il faut se hâter, la mer monte ! Les vagues clapotent le long des flancs du bateau, le ciel se couvre : un retard pourrait prolonger outre mesure la traversée, la rendre même pénible.

On se presse, la passerelle volante destinée à l'embarquement des animaux et des voitures vient d'être retirée. Vite, à leur tour, les voyageurs ont pris place sur le pont.

Le capitaine prononce un mot, répété aussitôt par les hommes de l'équipage, qui prouvent ainsi avoir bien compris la manœuvre commandée...

Les amarres sont rentrées à bord, un coup de sifflet suivi d'un son de cloche annoncent le départ.

Les contours de l'île s'effacent à demi sur le ciel devenu sombre.

Adieu, Oléron ! Puisse le plaisir de te revoir nous être donné...

Tes gracieuses campagnes, ton rivage animé ou désert, ta laborieuse population, tes jolies petites villes, tes hameaux si frais sous les grands arbres, ne s'effaceront plus du souvenir de ceux qui t'ont parcourue avec un intérêt toujours croissant...

Cependant, les nuées noires ont disparu. Sur l'horizon, redevenu d'un bleu doux, Oléron se profile mollement. La mer, ennemie si puissante, si terrible, se fait calme, presque souriante.

La soirée est belle, plus de menaces de tempête.

Adieu, Oléron... Il faut reprendre la route des rivages de terre ferme de la Saintonge, dont tu es l'un des plus précieux joyaux.

Le bateau accoste au pied de la jetée du Chapus. Le tumulte du départ se renouvelle et se fait plus gai encore à l'arrivée. Nul accident, tout le monde est joyeux.

« Allons ! Bonsoir et bon voyage ! » se dit-on en se séparant.

« Bonne pêche ! » répète-t-on aux courageux marins, dont les barques s'apprêtent à reprendre le large... le travail, sur les côtes, ne pouvant être pour longtemps suspendu.

CHAPITRE XV

LA SEUDRE ET SES PORTS. — LA GRÈVE ET LA TREMBLADE
LES DUNES D'ARVERT

Humble ruisseau à sa source, la *Seudre* coule vers l'Atlantique, sans recevoir rien que de très modestes affluents. Elle resterait donc de nulle valeur pour la navigation, si la marée n'avait élargi et profondément creusé son lit principal, sur une longueur de plus de vingt kilomètres.

Cette action de la mer a fait du petit fleuve un mouillage exceptionnel, où pourraient jeter l'ancre tous les navires formant la flotte de l'État.

La renommée de sécurité de cet estuaire ne date pas de nos jours.

Plusieurs auteurs ont voulu y voir le *Portus Santonum* de Ptolémée. L'opinion, du moins, a pour elle la vraisemblance, puisque l'écrivain grec place le *Port des Saintongeois* entre la Charente et la Garonne, situation exacte de la Seudre.

Le pertuis de Maumusson, où débouchent ses eaux, l'a embarrassée de bancs de sable ; d'un autre côté, le peu de profondeur du détroit et sa largeur minime (1 800 mètres) apportent de sérieux obstacles à l'établissement d'un grand port.

De plus, il semble que l'on puisse croire à une réunion future d'Oléron avec le continent.

« Le courant du Pertuis de Maumusson détruit sans cesse et recomble perpétuellement tout cet estuaire sablonneux. Il a subi bien des transformations, car le nom de pertuis n'apparaît, pour la première fois ici dans l'histoire, qu'au seizième siècle : jusque-là, ce n'était qu'un fossé ; il remplacerait même un isthme reliant Oléron à la terre ferme. Au commencement du dix-huitième siècle, il avait 1 200 toises de large, ou 2 400 mètres ; aujourd'hui, d'après la carte de l'état-major, il n'en a plus que 1 800. Il aurait donc subi bien des vicissitudes. Ses courants se rencontrent entre la pointe de Maumusson et la pointe d'Arvert, sur les bords de Gatseau ; ils y rendent la mer tellement dangereuse que les bateaux qui affronteraient ce passage par un vent contraire, seraient infailliblement perdus. Quand le vent souffle du large, de fort loin, dans les terres, on entend le fracas des courants. (Jules GIRARD.) »

Dans son *Pilote des côtes de l'ouest*, M. Bouquet de la Grye explique ainsi les particularités remarquables de la marche et des effets des courants de ce pertuis :

« Une heure avant la basse mer, il y a dans le pertuis de Maumusson un courant violent qui porte au large, et au Chapus un autre courant portant au nord; l'estuaire se vide par ces deux ouvertures; mais, au bout d'une demi-heure, la marée du dehors ayant suffisamment monté dans l'ouest pour vaincre l'effet du jusant qui porte au large, il se produit un renversement, et le flot se trouve alors non pas attiré dans la Seudre, qui continue son mouvement de descente vers le nord, mais bien vers le Chapus : les eaux du fond d'Antioche n'ayant pas encore monté.

« Pendant une heure et demie environ, les eaux du large entrent dans Maumusson et passent de là dans Antioche, appelées par la même dénivellation, puis le courant mollit au moment où la Seudre et l'estuaire prennent une plus forte part dans l'afflux qui entre dans Maumusson.

« C'est à ce courant considérable, qui va dans Antioche par Maumusson, qu'est dû ce dicton marin, que *Maumusson tire*. Effectivement, cette aspiration est beaucoup plus considérable que ne le ferait supposer l'étendue seule de la Seudre, et comme elle coïncide avec le moment où les eaux descendantes de la Gironde se rapprochent de la côte, Maumusson attire effectivement les navires descendus en jusant et que le vent abandonne.

« Cet effet d'aspiration s'exerce, d'ailleurs, non seulement sur les navires, mais, journellement, sur les matières vaseuses dont sont souvent chargées les eaux de la Gironde au moment de la basse mer, et on peut s'expliquer facilement, par là, que les estuaires de la Seudre, ainsi que ceux de Brouage et de la Charente se soient envasés avec le temps, puisque cet effet, lent, mais sûr, continue encore aujourd'hui.

« Au moment de la pleine mer, le courant, au Chapus, s'est déjà renversé, parce que les eaux des fonds d'Antioche ont une surélévation, relativement à la Seudre, et ce courant persiste au sud, par l'autre raison que la marée baisse plus vite près du banc de Gatseau qu'au Château, où l'onde n'arrive qu'après avoir fait le tour d'Oléron.

« Maumusson rend donc alors une partie des eaux de la baie d'Antioche, comme il les lui avait envoyées; disons seulement, en ce qui concerne l'envasement, que les eaux de la pleine mer sont en général claires : c'est celles que Maumusson restitue, tandis que celles aspirées étaient troubles, et ces eaux troubles ont déposé dès qu'elles ont pu arriver dans une partie abritée.

« Ainsi, l'on a dans cet estuaire inférieur de la Seudre deux ouvertures tournées l'une à l'ouest, l'autre au nord, qui voient passer des courants bien différents, puisque l'étale a lieu dans le premier, celui de Maumusson, une demi-heure après la basse mer et une demi-heure après la haute mer, tandis que dans le second, au Chapus, les étales ont lieu au moment du mi-flot et du mi-jusant.

« Quant aux courants propres à la Seudre, ils n'offrent aucune différence avec ceux des autres rivières de la côte, le courant de flot atteint des vitesses de deux nœuds et demi, celui de jusant, de cinq nœuds.

« L'hiver, lorsqu'il arrive une grande marée avec des vents d'aval et qu'il y a du doucin, la plaine de la Seudre est inondée des deux côtés de la rivière, et offre l'aspect d'un vaste lac. Les navires ont alors de la peine à se guider dans le milieu du chenal. En ce qui concerne les marées dans la Seudre, la pleine mer atteint à très peu près la même hauteur qu'à l'île d'Aix.

Si l'on ajoute à cela que l'entrée du pertuis d'Antioche débite, en moyenne, 145 millions de mètres cubes par quart d'heure et que, en gros temps, on peut bien évaluer à trois *grammes* la quantité de vase contenue dans un litre d'eau, on voit quelle énorme accumulation de matières obstruantes vient se déposer dans tout l'espace compris entre les côtes de Ré, d'Oléron et de la terre ferme.

Sans nul doute, la mer a couvert, autrefois, toute la zone des marais salants de la Seudre. On en rencontre mille traces irrécusables, et les *trente* canaux qui y débouchent (sur l'une et l'autre de ses rives) alimentent les marais encore cultivés, en sont la meilleure preuve.

De très grandes perturbations ont changé la face du pays. « Il paraît qu'en 1620, il se construisait encore à la tour de Broue (près de Brouage), à 12 kilomètres du rivage actuel, des bâtiments de 40 tonneaux, et qu'en creusant au pied de la tour, en 1727, on découvrit la quille d'un bâtiment de 50 tonneaux. » (*Ports maritimes de la France.*)

L'industrie du sel y était jadis des plus prospères : elle n'a pas, de nos jours, un champ de culture moitié aussi étendu qu'au dix-septième siècle : 2 015 hectares sur la rive droite, 1 500 hectares sur la rive gauche, alors que l'on ne comptait pas, en 1630, moins de 10 000 hectares !

La Seudre forme une rade excellente : les navires n'y craindraient jamais de chasser sur leurs ancres et la profondeur d'eau y est considérable ; mais, on l'a vu, les difficultés du détroit de Maumusson (fort amélioré, il est vrai, puisque sa moindre largeur navigable est de 1 000 mètres) et les bancs sablonneux ont fait renoncer à établir un port militaire.

La Seudre possède deux ports sur sa rive droite, ceux de

Femme de la Saintonge. — Ancien costume de fête.

Marennes et de Chalons. Elle en a sept sur sa rive gauche : la Tremblade, l'Aiguillate, Chatressac, Chaillevette, Mornac, l'Eguille, Riberou. Ce dernier est situé à l'endroit où le fleuve commence à devenir navigable. Tous ont une réelle importance. Le port de l'Eguille doit son existence aux pêcheurs de la localité, qui commencèrent, eux-mêmes, tous les travaux dont ils avaient besoin pour abriter leurs barques. A l'heure actuelle, le mouvement commercial va toujours en croissant et approvisionne, pour la plus grande partie, les *claires* ou parcs huîtriers de la Seudre.

Le port de Riberou dépend en quelque sorte de la petite ville de Saujon, que Charlemagne, pour préserver cette partie de la Saintonge de l'invasion normande, donna en garde au comte d'Angoulême. On a voulu faire à cette ville l'honneur d'avoir été le *Portus Santonum,* encore à découvrir.

Richelieu y fit bâtir un château (1630) et, semble-t-il, le grand ministre pensa, le premier, à creuser un canal destiné à relier la Gironde à la Seudre. Riberou, alors, fût devenu un centre considérable. Le projet n'eut pas de suite, mais le port, après beaucoup de vicissitudes, est devenu prospère. Ses exportations suivent une marche ascensionnelle, et trois fois par semaine les transactions sur le poisson et les coquillages y atteignent un chiffre magnifique.

Tous les travaux exécutés dans les chenaux et les ports de la Seudre peuvent ainsi compter au nombre des plus utiles de ceux que le pays réclamait avec instance. Ils ont contribué à relever sa prospérité.

L'un des plus connus des ports du petit fleuve était jadis dans une île appelée Armotte. L'opinion commune veut que La Tremblade actuelle occupe l'emplacement de cette île.

La côte est formée de dunes qui souvent ont causé d'irréparables destructions. Les traditions conservent les noms de deux *villes* disparues, Anchoane et Notre-Dame de Buse. Une chose très certaine, c'est que, lors du lever du plan de la côte, en 1698, « on mit à découvert une chapelle souterraine, avec des vitraux vivement colorés. Depuis, une dune déplacée par les vents, qui soufflent violemment dans ces parages, a laissé à découvert des restes d'habitations, et notamment une pierre d'autel que l'on conserve encore dans l'église de la Tremblade. De nouvelles dunes se sont formées en cet endroit et recouvrent de nouveau ces ruines ». (M. Veau.)

Sous Charles IX, les discordes religieuses appelèrent l'attention sur la petite ville de La Tremblade, tantôt occupée par les troupes royales, tantôt en la possession des calvinistes.

Des souvenirs plus heureux nous montrent que ce point fut choisi, en 1660, pour l'établissement de magasins et de casernes de marine. C'était l'époque où le duc de Beaufort venait « en Seudre » armer et désarmer ses vaisseaux.

Après la révocation de l'édit de Nantes, Fénelon fut choisi pour pacifier religieusement le pays. La douce parole du grand évêque retentit dans la chaire des églises de la Tremblade et de Marennes. Jamais pacificateur ne se montra plus digne de sa tâche.

Lorsque l'on arrive de la rive droite, il faut traverser la Seudre qui divise l'arrondissement à peu près par moitié. Un bac est établi à l'extrémité du canal maritime de Marennes, au point dit *Cayenne de la Seudre,* et accoste, sur la rive gauche, au petit hameau de LA GRÈVE, débouché du canal maritime de la Tremblade.

L'aspect de la contrée n'a rien de séduisant ; on éprouve même tout d'abord, une sorte de peine à comprendre que la Grève et ses environs puissent figurer au nombre des stations estivales.

Des marais salants ou des claires, puis, un peu plus loin, le relief des dunes de sable. Certes, il y a loin de ce tableau aux sites charmants présentés en foule par la Bretagne et la Normandie !!

Cependant, si déshérité, au premier coup d'œil, que puisse paraître le pays, un examen moins superficiel en fera reconnaître la richesse.

Ici encore le développement de la culture de l'huître a été la source de très grandes fortunes et d'une aisance générale.

Toutes les huîtres vendues ne proviennent pas de la localité. De grandes quantités arrivent en Bretagne et d'Arcachon. Le Portugal en fournit, également un nombre énorme, mais ces dernières sont très inférieures sous le rapport de la qualité.

Les huîtres sont déposées dans les claires, où elles séjournent plus ou moins de temps, selon les exigences du commerce. Pour atteindre à toute leur perfection, elles devraient y rester trois ans ; mais bien rarement les ostréiculteurs consentent à cet élevage prolongé, car la mortalité des mollusques cause des pertes très appréciables, augmentées par les frais de main-d'œuvre.

Le séjour dans les claires de la Seudre donne aux huîtres cette nuance verte, parfois livide, si recherchée, et qui, tout d'abord, déconcerte l'œil habitué à la belle teinte nacrée des huîtres normandes ou bretonnes. Cette nuance est particulièrement désagréable sur la gryphée portugaise, non encore arrivée au maximum d'engraissement.

Mais le goût fin, délicat, des mollusques de la Seudre a bientôt triomphé de répugnances instinctives.

On exporte aussi des moules de la Tremblade ; quatre ou cinq fabriques de vinaigre, de tuiles, de briques contribuent, avec le sel, à donner du mouvement au port.

Pendant longtemps, ce port, établi dans un chenal sinueux, peu profond, ne fut fréquenté que par des *allèges,* petites embarcations effectuant le chargement des navires de plus fort tonnage, mouillés dans la Seudre. Bientôt on dut songer à exécuter des travaux permettant un mode de trafic plus rapide.

Les chenaux furent curés et approfondis. Une écluse de navigation maintint le volume des eaux, un bac-râteau assura le curage des vases, et des cales, avec bornes d'amarrage, donnèrent aux navires des facilités jusqu'alors inconnues. En même temps, un redressement du canal joignant le port principal à la Seudre complétait ces améliorations, auxquelles l'ouverture du chemin de fer, prolongé jusqu'à la Grève, donna une importance nouvelle.

Un des premiers effets de l'établissement du chemin de fer a été la reprise du commerce du sel.

Une statistique publiée à ce sujet, par les *Ports maritimes de France*, relève les sommes extrêmes perçues par l'État sur les salines de la Tremblade.

En 1875, année de l'ouverture de la ligne de la Seudre, la taxe montait seulement à 1 725 francs. En 1878, elle atteignait 477 706 francs ! Et, en 1884, après quelques variations, elle était encore de 342 835 francs.

L'auteur de la statistique ajoute : « Par suite de la nullité des affaires pendant plusieurs années, il avait pu se former sur les marais un stock assez considérable de sel, qui a été enlevé en 1877 et en 1878. Le chiffre normal que l'on espère conserver, pour l'avenir, variera entre ceux afférents aux années 1881 (297 264 francs), et 1884 (342 835) francs. »

Le tonnage des marchandises expédiées du port, en 1884, atteignait 6 578 020 kilogrammes. Dans ce poids, ne figure pas la *quarantaine de millions d'huîtres* expédiées dans toutes les directions par le chemin de fer et voitures.

Le pays est donc dans une période ascensionnelle de prospérité que le travail constant de la population développera certainement encore.

Aux faubourgs mêmes de la Tremblade, pour ainsi dire, commencent les dunes appelées d'*Arvert*, nom d'une pointe située vis-à-vis de Saint-Trojan (île d'Oléron) et formant l'extrémité nord-ouest du pertuis de Maumusson.

Une tradition voudrait que le nom d'Arvert fût une simple contraction des mots *arc vert,* sous lesquels, anciennement, on connaissait le pays, couvert, à une époque indéterminée, de forêts verdoyantes, point de repère des navigateurs.

Les forêts ont pu exister, et l'aspect encore riant des campagnes d'Oléron, violemment arrachées au continent, en est une marque probante.

Mais la tradition tombe devant le nom d'*Alvert*, donné à la localité par plusieurs chartes du moyen âge, qui, de plus, la désignent toujours comme une *isle*. Les apports sablonneux ont contribué à faire de cette île ou presqu'île une partie intégrante de la terre ferme.

Par contre, tout ce qui a trait à la séparation d'Oléron, séparation provenant de l'effort de la mer, tout subsiste.

La Sauvagère, dans son *Recueil d'Antiquités*, cite à l'appui de son opinion le témoignage du seigneur de La Marlière, affirmant que « le père dudit seigneur avait traversé le pertuis de Maumusson, en posant seulement le pied sur une carcasse de cheval, gisant dans le courant d'eau, qui y restait à marée basse ».

De son côté, M. Rameau rappelle un passage de l'enquête faite, en 1335, à l'occasion d'une discussion entre Philippe de Valois et le sire de Pons.

« *Cent témoins* déposèrent que, dans leur enfance, l'île d'Oléron était séparée du continent par un fossé si étroit *qu'on le sautait avec un bâton ! !* »

Quoi qu'il en puisse avoir été, les chenaux entourant Arvert se trouvèrent comblés et le sable devint maître incontesté du rivage.

Toute la côte, rendue à peu près stérile, fut dès lors le refuge de hardis pilleurs d'épaves disséminés jusqu'au delà de la pointe de LA COUBRE. Entre tous, les *naufrageurs* DES MATHES avaient un cruel renom, dont on parle encore, bien que, depuis longtemps, ces tristes exploits soient à l'état de souvenir.

« *Les dunes marchent en Arvert!* » affirmait-on. Elles marchaient, en effet, sournoisement ou brusquement, selon que le vent du large en déplaçait les parcelles stériles. On retrouverait nombre de ruines aussi bien conservées que l'église découverte en 1698, s'il était possible de soulever ou de balayer ces innombrables monticules sablonneux.

Cependant on ne songerait pas volontiers à ce labeur fantastique devant le résultat heureux obtenu sur ces monticules mêmes.

Encouragée par les précédents travaux que l'Etat a exécutés sur toutes ces côtes, une société rochelaise s'est fondée pour la fixation et l'ensemencement d'une partie des dunes de La Tremblade. L'entreprise a réussi.

Désormais, une belle forêt de pins maritimes dresse sa couronne au-dessus de jolies grèves où se bâtissent des villas et des chalets, recherchés pendant la saison des bains de mer.

Les promenades au milieu de cette forêt et de la campagne sont bien un peu fatigantes, à cause de la profonde couche de sable qui revêt le sol, mais on y respire l'air vif et excellent de la mer, tempéré par les émanations salubres des pins.

On ne s'étonne plus, dès lors, de voir les rivages de La Tremblade rangés parmi les stations balnéaires, et l'on s'applaudit de ce surcroît de ressources apporté à un coin de notre littoral, autrefois si éprouvé.

CHAPITRE XVI

LA POINTE ET LA FORÊT DE LA COUBRE

La rive gauche de l'embouchure de la Seudre forme une ligne de démarcation très tranchée. Aux côtes, surtout vaseuses, vont, désormais, succéder les dunes de sable et leurs *lèdes* ou *lètes*, vallons marécageux dégageant des miasmes pestilentiels, germes de fièvres décimant la population de ces contrées.

Même encore aujourd'hui où un travail persévérant combat ces causes d'appauvrissement matériel et moral, on peut se rendre un compte exact de la situation antérieure des habitants, ainsi que de l'aspect des landes gasconnes.

Il faut le répéter, le mot *landes*, ici, n'a qu'un rapport très vague avec la même dénomination appliquée à certaines terres arides de la Bretagne.

Sauf au bord de la mer, dans une zone restreinte du Morbihan et de la Loire-Inférieure, la lande bretonne n'est pas un habitat malsain. Le sol y est souvent ingrat, mais parce que le roc y affleure la mince couche d'humus, et vainement on chercherait l'équivalent de cette large bande littorale commençant, en fait, à la rive gauche de la Charente, pour s'étendre jusqu'au delà de l'embouchure de l'Adour !!

Fallait-il fuir et abandonner aux sables, aux marais, à tous les caprices de l'Océan, hier sortant de ses bornes, demain reculant ses limites, une si notable partie du rivage ? Surtout, comment détourner, comment vaincre le mal ?

La mer ne se laisse pas dominer. Pendant un temps, elle semble accepter le joug des digues, des môles, des ouvrages destinés à amortir la puissance de ses flots.

Victoire éphémère, sans lendemain assuré. Un choc soudain... Tout est emporté. Du travail péniblement édifié, il ne restera pas trace !

La vague profonde, turbulente, a enseveli les barrières pendant que, voisine, une étendue de plages solides se trouve transformée en prairies spongieuses ! ! !

L'estuaire de la Gironde, le plus vaste de tous ceux des fleuves français, a participé d'une manière extraordinaire à ces modifications, dont le golfe du Poitou, les côtes de l'Aunis et de la Saintonge offrent de si frappants exemples ; modifications incessantes contre lesquelles tout semble, à l'avance, superflu !

L'homme, cependant, n'a pas perdu courage, et la mise en valeur des dunes de la Coubre fait assister au plus réconfortant des spectacles : celui de la ténacité énergique, patiente, intelligente, aux prises avec des obstacles en apparence invincibles.

Depuis les marais de La Tremblade jusqu'à la pointe de Meschers, le littoral, en entier, était peu à peu abandonné. Non seulement les dunes et les lèdes l'avaient, de temps immémorial, bouleversé, mais encore sa situation l'exposait aux ravages produits par les violentes tempêtes des vents d'ouest, sud-ouest, nord-ouest et sud.

A son extrémité méridionale, le pertuis de Maumusson contourne un promontoire peu saillant, appelé la *Pointe Espagnole*. De ce promontoire, la terre se profile en ligne droite, du nord au sud, pour aboutir à un angle aigu pénétrant fort avant dans la mer : c'est la *Pointe de la Coubre*.

Tout aussitôt après, le rivage se relève brusquement vers le nord, puis il s'arrondit en une courbe gracieuse, renfermant la baie de *Bonne-Anse*, dirigée vers l'est, où la *Pointe de la Palmyre* l'accentue.

De cette dernière, des dentellements nouveaux, toujours projetés vers l'est, donnent, par une succession presque régulière, des angles et des golfes minuscules. Le plus étendu de ces golfes forme le port et la rade de Royan, limités, dans leur partie gauche, par la *Pointe de Vallière*, située exactement vis-à-vis la *Pointe de Grave*, extrémité gauche de l'embouchure de la Gironde proprement dite.

Après celle de *Vallière*, on trouve la plage profonde de *Saint-Georges*, fermée par la *Pointe de Susac*, que continue une rive presque droite aboutissant à la *Pointe de Meschers*.

Or, *Bonne-Anse*, semble-t-il, aurait été, primitivement, le côté droit de l'embouchure de la Gironde, maintenant si éloigné d'elle, et la presqu'île de la Coubre se serait également beaucoup modifiée.

« La laisse de haute mer de 1874, comparée à celle de 1825, présente une érosion d'environ mille mètres, près du phare, menacé de jour en jour de la destruction. Toute la côte d'Arvert est composée de sables et de dunes mobiles, qu'on essaya de fixer avec des palissades et des plantations de pins. Le fond a été pareillement modifié. A l'endroit où la sonde atteignait jusqu'à 2 mètres en 1825, on trouve aujourd'hui 10 mètres ; en face du phare, à 300 mètres de la côte, une sonde de 26 mètres, à la même époque, est remplacée par une autre de 13 mètres. Ces exemples de transformation du littoral, dans un laps de temps relativement restreint, ne nous indique-t-il pas le mécanisme de l'éternel travail de sédimentation, où les eaux de la mer jouent le rôle d'agent, en même temps désorganisateur et reconstituant. »

En vérité, la fable poétique des têtes renaissantes de l'hydre de Lerne trouve à La Coubre une frappante application : comment oser rien entreprendre, alors que l'Océan détruit un point pour se retirer brusquement de l'autre, après avoir amoncelé de tous côtés des millions sur millions de mètres cubes de sables stérilisants ! !

Certes, on pouvait taxer de folie la pensée du succès, même le plus médiocre !

Oui, il y a toujours folie quand on escompte à l'avance un succès, sans ajouter à son espoir la ferme volonté de ne se laisser rebuter par aucun contretemps, et de reprendre stoïquement la tâche souvent augmentée de difficultés nouvelles !

Cependant trop souvent le moyen principal d'action, l'argent, fait défaut et, par suite, les efforts isolés peuvent aboutir à un échec.

C'est dans de tels cas, intéressant la prospérité générale, que l'action de l'Etat devient tout particulièrement bienfaisante.

Sur les ressources communes du pays, une dîme est prélevée : elle produira dans l'avenir un revenu appréciable. N'eût-elle, d'ailleurs, que profité à la santé publique, n'eût-elle supprimé qu'une des mille causes menaçant la vitalité de la patrie, il ne faudrait pas la regretter, cette dîme légère... si légère, comparée à celle que prélève la science de tuer les hommes !

Dans les travaux du genre de ceux qu'exigeaient la pointe de la Coubre et la côte d'Arvert, les tâtonnements, les essais devaient, il fallait s'y attendre, absorber à la fois beaucoup de temps, beaucoup d'argent.

Actuellement, la presqu'île de la Coubre, jadis si triste, est dotée d'une magnifique forêt où, derrière le rideau de pins maritimes destiné à braver les plus violentes tourmentes, on commence à introduire les essences susceptibles de végéter dans ce sol misérable et de lui constituer, à la longue, la facilité de culture dont il se trouvait dépourvu.

Une exploration de cette forêt donne vraiment matière aux plus consolantes réflexions, en ce qui touche l'avenir de ces terres sauvées d'un abandon total.

Disons d'abord qu'un chemin de fer sillonnant le domaine permet de pénétrer dans toutes les parties de l'exploitation. A l'origine et pendant plusieurs années, les travaux furent accomplis avec l'aide d'attelages de bœufs. Sur ce sol mouvant ou très spongieux, le pied du cheval n'avait pas une prise stable, et l'animal, bientôt rebuté, fatigué à l'excès, fût devenu moins utile qu'embarrassant. La pince du pied de bœuf, au contraire, trouvait vite un point d'appui, et, d'un autre côté, la tranquillité d'allure, la patience, la force de résistance si grande, si lente à s'épuiser, du nouveau serviteur constituaient un avantage immense.

Les chevaux ont maintenant remplacé les bœufs, devenus à peu près inutiles ; mais ces derniers ont laissé leur nom à l'une des maisons forestières de la Coubre.

La première impression est celle de l'étonnement : on ne s'attendait pas à trouver un couvert aussi robuste. La voie ferrée, tranchant dans les monticules sablonneux, donne au pays le relief d'une plaine fortement ondulée.

L'air salin, froissant au passage les innombrables aiguilles des pins, se purifie encore et s'imprègne de fortifiantes émanations. Si vif qu'il puisse être, une sensation bienfaisante dilate les poumons. On comprend que la fièvre ne résiste pas longtemps à cet énergique ennemi !

Cependant, la route s'allonge toujours entre les tertres et voici que les arbres majestueux font place à d'autres congénères moins robustes. Parmi ces derniers, beaucoup sont de plantation récente, mais beaucoup aussi ont subi, plus violent, l'effort du vent de mer brûlant les jeunes cimes, brisant les rameaux délicats. L'Océan est tout près ; ses vagues rebondissent le long du rivage, en ajoutant leur plainte harmonieuse aux murmures de la forêt.

Tout à coup le rideau verdoyant s'écarte. Quoi, il faut s'engager dans ces tristes marais ! Tristes, oui, si on ne leur accorde qu'un regard superficiel, mais combien admirables si on veut calculer l'énergie obstinée dont leur état actuel est le fruit.

Le grand marais de *Bréjat,* fermé, au sud, par la mer, offrait des difficultés immenses et, pour les faire apprécier à leur valeur, nous empruntons le récit suivant à une publication de l'Administration des forêts.

« Bien des dangers sont à craindre sur ces côtes. Le plus terrible consiste dans les érosions de la mer. La section du relief partiel représente la destruction de la dune littorale sur un point où le sol qu'elle protégeait se trouve en contre-bas du niveau des hautes marées. On voit que la colline s'était infléchie peu à peu, à mesure qu'on reculait devant la mer ; mais le mouvement de retraite n'a pu être aussi rapide que l'action des flots, et le parapet, rongé progressivement, a été complètement détruit. Cet effet s'est produit devant le marais de Bréjat. Alors, on a constitué une digue en fascinage, composée de fagots de deux mètres de longueur, fortement liés avec fil de fer galvanisé, présentant le bout à la mer, fixés par de forts pieux munis de chevilles et entrelacés de clayons ; le revers opposé a été chargé de sable et planté en tamarix.

« Cette digue a été armée elle-même d'épis en *tunnages*, composés de fagots, dits *saucissons*, engagés dans des fosses aussi profondes qu'on a pu les creuser, croisés par couches et reliés entre eux, aux points d'intersection, par des cordes goudronnées rattachant la superficie à la base. Des pieux battus à tous les angles et dans les intervalles, de 50 centimètres en 50 centimètres, viennent encore renforcer ces ouvrages.

« Les tunnages ne peuvent périr que s'ils sont assez complètement affouillés pour être emportés de toute pièce. Des épis clayonnés à la façon ordinaire, mais construits avec de forts pieux enfoncés à la masse ou au mouton, ou bien pourvus de sabots en fonte qui permettent de les visser dans le sol, sont superposés et intercalés de distance en distance, de façon à retenir le sable que le vent promène. Ces épis sont généralement prolongés par des *pattes-d'oie* en branchages verticaux, pour éviter les affouillements.

« Cette digue (de Bréjat), attaquée en face par les flots, en arrière par les crues des eaux pluviales, a subi une terrible épreuve pendant l'hiver 1876-1877.

« A cette époque, la mer a causé de grands ravages sur ces côtes. Les digues de la Vendée, au nord, et une quantité considérable d'ouvrages sur la rive droite de la Gironde, au sud, ont été détruits ; la défense de Bréjat dut être surveillée de près, *pendant un mois*, car la moindre avarie qui n'aurait pas été immédiatement réparée eût été le commencement d'une brèche, et une brèche, avec la tempête persistante d'alors, était la destruction de l'ouvrage.

« Pendant combien de jours, au moment de la basse mer, l'avons-nous vue, le sable de la plage profondément arraché par-devant, les eaux douces faisant poussée par derrière, suintant sous elle, contribuant ainsi à entraîner le sol sur lequel elle repose ! Ce qui fût arrivé certainement, si l'on eût perdu une seule minute pour étancher les filtrations. Le canal en bois qui sert à faire passer les eaux douces sous la digue ne suffisait plus à leur écoulement, et, bien que protégé par des tunnages renforcés, il a été, par deux fois, disloqué et brisé, mais il a pu être immédiatement rétabli, et la position a été gardée.

« Enfin, l'ouvrage a résisté et se trouve aujourd'hui dans des conditions excellentes. Toutefois, comme la mer fait des progrès au nord, et qu'on n'a pas encore combattu son action en dehors du point dont nous parlons, on a, par prudence, préparé un mouvement de recul et établi la base d'une seconde levée, à 75 mètres en arrière de la première. De sorte que si la première digue était percée, on aurait une digue d'arrêt pour les eaux ; il serait possible de travailler sur cette nouvelle fondation, et, en agissant avec vigueur et promptitude, on pourrait empêcher l'irruption de la mer sur les terrains que ces ouvrages défendent.

« La digue de Bréjat, en effet, il ne faut pas le perdre de vue, assure les communications entre les massifs à commencer et ceux dont l'Administration tire la plus grande partie des matériaux qu'elle emploie. De plus, elle empêche l'Océan de submerger une suite de prés-marais qui occupent une superficie de plusieurs kilomètres carrés. L'Administration forestière, tout en prenant soin de ses propres intérêts en conservant cet ouvrage, garantit donc les intérêts généraux de la contrée. Elle protège le pays contre l'envahissement de la mer, comme elle le défend, d'autre part, contre l'envahissement des sables, au moyen de ses travaux de fixation de dunes, et elle le sauve ainsi des atteintes d'un double fléau. »

Une telle description vaut bien le récit d'une bataille et l'émotion provoquée est plus salutaire. Lutte terrible, pacifique cependant, elle résume la pittoresque expression du « Combat pour la vie », combat plein de déceptions, mais qui ne laissera pas de stériles regrets et rarement causera des deuils cruels.

Les travaux de la Coubre n'auraient pu se continuer normalement si à la plantation des dunes n'avait été joint le dessèchement des marais.

Des digues, des tunnages, c'était bien, mais il fallait préparer un lit aux eaux stagnantes, de même qu'aux inondations pluviales, et le *canal de Barrachois* fut creusé.

Il occupe une partie de la vaste *lède* du même nom, située dans la partie centrale du massif le plus élevé des dunes.

« Véritable vallée de huit kilomètres, du nord au sud, d'une largeur de 1 200 mètres à sa partie basse et resserrant peu à peu, en remontant vers son origine dans le nord, mais présentant des barrages par chapelets de monticules, des évasements, des profondeurs de toute sorte, on y rencontre tous les abris, toutes les expositions, les degrés d'humidité, toutes les qualités de sables et, par là même, elle se prête merveilleusement à tous les essais.

« Il y a moins d'un siècle, paraît-il, la mer occupait ce bas-fond et y formait une passe fréquentée par les navires. »

La passe est comblée, le terrain drainé avec soin. Deux lignes de peupliers, d'aulnes et de tamarix commencent à ombrager les eaux sombres du canal, creusé sur une longueur de cinq kilomètres et se déversant dans la mer par une *buse*, aqueduc souterrain, en ciment, établi sur la dune littorale. Des écluses permettent de régler soit l'écoulement, soit la retenue des eaux, selon les besoins de la végétation.

Il en est résulté que le sol du marais produit maintenant une notable quantité de fourrages et de racines : luzernes, trèfles, sainfoin, garrobe, sorgho, sarrazin, topinambours... on a même récolté des betteraves. La levée du canal est pelousée. Pendant quatre kilomètres le chemin de fer la suit parallèlement à la *côte sauvage*, distante à peine, sur quelques points, de deux cents mètres, et protégée contre les érosions de la mer par des palissades munies d'épis.

Ces palissades, il faut en surveiller soigneusement le maintien. Une négligence, et, au premier souffle de vent, tout le fruit du travail gigantesque peut être perdu !

« Diligence, dévouement sans bornes, » tel est le mot d'ordre des gardes forestiers de la Coubre, mot d'ordre interprété avec zèle dans sa plus large acception, comme l'attesteraient avec reconnaissance grand nombre de marins, arrachés aux obstacles qui rendent si difficile l'entrée de la Gironde.

Car, parmi les forestiers, les gardiens de phares et de sémaphores, c'est une véritable lutte de courage pour venir en aide aux naufragés, qui d'ailleurs n'ont pas été oubliés par l'Administration du domaine de l'État.

Des refuges sont créés au *Roître-des-Bassées* et à *Bonne-Anse*, là même où autrefois les *pilleurs d'épaves* se montraient si odieusement cruels !...

On atteint enfin la *Bouverie ;* ce fut, comme son nom l'indique, la station principale affectée aux bœufs employés pour les travaux. C'est la plus importante des maisons forestières de la Coubre, celle où se trouvent réunis les divers ateliers nécessaires à l'exploitation, ainsi que les collections de modèles en relief et autres, des outils, des études, des projets, des cartes de l'état antérieur et de l'état actuel du pays.

Jetons un regard sur chacune des maisons forestières, oasis de cette mer sablonneuse et marécageuse, aujourd'hui assainie.

Plusieurs d'entre elles sont déjà pourvues de jolis jardins d'agrément et maraîchers. Leurs voisines en posséderont bientôt de semblables, car toutes les plantes et les arbustes, judicieusement choisis, sont en voie régulière de végétation.

Beaucoup des essences diverses introduites à la Coubre commencent à prospérer, entre autres le chêne, l'aune, le peuplier ; des cultures, bientôt rémunératrices, couvrent de vastes espaces. On essaye également de créer des ressources nouvelles en plantant en vignes certains sables où, on l'espère, le phylloxera ne produira pas de ravages..... Tout le possible est fait et continuera à être fait.

Quand on a visité la forêt de la Coubre, et que l'on se dispose à parcourir tout le littoral des Landes, le souvenir de ces études reviendra souvent à la mémoire et l'on n'aura jamais trop d'éloges pour des travaux si pénibles, si éminemment utiles, quoique si peu coûteux !

En seize ans, de 1862 à 1878, une somme de 2 600 000 francs a été absorbée pour créer la forêt, soit, annuellement, 162 500 francs, ce qui pourtant a suffi à la protection du vaste pays (alors si menacé) s'étendant de la rive gauche de la Seudre au delà de Royan.

Ce n'est pas même le prix d'un des formidables canons modernes ! !

Ceci, répétons-le hautement, ne saurait être une critique même indirecte des sommes destinées à assurer la défense du territoire.

Non! non! assurons-la par tous les moyens, cette défense.

Mais aussi applaudissons à tout ce qui peut accroître, dans la plus large mesure possible, la prospérité morale et matérielle du pays.

Faisons que l'on dise de la France, notre bien aimée patrie :

Habile et intrépide dans la guerre, elle est encore d'une aptitude rare aux travaux de la paix. Son sol est sans relâche transformé. Il n'en restera d'inculte que les parcelles véritablement stériles.

Et sur ces terres vaillamment reconquises par un labeur énergique s'élève une race forte, rompue à toutes les épreuves, digne, par conséquent, de tous les succès ! ! !

CHAPITRE XVII

ROYAN. — MESCHERS ET LA COTE JUSQU'A LA LIMITE DU DÉPARTEMENT DE LA GIRONDE

Bâtie au point extrême de la rive droite de la Gironde, en face du promontoire de *Grave*, limite gauche du fleuve, la ville de ROYAN se présente toute fière de sa brillante parure de maisons, de chalets luxueux, de la foule élégante de ses baigneurs, chaque année plus nombreux.

On peut dire que Royan vit principalement par les bains de mer. L'époque de ces bains arrivée, la population se trouve presque décuplée : les rues et le port prennent l'animation des rues et du port d'une grande ville.

Sur tout le littoral sud-ouest, seuls les Sables-d'Olonne, Arcachon et Biarritz peuvent rivaliser avec la station mondaine de la Charente-Inférieure.

Les villas nouvelles s'ajoutent chaque année aux villas anciennes en même temps que des plages voisines, non moins jolies, mais d'allures plus modestes, regorgent, elles aussi, de baigneurs heureux de respirer les salutaires effluves marins, si justement préconisés à notre époque.

Royan se développe sur une longueur de plus de deux kilomètres, en suivant les ondulations d'une falaise calcaire, trop souvent menacée, près de l'Océan, par le jeu des marées destructives de la base de ses roches. Il en résulte des changements rapides très appréciables dans la physionomie des rivages.

C'est peut-être à cette cause que l'on doit attribuer une partie du ressac extrêmement violent présenté par le port : « On y a constaté des alternatives d'élévation et de descente de $1^m,20$ *dans l'espace d'une minute.* Pour se garantir autant que possible de ces effets de ressac, on amarre l'avant et l'arrière des bateaux sur des pieux de touage disposés à cet effet dans le port. Un fond de vase de 50 centimètres d'épaisseur, gênant lorsqu'il s'agit d'arriver à quai, devient, dans la circonstance, un lit précieux pour amortir les chocs et atténuer les avaries[1]. »

Royan, d'ailleurs, ne possède, en réalité, qu'un port d'échouage, à sec au moment du reflux. La rade, recevant sans obstacle l'influence de tous les vents du large, est d'un mouillage très mauvais ; elle serait funeste aux navires qui s'y réfugieraient par gros temps. De plus, « les brouillads sont assez fréquents sur la Gironde aux abords de Royan, et leur intensité est telle que, pour éviter les abordages, il est prudent de jeter l'ancre et de rester au mouillage quelquefois une journée entière ». (M. Veau.)

Ces conditions si défavorables ont nui longtemps au port, et tout le courage des marins du pays ne parvenait pas à le maintenir.

« On dit même que le dernier bateau fut démoli en 1744, et que les pilotes étaient obligés de chercher un refuge en Seudre, par les mauvais temps. »

Mais une situation comme celle de Royan défendant l'embouchure d'un fleuve aussi important que la Gironde, ne pouvait être délaissée. Les premiers travaux sérieux furent commencés en 1804 et continués avec diverses alternatives d'arrêt ou d'activité. L'effet produit eut les plus heureux résultats. En moins de sept ans, le transport des marchandises monta de 10 000 à 27 000 tonneaux.

Cent quatre navires étaient inscrits au port et le chiffre des seuls voyageurs amenés, par les bateaux à vapeur de Bordeaux, passait de 1 200 à 7 000, pour atteindre bientôt 14 000, total toujours en voie d'accroissement rapide : l'année 1885 ayant dépassé le chiffre de 76 000 (voyageurs du Verdon compris).

Le maximum de force des navires fréquentant Royan ne doit pas d'ailleurs dépasser 200 tonneaux, et comme il leur faut entrer avec la marée, le vœu de BRÉMONTIER disant : « L'objet le plus essentiel pour les pilotes de Royan est d'avoir un abri où ils puissent entrer et d'où ils puissent sortir en tous temps, » ce vœu n'est pas réalisé.

---

1. M. Veau. *Ports maritimes de France.*

De son côté, M. Lescure de Bellerive écrivait, en 1816, au sujet de Royan :

« Il importe de chercher tous les moyens d'abriter et de tenir le plus longtemps possible, et, s'il est possible, toujours, des chaloupes à flot, prêtes à porter secours aux bâtiments en danger dans ces parages redoutables. »

Un moment, on a pu espérer que ce port tant souhaité, si utile, allait être obtenu.

L'anse du *Fossillon*, permettant la création d'un refuge en eau profonde, fut choisie en 1880, et les travaux commencèrent. Par malheur, les difficultés d'exécution se trouvèrent en coïncidence avec un accroissement énorme dans les dépenses prévues, et tout fut abandonné. Le projet sera-t-il jamais repris? On peut le souhaiter, car les vases sont, avec tous les autres obstacles, une cause de grand ennui pour le port. Il n'est pas possible d'y entretenir un chenal de plus de 25 mètres de largeur, et ce que l'on enlève, chaque été, par le curage est régulièrement rapporté par les flots, chaque hiver suivant. C'est un véritable jeu de va-et-vient.

Toutefois il ne faudrait pas croire que Royan soit, à cause de ces circonstances, un port délaissé : loin de là. Pour la pêche seulement (alimentée, à la vérité, par nombre de bateaux étrangers à la ville, des bretons notamment), le produit des ventes dépasse 1 500 000 francs.

La pêche au large ne cesse pas de prospérer, mais celle qui est pratiquée dans la Gironde même tend chaque année à diminuer et, parfois, les ostréiculteurs subissent de grands mécomptes.

« L'industrie huîtrière (huîtres portugaises) a subi une véritable crise, dans le quartier de Royan, pendant l'année 1884. D'une part, le repeuplement a été très inférieur à celui des années précédentes ; d'autre part, les commandes ayant été très réduites, les produits se sont vendus fort souvent à vil prix [1]. »

Ce n'était heureusement qu'une alerte, et la ville avait de quoi

---

[1]. *Statistique des pêches maritimes de France*, publiée par le Ministère de la marine et des colonies.

se consoler, en voyant le grand nombre de baigneurs accourus vers ses *conches*[1].

Elle ne semble plus se souvenir par quelles épreuves elle a dû passer autrefois et à combien de reprises, si son importance a été grande, sa ruine fut également absolue. Sans aucun doute, son origine est fort ancienne. Ni les Gaulois ni les Romains, ces habiles hommes de guerre, n'eussent dédaigné une telle position militaire, et si les Anglais (chassés du pays par Charles VII) n'en avaient emporté les archives, on retrouverait dans ces documents du moyen âge les titres généalogiques de Royan.

Tout ce que l'on a pu recueillir ne va pas au delà du treizième siècle.

En 1222, on voit Philippe-Auguste céder le château de Royan à Hugues de Lusignan.

Il fallait que déjà le port de la ville fût bien connu et commodément abordable, car c'est à Royan que Henri III d'Angleterre vint débarquer, après avoir déclaré la guerre à saint Louis (1242). Il alla ensuite prendre position, nous le savons, devant Tonnay-Charente, sur la rive gauche du fleuve, et y établit son camp dans les prairies ; mais Taillebourg et Saintes répondirent aux imprudentes provocations du monarque anglais.

Une preuve du commerce du port est donnée peu après cette époque.

Une charte de Geoffroy de Taunay reconnaît à Renaud de Pons une rente assise sur « *le produit du port* de Royan » (1244-1247).

Malheureusement, la paix conclue par saint Louis rendit à Henri III « toute la partie de la Saintonge située au midi de la Charente ».

Royan resta donc possession anglaise.

Une autre pièce, datée de 1321, donne un aperçu de la valeur des impôts produits par la ville. C'est une quittance délivrée à M. de Didonne au sujet des « *trente livres tournois* » qu'il paye aux enfants de Raimond de Rioulx, « *sur la coustume de Royan* ».

Or, trente livres tournois, monnaie du temps, formaient déjà

---

[1]. On appelle *conches*, à Royan, les bassins naturels aménagés pour les bains de mer. La forme de ces bassins a dû contribuer à cette domination.

une jolie somme, et certainement M. de Didonne ne percevait pas « *la coustume* » sans en retirer un notable bénéfice, de même que le seigneur suzerain.

Royan, au surplus, était une place forte très enviée. Ses remparts, comme son château, devaient dater de loin, puisque le 3 mai 1338 on relève un « *Mandement pour faire réparer les fortifications de Royan, donné par Jehan, seigneur de Belleville, capitaine pour le roy, en Saintonge et Poitou, au sire de Didonne, capitaine de Royan* ».

Un peu plus tard, la place appartenait aux seigneurs de Mastas ou Matha, et fut portée, par mariage, dans la famille de Périgord. En effet, à la date de 1365, on voit « l'hommage » féodal rendu par Archambaud, comte de Périgord, époux de Louise de Mastas, à Edouard de Galles (le *Prince Noir*).

Mais, par suite d'héritage ou de transmission de nom, les Périgord cèdent la seigneurie.

Il dut y avoir quelques tiraillements pour la mise en possession, puisque deux ans après, le 24 juillet 1460, Mlle de Villequier, dame d'Arvert, « se complaint » des empiétements que le « seneschal de Guienne (Coëtivy), à cause de sa seigneurie de Royan, veut faire sur les domaines de ladite dame ».

D'un autre côté, les habitants de la ville n'avaient pas précisément à se louer, en toutes circonstances, de leurs seigneurs. Ainsi, le 24 octobre 1498, des marchands et mariniers de Royan sauvaient « une *horque* (navire) d'Allemaigne, arrivant de la grant mere d'Espaigne, hors de l'isle de Cordouan, laquelle fut habandonnée… ».

Bien mal en prit aux sauveteurs. Charles de Coëtivy, comte de Taillebourg, les fit jeter en prison, sous prétexte que le navire lui appartenait. Un arrêt du conseil d'Etat intervint, et « Jehan David, sergent royal de la seneschaussée de Xaintonge », fut chargé de le signifier au trop peu scrupuleux comte.

Toutefois, il faut bien le reconnaître, ce même seigneur n'était pas constamment impitoyable pour ses vassaux, témoin la munificence, testamentaire, à la vérité, et par cela même moins coûteuse, dont il les gratifia par lettre du 30 décembre 1505.

Le testament relate les titres du mort : « Charles de Coëtivy, prince de Mortagne-sur-Gironde, comte de Taillebourg », et nomme pour l'un des exécuteurs de ses volontés dernières GUILLAUME GUA, SEIGNEUR DE LA TOUCHE.

Guillaume, en conséquence, annonça aux vassaux qu'on les tenait « quittes » de certaines taxes « *doublement levées* ».

La libéralité, dès lors, n'était pas immense !

La suite du testament réglait la manière de faire « le guet » dans la ville de Royan.

En 1541, François de la Trémoïlle était baron de Royan, mais l'ère des grandeurs et prospérités de la ville allait prendre fin avec les terribles secousses que les guerres civiles causèrent dans le pays.

Royan avait adhéré au culte réformé et se montra d'une grande ardeur à le défendre. Comme sa situation doublait la force de ses remparts, on n'y craignait pas un siège et la guerre continua, longue, acharnée. Louis XIII lui-même résolut enfin de mettre un terme à cette situation et, avant d'assiéger La Rochelle, il voulut dompter Royan.

La résistance, soutenue par le maire GOMBAUD, fut très longue ; néanmoins on dut se rendre et Louis ne refusa pas des conditions honorables aux vaincus. Tout semblait donc être pour le mieux, quand une malheureuse inspiration porta les habitants à chasser la garnison laissée par le roi.

L'outrage ne pouvait rester impuni, mais la répression fut terrible. Le célèbre duc d'Epernon, gouverneur de la Guyenne, prit le commandement d'une armée de huit mille hommes, revint mettre le siège devant Royan, emporta la ville, rasa le château ainsi que les remparts, combla les fossés et détruisit la jetée qui abritait le port, où remontaient alors des navires de 150 tonneaux ! Puis, non content de ces mesures barbares, ordonna de passer au fil de l'épée les habitants qui possédaient des armes !...

Une effroyable panique, bien justifiée, on le voit, se répandit dans le pays : chacun fuyait, abandonnant la ville. D'Epernon put se glorifier de son triomphe, ce que ne manque pas de faire pour lui l'historien de sa *Vie*, exaltant à la fois et l'habileté du duc et la force de Royan, « bâti sur une hauteur inaccessible du côté de l'eau, tandis que le côté de terre en fait une des meilleures places (pour son étendue) de France ».

Si la ville elle-même fut cruellement punie, on n'oublia pourtant pas ses vieux titres de noblesse, et, treize ans après l'exécution de d'Épernon, on voit la baronnie de Royan érigée en marquisat. Cette faveur, hélas ! ne fit pas renaître la prospérité évanouie. Vainement les habitants essayèrent-ils de créer un port nouveau. Leurs efforts échouèrent ou furent traversés par les tempêtes, et il faut arriver à la première Révolution pour rencontrer enfin un peu de sollicitude envers la pauvre petite ville.

On lui donna le rang de chef-lieu de canton et un fort y fut construit. C'est celui dont un moment les Anglais s'emparèrent (1814). Restauré avec soin, tout dernièrement, il peut, désormais, nous l'espérons bien, contribuer à défendre l'entrée de la Gironde.

Actuellement, Royan est un fort agréable séjour d'été. Le chemin de fer lui assure un actif mouvement de voyageurs et de marchandises. En même temps, les communications, si faciles, établies directement avec Bordeaux, par les bateaux de la Gironde, et avec la ligne du Médoc (par le bateau de la pointe du Verdon), aboutissant, elle aussi, au chef-lieu girondin, contribuent dans une large mesure à sa prospérité.

Très agréablement située sur sa colline, vis-à-vis de l'Océan, recevant les émanations de la forêt de la Coubre et de ses propres plantations de pins ; dotée de quatre belles *conches* de Pontaillac, du Fossillon, du Chai et de Royan même, la ville, toute pimpante sous sa parure moderne, revêt encore, parfois, l'aspect d'un véritable grand port de commerce.

Quant à la valeur des transactions, elle provient surtout du passage des *bancs* de sardines.

Les bateaux bretons y arrivent en foule vendre le produit de leur pêche qui, de là, sera expédié dans toute la région, où il est connu à peu près sous le seul nom de « royan ».

Et c'est un contraste à la fois violent, quoique plein d'attraits, de voir la foule élégante se presser sur les quais du port ou au marché à la criée, interrogeant les pêcheurs, les mareyeuses, s'intéressant aux détails donnés sur les prévisions fournies par les premières heures de la « campagne » sardinière.

« Les heureux, les riches » coudoient « les pauvres » à l'existence si pénible, si terriblement menacée par le travail le plus précaire ; mais, de ce rapprochement fortuit naissent toujours des réflexions salutaires, et si un malheur vient à frapper le pêcheur, il sait bien que des mains fraternelles se tendront vers sa famille, que des bourses opulentes s'ouvriront, qu'un sentiment commun : l'humanité comblera l'apparente distance existant entre bienfaiteurs et obligés.

On ne peut résider au bord de la mer sans se prendre bientôt d'une vive sympathie pour note énergique population maritime.

Les stations balnéaires, si fréquentées maintenant, n'eussent-elles produit que ce résultat, il faudrait y applaudir, car, répétons-le hautement : notre marine, comme notre armée de terre, constitue l'une des forces vives de la patrie.

Le rivage du fleuve appartient désormais à l'arrondissement de Saintes, qui renferme des ports commerçants, et à celui de Jonzac.

Royan. — Le boulevard Thiers.

La falaise est toujours élevée ; son plateau rocheux se recouvre assez légèrement de sable, et sous l'action des marées, combinée avec celle des flots de la Gironde, la rive avance ou se déchire : ici, abrupte, là bientôt adoucie en gracieuses petites baies.

Celle de SAINT-GEORGES fait partie des dernières. On y a beaucoup construit depuis quelques années, et les baigneurs amis du repos se réfugient dans les jolis chalets qui ont si complètement modifié la physionomie du bourg.

Saint-Georges n'a pas d'importance pour la navigation, Royan est trop près, puis l'entrée du bassin reste extrêmement dangereuse lors des grosses mers, quoique la rade soit assez bonne.

« C'est plutôt une station de pilotes qu'un port de commerce » (M. Sauvien) et en effet il doit son origine à des pilotes chassés, par l'envahissement des dunes de la Coubre, du port de Saint-Palais-sur-Mer (à l'ouest de Royan) ; mais il peut être utile à des navires en détresse. Une douzaine de barques de pêche y sont inscrites.

La route littorale continue vers l'est, en passant par la pointe de Meschers, nom d'un bourg ancien et commerçant, doté d'un très bon petit port et d'une rade profonde, où des vaisseaux pourraient trouver un abri sûr.

A plusieurs reprises, Meschers fut sur le point d'être choisi comme tête de ligne d'importants travaux. Ainsi, en 1814, on songea à le réunir à Riberou (distant de 10 kilomètres), lieu où la Seudre commence à devenir navigable. On eût utilisé les lits de deux ruisseaux séparés par une distance de 400 mètres, et coulant vers des directions absolument opposées : le premier, appelé de *Chez la Reine*, se jette dans la Gironde, à Meschers même ; l'autre, nommé de la *Puisade* ou du *Chay*, grossit la Seudre.

On eût, de la sorte, créé aux navires marchands une route exempte des dangers de l'embouchure de la Gironde et de la traversée du pertuis de Maumusson.

« En 1600, dit un travail sur la Charente-Inférieure [1], Meschers faisait un commerce considérable ; on y comptait 30 bâtiments, dont quelques-uns comportaient 90 tonneaux ; 60 marchands étaient établis au chef-lieu.

« En 1620, Meschers fut bombardé par les Espagnols, qui détruisirent l'église collégiale, la flèche du clocher et un grand nombre de maisons.

« Il y avait alors 55 livres de marais salants plus productifs que les marais les meilleurs de l'arrondissement de Marennes. »

Meschers faisait partie de la principauté de Mortagne. Une alliance le donna, en 1486, à Charles de Coëtivy, comte de Taillebourg. En 1623, le comte de Laval en était suzerain. Le comte avait pour vassale Joachine du Breuil, dame de Théon et de Meschers, femme de Pierre de Cominges, écuyer, seigneur de Guitaut, de l'Eguille et de Meschers, capitaine de 200 hommes de pied, lieutenant au gouvernement de Brouage et des îles de Saintonge.

---

1. Publié en 1814.

La dame de Théon rendait, par ses cruautés et exigences, la vie tellement rude aux habitants de ses domaines, que les malheureux écrivent (20 et 26 avril, 16 et 26 mai 1623) lettres sur lettres au seigneur suzerain et à sa femme, afin de les supplier de leur venir en aide. Certains détails sont affreux :

« ... La piteuse et déplorable calamité de la majeure part de voz pauvres subjectz et tenansiers de voz bourgs des Meschiers, Saint-Georges et Semussac qui sont toujours contynuez d'estre grandement travaillez par la dame de Théon, vostre vassalle, qui nous a faict condempner jusques au nombre de sept à huict vingtz les ungs à estre rouhez et les aultres pendus, ne se contantant, les deux dernières années de leur avoir faict prendre tous leurs fruictz et meubles et fît périr de faim, l'année dernière, ez deux paroisses de Meschiers et Saint-Georges plus de cinq à six cents âmes... Voullois vostre Grandeur employer vostre othoryté à nostre conservation, estant auttrement impossible de pouvoir subsister et demeurer en noz pauvres maisons à demy ruynées... Ainsy les plus deux éminants bourgs de vostre baronnye randus inhabitables et dézertz... »

Toutes ces calamités, venant après le bombardement fait par les Espagnols, rendirent bien grande la misère dans ce bourg jadis si florissant ; mais la position était trop avantageuse pour rester longtemps abandonnée.

Très amélioré, le port a vu rectifier son chenal, et une écluse de chasse a été construite, ainsi qu'un bassin de retenue, pour en assurer le bon entretien.

Un actif mouvement est établi entre Meschers et les petits ports voisins, qui viennent y apporter ou chercher des marchandises.

Le canton de Cozes, dont dépend Meschers, étant surtout agricole, les exportations consistent pour beaucoup en bétail, blés, beurre, œufs, volailles, fourrages, auxquels sont adjoints des vins, des eaux-de-vie, du bois de chauffage et de construction. Parmi ces derniers, les pins maritimes du pays, façonnés en poteaux et destinés aux mines anglaises, commencent à figurer avec avantage.

Il va sans dire que le poisson frais et les coquillages donnent lieu également à des transactions suivies.

La falaise rocheuse tendant constamment à s'élever, le port et la rade s'en trouvent bien abrités, aussi prennent-ils le premier rang parmi les points maritimes de cette partie de l'arrondissement de Saintes, qui comprend encore :

Le port des Monards, bourg fort ancien, dépendant de la châtellenie de Saint-Seurin-d'Uzet, et ayant donné son nom à des seigneurs mentionnés au quinzième siècle. Une tradition veut que les embarquements pour l'Angleterre y aient eu lieu au dix-septième siècle ; mais les véritables travaux d'appropriation de cette petite baie naturelle ne datent que d'une quarantaine d'années : ils n'ont pas, jusqu'à présent, augmenté la valeur commerciale du port.

A cause de ses relations avec Bordeaux, Saint-Seurin-d'Uzet fut toujours plus fréquenté. Un certain nombre de pièces historiques font connaître les noms de ses seigneurs : Marguerite de Sainte-Maure, au quinzième siècle ; Guillaume de la Motte-Fouquet, au seizième ; Jean de Bretenaud, au dix-septième.

Une minoterie importante et le commerce des vins forment surtout le mouvement du port. Quant aux barques de pêche, elles ne quittent pas le fleuve et leur produit est peu important.

Dominant la falaise élevée au pied de laquelle est creusé son port, le château de Mortagne fait encore grande figure, et l'on comprend qu'Edouard III d'Angleterre tint à s'en rendre maître. Deux siècles plus tard, la forteresse faisait retour aux seigneurs de Pons.

L'étude géologique donne à croire qu'une partie du territoire de Mortagne-sur-Gironde, principalement la vallée de *Font-Devine* (à l'est), longue de plus de trois kilomètres, fut autrefois cachée sous les eaux marines. Le port, au reste, est creusé dans un sol d'alluvions. Très commerçant, il a déjà reçu et va recevoir encore un supplément de travaux reconnus nécessaires, surtout en ce qui concerne les murs des quais.

La statistique des *Ports maritimes de France* range Mortagne-sur-Gironde après Bordeaux et Blaye, dans la liste d'importance des ports de la Gironde (fleuve).

Deux grandes minoteries y entretiennent un trafic considérable. Les importations comprennent des houilles, des matériaux de construction, des denrées, des vins d'Espagne, distribués aussitôt dans le pays par le moyen de la route de Saintes, sur laquelle s'embranchent divers chemins de grande communication.

Mortagne est aussi une des escales du bateau à vapeur faisant le service entre Royan et Bordeaux. Il en résulte un notable mouvement de voyageurs qui se dirigent non seulement sur Bordeaux, mais vers Blaye et Pauillac, pour éviter ainsi les lenteurs inouïes de la route de terre.

Un dernier petit port, celui de Maubert, creusé dans une baie assez profonde de la rive droite du fleuve, forme à peu près la limite des départements de la Charente-Inférieure et de la Gironde.

Amélioré comme tous nos autres ports, Maubert semble devoir participer à un mouvement de reprise commerciale, alimenté par le voisinage de Bordeaux et l'escale établie pour le bateau à vapeur de Royan.

Importations et exportations sont d'ailleurs, sauf en nombre, à peu près identiques à celles de Mortagne.

Nous touchons à la terre de Guyenne, nous quittons la Saintonge, cette province dont les vicissitudes ont si souvent, si manifestement influé sur le reste de la France, et nous gardons un regret.

Le regret de n'avoir pu explorer en entier la Charente-Inférieure, si fertile en souvenirs : Jonzac, qui vit une sorte d'image du *Combat des Trente*, et l'insurrection des *pitaux* contre les *gabelous*[1]; Saintes, la ville antique, romaine autant que gauloise, la capitale des Santones, l'un des champs glorieux de la lutte de Louis IX avec l'Angleterre ; Taillebourg, où fut célébrée l'union, si malheureuse pour la France, de Louis VII le Jeune avec Éléonore de Guyenne, et où, de nouveau, brilla la valeur de Louis IX.

Saint-Jean-d'Angély, la vieille ferme royale de la forêt d'*Angeriacum*, qui résista si glorieusement aux Anglais...

Cependant nous ne pouvons nous attarder plus longtemps : la route du littoral est longue encore jusqu'à la frontière sud-ouest des Basses-Pyrénées, et deux grandes villes réclament une étude sérieuse.

Saluons donc une dernière fois la Saintonge, au cœur bien français. En poursuivant notre voyage, nous nous convaincrons de plus en plus que nous avons tort de chercher en dehors de notre pays des surprises imprévues.

---

[1]. C'est-à-dire des populations rurales contre les agents chargés de percevoir l'impôt sur le sel.

CHAPITRE XVIII

BLAYE. — LA RIVE DROITE DE LA GIRONDE. — LE BEC D'AMBEZ

Si les discussions archéologiques étaient encore en grand honneur, BLAYE pourrait revendiquer la gloire de faire remonter son origine aux siècles les plus reculés de l'histoire de la Gaule.

Sa position, sur la rive droite de la Gironde, commandant, à la fois, l'entrée de la Garonne et celle de la Dordogne, lui créait une importance militaire considérable. Elle n'en est pas déchue, car, en temps de guerre, son château fort devrait défendre l'accès du fleuve et couvrir la région entière. Voilà pourquoi les feux de ses canons se croisent avec les feux du fort *Médoc*, situé sur la rive gauche, et avec ceux du *Pâté*, tourelle construite sur un îlot au milieu de la Gironde.

Blaye se trouve à mi-chemin environ et de Bordeaux et de l'embouchure de la Gironde, qui forme devant elle une rade large de 4 kilomètres. Avec Pauillac, bâti sur la rive gauche et un peu en aval, elle partage le privilège de recevoir les navires dont le tonnage empêche la remonte jusqu'à Bordeaux, si, au préalable, la charge n'a été diminuée. On y complète encore les approvisionnements. De plus, comme Blaye est pourvue d'un embranchement sur le réseau ferré de l'Etat, de services de voitures pour les environs les plus importants, ainsi que de bateaux à vapeur fort bien organisés entre Bordeaux, Pauillac et Royan, l'animation de son petit port, toujours croissante, rejaillit sur elle et lui donne, en dépit de sa vénérable antiquité, une apparence de gaieté, de jeunesse.

Cependant une des branches du commerce local, celle des vins, a subi un terrible coup.

Combien de viticulteurs, absolument ruinés, ne peuvent même essayer une reconstitution de leurs vignobles perdus ! Mais, Blaye est industrieuse : elle construit des navires de grand et de petit cabotage, elle s'occupe des approvisionnements maritimes ; elle possède des fabriques de toile, de faïence, d'étoffes de laine ; elle a des dépôts de bois... ; ces ressources, jointes au grand nombre de voyageurs qui la traversent, lui conservent un mouvement rémunérateur.

Mais, du reste, la ville ne possède rien, sauf sa citadelle, qui puisse captiver l'attention.

D'un autre côté, si près de Bordeaux, la reine du sud-ouest, on a hâte d'y arriver. Par bonheur, la pensée accomplit vivement son œuvre, et un séjour prolongé n'est pas nécessaire pour rappeler les faits principaux de l'histoire de Blaye.

Choisie par *Messala*, l'un des lieutenants d'Auguste, comme un des points nécessaires à la sécurité de la domination romaine, Blaye fut mise par lui en communication avec Saintes et Bordeaux. On s'en souvient, Port-Louis[1] dispute à la station de Messala le nom de *Blavia*, qui lui est donné au milieu de plusieurs autres : la ville de Richelieu prétendant garder ce nom, à cause de sa situation même sur l'embouchure du Blavet. La discussion serait tout au moins oiseuse.

Saint Romain fut, dès le quatrième siècle, l'apôtre de Blaye, qui, en 631, vit mourir Caribert, roi d'Aquitaine, frère de Dagobert Ier.

Le fondateur de la seconde race de nos rois, Pépin le Bref, n'entendit pas laisser aux seigneurs aquitains une trop grande prépondérance. Dans ces combats successifs, Blaye fut prise et pillée ; elle se releva de ses ruines sous Charlemagne, qui comprenait son importance militaire et voulut lui donner une preuve de sa bienvaillance en faisant élever dans l'église Saint-Romain (dit une légende) le tombeau de son bien-aimé neveu Roland, tué à Roncevaux.

Le calme dura peu. Les invasions normandes furent fatales à la pauvre ville, qui ne commença à respirer un peu qu'en devenant « place neutre » dépendant de la juridiction des archevêques de Bordeaux. Mais au onzième siècle, le comte GEOFFROY D'ANGOULÊME et son frère ALDUIN s'en disputèrent la possession. Alduin l'emporta ; ce ne fut pas pour longtemps, car, en 1096, le seigneur

---

1. Voir troisième volume.

était le comte de Rudel, qui se vit obligé de céder la place aux armes victorieuses de Guillaume IV, duc de Gascogne.

Blaye y perdit sa forteresse romaine, détruite par Guillaume.

Les troubles de ces temps exposaient d'ailleurs les villes importantes, par leur situation militaire, à mille vicissitudes très rapprochées les unes des autres.

C'est ainsi que, moins de cinquante ans plus tard, le comte d'Angoulême avait repris Blaye, et Taillefer II y fit bâtir un château, malgré l'opposition des ducs gascons.

Le souvenir de ces compétitions rendit le joug anglais moins dur à la ville. Puis il fallait bien que les nouveaux princes missent tout en œuvre pour consolider leur pouvoir. De cette époque datent les franchises municipales et les privilèges commerciaux de Blaye, qui devint très prospère sous la tutelle de ses seigneurs particuliers : les Rudel. Parmi eux, Geoffroy fut un poète célèbre et le héros d'une très curieuse aventure conservée par les chroniques du temps.

Bientôt la tranquillité fut troublée, Charles V s'efforçait de reconstituer le royaume de France, et Du Guesclin l'y aidait puissamment. Le célèbre connétable s'empara de Blaye (1363), mais les Anglais la reprirent et le funeste règne de Charles VI annihila en Guyenne, pour près d'un siècle, l'influence française.

Cependant, sous Richard II d'Angleterre, les villes du Bordelais se sentirent délaissées et craignirent pour leur sécurité. Il en résulta que plusieurs d'entre elles, tenant pour les Anglais, voulurent se liguer afin de se porter, à l'occasion, un mutuel secours.

En 1379, les villes de Blaye, de Bourg, de Libourne, de Saint-Emilion, de Castillon, de Saint-Macaire, de Rions et de Cadillac se confédérèrent sous le patronage de Bordeaux, la plus importante de toutes, aussi les appela-t-on les *filleules* de la capitale de la Guyenne.

C'est seulement en 1451 que la ligue fut sans retour brisée et que Dunois reconquit Blaye, la vieille cité romaine.

Le politique Louis XI et, après lui, Charles VIII, se concilièrent les habitants, en étendant encore les franchises qu'ils tenaient des souverains anglais.

Depuis lors, malgré les dissensions cruelles de la fin du

seizième et du commencement du dix-septième siècle, Blaye ne souffrit pas trop. Elle eut même la bonne fortune de plaire beaucoup à Louis XIII, ce qui lui fut l'occasion d'obtenir de nouveaux privilèges.

Louis XIV voulut la fortifier très sérieusement, et le grand Vauban fut chargé de donner le plan des travaux à exécuter.

Les chroniques de la ville ne relatent plus que des faits tout locaux, parmi lesquels reviennent, à diverses reprises, des plaintes « *sur la turbulence des assemblées communales de Blaye !* »

Rien donc, en vérité, ne peut être nouveau « sous le soleil » et si l'on n'était pénétré de la sûreté de cet axiome, chaque pas dans l'histoire nous convaincrait de sa rectitude.

Entre temps, Blaye se montrait peu tolérante pour les Juifs. Elle les expulsait en 1731 et leur interdisait le séjour sur son territoire, sauf aux époques où se tenaient les foires importantes.

Un souvenir plus gai se rapporte à la grande querelle survenue entre les chirurgiens et les perruquiers de la petite ville. On n'a pas oublié que, de temps immémorial, la corporation des chirurgiens-barbiers était en possession du double privilège de saigner de panser ses clients et, par la même occasion, de les « adoniser », c'est-à-dire de leur faire la barbe, de couper leurs cheveux... Mais une corporation plus jeune, celle des « perruquiers »; prétendit soudain s'arroger « *le droit exclusif de la frisure et du coup de peigne* ».

Grande colère des chirurgiens, qui se hâtent de réclamer, et résistance désespérée des perruquiers ! Combien de temps la question fût-elle restée pendante ? Mais on touchait aux événements de la fin du dix-huitième siècle et, dans la tourmente, les privilèges des corporations disparurent...

Là, prendra fin notre investigation sur le passé de Blaye. Les faits modernes ne pouvant toujours être appréciés avec l'impartialité exigée par l'histoire, il convient mieux de ne pas s'y arrêter.

On est impatient d'arriver dans l'opulente cité et la route en paraît un peu longue. Combien, pourtant, d'agréables étapes sa présenteraient ! Élevée et accidentée, la rive droite de la Gironde possédait d'excellents vignobles, qu'il faut aujourd'hui arracher ou soigner par les méthodes les plus coûteuses.

Le meilleur moyen est encore l'irrigation pendant l'hiver tout entier. Des propriétaires ont constitué entre eux des syndicats, moyennant lesquels la dépense se trouve être réduite et le travail mieux exécuté.

Aussi, de distance en distance, de grands tuyaux plongent-ils dans le fleuve, où ils font l'office de pompe aspirante. L'eau élevée se distribue par des milliers de rigoles, arrive à la base des ceps et y séjourne tout le temps nécessaire.

Les vignes ainsi traitées non seulement résistent, mais reprennent leur force. Malheureusement, toutes les parties du pays ne sont pas accessibles à l'irrigation, et, avec le vin, s'est évanouie la grande aisance de la population. Bientôt, d'ailleurs, en visitant les *chais* de Bordeaux et en traversant le Médoc, nous aurons occasion de voir de plus près les vignobles.

Contentons-nous de saluer en passant quelques localités riveraines : Plassac, Villeneuve, Bayon, Saint-Seurin...

Nous sommes arrivés devant le fameux *Bec d'Ambez,* barre de sable formant la limite extrême de la rive gauche de la *Dordogne* et de la rive droite de la *Garonne.* Le premier de ces deux cours d'eau ne semble pas être, ici, inférieur en volume et en largeur à son rival pyrénéen ; mais, l'estuaire maritime franchi, la largeur diminue vite, ce qui n'empêche pas la Dordogne de compter très justement au premier rang des belles rivières de France.

Ce serait un bien intéressant voyage que de remonter ses bords et d'aller visiter Bourg, dont les vieilles portes, les vieux remparts, surplombent si pittoresquement les eaux et que chanta Sidoine Apollinaire.

Saint-André de Cubzac, fier de son beau pont suspendu.

Libourne, l'ancien *Condate Portus* romain, la *Pozera,* distinguée par Charlemagne et prenant, au treizième siècle, le nom du seigneur si dévoué à ses intérêts : Roger de Leybourn, fidèle compagnon de Henri III d'Angleterre, qui le nomma maréchal de Guyenne. Nous retrouverions à Libourne le souvenir de Du Guesclin, détenu dans le château par le *Prince Noir,* son vainqueur !...

Plusieurs auteurs ont placé sur la colline qui domine Saint-Émilion l'introuvable *Lucania,* d'Ausane.

La ville elle-même doit son nom à un ermite breton, un Vannetais, *Émilion* ou *Émilien*, dont la légende est des plus curieuses. Les si remarquables et si nombreux monuments de Saint-Émilion témoignent de sa grande importance passée et font encore l'objet de son juste orgueil.

Signalons surtout l'église paroissiale, charmant édifice classé parmi les monuments historiques ; un gracieux petit oratoire gothique, dit *Rotonde de Saint-Emilion ;* un vaste temple *monolithe* dédié, selon la croyance commune, par les Gaulois, à Teutatès ; l'*Ermitage, creusé à sept mètres au-dessous de la place publique ;* les ruines du château bâti par le roi de France Louis VII ; les fortifications ; l'ancienne église collégiale, taillée dans le roc ; les *catacombes* et plusieurs immenses grottes. Ce serait donc une excursion éminemment attrayante... Mais nous nous trouverions trop loin du littoral, et Bordeaux, répétons-le, absorbe à bon droit la plus grande part dans l'intérêt qu'offre le département de la Gironde.

Bordeaux attire, subjugue l'imagination, la volonté.

Bordeaux, centre d'affaires d'une immense région, ville connue du monde entier, relègue tout dans l'ombre, et c'est vraiment, avec les côtes maritimes de la Gironde, côtes si peu visitées *d'un bout à l'autre,* le seul point rentrant dans le cadre bien défini du *Littoral de la France.*

CHAPITRE XIX

BORDEAUX ACTUEL

Nous voici entrés dans la *Garonne*. Le caractère des rives rappelle les bords de la Gironde. La berge droite, appartenant à l'*Entre-Deux-Mers,* c'est-à-dire à l'espace oriental du département compris entre la Dordogne et la Garonne, montre, sur ce dernier fleuve, des coteaux élevés, bien ombragés, couverts de villas, de châteaux, de communes populeuses. L'une des plus intéressantes, Lormont, possède un port, centre d'un actif commerce. Sur son territoire fut bâti l'ancien château des archevêques de Bordeaux; près duquel on trouve les ruines de la vieille chapelle Sainte-Marguerite, lieu de pèlerinage autrefois vénéré par les matelots, qui en avaient couvert les murailles d'ex-voto.

La rive gauche, moins riante, semble parfois continuer les marais du littoral de l'embouchure.

Cependant, des tours imposantes planent bientôt au-dessus de maisons, de plus en plus nombreuses ; des navires, des barques, des canots montent et descendent, pressés...

La vie, le mouvement, devenant bruyants, décèlent l'approche d'une grande ville.

Soudain, le fleuve se recourbe sur une pente douce, large, gracieuse.

Le contour de l'arc ainsi formé laissera successivement découvrir un bassin à flot, des quais superbes, aux constructions luxueuses ou seulement utiles ; une esplanade fort belle, ornée de deux superbes colonnes rostrales, une place moins spacieuse, mais rafraîchie par une charmante fontaine, des cales encombrées de marchandises, où s'opèrent l'embarquement et le déchargement des cargaisons ; des clochers gothiques, de vieilles portes qui, bien que mutilées, ont conservé leur fier, leur noble aspect...

Et l'on continuerait à suivre cette ligne mouvante, emportés par l'animation dont elle retentit, si un monument, chef-d'œuvre de hardiesse, n'arrachait un cri de surprise et n'absorbait le regard dans une admiration prolongée.

C'est le pont, orgueil, avec le théâtre, du Bordeaux moderne, qui ne se lasse pas de vanter ses rues neuves, ses boulevards, très bien tracés, assurément, et contrastant d'une manière si frappante avec la vieille ville aux ruelles étroites, aux maisons noires, élevées comme à plaisir pour intercepter encore le peu de lumière dont il leur est possible de profiter.

Et, tant au milieu du Bordeaux ancien que du Bordeaux moderne, combien encore de choses superbes ! Les ruines du *Palais Gallien*, reportant la pensée aux années de la domination romaine ; les églises, dont la plupart sont de précieux et fort anciens monuments historiques ; les portes, derniers vestiges des remparts ou de Palais...

On est encore loin, bien loin, d'avoir tout vu : ne reste-t-il pas les musées, les bibliothèques et, dans un autre ordre d'idées, des docks, des chais[1] extraordinaires d'installation, des jardins splendides...

Mais une sorte d'attraction difficile à surmonter ramène toujours vers les quais, ville au milieu de la ville même, et où tous les pays du monde envoient des représentants.

Éblouis par le nombre des navires, assourdis par le bruit des manipulations, des charrois, des tramways, les yeux, les oreilles vous fortifient dans la pensée que la prospérité de la ville est merveilleuse, que rien ne saurait menacer son commerce, son industrie.

Que peut-elle désirer ? Des voies ferrées la mettent depuis longtemps en rapport avec la France entière. Son antique renommée n'a rien perdu de son éclat, et le fleuve, le beau fleuve venu des confins des Pyrénées, ne lui forme-t-il pas une route commode vers l'Océan, ne l'embrasse-t-il pas toujours dans sa courbe harmonieuse, ne se montre-t-il pas toujours aussi hospitalier aux navires ?

---

1. On se souvient que ce mot, dans la région du Sud-Ouest, désigne les caves ou celliers destinés à la garde du vin.

Là, pourtant, est le mal. Traversant, sur une longueur de plus de 500 kilomètres, des régions offrant toutes les natures de sol, la Garonne entraîne avec elle une masse énorme de vases, détritus de ses berges et de leurs champs. A ce premier obstacle, la mer en ajoute un second plus redoutable encore : le sable, charrié en si grande abondance par le flux, que des bancs dangereux se sont formés, qu'il s'en forme constamment de nouveaux, et que le plus vaste des estuaires maritimes français subit le contre-coup des métamorphoses cruelles dont la côte des Landes tout entière a été, et se trouve encore, le théâtre.

De plus, les constatations géologiques semblent affirmer un affaissement lent, mais non interrompu, du littoral girondin.

Puis, comme si ce n'était assez de telles craintes menaçantes, l'homme a ajouté son œuvre aux forces de la nature, se posant à lui-même les plus difficiles, presque les plus insolubles problèmes.

La science a reculé les bornes des constructions navales. On en est venu à regarder presque avec indifférence des vaisseaux atteignant une longueur de *cent cinquante mètres*, pesant, il n'est pas besoin de le dire, des poids formidables, et déplaçant, par suite, de colossales montagnes d'eau !...

Est-il possible, avec cet incessant progrès, que les conditions anciennes de la navigation puissent suffire ? Est-il surprenant que des rades, des ports, des bassins très commodes pour les navires de modèles antérieurs deviennent périlleux, sinon inaccessibles, aux bâtiments nouveaux et se trouvent dès lors abandonnés ?

« Notre port est en décadence ! » s'écrient les Bordelais.

Un étranger (non familiarisé, il est vrai, avec les choses de la mer) aurait peine à le croire, tellement il se sent captivé par le spectacle, toujours nouveau, des bassins, des quais, des docks.

Le fait n'en existe pas moins. Bordeaux se voit menacé ; à brève échéance, son port peut tomber à un rang secondaire, et, s'il n'avait noué d'aussi fortes relations commerciales, avec l'Amérique du Sud principalement, la décadence serait plus accentuée... Que les tentatives de reconstitution de nombre de vignobles soient infructueuses... la chute prendrait d'immenses proportions.

L'alarme, trop compréhensible, a fait naître plusieurs projets.

L'un d'eux préconisait un simple dragage, mais dragage énergique, permanent, à l'aide des machines les plus puissantes, et l'adjonction aux quais existants, se prolongeant en pente douce vers le fleuve, de *sept cents mètres* au moins de quais verticaux, offrant aux grands navires, maintenant en usage, un facile moyen d'aborder, et des engins de débarquement ou déchargement de toute sorte pour obvier à l'encombrement d'abord, à la perte de temps ensuite. Car il ne faut pas l'oublier, la rade bordelaise, déjà insuffisante, ayant perdu de sa profondeur, deviendra de moins en moins accessible, quand le percement de l'isthme de Panama, achevé, donnera une activité nouvelle aux transactions avec les côtes occidentales américaines et doublera, à coup sûr, le nombre des puissants steamers aujourd'hui employés.

Bordeaux peut-il se laisser arracher sa notoriété commerciale ?

Un groupe se forma pour soutenir le creusement d'un port nouveau dans les marais de *Grattequina*. Ce projet radical fut adopté, *il y a deux ans* (1884), par la Chambre de commerce et le Conseil municipal, mais combattu résolument par un syndicat qui s'opposait, disait-il, « *à la ruine de Bordeaux* » !

Puis, des élections nouvelles firent entrer à la Chambre de commerce des opposants au projet adopté.

Une lutte s'établit, lutte ardente. « La population, écrivait-on, ne veut pas qu'on lui enlève ses capitaux et son port !! »

La question se trouve loin d'être résolue d'une manière satisfaisante, d'une manière ne compromettant en rien l'avenir, car ce qu'il faut considérer avant tout, l'avenir, reste trop souvent sacrifié au présent.

S'il était reconnu, sans l'ombre possible d'une réfutation, que les dépenses demandées pour le port bordelais actuel deviendront, avant peu, inutiles... les entreprendrait-on ? Et, dès lors, n'y aurait-il pas avantage à tout préparer en vue d'un changement qui s'imposerait ?

C'est ce que, bientôt, en suivant la rive gauche de la Garonne et de la Gironde pour regagner l'Océan, nous nous efforcerons de démêler au milieu des opinions contradictoires.

Parcourir le Bordeaux actuel constitue une promenade extrêmement attrayante. Des esprits chagrins font, il est vrai, comparaison sur comparaison entre notre grand port marchand du

Sud-Ouest et les ports étrangers dont l'activité dépasse si notablement la sienne.

De telles comparaisons sont injustes, en réalité, le procès fait à la ville devrait être intenté au caractère français lui-même, et aussi à notre organisation administrative, amie des entraves, des atermoiments, des enquêtes sans fin... Bref! ce sujet étant des plus complexes, mieux vaut reprendre notre excursion à travers la cité.

Elle se présente fort bien, en dépit des critiques. Si tout n'y peut être loué, on ne lui refusera pas le mérite d'avoir su tirer parti de son admirable situation et d'offrir le cachet d'une opulence de bon aloi.

Les constructions sont rarement du style criard, faux, sous le voile d'une trompeuse richesse, trop affectionné par les architectes du jour.

Le faste y est, en général, de bon goût. On n'a pas su, malheureusement, assez respecter tous les souvenirs importants des siècles écoulés, mais ce qui en a été sauvegardé rencontre maintenant une efficace protection.

Le contraste est violent entre les voies nouvelles, si largement ouvertes à l'air, à la lumière, et les rues du vieux Bordeaux, parfaitement sombres, même sous un soleil radieux. Il semble presque plus étrange de passer, par exemple, des splendeurs des *allées de Tourny* ou de la *rue du Chapeau-Rouge* au demi-jour de la venelle des *Bahutiers*, que de s'engager, à Paris, dans la ruelle de *Venise* en sortant du boulevard de *Sébastopol*.

D'ailleurs, peu, très peu de maisons anciennes offrent quelque intérêt.

Les véritables joyaux de la ville sont ses églises, ses portes, le Grand-Théâtre, le pont, les ruines du palais Gallien.

Pourquoi a-t-on appelé *palais* le vaste amphithéâtre aujourd'hui presque complètement démoli? L'empereur Gallien résida bien à Bordeaux, mais rien ne prouve qu'il fit bâtir, pour les Césars, cet édifice dont la destination était, avant tout, populaire.

Fièrement debout encore, en 1792, il se vit bientôt dépecé et de son enceinte, où, croit-on vingt-cinq mille spectateurs eussent pu prendre place, subsiste à peine une arcade et quelques autres vestiges!

La construction entière était en pierres carrées, symétriquement divisées par des briques très longues, très épaisses. L'aspect devait être monumental, ce qu'il est facile de constater par les débris. A coup sûr, Bordeaux ne doit pas de reconnaissance aux vandales qui l'ont privé de cet inappréciable souvenir.

Les églises sont, après l'amphithéâtre, les plus anciens édifices de la ville.

Saint-Seurin date de l'établissement même du christianisme ; sa crypte, du moins, remonte à cette époque. Elle renferme une œuvre sculptée des plus remarquables, le tombeau de saint Fort, où la finesse d'exécution le dispute à la sûreté du goût, à la délicatesse du style renaissance. Le tombeau de sainte Véronique est de travail roman ; l'autel adossé rappelle la simplicité de l'ère mérovingienne, qui se retrouve encore dans d'autres sculptures de la crypte. Le porche de l'ouest et l'abside sont les parties les plus antiques de l'église actuelle (onzième siècle) ; les autres datent des siècles suivants et de nos jours. Le joli portail sud remonte à la fin du dix-huitième siècle.

L'archéologue et l'artiste trouvent à Saint-Seurin l'occasion d'une riche moisson de souvenirs, mais ils n'y peuvent plus admirer le tombeau de Roland, en admettant que l'héroïque paladin y ait été inhumé, honneur revendiqué par Blaye.

Le grand intérêt de *Sainte-Croix* réside surtout dans sa façade, de style roman, où plusieurs des vices capitaux de l'humanité sont stigmatisés avec une hardiesse, une liberté de ciseau bien faites pour bouleverser nos idées modernes. Les Sarrasins détruisirent (729) Sainte-Croix, que Charlemagne restaurait un demi-siècle plus tard ; mais les Normands, au cours de l'une de leurs expéditions, ruinaient l'œuvre du Grand Empereur (828). L'église actuelle date du dixième siècle et a été souvent modifiée au courant des âges.

Saint-André, la métropole, fondée aux premiers temps du christianisme par saint Martial, fut réédifiée par le pape Urbain II. Plusieurs fois reconstruite, elle a été, en dernier lieu, restaurée... Ce qui ne veut pas toujours dire, hélas ! que le goût intelligent ou le plus simple respect pour des œuvres d'un si grand intérêt président aux travaux exécutés. Saint-André en peut fournir une preuve fâcheuse. Il suffit de parcourir le jardinet occupant une partie de l'ancien cloître. Des débris de colonnes, des chapiteaux y sont distribués et placés de manière bien... inattendue.

Jadis adossée aux remparts de la cité, l'église métropolitaine n'a pas de portail principal. Un simple mur en tient lieu ; au moins, a-t-on démoli les maisons par lesquelles on y accédait, voilà peu de temps encore. Il serait facile de remédier à ce que cet état de choses présente de choquant. Une très belle porte, dite *Royale*, construite par Henri II d'Angleterre, circonstance d'où lui viendrait son nom, est encastrée dans la chapelle des catéchismes. Ne pourrait-elle être numérotée, pierre à pierre, et venir remplacer l'affreuse maçonnerie qui déshonore l'entrée du noble édifice ?

La porte latérale nord, décorée d'une grande rosace, surmontée de deux clochers, élevés de près de cinquante mètres, possède, outre de riches sculptures, la statue de Bertrand de Goth ou de Gout, archevêque de Bordeaux, devenu pape sous le nom de Clément V, et celles de plusieurs de ses prédécesseurs.

L'opinion commune voulait que le pape gascon eût fait entourer son effigie des portraits des cardinaux à qui il dut son élévation. Un commentaire nouveau fait remarquer que les pieds des statues portent sur des nuages. Or, en iconographie chrétienne, cette seule circonstance prouverait le désir du sculpteur de représenter des personnages béatifiés. Et il était dans l'usage du temps, comme il pouvait bien l'être dans la pensée de Bertrand de Goth, de décerner à des prélats défunts, dont il occupait le siège, le suprême honneur réservé par l'Eglise catholique à ses enfants illustres.

Saint-André se compose d'une seule magnifique nef, très élevée, très imposante. Deux belles verrières anciennes, les sculptures du chœur, une délicieuse statue du treizième siècle représentant sainte Anne, enfin un beau tableau de Jouvenet forment la décoration. Ce qui reste du cloître contient des statues de saints et d'anciens évêques de Bordeaux. En 1440, Pierre Berland dirigeait le diocèse bordelais ; il fit bâtir le clocher isolé, situé au chevet de la métropole, sur l'emplacement d'une fontaine que chanta Ausone, le poète romain né sur le sol aquitain. Une flèche terminait la construction, et l'abbé Baurein pense

BORDEAUX. — LES ALLÉES DE TOURNY

qu'elle a été la première de ce genre érigée à Bordeaux. Du nom de son fondateur, on l'appela Pey-Berland[1].

Vendu lors de la première Révolution, puis affecté à une fabrique de plomb de guerre et de chasse, ce clocher fut racheté par les archevêques.

La foudre l'avait, au dix-septième siècle, privé de sa flèche, que l'on remplaça par une autre de beaucoup moins élevée, elle-même jetée bas au moment de la désaffectation de l'église. Une statue (en cuivre) de Notre-Dame la surmonte maintenant, au grand préjudice des lignes architecturales qu'elle écrase, sans profit pour la beauté de son aspect.

Saint-Michel est un intéressant monument de style ogival, plus pur que celui de la cathédrale ; il mériterait, comme ses trois portails, une longue description, mais elle serait forcément trop aride. Le clocher est, lui aussi, isolé de l'édifice. Sa belle flèche, détruite par un ouragan, en 1768, a été rebâtie ; mais, vraisemblablement, sur une moindre hauteur, sinon l'abbé Baurein ne l'eût point comparée « à ces superbes pyramides que l'Égypte érigea sur les sépulcres de ses rois ».

C'est encore le même savant abbé qui prouve la fausseté de l'opinion attribuant aux Anglais l'honneur de la construction du clocher de Saint-Michel, commencé en 1442 et terminé seulement en 1492 : donc, après la retraite des Anglais.

« .... Le travail avoit été poussé à une telle élévation que l'on ne trouvoit plus d'ouvriers qui voulussent courir les risques auxquels il falloit s'exposer... Heureusement, deux des principaux architectes : Huguet Bauduchkau et Guillaume le Reynard se chargèrent de l'achever eux-mêmes.... Outre les éloges qu'ils reçurent, la Fabrique leur fit présent, à chacun, d'un *habit de drap*. »

Un *charpentier de haulte futaie*, Henri Abelot, se dévoua aussi de tout cœur à l'œuvre.

Le clocher fut élevé sur un ancien *charnier*, c'est-à-dire sur un caveau contenant les ossements relevés du cimetière paroissial. Or, plusieurs filons du terrain de ce cimetière possédaient la propriété de dessécher les corps. Quand on le supprima, des cadavres entiers, devenus des momies admirables de conser-

---

[1]. *Pey*, en gascon, signifie pierre. Les deux mots signifient donc Pierre Berland.

vation, furent retrouvés et disposés autour du nouveau caveau. C'est un curieux et surprenant, mais, en somme, un bien triste spectacle, auquel les banalités des commentaires des gardiens n'ajoutent pas la moindre attraction.

Longtemps le clocher de Saint-Michel servit comme d'annexe au beffroi municipal, et de sa superbe flèche partit trop souvent le signal de la révolte populaire.....

Ce souvenir est de ceux que l'on oublie volontiers ; mieux accueilli sera celui de « la Confrairie des *Montuzets*, instituée à Bordeaux par le Roy Louis (XI)..... »

Cette institution, fondée en l'église Saint-Michel, fut le berceau de la rénovation du commerce maritime de la ville.

L'église *Sainte-Eulalie* remonte au septième siècle, et *Saint-Bruno* est justement renommé par ses sculptures, ses tableaux précieux.

L'ancienne chapelle des *Feuillants* ou des Bernardins cisterciens, devenue chapelle du Lycée, a longtemps possédé le tombeau de MICHEL MONTAIGNE, assez bonne œuvre en elle-même, mais que déparent des inscriptions au moins inutiles. Ce tombeau est maintenant placé dans le vestibule du magnifique monument élevé par Bordeaux à son Université.

Saint-Nicolas, église moderne, s'élève dans le vieux quartier de *Graves* ou plutôt des *Gahets*, c'est-à-dire des *Lépreux*. Bordeaux, suivant la coutume adoptée au moyen âge, avait consacré une zone déterminée de ses faubourgs à l'habitation des malheureux atteints par le terrible fléau. Le nom de *Gahets*, à peu près oublié, fut transformé en celui de *Graves*, dont la signification est bien connue, car elle veut dire « sol de cailloux ou de gros sable cailouteux », nature, en somme, de la majeure partie de la rive gauche de la Garonne et de la Gironde.

Si intéressants que soient les divers monuments dont nous venons à peine d'effleurer les beautés, la marche au grand jour, même au milieu de la foule affairée, bruyante, ne tarde pas à paraître nécessaire. Suivons donc l'une des belles rues qui conduisent au cœur de la ville neuve. Voici la place, des allées de *Tourny*... Bordeaux, reconnaissant, a élevé une statue à l'intendant de la Guyenne (sous Louis XVI), M. DE TOURNY, l'homme généreux, de savoir et de goût, qui traça les vastes, les somptueux quartiers, les belles promenades, à travers le dédale des vieilles constructions.

Voici le magnifique *Jardin public*, les *Quinconces*, établis sur

Bordeaux. — Église Saint-Michel.

les ruines du fameux *Château-Trompette*. MONTAIGNE et MONTESQUIEU, ces deux illustrations si étroitement mêlées à l'histoire de Bordeaux, ont leur statue sur les Quinconces.

La *Chaussée des Chartrons*, prolongement du port, est le quartier aristocratique du commerce. Les maisons y diffèrent toutes d'architecture, mais toutes sont ou riches ou élégantes.

Ce ne peut être, au surplus, un mal que cette diversité de style. Incessamment, l'œil est sollicité par un détail gracieux ou original, et la monotonie disparaît au grand profit du pittoresque.

Partout, à Bordeaux, cette même diversité se retrouve. S'il faut l'attribuer au simple désir de ne pas imiter son voisin, qu'importe ! puisque, répétons-le, la monotonie est vaincue !

Parmi les édifices civils, le *Grand Théâtre*, construit par l'architecte Louis, sur l'ordre du duc de Richelieu (1777-1780), est universellement regardé comme un chef-d'œuvre du genre. L'art grec a contribué à son ornementation, ainsi qu'à sa distribution merveilleuse. Rien de clinquant, rien de bien extraordinaire en apparence, mais un ensemble d'une beauté pure, d'une incomparable harmonie.

La meilleure appréciation, peut-être, qui ait été faite du Grand Théâtre vient d'un simple visiteur, un Anglais, croyons-nous. Après avoir tout vu, et comme on l'interrogeait, gardant son flegme britannique, il répondit : « L'Opéra de Paris est un parvenu, celui de Bordeaux est un gentilhomme ! »

Éloge et critique confirmés par les plus indifférents en matière artistique.

Bordeaux n'a pas oublié Louis, et a fêté le *centenaire* du Grand Théâtre, circonstance unique en son genre [1].

Les musées et la bibliothèque possèdent de précieuses choses. Cette dernière pourtant a eu le malheur de se voir dépouillée par un incendie de son plus grand trésor : le registre dit de *Bouilla*, qui renfermait des actes remontant au quatorzième siècle ; les registres de l'ancienne *jurade*[2]; des lettres originales de Montaigne... C'est là un irréparable désastre, dont rien ne saurait atténuer la portée.

Il faut voir encore, mais seulement à cause de l'ancienneté de sa fondation (1390) et de son étendue, l'hôpital Saint-André.

Des châteaux forts, il reste seulement deux tours de la citadelle du Ha, encastrées dans les constructions de la prison.

Des vieilles portes de l'enceinte bordelaise, celle de l'*Hôtel-de-Ville* a le mieux gardé son caractère architectural. Trois tou

---

1. L'initiative vint, croyons-nous, de M. Marionneau, le savant biographe de Louis et de plusieurs autres illustrations girondines ou vendéennes.
2. Ou échevinage, autrement dit la municipalité.

relles, des six qu'elle possédait, la surmontent. Celle du centre est ornée d'une lanterne au-dessus de laquelle se dresse un lion, souvenir de l'occupation anglaise, que l'on retrouvera même dans le blason de la cité. Seule, la base de cette construction est de l'époque où elle fut commencée (douzième siècle) sous le règne d'Aliénor de Guyenne.

La porte du *Palais*, dite aussi « *Royale* » ou du « *Caillou* », parce qu'elle ouvrait sur une voie empierrée, chose rare à l'époque, date du quinzième siècle. Elle formait l'entrée monumentale du *palais de l'Ombrière*, d'abord résidence des ducs aquitains, puis des gouverneurs anglais. En dernier lieu, il avait été affecté aux réunions du Parlement de Guyenne. La porte survit au palais ; mais elle gagnerait à être dégagée des constructions qui l'enserrent.

La porte d'*Aquitaine* garde encore, quoique mutilée, une partie de son bel aspect.

Une quatrième porte, celle des *Salinières*, est toujours ainsi appelée par le peuple, fidèle aux traditions, quoique la municipalité lui ait imposé le nom de *Bourgogne*, lors de la naissance du petit-fils de Louis XIV. Elle se présente, majestueuse, à l'extrémité du *Pont*, œuvre grandiose des ingénieurs modernes, et semble être là tout exprès pour lui servir de voie d'accès triomphale.

D'immenses obstacles à vaincre faisaient regarder la construction de ce pont comme impossible. Néanmoins, onze années suffirent à son achèvement et à sa métamorphose, car, d'abord édifié en charpente, la pierre et la brique y furent ensuite employées.

Il se compose de dix-sept arches en maçonnerie de pierre de taille et briques, de seize piles et de deux culées en pierre. Les sept arches du milieu ont près de 27 mètres d'ouverture. La longueur totale est de 486 mètres 68, la largeur (entre les parapets) de 14 mètres 86.

Du pont, la vue est splendide. Bordeaux se présente, envahissant le sommet de la courbure de la rive droite et, sur la rive gauche, se développant, avec ses faubourgs, sur une longueur de 8 kilomètres, c'est-à-dire sur l'arc de cercle tout entier.

La Garonne se couvre de navires venus de presque tous les points du monde. Les quais la côtoient, pleins de bruit, de mouvement. Des clochers émergent de la masse des constructions ; des arbres font jaillir leur feuillage du milieu des murs de pierre, jusque sur le bord de l'eau, et, vivaces, couronnent de toutes parts les coteaux disséminés dans le paysage.

La marée monte... Son flot verdâtre refoule la vague la plus brillante du fleuve. La nuance glauque de l'onde marine reflète harmonieusement les couleurs de la coque des navires, des barques, des voiles... La fumée des machines glisse sur elle avant de s'élever, lourde ou tourbillonnante, dans le ciel d'un bleu vif.

Les coups de cloche ou de sifflet des bateaux à vapeur répondent aux signaux, au roulement retentissant des trains de chemins de fer.

C'est l'agitation moderne, mêlée à une sorte de majesté tranquille ; c'est la simplicité extrême placée près de la richesse, de l'élégance la plus raffinée. C'est l'harmonie naissant du contraste, des chatoiements multiples, pour former un incomparable tout dont Bordeaux a le droit de s'enorgueillir.

Ici, accoudés sur ce pont qui nous permet d'embrasser le moindre des reliefs de la toile sans fin, car chaque heure la renouvelle, on comprend la prépondérance accordée à la noble ville.

Véritable reine du Sud-Ouest, elle s'efforce de conserver sa souveraineté.

L'avenir lui échappera-t-il ? Étudions rapidement le passé et, ensuite, du présent se dégagera peut-être le mot du problème.

La porte d'Aquitaine.

CHAPITRE XX

BORDEAUX A TRAVERS LES SIÈCLES

Des huttes de terre ou de roseaux habitées par un peuple dont le nom n'est pas même venu jusqu'à nous, composèrent, selon toute vraisemblance, Bordeaux à son origine. Du moins, les marais dits *de la Chartreuse*[1], marais alors prolongés jusqu'aux allées d'Albret, avaient-ils conservé des flèches en silex et des colliers en terre. Combien de siècles s'écoulèrent avant le commencement de la période gauloise ? Nul ne pourrait le dire.

Deux cents ans environ avant l'ère chrétienne, le territoire qui, plus tard, formera le département de la Gironde, renferme deux peuples principaux : les *Vasates* et les *Bituriges Vivisci*. Ce dernier, « issu d'Espagne, aux yeux vifs et noirs, au teint basané, le corps à peine couvert d'une courte saye retenue autour des reins par une *euriza* ou ceinture rouge, les jambes enveloppées dans le *brak* roulé en spirale, s'arrêta au bord de la Garonne, sur le *Puy*, aujourd'hui *Puy Paulin*, entre une forêt, le *Bouscal*, et de vastes marais, *Paludes*, noms qui, après deux mille ans et des transformations sans nombre, sont restés comme désignation des quartiers de la ville moderne ». (Malte-Brun.)

Burgdikal, maintenant Bordeaux, était la ville la plus importante du pays ; néanmoins, on cite *Boïes*, ou *Boïos*, sur laquelle les recherches les plus patientes n'ont pu apporter de grandes lumières et qu'un document unique : l'*Itinéraire d'Antonin*, a fait connaître ; puis aussi, *Noviomagus*, dont l'emplacement n'est pas déterminé avec certitude.

Inutile de s'arrêter à une période pleine de doutes et de

---

[1]. Des travaux extrêmement intéressants ont été, sur ces questions, publiés par M. MARIONNEAU. Nous leur faisons plusieurs emprunts.

décrire longuement les relations commerciales des Phéniciens et des Grecs avec les Bituriges, dont la ville, établie dans les parages où se trouve aujourd'hui la rue des Argentiers, avait déjà une grande renommée. Elle devait s'étendre vers le tertre Saint-Martin et jusqu'à l'endroit où est bâtie l'église Saint-Michel.

César veut soumettre les Gaules. Les peuples de l'Aquitaine se soulèvent, mais les habitants de Burgdikal croient plus avantageux de traiter avec le conquérant ou avec ses lieutenants.

Il en résulte que le proconsul Messala fait de la ville un *Emporium* ou comptoir commercial de grand avenir.

Le port, à cette époque, s'étendait environ jusqu'à l'emplacement de l'église Saint-Pierre. Il était fermé et bien défendu.

Burdigala devient capitale d'une province romaine, capitale brillante, aux monuments imposants : temples et palais ; certaines ruines ont fourni des colonnes de 18 mètres de hauteur.

La ville était encore orgueilleuse de ses écoles si célèbres et qui produisirent une foule d'hommes illustres, parmi lesquels Ausone et Paulin intéressent plus particulièrement Bordeaux, leur pays natal.

La seconde moitié du troisième siècle (258) vit la première invasion des Barbares. En 268, Tetricus inaugurait à Bordeaux son éphémère royaume, renversé par Aurélien.

Ensuite eurent lieu les révoltes des paysans, dites *bagaudes*[1], mais, peu après, apparurent les apôtres du Bordelais saint Martial, saint Front. Bientôt, saint Martin, « la lumière des Gaules », achève l'œuvre.

Une invasion nouvelle, plus prolongée, plus effrayante que la première, allait ruiner Bordeaux. Le Nord, abandonné par ses tribus innombrables, barbares et avides de richesses, le Nord laisse échapper de ses plaines glacées, de ses forêts profondes, une mer humaine dont les flots vont submerger l'Empire latin.

Des monarchies se fondent, entre autres celles des Hérules, puis des Ostrogoths, en Italie ; des Vandales, en Afrique ; des Wisigoths, en Espagne et dans le midi de la Gaule romaine..., de la Gaule, destinée à devenir la France.

---

1. Du mot *bagad*, attroupement.

Bordeaux sort de ses débris. Son enceinte est réduite aux proportions d'un quadrilatère assez étroit, avec des murailles, des tours fort élevées et sa situation territoriale lui vaut de partager avec Toulouse, capitale du royaume goth, la faveur des nouveaux rois.

Sidoine Apollinaire, dont les écrits sont si précieux pour l'histoire de l'époque, constate la réputation universelle reconquise par la ville des anciens Bituriges et, dans des strophes éloquentes, gémit de voir Rome réduite à implorer le secours des barbares. Le monarque goth, alors régnant, s'appelait Euric.

C'est encore Sidoine Apollinaire qui parle de Léonce, Aquitain tenant une des premières places dans le pays, et qui établit la parenté de ce seigneur avec les Paulin.

Plus tard, Fortunat, l'illustre évêque de Poitiers, le poète abondant, le chroniqueur disert, écrira deux épitaphes enthousiastes en l'honneur de Léonce Ier ou l'*Ancien*, évêque de Bordeaux[1], et de son neveu, Léonce II, également prélat de la même ville.

Pendant un siècle entier, la domination visigothe s'exerça tranquillement. Tout à coup, les doctrines d'Arius soulevèrent un schisme religieux dont sut habilement profiter Clovis Ier.

Il serait à la fois de peu d'intérêt et trop long d'entrer dans le détail des événements qui précédèrent l'invasion sarrasine, mettant Bordeaux à feu, à sang, en ruines, au pillage complet!

Il suffit de dire qu'une lutte existait, ardente, entre les ducs aquitains issus d'un prince, fils de Dagobert Ier, et les Maires du Palais. Elle se continua entre Pépin le Bref et Waïfre. Ce dernier ayant été vaincu, Charlemagne, monarque clairvoyant, rétablit en faveur de Lupus, neveu de Waïfre, le duché de Vasconie, vaste territoire embrassant le pays de la Gironde aux Pyrénées ; mais il eut soin de faire le duc sujet de sa propre puissance, en déclarant qu'il rétablissait également le royaume d'Aquitaine pour son fils Louis, encore enfant.

Ce fils n'avait pas hérité du génie de son père. Les circonstances si critiques où il se trouva jeté accrurent encore l'indécision de caractère dont il fit toujours preuve.

Le royaume franc pencha vers la ruine.

L'apparition des Normands combla la mesure des maux supportés par l'Aquitaine. Trois fois, Bordeaux et le Bordelais furent ravagés. La troisième invasion (880) causa de telles ruines que la ville en resta *déserte,* comme le pays entier, où l'on pouvait, désormais, affirment les chroniqueurs, « faire des lieues entières sans voir la fumée d'un toit ou entendre l'aboi d'un chien !!! »

Un moment, on eût pu croire que la renaissance de Bordeaux devenait impossible. Le siège métropolitain avait été transféré à Bourges ; les couvents fondés sous la dynastie mérovingienne n'existaient plus ; avec eux, les centres d'études et les établissements agricoles dont ils étaient le foyer se trouvaient anéantis.

L'avantageuse position de la vieille ville sur un grand fleuve, à proximité de l'Océan comme du Midi et du Centre de la France, eut de nouveau raison contre l'œuvre des barbares. Le duché d'Aquitaine se reconstitua. Au milieu de l'éclosion de la féodalité, les ducs ne tardèrent pas à occuper le premier rang. C'était un véritable souverain que le puissant, le riche Guillaume X, père de cette Aliénor dont les moindres actes allaient peser si fatalement sur la destinée de la France. Guillaume désirait visiter Saint-Jacques de Compostelle, le célèbre sanctuaire du moyen âge. Auparavant, il marie sa fille, son unique héritière, au fils de Louis VI. La cérémonie s'accomplit dans la métropole de Saint-André de Bordeaux [1]...

L'histoire du littoral sud-ouest, depuis La Rochelle jusqu'ici, nous a appris et continuera de nous apprendre les suites, pour le pays, des dissentiments des deux époux.

Pendant trois siècles entiers, l'Aquitaine, comme l'Aunis et la Saintonge, est soumise aux Anglais.

Comme il fallait que les étrangers s'implantassent solidement dans leurs possessions nouvelles ; comme, d'un autre côté, leur génie mercantile entrevoyait tout le parti à tirer de ces riches contrées, d'importants privilèges furent octroyés aux villes.

Bordeaux obtint de Henri II d'Angleterre le droit de se gouverner, d'élire ses magistrats, de se défendre elle-même et de n'être assujettie à nul impôt que ses habitants n'auraient pas voté.

Ces privilèges, excellents pour les villes, l'étaient moins pour les campagnes et, surtout, pour les seigneurs. D'autre part, les exactions des fonctionnaires anglais entretenaient le mécontentement.

Elle serait bien longue, en même temps que bien triste, la simple nomenclature des révoltes, des répressions, des ruines, des compétitions forcément créées par la situation politique :

Ruines du couvent des Augustins, à Bordeaux.

peuples écrasés et ne sachant à qui demander secours, de l'Angleterre ou de la France, toutes deux en guerre perpétuelle !

Plusieurs fois, la France faillit l'emporter. Philippe-Auguste, dont le fils aîné avait épousé, à Bordeaux (1200), Blanche de Castille, nièce de Jean sans Terre, crut pouvoir parvenir à conquérir la Guyenne, qu'il avait nominalement confisquée, comme toutes les autres possessions anglaises, lors de l'assassinat d'Arthur de

Bretagne par Jean. Il ne fut pas, malgré les circonstances, aussi heureux qu'en Normandie.

A leur tour, Louis VIII et Louis IX espérèrent planter le drapeau français sur les murailles de Bordeaux. Après eux, Philippe le Bel reprit la campagne. Il agit si habilement que pendant dix années ses troupes purent tenir garnison dans la capitale du duché, et qu'une charte spéciale, octroyée aux habitants, lui rallia toutes les volontés. Mais ses démêlés avec le pape Boniface VIII le forcèrent à traiter avec l'Angleterre et à abandonner la Guyenne. Ses vues se reportèrent sur d'autres projets et bientôt il faisait alliance avec Bertrand de Goth (ou de Gout), archevêque de Bordeaux qui, parvenu, grâce à son influence, au trône pontifical, ne lui refusa rien : une des clauses du traité fut l'abolition de l'*Ordre du Temple*. La plus grande partie des biens possédés par cet Ordre, à Bordeaux et dans le reste de la chrétienté, passa à l'*Ordre des chevaliers hospitaliers de Saint-Jean de Jérusalem*.

Il n'est que juste d'ajouter que des travaux très sérieux ont mis à néant cette manière d'expliquer les sympathies du pape envers le roi.

Édouard II d'Angleterre n'avait pas vu sans inquiétude les progrès de l'influence française. Il s'efforça de l'anéantir en déclarant la commune de Bordeaux annexée directement à la couronne anglaise.

Hélas ! le malheur et la ruine allaient s'abattre pour longtemps sur la France et la faire passer par des alternatives terribles, avant qu'une miraculeuse délivrance chassât l'étranger trop confiant dans sa force. Une coïncidence assez triste augmentait encore peut-être l'odieux de la lutte.

D'étroites alliances de familles avaient eu lieu entre les derniers rois français et anglais. Edouard Ier avait épousé en secondes noces Marguerite, sœur de Philippe le Bel, et avait également obtenu pour son fils (depuis Édouard II) la main d'Isabelle de France, fille du monarque.

Or, de cette dernière union naquit Édouard III, le vainqueur de Calais et de Crécy, dont un fils Édouard, le célèbre *Prince Noir*, devait écraser l'armée française, faire prisonnier le roi

Jean et préparer les désastres du règne de Charles VI, à peine retardés par la sage main de Charles V.

Édouard III prétendant être mis en possession de l'héritage de sa mère, la guerre commença (1337).

Dix-neuf années de revers presque continuels épuisent la France, qui succombe encore à Poitiers (1356).

Édouard, prince de Galles, est récompensé de sa victoire par l'investissement du pouvoir en Guyenne.

Une cour magnifique s'installe alors à Bordeaux et devient le centre d'une agitation permanente contre la France. Toutefois, vu l'état du pays, les splendeurs de cette cour ne se pouvaient soutenir sans que des impôts bien lourds fussent réclamés. Les habitants, ruinés, portent leurs plaintes au roi de France suzerain de la principauté.

Charles V régnait alors. Sa prudente politique lui a valu le surnom de *Sage*. Il avait, de plus, le mérite de se connaître en hommes. Désireux d'assurer la paix intérieure de son royaume, il demande à un Breton, à Bertrand du Guesclin, « l'honneur de l'armée française », de l'aider à détruire les *Grandes Compagnies*, c'est-à-dire les bandes de soldats indisciplinés, licenciés quand on n'avait plus besoin d'eux, car il fallut longtemps encore avant que l'armée permanente fût bien organisée. Les *routiers* (on leur donnait indifféremment ce nom), incapables de se livrer à aucun travail de paix, augmentaient les souffrances du peuple par leurs exactions.

Du Guesclin ne recule pas devant une tâche presque impossible. Son esprit délié sait persuader aux chefs des routiers qu'un avenir brillant les attend en Espagne, s'ils consentent à prendre parti pour Henri de Transtamarre, contre son frère et rival à la couronne, Pierre le Cruel.

Les succès du chevalier breton se continuèrent rapides. Il eût achevé sa tâche si Pierre n'avait obtenu le secours d'une nombreuse armée anglaise commandée par le Prince Noir et Jean de Chandos, l'un des plus redoutés soldats du temps.

La bataille de Navarette (1367), livrée malgré son avis, mit du Guesclin au pouvoir du Prince Noir.

Le vainqueur, plein d'estime pour un tel prisonnier lui assigna

Bordeaux comme résidence et lui permit de fixer lui-même le taux de sa rançon.

Cet épisode de la vie du futur connétable est bien connu. Par respect pour sa propre renommée, il avait assigné un prix si élevé à sa délivrance que le Prince, étonné, lui demanda où il comptait trouver semblable somme.

« Pas entièrement dans mon pauvre héritage, répondit avec fierté du Guesclin, mais n'ayez souci, quoique je sois le plus laid chevalier du monde, les filandières de Bretagne, jusqu'à la dernière, sauront me mettre en état de m'acquitter envers vous ! »

Il disait vrai. Fort peu de temps après, « le plus laid », mais peut-être le plus chevaleresque soldat de l'époque, était délivré et il prenait, en Espagne, une superbe revanche, à la bataille de *Montiel* (1369), qui assurait le pouvoir à Henri de Transtamarre.

Une année encore s'écoule et la revanche devient plus éclatante. Charles V confère à du Guesclin la dignité de connétable : ce fut comme le signal de la déroute des Anglais. En Normandie, en Poitou, en Saintonge, en Guyenne l'infatigable Breton les poursuit, comptant chaque étape par un succès. Il arrive bientôt devant Bordeaux... La riche cité, hier sa prison, ne tardera guère à tomber en son pouvoir... Cette joie lui est ravie. L'Angleterre, effrayée, a sollicité et obtenu la trêve de Bruges (1375). Du Guesclin devra attendre pour venger complètement sa propre patrie : la Bretagne « si dolente » du fait des Anglais et la France, dont les destinées militaires lui sont confiées...

Cette joie, il ne devait pas l'éprouver, car, en 1380, la mort le surprenait devant Châteauneuf-de-Randon. Quatre ans auparavant, Édouard, prince de Galles, avait succombé aux suites d'une maladie contractée en Espagne.

L'année 1379 vit former une ligue offensive et défensive des principales cités du Bordelais : Blaye, Bourg-sur-Gironde, Libourne, Saint-Émilion, Castillon, Saint-Macaire, Cadillac et Rions, sous le patronage de Bordeaux, car les Français faisaient en Guyenne de rapides progrès... que le règne du malheureux Charles VI allait pour longtemps interrompre ! !

Ce n'est pas que la paix fût assurée en Guyenne. Loin de là ! Les compétitions intérieures suivaient leur cours ; on en a une preuve dans la réception faite au duc de Lancastre, oncle du roi d'Angleterre, Richard II (fils du Prince Noir).

Le 2 mars 1389, Richard avait donné le duché à son oncle de Lancastre, mais, quand le nouveau seigneur se présenta devant Bordeaux, l'entrée de la ville lui fut refusée!! Des négociations longues et minutieuses durent être entamées. Sans le secours du puissant CAPTAL DE BUCH, elles n'auraient pu réussir.

Cependant la délivrance approchait, non qu'elle fût réclamée par les villes, et par Bordeaux en particulier. Les bourgeois craignaient trop de se voir enlever les franchises, les privilèges dont l'Angleterre les avait gratifiés pour acheter leur fidélité. La plupart des cités ne rêvaient rien moins, comme La Rochelle devait le prouver au seizième et au dix-septième siècle, comme Saint-Malo le prouva pendant les guerres de la Ligue, que de devenir absolument indépendantes des lois du royaume. La grande idée d'une patrie commune n'était pas comprise encore. Bientôt le sublime exemple de Jeanne d'Arc, acceptant de mourir pour cette patrie que son âme avait entrevue, avait ardemment aimée, cet exemple porterait des fruits...

Avec l'année 1451 brilla de nouveau « la fortune » de la France, bien cruellement réduite depuis Crécy [1].

Dunois, Penthièvre, Foix, Armagnac se partagent la tâche en Guyenne. L'élan des campagnes la rend plus facile. Les châteaux forts, eux-mêmes ouvrent leurs portes sans presque du tout combattre! Seules, les villes résistent encore... Néanmoins elles finissent par comprendre que leur obstination sera inutile. Bordeaux, alors, se résigne à envoyer son archevêque et plusieurs des principaux seigneurs de la province traiter avec Dunois.

« Le 12 juin (1451) on convenoit que si, *onze jours plus tard*, « vigile de Sainct-Jean-Baptiste », l'Angleterre n'envoyait pas « secours », les gens des Trois-Etats de Guyenne bailleroient au roi Charles (VII) ou à Monseigneur le comte de Dunois, son lieutenant, la ville et la cité de Bourdeaux, le pays Bourdelois et ses villes et austres pays, de Guienne, estant de présent en la main du roi d'Angleterre. »

La dernière minute de la trêve sonna sans que nul secours eût

---

1. On se rappelle les paroles de Philippe VI, vaincu, réclamant l'entrée du château fort de Broie, près Abbeville: « Ouvrez, ouvrez, c'est la fortune de la France!»

surgi. Dunois et sa suite se présentèrent aux portes de la ville consternée...

Lentement, quoique vibrante, une clameur s'éleva :

« Secours de ceux d'Angleterre pour ceux de Bourdeaux!! » demandait la voix du hérault d'armes.

L'Angleterre, déchirée par les factions de Warwick, de Glocester, de Suffolk, ne pouvait répondre.

Et les Bordelais, bien à contre-cœur, durent ouvrir leurs portes mais non, sans se promettre de secouer le joug. Pourtant ils avaient obtenu de Dunois les meilleures conditions : exemption de tailles, subsides ou emprunts forcés ; établissement, dans leur ville, du Parlement de la Guyenne entière ; privilège de battre monnaie pour le roi.

Ils ne trouvaient sans doute pas cela suffisant, car, dès 1452, ils appelaient Talbot, qui venait de débarquer dans le Médoc, chassaient la garnison française et entraînaient, par leur conduite, les autres villes de la province. C'était, pour Charles VII, une nouvelle conquête à faire. Elle fut menée rapidement. Talbot et son fils périrent en voulant sauver Castillon, assiégé. Les soldats anglais défendant Bordeaux prirent peur : ils capitulèrent malgré la résistance des bourgeois, qui perdirent du coup leurs privilèges, furent imposés à 100 000 écus d'or de rançon et virent partir en exil les seigneurs qui leur avaient prêté main-forte. Du reste, le roi les avertissait qu'ils « pouvaient *tous* partir, eux aussi, avec la garnison anglaise, si l'émigration leur convenait ! ! ! »

C'était une très juste punition de la trahison accomplie.

Pour parer à de nouvelles tentatives, deux forteresses, celles du *Hâ* et le *Château-Trompette*, furent bâties.

Louis XI, profond politique, ne tint pas rigueur aux Bordelais de leur inconstance. Sous prétexte de célébrer le mariage de sa sœur avec Gaston de Foix, il vint à Bordeaux (1461), étudia le pays et décida de rendre à la ville la plupart des privilèges qu'elle regrettait. De même, il restitua une grande partie des biens confisqués. L'année suivante, reprenant un des articles du traité conclu avec Dunois, il installait à Bordeaux (1462) le Parlement de Guyenne, dont le ressort était immense, car La

Rochelle, Saintes, Angoulême, Limoges, Périgueux, Agen, Cahors, les Landes... s'y trouvaient compris.

Louis XI fit encore davantage en conférant à son frère Charles, duc de Berry, l'apanage du duché d'Aquitaine.

Bientôt après, il est vrai, le monarque se repentait de sa libéralité, et la conduite de Charles, rêvant de rétablir le « royaume aquitain », lui montra un péril grave... aussitôt conjuré. Le duc mourut empoisonné, et l'histoire accusa le roi de ce crime. Une chose très certaine, c'est que tous les complices du prince défunt traduits, devant le Parlement, furent condamnés à la peine capitale.

La leçon était terrible : elle produisit un effet momentané d'apaisement dans la province. Pendant quelque temps, Bordeaux fut tout aux visites royales qui se succédaient, nombreuses. François Ier, ses fils, d'autres princes et princesses traversèrent la ville. Le 1er décembre 1539, Charles-Quint recevait des bourgeois un accueil somptueux. Toutefois, ce n'était plus de l'écho des fêtes que Bordeaux allait retentir. La guerre civile et la guerre religieuse se mêleraient aux révoltes fréquentes suscitées par diverses mesures arbitraires.

L'une des plus déplorables, à cause des actes horribles qu'elle détermina et de la répression épouvantable, odieuse, qui la suivit éclata à l'occasion de l'établissement de l'impôt sur le sel.

Toute la région ouest et sud-ouest de la France, qui devait une grande partie de son aisance et de son commerce à la culture des marais salants, se sentit menacée.

« Guerre à la *gabelle!* guerre aux gabeleurs[1]! » s'écrièrent d'une commune voix les paysans armés pour se défendre contre les agents du fisc. Nombre de châteaux furent brûlés, pendant que les « gabeleurs » et des gentilshommes soupçonnés de leur prêter assistance étaient massacrés.

L'insurrection gagna Bordeaux (1548). Vainement le maire et les jurats[2] essayèrent-ils de trouver un moyen terme, le peuple pilla l'hôtel de ville pour se procurer des armes, puis courut assiéger le Château-Trompette, résidence du gouverneur, TRISTAN

---

1. *Gabeloux*, disait-on ailleurs, notamment en Bretagne, où les douaniers chargés de veiller sur les marais salants sont encore souvent ainsi désignés.

2. On se souvient que le mot « *jurat* » remplaçait, à Bordeaux celui d'*échevin*.

DE MONEINS. Vainement aussi ce dernier voulut-il haranguer les émeutiers. On s'empara de lui, on le dépeça et on l'enterra au milieu de deux couches de sel.

Enfin, comme les membres du Parlement s'efforçaient de calmer l'exaspération des Bordelais, ils se virent contraints à entrer dans les rangs des factieux, à revêtir le costume adopté par eux, en un mot, à partager toutes leurs actions.

De telles audaces ne pouvaient rester impunies. Henri II chargea Anne de Montmorency de la répression. Le fameux connétable se distingua par une excessive cruauté.

« Tous les habitants, sans distinction de conduite et de rang, furent désarmés ; le Parlement, interdit, fut remplacé par une commission extraordinaire de maîtres des requêtes de Paris et de quelques conseillers d'Aix et de Toulouse ; la place de l'Hôtel-de-Ville resta couverte d'échafauds et de gibets permanents pendant sept semaines ; cent cinquante bourgeois furent exécutés ; plusieurs chefs de mécontents expirèrent sur la roue, une couronne de fer rouge sur la tête ; d'autres furent condamnés à la flétrissure et au bannissement. La ville, atteinte et convaincue de félonie, perdit ses franchises et son gouvernement municipal ; on remplaça ses jurats par vingt-quatre prud'hommes à la nomination du roi ; les cloches descendues du haut des églises et fondues pour la marine royale, les tours de l'hôtel de ville découvertes, les titres et registres, artillerie et munitions de guerre enlevés, ne furent point, aux yeux de la cour prévôtale, des mesures assez exemplaires ; elle ordonna de plus que l'hôtel serait rasé et que, de ses débris, on bâtirait une chapelle où serait célébré chaque jour l'office des morts pour le repos de l'âme de Tristan de Moneins. En exécution d'un autre article de l'arrêt, les jurats de cent vingt notables allèrent, en habits de deuil, *déterrer avec leurs ongles le corps de Moneins, l'emportèrent sur leurs épaules*, d'abord devant l'hôtel du connétable, où ils se mirent à genoux et demandèrent pardon à Dieu, au roi et à la justice, et se rendirent ensuite à la cathédrale, où Moneins fut inhumé dans l'endroit le plus apparent du chœur. Les capitaines du fort du Hâ et du Château-Trompette, quoique innocents des désordres de la populace, furent punis de mort pour n'avoir pas devancé les ordres sanguinaires du connétable. La ville fut taxée à deux cent mille livres pour payer les frais de l'armement. » (Malte-Brun.)

Malgré soi, on ne peut s'empêcher de trouver qu'une pareille punition dépasse les bornes et qu'elle place les juges au-dessous des condamnés !...

Les mœurs du temps étaient, au surplus, loin de répugner à toutes ces atrocités... Mais quand donc l'homme n'a-t-il pas rencontré, dans l'homme, le plus cruel de ses ennemis !!!

Henri II, sans doute, fut un peu fâché de la conduite de Montmorency, du moins rendit-il, l'année suivante, leurs privilèges à plusieurs cités, mais il tint rigueur à Bordeaux et l'impôt de la gabelle, bien que réduit, ne fut point abrogé.

Alors commence pour tout le sud-ouest la ruine des paludiers, ruine qui devait influer si fâcheusement sur la santé des habitants et sur le pays tout entier, en produisant l'abandon de grandes surfaces cultivées, bientôt retombées au rang de marais pestilentiels !...

Après la révolte de la gabelle, vint l'insurrection générale de la Guyenne, causée par les progrès du calvinisme.

Il faut lire dans Montluc les détails de la répression. Avec grand'peine, Bordeaux fut maintenu sous l'autorité de Henri IV, mais longtemps après l'avènement de ce roi les partisans de la Ligue conservaient encore la citadelle de Blaye, d'où ils entretenaient la guerre civile.

Peu à peu toutefois le calme renaquit et, avec la reprise de relations suivies entre la France et l'Espagne, d'alliances entre les deux familles royales, Bordeaux monta rapidement au premier rang de nos ports de commerce.

Louis XIII arriva dans la ville pour y épouser Anne d'Autriche (1615). Son séjour dura près de trois mois ; il en résulta quelques faveurs pour Bordeaux et les villes du Bordelais.

Depuis la fin du règne de Henri III, le gouvernement de la Guyenne était entre les mains du duc d'Épernon, le célèbre favori du dernier roi de la race des Valois. L'administration du duc se montrait singulièrement tracassière, sinon excentrique, mais son pouvoir n'en restait pas moins très grand, car Richelieu lui-même prenait quelques précautions pour intimer ses ordres au vieux gouverneur. Les précautions durent redoubler, lors de l'élévation au siège métropolitain de Henri d'Escoubleau de Sourdis, coadjuteur et frère du cardinal François d'Escoubleau de Sourdis, archevêque de Bordeaux.

Le prélat et le duc ne purent jamais s'entendre complètement. Il fallut que Louis XIII, Richelieu et jusqu'au pape se mêlassent d'apaiser le différend, sans portée fâcheuse, d'ailleurs, sur les destinées de Bordeaux. Ce calme fut troublé par l'insurrection de 1635, au sujet de l'impôt nouveau frappant la vente du vin, puis par la révolte de 1675, cherchant à faire abolir la taxe mise sur le papier timbré. Cette dernière rébellion amena une punition très onéreuse pour les habitants, qui durent loger et nourrir, pendant *six mois entiers, dix-huit régiments d'infanterie, appuyés de six régiments de cavalerie.*

Enfin, la paix sembla être devenue durable, et pendant près d'un siècle Bordeaux s'adonna seulement avec ardeur à son commerce, en attendant que les libéralités du duc de Richelieu, nommé gouverneur de la Guyenne, lui permissent de croire à une ère plus superbe encore de prospérité.

Le fastueux gouverneur s'occupa beaucoup de sa ville principale, et, après lui, M. de Tourny, l'intendant de la province sous Louis XVI, acheva de donner à Bordeaux son cachet très spécial de grande cité aux riches, aux véritables palais.

Les quartiers noirs, tortueux, où si facilement la peste se développait, tombèrent pour livrer place à des rues, à des jardins, à des allées plantées, modèles, encore maintenant, d'un goût sûr, d'une véritable entente de l'hygiène...

Puis arrive une époque où le nom de Bordeaux et celui du nouveau département dont il est devenu le chef-lieu retentissent d'abord d'une façon brillante, pour s'éteindre bientôt dans un des mille chocs sanglants qui ébranlent alors le monde entier....

L'histoire contemporaine va commencer. Avec elle, se ferme le cadre fixé, dans *le Littoral de la France*, pour ces études rapides. Un dernier épisode, pourtant, ne saurait ne pas être rappelé.

C'est à Bordeaux que se réunit (1871) l'Assemblée chargée de traiter de la paix avec l'Allemagne...

Les conditions de cette paix, quel cœur français pourra jamais es oublier ?

Du moins doivent-elles rester en notre souvenir, non pas seulement comme l'angoisse persistante d'une leçon terrible, mais comme un germe de foi, d'espérance.

Le droit succombe sous la force : il se relève par le travail, par l'énergie, par la volonté inlassable de le faire un jour triompher !...

CHAPITRE XXI

BORDEAUX ET SON AVENIR

L'avenir de l'ancienne capitale de la Guyenne se résume en ces mots : LE MAINTIEN DE SON PORT.

Pendant plusieurs siècles, on eût traité de chimériques les craintes actuelles, craintes trop justifiées ! Et pourtant, dans l'estuaire girondin, comme sur son littoral marin, que de changements accomplis !

Il n'est pas même besoin d'établir une comparaison entre les navires d'autrefois et ceux qui, désormais, semblent devoir seuls obtenir les préférences du commerce. Une rapide revue des conditions de la navigation de la Gironde et de la Garonne suffit.

Tous les documents anciens s'accordent pour représenter le golfe de Gascogne comme un centre de trafic prospère. Ammien Marcellin, entre autres, décrit les rivages aquitains [1] comme des lieux favorisés de ports *accessibles et florissants*.

Il va jusqu'à dire que cette prospérité, en les amollissant, prépara la défaite des peuples indigènes. Puis, dans plusieurs descriptions, celle de Ptolémée particulièrement, revient le nom de *Noviomagus*, le plus considérable des ports de la région, placé sans doute à l'embouchure de la Gironde.

Ausone, expressément, nous l'avons vu, parle des marchandises qu'il était facile de *vendre à très haut prix*, quoique leur acquisition portât sur des sommes minimes.

Théon, l'ami du poète, est fixé en un lieu riverain de l'Océan, appelé *Domnotonum*, chez les *Meduli* (peuple du Médoc), et il peut se donner le plaisir de la chasse dans des forêts immenses.

La légende chrétienne ajoute à ces descriptions en représen-

---

[1]. Il ne faut pas oublier que, sous ce nom, était comprise le littoral entier de la Gironde aux Pyrénées.

tant sainte Véronique bâtissant une chapelle au « *pays des chaumières* », c'est-à-dire à Soulac. Deux autres paroisses devaient, peu après, être établies sur le territoire confinant Soulac : *au nord, touchant Cordouan*, Saint-Nicolas de Grave ; *au sud-ouest*, Lilhan. Une supposition, qui a pour elle un certain attrait de vraisemblance, place la première de ces paroisses dans l'île d'*Antros*, mentionnée par Pomponius Mela.

A ces noms remontant bien loin dans les siècles ou se rapprochant déjà de nous, comme ceux de Saint-Nicolas et de Lilhan, s'en ajoutent d'autres de plus en plus modernes, le *Mont*, par exemple, si connu dans le Médoc, qu'un titre du quatorzième siècle mentionne le chemin qui y conduisait.

« Ce chemin, appelé *de la Reyna*, partait de Lesparre, passait par Vensac, Grayan, Martignac..., et conduisait vers Soulac et vers le Mont.

« La légende raconte que la princesse Eléonore de Guyenne, femme de Henri II d'Angleterre, chevauchant vers le port des *Anglots* pour gagner l'Angleterre, et se trouvant fatiguée, s'assit sur une pierre à la bifurcation du chemin de l'Hôpital de Grayan à Saint-Vivien. De là, la tradition de *Peyre reyne* qui s'est conservée dans le pays [1]. »

Au quinzième siècle (janvier 1452), l'Anglais Talbot, l'adversaire malheureux de Jeanne d'Arc, à Patay, débarqua ses troupes au Gurp, à quelques kilomètres au sud-ouest de Soulac, et, de là, s'achemina vers Bordeaux... Pourrait-on, de nos jours, y opérer un tel débarquement ? Non.

Au milieu de ces faits prend place le récit des catastrophes naturelles inouïes : débordements persistants des fleuves, coups de tonnerre et bruits souterrains horribles ; ébranlements des édifices, chutes de rochers croulant des montagnes pyrénéennes, tremblements de terre qui occasionnent, principalement dans le pays bordelais, les plus cruels malheurs ; nombre d'habitants périssent, des forêts entières sont renversées [2]...

« Ne serait-ce pas, demande M. Goudineau, le point de départ des désastres qui, alors, et depuis, ont affligé la contrée ? N'est-il pas présumable qu'à la suite de cette convulsion géologique, que les auteurs de l'époque affirment et dont les effets sont incontestés dans le golfe de Gascogne et dans les

---

1. J. Goudineau : *La passe sud de la Gironde*.
2. Aimoin : *De Gestis Francorum*.

BORDEAUX. — LA RADE

Pyrénées, *les courants océaniques aient été changés*, et, par conséquence, la violence des vents augmentée ?

« Qui oserait le nier ? »

Personne, assurément, car ce sujet a exercé la sagacité des savants les plus à même de l'expliquer, sans que, d'ailleurs, une solution satisfaisante ait été donnée.

Mais, chose incontestable, à partir de l'époque citée, les sables commencent à devenir dangereux. Avec eux, la stérilité se propage sur ces côtes et l'action du flot marin s'ajoute à leur marche trop réelle. Les forêts disparaissent, de larges bandes littorales tombent, rongées, dans les eaux ; les ports ou s'envasent ou sont comblés par les dunes. Montaigne le constate au livre XXX des *Essais*, quand il montre un des domaines de son frère Thomas ravagé tout ensemble par la mer et par les sables, qu'il appelle « *fourriers de l'Océan* ».

Que faire ? s'écriait-on. La France était trop déchirée par les guerres étrangères ou civiles et les seigneurs trop occupés de se rapprocher de la cour. Il fallut attendre le dix-huitième siècle pour trouver le véritable remède au mal qui, d'un pays suffisamment fertile, avait fait une sorte de désert marécageux et menaçait de poursuivre sa marche, chaque jour plus envahissante.

Or, de tous les documents anciens ou du moyen âge, il résulte que l'estuaire girondin possédait une passe *unique*, dont la rive gauche s'étendait fort au delà de la rive actuelle et dans la direction de l'ouest.

La mer gagnant sans relâche, une passe nouvelle se forma : c'est la passe *sud* ou de *Grave*, souvent modifiée. « Sa pointe extrême, sans cesse fouillée par le flot, se déplace de l'ouest à l'est comme si elle se fût inclinée vers sa base [1]. »

« En comparant sa forme actuelle à ses anciens contours, on dirait qu'elle a tourné sur sa base comme une charnière, pour s'incliner constamment vers la droite et décrire avec sa pointe un arc de cercle sur la surface de l'estuaire. » (Elisée Reclus.)

Seulement, ces modifications ne pouvaient s'accomplir sans que le régime du fleuve en souffrît, et l'un de leurs premiers

[1]. Manès. *Études sur le port de Bordeaux.*

effets se traduisit par l'accumulation de bancs sablonneux vers l'embouchure, d'abord, puis entre Pauillac et le bec d'Ambez ensuite.

Plusieurs de ces bancs s'accroissent prodigieusement : celui de *Saint-Louis*, par exemple, long aujourd'hui de près de 10 kilomètres et ayant, en moins de six ans, doublé d'étendue [1] ! Le platin de *Richard* est devenu émergent ; celui de *Saint-Estèphe* qui, en 1868, était recouvert de deux mètres d'eau, émerge, en 1874, *de deux mètres sur une étendue de quatre kilomètres !*

On veut remédier à l'un des premiers obstacles et rendre le doublement du bec d'Ambez plus facile. Le résultat va à l'encontre de l'espoir conçu : la presqu'île fluviale s'allonge !...

En même temps, les vases charriées par la Garonne s'accumulent ; jointes aux sables, elles ont fini par combler les différents petits *fiords* de ses rives et par diminuer très sensiblement le tirant d'eau du port bordelais.

Alors un cri d'alarme retentit et la question du canal de Grattequina se pose. Toutefois, en admettant cette solution, aucune des autres difficultés (bancs de l'estuaire, rétrécissements du fleuve aux environs du bec d'Ambez) ne se trouveraient supprimés.

Reste un moyen : creuser le port de Pauillac, dont la situation est avantageuse, puisqu'elle abrège de moitié la remonte de la Gironde... considération d'un grand poids et qui, pourtant, ne supprime encore ni les dangers de l'entrée de l'estuaire ni ceux de l'ensablement ou de l'envasement.

Il existe un dernier moyen, écrit le consciencieux auteur de *l'Urgence et du moyen pratique de supprimer la passe sud de la Gironde*.

« La prépondérance du flot étant le grand ennemi de la Gironde, qu'il ensable, de la Garonne qu'il envase, et du Médoc, qu'il envahit, nos ingénieurs seraient sages de chercher à neutraliser sa force, chose possible, par l'occlusion de la passe du sud et l'établissement d'un magnifique port à la pointe du Verdon... »

Les termes de la question se résument donc ainsi : Le main-

---

1. Voir l'excellente brochure de M. Goudineau : *La passe sud de la Gironde*.

tien du port de Bordeaux ou l'établissement d'un autre port, soit au débouché du marais de Grattequina, soit à Pauillac, soit dans la rade du Verdon...

De tout cela, Bordeaux n'admet qu'une chose : le maintien de sa situation et s'apprête aux plus grands sacrifices pour ne pas déchoir de son rang commercial et maritime.

Il y a plus, Bordeaux sollicite, et l'on semble tenir compte de sa requête, l'honneur de devenir, sur l'Océan, par l'estuaire de son fleuve, le point terminus ouest du CANAL DES DEUX-MERS ! !

Seulement y peut-on parvenir ? Le problème est complexe, aussi volontiers répondrait-on à la fois *oui* et *non*.

Cette dernière affirmation vient sur-le-champ à la pensée, quand on étudie ce qu'il pourrait être permis d'appeler : *la folie des constructions navales*.

Nous ne devons pas perdre de vue que les bâtiments augmentant chaque jour de capacité, la profondeur exigée pour les passes, les docks, les amarrages croît en proportion. Partout, la préoccupation est grande, même dans les ports les plus favorisés. Les nouveaux docks de la Tamise offrent *dix mètres de fond à l'écluse*. Ceux de Liverpool ont obtenu le même tirant d'eau. Pourtant, le moment est prévu où il faudra creuser encore : les léviathans du commerce moderne enflant sans relâche leurs proportions ! !

La Gironde et la Garonne sont-elles jamais appelées à donner aux ingénieurs de pareils résultats. Même, les passes de l'embouchure offrent-elles semblables profondeurs? Ce n'est toujours pas celle du Sud, dont le sondage maxima s'arrête à *moins de sept mètres*, avec indication de nombre d'écueils et un dangereux voisinage de la côte. La passe du *Matelier* atteint *sept* mètres et même plus ; celle du Nord ou de Saintonge dépasse *onze* mètres en certains endroits ; malheureusement , il y existe un haut fond situé entre le demi-banc de la *Coubre* et le banc de la *Mauvaise*.

Les cartes marines indiquent bien une nappe d'eau atteignant encore *neuf mètres*, sur ces plateaux sous-marins ; mais il est facile de voir que le passage noté présente très peu de largeur et côtoie des profondeurs moindres.

« Ce passage a-t-il réellement un fond de 9 mètres ? Beaucoup de pilotes ne le croient pas. On objectera vainement que la mer montant de $3^m,92$ centimètres en morte eau et de $5^m,75$ centimètres en vive eau, la profondeur réelle est de $12^m,92$ en morte eau et de $14^m,75$ centimètres en vive eau. Ces profondeurs, suffisantes souvent dans un estuaire, sont dérisoires en pleine mer, dans un passage étroit et curviligne, sur un plateau où l'on ne saurait attendre sur ancre le moment propice, et où la mer brise en grand par des 33 mètres de profondeur [1]. »

On ne saurait arriver, quelque patience, quelque énergie que l'on déploie, à dompter des obstacles de ce genre.

Il y a d'ailleurs une vérité dont on n'a jamais assez tenu état : l'avenir précaire d'un port situé sur un fleuve... Ce fleuve, pourtant, charrie et charriera constamment le limon destiné à fermer le port. L'œuvre ne s'accomplira pas avant un grand nombre d'années ou... de siècles, soit ! Mais elle s'accomplira. Tous les dragages n'y feront rien : et que le reflux enlève, le flux le rapportera.

Quelles stations maritimes ont gardé leur importance passée, sinon celles dont les rades, *ouvrant directement en eau profonde sur la mer*, ne peuvent être obstruées par l'apport d'une rivière ou d'un fleuve !

Bordeaux se trouve donc menacé, mais aux dangers de la Gironde s'ajoute une cause plus grave peut-être, la création du port de La Pallice, le nouveau port rochelais.

Très certainement, le commerce n'hésitera pas entre une escale commode, accessible par tous les temps, donnant, sur place, satisfaction aux plus grandes exigences de la navigation, et un port situé à *quatre-vingt-dix-huit kilomètres* d'une embouchure fluviale presque dangereuse.

Non, il ne serait pas raisonnable d'espérer que le commerce hésitera à choisir la route servant le mieux ses intérêts...

Mais, s'il continue à trouver dans Bordeaux une station avantageuse, croit-on qu'il puisse la délaisser complètement ?

Et serait-il également raisonnable de penser que volontiers, les négociants bordelais verront décliner l'importance de leurs comptoirs, sans tout faire pour éloigner la ruine ?

---

1. *Un port*, brochure des plus intéressantes, des plus originales, publiée à Dax, en 1883 (par M. La Lauza), avec deux points d'interrogation en guise de signature.

Une chose sauvera toujours la place commerciale de Bordeaux : sa position dans une région essentiellement vinicole et possédant sans conteste les premiers crus du monde entier.

Pourtant les maladies successives et si nombreuses de la vigne n'ont-elles pas porté un coup irrémédiable aux vignobles les plus célèbres? Puis, d'un autre côté, les conditions de vente et d'achat des vins peuvent changer, les entrepôts être déplacés? Certainement.

Toutefois il n'est pas à présumer que les Bordelais n'envisagent point ces causes possibles d'amoindrissement et n'agissent en conséquence.

Il suffit, pour s'en assurer, de visiter les docks et quelques *chais*.

On a dit des premiers, qu'ils constituaient « une erreur véritable ». L'étranger ne s'en douterait pas, car l'intérêt offert par ces beaux entrepôts ne tarde guère à pénétrer même l'esprit le moins préparé à les apprécier.

Plus grande encore, à la vérité, est la surprise éprouvée dans ces immenses caves, celliers ou *chais*, centre des opérations indispensables au commerce vinicole.

Rien n'est épargné pour leur installation. Beaucoup sont des sortes de monuments et certains d'entre eux possèdent l'aspect, le vaste ensemble d'un palais, avec toutes les dépendances obligatoires. Les vins arrivent, sont classés, puis, selon le cas, resteront en leur *logement* natif ou bien seront déversés dans des *foudres* énormes, où ils achèveront de gagner la couleur, le *bouquet* nécessaires. Quand il s'agira de les transvaser, des pompes aspirantes accompliront la besogne.

Plus loin, les tonneliers ajustent les cercles ou les douves des barriques ; des ouvriers spéciaux *collent* le vin destiné à voyager et qui, une fois au lieu de destination, n'aura plus besoin que d'un peu de repos avant la mise en bouteille.

Ailleurs, on décante ou on mélange diverses sortes, lesquelles, isolées, seraient peut-être assez insipides et prennent, par un *coupage* savant, le *corps*, le goût recherchés.

Les spiritueux ne sont pas oubliés. Leur conservation, leur mélange, leur envoi exigent des précautions minutieuses, d'ailleurs strictement observées. Pour desservir cette ville en miniature, des rails courent partout : un puits artésien pénètre à une énorme profondeur et un embarcadère s'avance sur la Garonne.

Tous ces négociants qui ne craignent pas d'assumer de pareils frais commerciaux ont, cela va sans dire, une confiance robuste dans l'avenir de Bordeaux.

Leurs relations n'assurent-elles pas à la ville le monopole du plus fructueux et de l'un des plus indispensables trafics ?

Eh bien ! si, après une longue suite d'années, la Garonne et son estuaire maritime ne peuvent plus recevoir de navires d'un fort tonnage, ne faudra-t-il toujours pas venir acheter des vins ? Les gabarres d'autrefois et d'aujourd'hui sont encore de bon service : elles suffiront !...

Pour notre part, et très sincèrement, nous croyons que le mal menaçant le port de Bordeaux peut être, sinon conjuré d'une manière absolue, au moins grandement atténué. Et plus d'un esprit judicieux pense que les servitudes inhérentes, forcément, au *Canal des Deux-Mers,* peuvent devenir une cause de trouble pour le port bordelais.

Mais nous pensons aussi que, dès maintenant, un groupe sérieux de négociants ferait bien d'étudier tous les projets mis en avant, d'examiner si, avec des sacrifices annuels sagement ordonnés, il ne serait pas possible de créer une escale *bordelaise,* escale appartenant, par conséquent, au commerce bordelais qui, peu à peu, sans secousse, la rattacherait à la ville-mère, de façon à conjurer les crises futures possibles.

Sur un tel sujet, on ne peut que préconiser l'exemple de nos voisins les Anglais, habiles, entre tous les peuples, à mettre en œuvre leurs ressources maritimes.

Quoi que l'on dise, nous ne sommes pas moins favorisés par notre situation, au contraire. Ce qui nous manque, c'est d'abord la confiance en nous-mêmes ; c'est ensuite la volonté d'oublier les errements d'une routine séculaire, d'agir surtout avec l'intérêt du pays pour but.

N'est-ce donc pas le meilleur moyen d'assurer l'intérêt particulier ? Tout ne s'enchaîne-t-il pas, et la vie sociale d'un pays ne ressemble-t-elle pas à ces colonies marines d'êtres indissolublement liés, travaillant chacun, sans trêve, à la cellule personnelle,

BORDEAUX. — LE QUAI DE LA BOURSE

mais ne pouvant empêcher que son labeur ne profite par quelque point à l'œuvre commune !...

Dans les sociétés, plus encore que dans les familles, l'égoïsme est mortel, et c'est une excellente spéculation celle qui, sachant aborder de front les sacrifices nécessaires, prépare la récolte, lente parfois à venir, mais assurée !

Quand nous bâtissons une maison, quand nous faisons des plantations, ce n'est pas pour nous seuls : l'héritage de notre famille s'en trouve accru ou amélioré.

Travaillons pour la patrie, et plus d'une surprise heureuse sera le fruit de notre labeur... tout au moins profitable à nos enfants.

Cette dernière réflexion cependant est superflue pour Bordeaux, la belle, la riche ville, se montrant depuis longtemps bien française.

Avec une fierté louable, une énergie native (qu'il faudrait lui souhaiter si elle ne les possédait pas), toutes ses espérances se résument en la conservation du rang qu'elle a conquis par son travail et qu'elle est résolue à défendre.

De telles questions ne se tranchent pas à la légère : des décisions d'une importance aussi capitale ne sauraient être prises sans que tous les moyens d'information soient épuisés.

Mais on peut tout attendre, on doit tout espérer d'une ville comme Bordeaux. Sa population si intelligente et sagace saura prévenir le danger. Ses relations, si fortement nouées avec la région sud-ouest entière, son trafic avec l'Amérique Méridionale, l'Afrique et les Indes, la constituant réellement comme l'entrepôt d'un tiers de la France, peuvent rassurer les esprits trop pessimistes [1].

Oui, il faut de la vigilance pour sauvegarder l'avenir, mais l'alarme donnée a justement été l'avis salutaire empêchant un oubli irréparable.

---

[1]. Pour ce sujet, aussi intéressant que sérieux, et qu'il nous serait impossible de traiter à fond, parce qu'il porte sur un point unique du territoire français et sur des questions trop spéciales ; pour ce sujet, nous renvoyons ceux de nos lecteurs désireux d'être parfaitement renseignés, à l'admirable travail de M. Edouard Féret, *Statistique générale du département de la Gironde* (publié à Bordeaux en 1878). Rien n'y est oublié : histoire, marine, géographie, agriculture, topographie, industrie, écoles... C'est un véritable monument élevé au département natal de l'auteur et que chacun consultera, non seulement avec fruit, mais encore avec un intérêt toujours soutenu.

Et en parcourant de nouveau la ville, en constatant son activité débordante, en voyant que si toutes les branches d'industrie et de commerce y sont à peu près établies, l'existence intellectuelle, loin d'être oubliée, y est au contraire en honneur, un sentiment de vive sympathie remplit le cœur, et l'on répète avec une conviction nouvelle que l'avenir appartient à Bordeaux.

Où donc, malgré les difficultés de tout genre pesant sur le commerce et sur l'industrie, où donc rencontrer une plus grande intensité de travail?

En dehors des vins, production capitale de la région, ne trouve-t-on pas des fabriques renommées des chapeaux, de chaussures; des manufactures de faïences, de verreries, de cristaux, de savons, de bougies de cire, de vinaigre, de liqueurs recherchées dans le monde entier? Qui n'a entendu parler de l'anisette de Bordeaux, chère aux gourmets délicats?

Puis viennent les raffineries, les teintureries, les tanneries. Les corderies pour constructions navales et les chantiers de ces mêmes constructions donnent d'excellents produits, ainsi que tout le cercle des autres branches commerciales nécessaires à l'approvisionnement complet d'un navire.

L'énumération est, du reste, bien loin d'être terminée; ainsi, les artistes musiciens apprécient beaucoup les cordes à boyau et les instruments d'origine bordelaise.

La vie intellectuelle n'est pas moins bien partagée.

Siège d'une Académie universitaire comprenant cinq départements [1] dans sa juridiction, Bordeaux possède un faculté des lettres et une faculté des sciences, une de droit, une de théologie, ainsi que des écoles préparatoires de médecine, de pharmacie, et un lycée de première classe.

Son Académie des sciences et belles-lettres a conquis le premier rang parmi les institutions provinciales de ce genre. Des sociétés de médecine et de pharmacie sont en pleine activité; des cours, embrassant toutes les branches des lettres et des sciences, sont des plus suivis. Un grand nombre d'associations savantes très distinguées, très sérieuses, telles la *Société Philomatique*, la

---

1. Gironde, Dordogne, Landes, Basses-Pyrénées, Lot-et-Garonne.

Société Linnéenne, la *Société d'agriculture* s'occupent encore de questions spéciales.

La vieille Université bordelaise se trouve donc dignement continuée.

Elle avait été instituée « *à l'instar de celle de Toulouse* », le 7 mai 1441, par un rescrit du pape Eugène IV, à la requête et diligence du Maire et des Jurats, lesquels en étaient *patrons*. En 1472, le roi Louis XI octroyait à l'Université nouvelle des lettres patentes et tous privilèges « *semblables à celle de Toulouze* ». Elle possédait quatre Facultés : de Droit, de Théologie, de Médecine et des Arts.

C'était, à proprement dire, la rénovation des Écoles renommées de la brillante Burdigala.

Au milieu de telles fondations, Bordeaux n'en pouvait négliger une indispensable à sa jeunesse industrielle : la Société de géographie commerciale se montre à la hauteur de sa tâche et rend de très grands services.

Enfin, pour développer le goût de la navigation, l'importante Société du *Sport nautique de la Gironde* [1] n'omet rien d'essentiel et sait faire apprécier son excellente organisation.

Bordeaux pourvoit donc à tout. Il y a plus : la ville trouve encore moyen de faire preuve de goût et de reconnaissance, en honorant les artistes qui ont contribué à sa gloire, puisque nous l'avons vue célébrer avec une pompe intelligente le centenaire de l'achèvement du Grand Théâtre, ce chef-d'œuvre architectural.

De plus, Bordeaux a magnifiquement réorganisé ses hôpitaux et d'admirables refuges pour la vieillesse et l'enfance ont été fondés : tels l'hospice des enfants assistés et le superbe hospice du général Pellegrin. L'assistance publique, d'ailleurs, fonctionne admirablement.

C'est donc à bon droit que la belle ville a obtenu, qu'elle veut conserver et qu'elle conservera son titre, si bien mérité, de Reine du sud-ouest.

---

1. Le sport nautique bordelais a pour Président : M. Bayssellance, pour Vice-Présidents : MM. P. Tandonnet, Th. Labat, de Boisredon et A. Demay ; pour Trésorier, M. E. Gross-Dross, pour Secrétaire général, M. Th. Maubourguet. Il se divise en *Comité de la Voile* et *Comité de l'Aviron*. Le premier a pour Président M. Roms. Le second est présidé par M. Lagrolet, qui a comme Vice-Président M. Coispley et comme Secrétaire M. Vigourous.

Bordeaux, en tout temps fort animé, le devient encore davantage, cependant, à deux époques connues bien au loin et très réputées : *les foires de mars et d'octobre*, durant chacune quinze jours. Elles se tiennent sur la belle promenade des Quinconces. Mais, on se ferait une fausse idée des transactions qui s'y effectuent, si on les croyait uniquement consacrées au commerce. Ces foires sont devenues l'occasion de sortes de fêtes semblables, à peu près, à celles des environs de Paris. Il va sans dire qu'elles sont, malgré cela, un moyen pour les négociants de nouer ou de resserrer des relations avantageuses, car elles sont extrêmement fréquentées et les trains de plaisir, organisés pour la circonstance, amènent des divers points du sud-ouest, même du sud, une nombreuse population flottante, avide de connaître ou de revoir la belle cité.

Revenons sur le pont, avant de prendre congé de Bordeaux.

Le tableau splendide n'a rien perdu de sa séduction. Le port et la rade ont encore gagné en mouvement, des paquebots pour le Brésil ou la Plata étant en partance, concurremment avec des navires armés pour les côtes africaines ou indiennes.

L'arc de cercle tracé par le fleuve s'arrondit toujours gracieusement et, de la masse des habitations, les tours, les flèches des vieux édifices semblent protester contre toutes craintes possibles.

Ne sont-ils pas les témoins du passé... Du passé, trop souvent troublé, trop souvent bien triste ! Cependant, les secousses subies n'ont pas abattu la vitalité de l'énergique population. N'est-ce pas du fond même de l'épreuve que sort, pour les cœurs courageux, le principe de la lutte féconde, de la victoire, tardive peut-être, mais assurée ?

Bordeaux possède tout ce qu'il faut pour combattre fructueusement, pour vaincre, par conséquent !

La marée commence à baisser. Elle nous avertit que nous devons reprendre notre marche vers les rivages de l'Océan.

Adieu Bordeaux ! ou plutôt : Au revoir !

Tu es de ces villes que l'on souhaite parcourir de nouveau, où l'on revient avec plaisir, parce qu'elles éveillent l'intérêt, la sympathie.

Au revoir ! Puisse, lorsque nous reviendrons, ta prospérité avoir grandi et les inquiétudes du présent avoir fait place à la sécurité, fille du travail intelligent, de l'énergie infatigable !

CHAPITRE XXII

LA RIVE GAUCHE DE LA GIRONDE. — LES VIGNOBLES DU MÉDOC ET DE LA GARONNE

Sous le rapport de la viticulture, comme sous tous les autres, navigation, aspect et nature du sol, la rive gauche de la Gironde offre un vaste champ d'observations des plus attachantes. Ne possède-t-elle pas Bordeaux, le grand centre commercial du sud-ouest ; Pauillac, l'avantageux point de relâche ; la rade du Verdon, qu'il serait peut-être possible de transformer en un port commode ? N'a-t-elle pas la fortune de compter, parmi ses nombreux vignobles, les crus dont les produits, disputés avec acharnement, ont établi la renommée vinicole de la France ?

Puis, en arrière de ces coteaux médocains si fameux, ne rencontre-t-on par les sujets d'études les plus variés : modifications des rivages, stations préhistoriques, sables envahissants, ensemencements sauveurs, étangs littoraux et marais ; enfin, l'immense bassin d'Arcachon, centre d'une exploitation ostréicole des plus prospères ?

L'intérêt du voyage ne languit donc pas un seul instant : il nous offrira plus d'une surprise.

Malgré les années déjà écoulées, on n'a pas oublié le cri d'alarme qui signala l'apparition de l'*Oïdium* dans nos vignobles.

Néanmoins, si l'émotion avait été vive, on se reprit promptement à la sécurité : un remède souverain, le soufrage, ayant fait merveille.

Par malheur, c'était à peine là le début d'une série de fléaux s'abattant sur la vigne et menaçant de l'anéantir complètement sur notre sol.

Le plus redoutable de tous, le *phylloxera*, puceron presque imperceptible, fut signalé. Ce qu'il a coûté à la France se chiffre par centaines de millions et par la ruine absolue de quelques contrées. Dans la seule Gironde, les cantons de *Bourg*, de *Langoiran* et de *Saint-Emilion* surtout, ont dû se résigner à l'arrachage des vignes, partout où l'irrigation pendant l'hiver, seul moyen pratique de défense, n'était pas possible. On reconstitue les vignobles, mais tous les anciens propriétaires ne peuvent supporter de tels sacrifices, et la fortune territoriale a subi une dépréciation énorme.

Jusqu'alors, par bonheur, les grands crus étaient restés indemnes ou à peu près. Ce ne fut pas pour longtemps. Le *mildew*, moisissure s'attaquant aux feuilles des ceps, et l'*antrachnose*, spécialisé à leur bois, effrayèrent les propriétaires médocains. Il y avait de quoi, le mal était des plus sérieux. Pourtant en 1882, M. Millardet, professeur à la Faculté des sciences de Bordeaux, trouvait moyen de combattre le *mildew* par le sulfate de cuivre additionné de phosphate de chaux.

Quel nouveau fléau surgira demain et quel remède le vaincra utilement ?

C'est à douter que la culture de nos vignes ait toujours été normale... quant à la conservation du végétal précieux.

Comment, voici une plante qui, laissée en liberté, atteint un vaste développement, se couvre de rameaux longs, feuillus, et recherche, à l'aide de ses fortes vrilles, points d'appui naturels, l'air, le soleil, l'espace ! Toutes ces conditions remplies, elle vivra plus d'un siècle, conservant jusqu'au dernier moment sa robuste santé... à moins que des plantes voisines, captives, ne lui transmettent le poison dont elles languissent, avant de mourir prématurément.

Très volontiers, nous ajouterons qu'il faut être viticulteur pour traiter à fond cette question ; mais, enfin, force est bien de remarquer tout ce que l'on demande à la vigne, sans lui rendre sérieusement la possibilité de parer à sa faiblesse toujours croissante.

D'abord, elle est taillée sans merci, torturée de mille façons, tenue presque à fleur du sol, c'est-à-dire à portée de recevoir, *sans atténuation aucune*, les principes délétères qui s'en exhalent ou s'y engendrent. On l'ébourgeonne, on la pince, on l'effeuille... Puis, comme ces opérations diverses la livrent, désarmée, à ses ennemis, elle subit, de plus, des médications très propres à dénaturer sa sève, c'est-à-dire son sang.

Pour comble, on lui donne encore de l'engrais, afin de pousser à la production de cette sève souffreteuse, et les ceps, plantés très rapprochés l'un de l'autre, manquent si bien d'espace que leurs racines, enchevêtrées, finissent, dans certains cas, par former un feutrage serré, où la moindre cause de mal trouve champ favorable à se développer.

Ces réflexions pourraient ne pas figurer avec avantage au milieu des savants procédés préconisés par les traités de culture

Château-Margaux (1er cru classé).

viticole. Néanmoins, nous croyons fermement qu'elles renferment une certaine dose de vérité : l'expérience devant ramener à des pratiques, moins productives pour le vigneron, sans doute, mais moins meurtrières pour la vigne.

Ce n'est pas nous éloigner du plan du *Littoral de la France*, que de nous arrêter ainsi à une question si importante pour notre richesse nationale, et qui intéresse si directement la navigation girondine.

Faisons-en donc une rapide revue. La statistique relève, comme terrains cultivés en vigne, dans le département, 158 418 hectares.

Ce chiffre ne se retrouverait pas intact à l'heure actuelle, mais la reconstitution des vignobles est en excellente voie [1].

Au premier rang, figurent les produits du Médoc proprement dit. Viennent ensuite ceux des *Graves* (zone d'une cinquantaine de kilomètres, courant à peu près de CASTILLON-SUR-GIRONDE jusqu'à LANGON) ; ceux des *Côtes* (collines de la Garonne, depuis AMBARÈS jusqu'à SAINTE-CROIX-DU-MONT) ; ceux de *Palus*, c'est-à-dire, comme l'indique le nom, les produits des vignes croissant sur les fonds marécageux des rives de la Garonne avoisinant Bordeaux. Enfin les récoltes du pays *d'Entre-deux-Mers*, espace, nous le savons déjà, circonscrit entre la rive gauche de la Dordogne et la rive droite de la Garonne [2].

Beaucoup d'autres vignobles étaient situés dans les arrondissements de Blaye et de Libourne ; ils se trouvent en général dévastés, mais le fléau est combattu par les moyens les plus énergiques. Il n'est donc pas téméraire d'espérer un bon résultat d'aussi grands efforts, car, bien que non classés par le commerce, ces vins contribuaient à augmenter la prospérité du département.

Parmi les vins célèbres du Médoc figurent, hors de pair : Le le *Château-Laffitte*, le *Château-La-Tour*, le *Château-Margaux*. Nombre d'autres crus sont encore absolument bons et d'autres excellents : tels les *Gruaud-Laroze*, les *Léoville*, les *Brane-Mouton*, les *Brane-Cantenac*, les *Lascombes*, les *Pichon-Longueville et Lalande*, les *Clos d'Estourmel*, les *Rauzan*, les *Durfort*, les *Ducru-Beaucaillou*, les *Montrose*.

Au troisième rang, viennent les *Giscours*.

---

[1]. Depuis l'invasion du phylloxera, un *million d'hectares* de vignobles avait été perdu en France. *Cinq cent mille*, soit *la moitié*, ont pu être reconstitués. La reconstitution a été plus active, plus féconde dans le département de l'Hérault, grâce à l'emploi des cépages américains. Ce département se trouve aujourd'hui posséder une étendue de vignobles supérieure à celle des vignobles de l'Amérique entière.

Ceci résulte des travaux de la *Commission supérieure du phylloxera*. Mais il n'est pas inutile d'ajouter que beaucoup des vignobles reconstitués, du moins dans le Bordelais, à l'aide des ceps américains, végètent, couverts de phylloxera. On peut donc se demander combien de temps ils résisteront, eux aussi, au fléau qu'ils nous ont fatalement importé ?

[2]. Il existe un certain nombre d'ouvrages spéciaux concernant les vignobles girondins. Parmi les plus intéressants figurent les publications de M. Édouard FÉRET, véritables traités dont le mérite est si complet, si universellement reconnu qu'il est impossible de ne les pas consulter. Nous y avons puisé sans hésiter, de même que nous leur avons emprunté des *vues* de plusieurs propriétés renommées.

C'est à la région dite des *Graves* et à ses vignes rouges qu'appartient le fameux *Haut-Brion*; puis, au second rang, le *Léognan*... Les vignes blanches y donnent des produits merveilleux : *Château-Suduiraut, Rieussec, Château-Coutet* ; enfin, bien au-dessus d'eux, le *Château-Yquem,* à *Sauterne* ou *Sauternes,* réunissant :

« .... Toutes les qualités des vins blancs de Grave, couleur, finesse, moelleux, saveur, parfum, chaleur sans excitation ; on a dit justement de lui : « C'est l'idéal du vin blanc », et, poétiquement : « C'est l'extravagance du parfait. » Nous lui devons une victoire qui, celle-là, n'a coûté ni larmes ni sang.

« Lors de l'exposition de 1867, les jurés dégustateurs des vins du Rhin prétendaient pour ces vins à une supériorité sans rivale, et offraient à l'appui de leur opinion une dégustation comparative avec nos vins de Sauterne ; le défi fut accepté, et voici dans quels termes l'un des assistants rend compte des principaux épisodes de l'épreuve : « Le président de la classe 73 (celle des boissons,) qui était Prussien, désigna lui-même les deux bouteilles de vin du Rhin qui furent apportées. Nous leur opposions deux bouteilles de *Château-Vigneau-Pontac* 1861. Vingt des dégustateurs les plus expérimentés, parmi lesquels figuraient les délégués de la Prusse, étaient juges du camp. Deux verres contenant les deux vins concurrents leur furent présentés, sans désignation distinctive, et les voix furent recueillies. Elles se sont trouvées unanimes, et le vainqueur fut reconnu sans contestation. Est-il besoin de vous dire que c'était le Sauterne? Il n'est pas inutile, ajoute le narrateur, de remarquer qu'il fut avoué ensuite que le vin du Rhin provenait d'une *barrique unique, résultat de raisins choisis grain à grain sur toute une récolte!* » (M. FÉRET).

Cette piquante anecdote est excellente à retenir. Ne prouve-t-elle pas deux choses : la bonne foi de nos ennemis, en général, et la valeur de nos ressources ?

Faisons donc de la première le cas qu'elle mérite, et gardons-nous de nous jeter dans le travers chevaleresque dont nous sommes si souvent victimes. Ensuite, étudions soigneusement toutes les améliorations possibles à introduire dans notre commerce, dans notre industrie. Moyennant ces deux précautions, l'avenir sera pour nous.

Le cru de *Château-Yquem* est le roi des vignobles de Sauterne.

Au nombre des vins dits de *Côtes* figurent plusieurs crus, tous situés dans les environs de la commune de SAINT-ÉMILION, qui leur a donné son nom.

Ces vins ont été appelés les « *bourgognes* » de la Gironde, et leur mérite égal fit que, parfois, aux expositions, les comités de récompenses leur attribuèrent une médaille d'or collective. Ainsi en arriva-t-il lors de l'exposition de 1867, où furent placés sur le même rang plusieurs excellents crus.

Depuis, quelques-uns d'entre eux atteignirent encore un dernier degré de perfection et méritèrent d'être *classés* par le commerce : tels les vins des domaines de *Château-Pavie* et de *La Sable*.

Mais, dans cette nomenclature, forcément trop rapide, il ne faut pas oublier un cru auquel se rattache un souvenir historique. La commune de CANTENAC (Médoc) possède un vignoble situé sur son plateau et dénommé *Brane-Cantenac*.

« ... Les qualités de ces terroirs si soigneusement entretenus étaient déjà appréciées à une époque très reculée. Il en existe un témoignage dans une inscription gravée sur la porte d'un vieux château du pays, le château d'ISSAN[1] : cette construction date de l'occupation de la Guyenne par les Anglais et l'inscription porte : *Regum mensis arisque deorum* (*pour les tables des rois et les autels des dieux*). Ces titres de gloire se sont transformés en distinctions modernes... » (MALTE-BRUN.)

Dans la région du *Palus*, les meilleurs vignobles sont ceux de Montferrand et de Queyries. Ils s'élèvent sur la rive droite de la Garonne, vis-à-vis de l'opulent quartier des Chartrons.

L'*Entre-deux-Mers* ne possède aucun vin classé ; la qualité est assez médiocre, surtout pour les vins rouges. Ils n'en fournissent pas moins, par ce temps de disette, une ressource appréciable.

Nous ne donnerons pas, d'après un recensement nouveau, le chiffre exact d'hectares de terrains qui semblent, aujourd'hui, devoir rester à peu près perdus pour ce mode de culture : la constatation serait trop affligeante.

Mais ce que nous enregistrons avec l'espérance de voir le succès répondre à tant d'efforts, c'est la vaillante campagne entreprise de toutes parts contre le fléau.

Puissent donc la ténacité et les sacrifices des propriétaires, occupés à la reconstitution des vignobles, être récompensés. La région y gagnerait de conserver une fructueuse industrie, et le commerce s'en trouverait, par suite, heureusement influencé.

---

1. Ce château a lui-même donné son nom à un cru classé.

CHAPITRE XXIII

LA RIVE GAUCHE DE LA GIRONDE. — BLANQUEFORT. — CASTELNAU-DE-MÉDOC. — PAUILLAC. — SAINT-ESTÈPHE. — LESPARRE

La route conduisant vers la pointe de Grave, et par conséquent vers l'Océan, traverse des villes dont les noms retentirent avec fracas lors des guerres incessantes que la possession enviée de la Guyenne faisait naître.

L'une des premières est BLANQUEFORT, si fortement assise sur la rive gauche de la *Jalle*[1].

A Blanquefort, c'étaient les marais, non les sables, qui eussent pu empêcher la création d'une ville ; mais la colline émergeant de leur surface offrait un lieu de refuge, en quelque sorte inexpugnable. Une redoutable forteresse y fut élevée. Onze tours la défendaient ; son périmètre immense se divisait en vingt-deux pans, ceints de murailles auxquelles on ne pouvait accéder (le pont-levis étant retiré) qu'après avoir franchi des fossés d'une excessive largeur : certaines de leurs parties atteignant *vingt mètres !!*

On comprend sans peine la prépondérance attachée à la possession d'un pareil château qui, de plus, commandait le cours du fleuve. Les *Rôles gascons* parlent d'un ARNAUD, seigneur de Blanquefort, vers la fin du onzième siècle. Cent cinquante ans plus tard la famille d'Arnaud s'alliait à celle de GOUT ou GOTH, qui devait donner un archevêque à Bordeaux, un pape à l'Eglise. En 1308, un neveu du pontife, portant, comme lui, le prénom

---

1. Trois petits cours d'eau portant ce même nom de *Jalle*, viennent, à peu de distance l'un de l'autre, se jeter dans la Gironde par sa rive gauche : la *jalle de Blanquefort* ; la *jalle de Castelnau* ou de l'*Ile* a son embouchure en face l'*Ile-Verte* et la *jalle de Saint-Laurent* débouche en aval de Blaye. Au surplus, le mot *jalle* s'applique à la généralité des cours d'eau arrivant des landes médocaines pour se jeter dans la Gironde. (Voir la *Statistique du département de la Gironde*, par E. FÉRET.)

de Bertrand, recevait Blanquefort des mains du roi d'Angleterre, et ce fut sa fille, épouse de Jean d'Armagnac, qui, morte sans enfants, laissa la seigneurie aux comtes de Durfort-Duras.

Belle et grande seigneurie dont les droits s'exerçaient, d'une part, sur le Médoc à peu près entier ; d'autre part, jusqu'aux rives du bassin d'Arcachon. Les châtelains étaient, du reste, absolument dévoués à la cause anglaise. Pendant toute la durée de l'occupation étrangère en Guyenne, ce fut bien ; mais les victoires de Charles VII changèrent la face de la médaille, et, obligés de se réfugier dans la Grande-Bretagne, les Durfort y passèrent plus d'un mauvais jour.

Pourtant l'éclipse de leur maison ne fut que momentanée, Louis XI ayant jugé bon de leur rendre la seigneurie. Depuis lors, ils s'attachèrent à la patrie française et la servirent souvent avec éclat, témoin JACQUES-HENRI DE DURFORT, DUC DE DURAS (1606-1704), le compagnon d'armes de Condé et de Turenne, le vaillant soldat qui contribua si bien à l'annexion de la Franche-Comté[1], et sut la gouverner avec talent. La dignité de maréchal et le titre de duc et pair récompensèrent ses services.

Son fils JEAN-BAPTISTE, DUC DE DURAS (1684-1770), fut lieutenant général de Guyenne, où leurs aïeux avaient occupé une si brillante place, et obtint également, après de nombreuses campagnes, la dignité de maréchal.

Au surplus, il semblait alors que les Duras fussent comme en possession incontestée de cette grande situation militaire, car le frère cadet du premier maréchal, plus connu sous le nom de DUC DE LORGES, y parvint aussi.

Un genre tout différent d'illustration était réservé à la famille. CLAIRE DE KERSAINT, duchesse de Duras, gagnée peut-être par l'exemple de son amie, Mme de Staël, voulut s'essayer dans la littérature. Le roman français conquit, à ce caprice de grande dame, trois petits chefs-d'œuvre de sensibilité délicate : *Caliste*, *Edouard*, *Ourika*.

Blanquefort a conservé les ruines, très belles et très imposantes, de sa forteresse, mais, sagement, n'a pas jugé bon de laisser à l'état de marais des terrains que l'on pouvait trans-

---

[1]. Il ne faut pas oublier que la Franche-Comté faisait partie de la dot promise à Marie-Thérèse, femme de Louis XIV.

former en jardins fertiles. Aujourd'hui, ces potagers et vergers contribuent pour une large part à l'approvisionnement de Bordeaux. Les collines sont plantées en vignes et, avant l'apparition des différents fléaux, produisaient de très bons vins, dits *bourgeois*.

Elles en produiront encore, la lutte pour l'amélioration étant incessante.

C'est non loin de Blanquefort que s'étendent les marais de Grattequina, où il a été question de creuser un nouveau port, destiné à remédier aux divers obstacles présentés par le port de Bordeaux.

Il y a lieu de douter que l'on pût ainsi complètement sauvegarder l'avenir.....

La route traverse le cœur même du Médoc ; elle possède nombre de petits ports et d'embarcadères, facilitant, pour la plupart, le commerce des vins.

Désormais, du reste, les grands noms vinicoles frapperont à chaque instant l'oreille : *Margaux*, *Latour*, *Laffitte*... le défilé serait presque interminable.

Un petit détour conduit à Castelnau-de-Médoc, seigneurie qui prenait rang après Lesparre et Blanquefort. Elle figure dès le neuvième siècle dans l'histoire du pays ; au treizième, elle appartenait aux seigneurs de Puy-Paulin, dont l'origine était fort ancienne, Assalide de Bordeaux fut leur héritière et, par elle, Castelnau passa dans la famille des Grailly ou Greyli, Captaux de Buch.

Le plus célèbre de ces Captaux, Pierre III de Grailly, mort prisonnier au Temple, à Paris, eut pour successeur son oncle Archambault. C'est ce dernier qui facilita au duc de Lancastre (1394) l'entrée dans Bordeaux et sa mise en possession du duché de Guyenne.

Par alliance, Gaston de Foix, captal de Buch, devenait seigneur de Castelnau. Deux siècles plus tard, D'Épernon voulut relever ce titre.

La forteresse défendant le territoire subit plusieurs sièges. L'un d'eux fut dirigé, lors des troubles de la régence d'Anne d'Autriche, par le duc de Bouillon, qui n'éprouva pas grande résistance.

Castelnau compte de bons crus parmi les vins dits de *Graves*, et ses bois, ses prairies, ses champs, ajoutent aux ressources commerciales des laborieux habitants ; plusieurs fontaines ferrugineuses jaillissent du sol.

Les ruines du château sont assez belles et une église, ainsi qu'une chapelle ornée encore de verrières, méritent largement une heure d'attention.

Il faut franchir la petite rivière dite la *Jalle de Castelnau* ou de l'*Ile*.

Au loin, on aperçoit le *fort Médoc*, tout prêt à croiser ses feux avec les feux de Blaye.

Un troisième petit cours d'eau, la *Jalle de Saint-Laurent*, formera l'un des ports de *Saint-Julien*, encore un nom placé bien haut dans les fastes de la viticulture, car, à lui, se rattachent les excellents crus : *Léoville*, *Laroze* et tant d'autres.

Voici PAUILLAC, datant son origine d'une villa, résidence des PAULIN, ancêtres du grand évêque de Nole et possédant des biens si considérables que le poète Ausone n'hésite pas à appeler « royaume » l'ensemble de leurs propriétés[1]. De même, il parle à son ami Théon de la villa remplacée par le moderne Pauillac.

Aucune confusion n'est possible : des fouilles couronnées de succès ont permis de constater l'identité des lieux. Là se borne, ou à peu près, l'histoire de la petite cité ; mais, heureuses les villes, comme les peuples, qui n'ont pas d'histoire. Si elles ne peuvent prétendre à de glorieux souvenirs, elles n'ont pas non plus à enregistrer de lamentables désastres. Le calme, la paix qu'elles ont goûté valent bien des annales, illustres assurément, mais sanglantes !

Il faut ajouter que si tous les vignobles, avoisinant Pauillac, ne peuvent atteindre à la réputation du Laffitte, la plupart d'entre eux figurent parmi les très bons crus du Médoc, et sont justement estimés.

Une autre source de prospérité alimente la ville.

Située sur la Gironde, à mi-chemin de Bordeaux à la mer, elle voit le fleuve s'élargir devant elle de plus de huit kilomètres, pour lui former un port commode, prolongé par une rade sûre.

Il y a cependant des fonds rocheux, ainsi que des bancs de sable, et le chenal y est çà et là un peu étroit, mais les pro-

BLANQUEFORT-DE-MÉDOC. — RUINE DU CHATEAU

fondeurs sont bonnes. A marée basse, on trouve *plus de sept mètres*. Devant la ville, tout proche des quais, le reflux laisse encore près de *six mètres*.

Constamment sûr, le mouillage est avantageux, puisqu'on peut venir le prendre en dépit de l'heure de la marée. D'après le *Pilote des côtes ouest*, un seul point, la *traverse de la Maréchale*, donnerait *moins* de cinq mètres pendant le jusant ; mais il est facile aux grands navires d'éviter de s'y engager à ce moment précis.

Il n'est pas besoin d'ajouter que le balisage et les feux de direction sont combinés avec soin. Un fanal a été établi sur le ponton dit de *Mapon*, et un feu scintillant dans la petite île de *Pâtiras*.

Un dernier avantage résulte de la manière dont se comporte le flux en Gironde. Toujours il roule des vagues plus fortes dans la direction de la côte de Saintonge et de Blaye qui, forcément, se trouvent sous le vent du chenal.

La marine ne pouvait manquer de témoigner le désir de profiter de ces conditions avantageuses, et Bordeaux s'émut. Toutes les influences furent mises en jeu. Par suite, les projets ont été abandonnés.

Pauillac possède un lazaret, mais l'organisation du service sanitaire[1] a souvent donné lieu à beaucoup de plaintes, par suite des lenteurs auxquelles il exposait les navires. Sans doute les mesures nécessaires ont été prises depuis, afin que ce service n'occasionne pas plus d'ennuis qu'il n'en donne dans la navigation de l'Elbe et de l'Escaut, par exemple. A Pauillac, encore, est la principale station des pilotes de la Gironde. Enfin, l'on y trouve des chantiers de construction navale estimés, quoique sans grande animation.

A huit kilomètres au nord de Pauillac, on traverse Saint-Estèphe, riche commune médocaine aux vignobles excellents et étendus.

Parmi ces crus, d'ailleurs, plusieurs atteignent un prix élevé, ce que leur mérite justifie bien.

Saint-Estèphe conserve des ruines qui prouvent l'existence,

---

1. Voir premier volume.

sur ce point, d'une importante station gallo-romaine. Il faut se souvenir, d'ailleurs, que Lesparre n'est pas loin (14 kilomètres), et que cette dernière ville fut, dit l'abbé Baurein, la première station des Bituriges-Vivisques, fondateurs de Bordeaux.

Lesparre, on le suppose, occupe l'emplacement de *Metullium* ou *Medullium*. Elle devait être entourée de palissades (d'où lui venait son nom), palissades impuissantes à arrêter les invasions normandes et qui furent remplacées par un château fort, que continuaient des murailles de pierres.

Ces défenses, ajoutées à la situation de la ville dans une péninsule alors peu accessible, puisque le fleuve, la mer, de vastes landes, des forêts profondes, des marais augmentaient la difficulté des communications, ces défenses donnèrent à Lesparre une grande importance, prouvée par le rang que tenaient ses seigneurs et les alliances qu'ils contractèrent.

Dévoués à la cause des rois anglais, ils en reçurent toute sorte de faveurs, même de grosses sommes d'argent. Plus d'un historien explique ces libéralités par la quasi-pauvreté où la modération dans l'exercice de leurs droits féodaux jetait les sires de Lesparre ;... mais la prodigalité ne pouvait-elle pas causer le même effet?

Une circonstance, pourtant, donnerait raison à la première de ces opinions.

Lors de la sanglante guerre dite des *Armagnacs*, un seigneur de Lesparre fut fait prisonnier et, selon l'usage du temps, sa délivrance mise à prix. Sans doute avait-il usé de douceur envers ses vassaux, car la récompense de ses bons procédés ne tarda pas. En effet, désolés de l'aventure, les fidèles Lesparrois n'attendirent point qu'on leur demandât de l'argent ou qu'on leur imposât de nouvelles charges : ils se hâtèrent de payer la rançon!

Vu l'époque, on peut, sans crainte, avancer qu'un tel dévouement n'avait pas grandes chances de rencontrer beaucoup d'imitateurs...

Devenu maître de la Guyenne entière, Charles VII démantela les fortifications de Lesparre ; vers le même temps (1452), la cité passait de la puissante maison de Foix dans celle de Nivernais, puis devint fief du maréchal de Matignon.

Le duc d'Epernon, profitant de son crédit sur Henri III,

demanda et obtint le gouvernement de la Guyenne. Entre ses mains, le pouvoir devait vite rouler sur la pente de l'absolutisme. Plusieurs des singularités tracassières de son administration agitèrent Bordeaux, mais le duc prit, à sa louange, bon nombre d'excellentes mesures, et donna surtout une grande impulsion aux travaux de culture. Lesparre s'en ressentit. Le gouverneur avait acheté cette seigneurie et, pour en tirer le meilleur parti possible, il songea, pensée très sage, à confier à des Flamands le dessèchement des marais dont le pays était couvert. Ce fut le signal d'une amélioration rapide dans les produits du sol : l'exemple partait de haut, il fut fidèlement suivi.

Après d'Epernon, les ducs de Gramont portèrent le titre de seigneurs de Lesparre. Aujourd'hui ces souvenirs n'intéressent plus guère les habitants, fort occupés, avec raison, d'entretenir le mouvement de leur florissant commerce des vins du Médoc. Les foires et les marchés de la ville sont des plus suivis, et maintenant que le chemin de fer, traversant les landes du département, est ouvert, les transactions sur les bestiaux, sur les céréales, sur les bois, déjà considérables, iront toujours en croissant.

Le travail a fait de Lesparre une ville riche ; le travail entretiendra, développera cette prospérité, parce qu'il est le point d'appui infaillible, le seul gage, pour les nations comme pour les individus, dont la valeur ne puisse jamais être dépréciée.

CHAPITRE XXIV

DE LESPARRE A LA POINTE DE GRAVE. — LA RADE DU VERDON
LE PHARE DE CORDOUAN. — SOULAC

Si un grand nombre de preuves authentiques ne l'affirmaient, on aurait peine aujourd'hui à croire que le Médoc, le bas Médoc surtout, fut un séjour aimé des riches praticiens romains.

En hiver et aux premières heures du printemps, ces plaines ou marécageuses ou inondées pour combattre l'invasion du phylloxera, n'ont rien d'attrayant. En été, le paysage devient plus agréable, sans pour cela offrir de beautés exceptionnelles.

Mais il ne faut pas oublier les bouleversements divers supportés par la contrée, et dès lors toutes les contradictions apparentes s'expliquent.

Sans même s'arrêter aux noms de lieux dont la situation est discutée, tels Noviomagus et l'île d'Antros, combien d'autres ont disparu à une époque relativement rapprochée : Saint-Nicolas-de-Grave, Soulac, Saint-Pierre-de-Lilhan, Artigues-Extremeyre, la grande forêt seigneuriale de Lesparre...

Maintenant, la mer, ou le sable, ou des plantations de pins les recouvrent. Si, de plus, on ajoute qu'un affaissement continu du littoral girondin semble être prouvé, on comprendra sans peine les transformations que chaque pas, pour ainsi dire, révèle.

En quittant Lesparre, on se trouve en plein réseau de *polders* ou de *Watteringhes*. C'est la continuation, l'entretien du travail commencé par les Flamands, installés ici, nous venons de le voir, sur l'ordre du duc d'Epernon.

Traversons le bourg de Saint-Vivien, à la curieuse église fortifiée ; puis le petit cours d'eau du même nom, et arrêtons-nous au Verdon, passage habituel des voyageurs qui, pour éviter un long détour, prennent, à Bordeaux, la petite ligne du Médoc, et, au Verdon, le bateau à vapeur de Royan.

M. Bouquet de la Grye, dans son *Pilote des côtes ouest de France*, apprécie comme il suit cette rade de la pointe de Grave.

« Avec raison, on a fait remarquer que ses crus, s'ils ne comptent pas au tout premier rang, sont accessibles à un plus grand nombre de consommateurs et, par suite, maintiennent, propagent la réputation des produits connus sous la désignation générale de *vins de Bordeaux*.

« Ce mouillage étendu est, malgré ses inconvénients, pratiqué habituellement par un grand nombre de navires.

« C'est là que les bâtiments en partance viennent attendre, *souvent pendant une quinzaine de jours*, que la mer s'embellisse et que les vents changent. Ils communiquent du mouillage avec Bordeaux au moyen du sémaphore de Saint-Nicolas, et peuvent ainsi prendre les ordres de leurs armateurs et demander au besoin un remorqueur, soit pour sortir, soit pour remonter la rivière.

« La rade du Verdon doit ainsi être considérée comme la véritable rade du port de Bordeaux, et souvent, l'hiver, elle est encombrée de navires... On y trouve 8 mètres en basse mer.... On peut toutefois, vis-à-vis de la *Chambrette*, trouver des profondeurs de 9 à 11 mètres, en conservant l'avantage d'un courant faible et aussi du voisinage de la terre....

« Le mouillage, au Verdon, a cependant quelques inconvénients : par gros temps, et surtout aux approches de la pleine mer, la houle, tournant la pointe de Grave, fait courir les navires sur leurs ancres.... Si le jusant est établi, les secousses produites peuvent faire casser les chaînes, et les navires partent alors en dérive. Il reste ainsi en rade, chaque année, un certain nombre d'ancres que l'administration fait enlever par les pilotes.... »

Il faut ajouter que la nature du sol, composé à peu près de sable mouvant, offre de grands obstacles pour les travaux à exécuter en vue d'amélioration de la rade.

Malgré ces multiples inconvénients, les navires qui veulent entrer en Gironde sont bien forcés de venir au Verdon, car le mouillage extérieur, vis-à-vis de Royan, est exposé à tous les vents du large, et lorsque ceux-ci ont soulevé la mer, cette rade foraine ne peut offrir aucune garantie, tandis que sur la rive gauche ils trouvent un abri contre les vents du sud et du sud-ouest.

Les études publiées sur les *Ports maritimes de France*, par le Ministère des travaux publics, nous apprennent encore que la section de la Gironde, entre Royan et la pointe de Grave, limite extrême gauche, n'est que de 6 kilomètres. Cependant, la traversée à faire pour chercher un abri sur cette rive, en abandonnant le mouillage de Royan, est d'environ 10 kilomètres, à raison de la partie du fleuve qu'il faut remonter pour atteindre la rade du Verdon, située, *en Gironde*, à 4 kilomètres au-dessus de la pointe de Grave.

Les courants de flux et de reflux ont, devant Royan, une durée à peu près égale à celle de la marée, mais les instants où ils changent de direction ne coïncident pas avec ceux des pleines et des basses mers.

Comme, de plus, la Gironde se resserre brusquement et très sensiblement, peu avant son embouchure, les dangers se trouvent encore augmentés; ils se compliquent, enfin, de brouillards fréquents, intenses et dans le reste du fleuve ainsi que dans la Dordogne, d'une *barre* ou mascaret périodique.

On comprend dès lors la renommée mauvaise, trop justifiée, de ces parages.

Et, ici, il convient de rappeler que l'étranglement actuel de l'embouchure du fleuve doit être, pour ainsi dire, moderne. En effet, Pomponius Mela dit fort expressément que la « Garonne... s'élargit de plus en plus à mesure qu'elle s'approche de la mer, en sorte qu'à son embouchure on la prendrait pour un vaste détroit ». Une ou plusieurs îles, Antros, peut-être, ne seraient-elles pas rattachées, par suite d'alluvions, au continent?

Les lieux ne devaient pas être tels autrefois, puisque Noviomadus, la ville maritime, s'y élevait, et qu'une île, Antros, vraisemblablement, prolongeait la péninsule médocaine?

Une particularité tirée du nom de cette île peut faire admettre son existence *dans* la Gironde, vers l'embouchure de ce fleuve. Antrosa ou la *sauteuse* « haussait et baissait, s'étendait et diminuait au gré du flux et du reflux, et suivant les circonstances, les saisons et les mouvements lunaires !! »

En tenant compte des connaissances du temps, surtout en faisant la part d'erreurs descriptives très compréhensibles, on n'a pas de peine à se figurer une île formée de roches, de vases, de sables. Selon la violence de la marée, le noyau solide émergeait plus ou moins des flots ; selon l'abondance des apports fluviaux ou océaniques, son aspect se modifiait.

Puis, le jour vint où toutes les parties friables furent la proie des eaux douces et des eaux marines, réunies contre elles.

Nul ne pourrait affirmer avec certitude que les choses ne se passèrent point ainsi. En admettant même que l'on n'insiste point sur l'existence d'Antros, à l'embouchure de la Gironde, il reste cependant impossible de ne pas croire que des terres y ont disparu, terres étendues au nord, à l'ouest, au sud. Les vieux titres sont remplis des preuves de leur existence.

Le phare de Cordouan, à lui seul, serait un irrécusable témoin.

Des traditions constantes le montrent autrefois uni au continent ; puis la mer ayant gagné, un chenal se produit, assez étroit, d'abord, et assez peu profonde pour, à marée basse, être facilement traversé. Un hameau encore existant, appelé *Gua* ou *Gué*, aurait pris son nom de ce passage.

Une chose hors de doute, c'est l'établissement d'une abbaye sur le sol de Cordouan. Mais, tout à coup, le monastère se voit menacé et son abbé, religieux du nom d'Etienne, justement effrayé, s'apprête à le rétablir à *la Grave*, dans une seconde île appartenant aux moines de Cluny. L'abbé Hugues, supérieur de ces derniers moines, accorde son consentement, et la nouvelle abbaye est dédiée à *saint Nicolas*, patron des marins.

Elle devait également disparaître sous les eaux, car la pointe de Grave, incessamment rongée, a parfois en peu de temps, abandonné aux flots des espaces très considérables.

Un relevé, fait avec soin par M. Delfortrie, prouve qu'en *moins d'un siècle*, de 1752 à 1842, la pointe a perdu *douze cents mètres* de terrain, représentant un triangle à peu près équilatéral mesurant *dix kilomètres de côté !!*

Au surplus, les archives municipales bordelaises conservent des pièces très curieuses relative à l'érection de la tour de Cordouan, par le célèbre ingénieur Louis de Foix. Le 16 septembre 1595, les *jurats de Bordeaux* vinrent visiter les travaux et dressèrent procès-verbal de leur voyage. On y constate que « le banc de Cordouan » est alors distant de *deux mille pas* du continent (quand, aujourd'hui, il n'est pas à moins de *sept kilomètres !*). *Et jamais il n'était couvert par les eaux*, « trois chevaux attelés » charroyaient de la pierre de taille sur le terrain environnant la tour : chose qui serait bien impossible aujourd'hui.

M. Delfortrie rapporte tous les passages importants de ces pièces et rappelle une autre visite, faite par un conseiller du roi, une année plus tard, le 12 septembre 1596.

Il donne en outre le procès-verbal de l'adjudication des travaux à exécuter à Cordouan, pendant neuf années, adjudication datant du 21 octobre 1769.

CLAUDE TARDY, architecte, a obtenu l'entreprise et, dans un inventaire qu'il dresse, on voit de nouveau apparaître « ... trois charrettes garnies de leurs essieux de fer, avec *son attelage* » (*sic*).

M. Delfortrie insiste avec raison sur ces circonstances qu'en 1595 le rocher de Cordouan ne *couvrait jamais* et, qu'en 1770, il existait encore, *sur ce même rocher, par les plus hautes mers, un espace libre assez vaste pour rendre possible l'emploi de véhicules attelés.*

Mais, le savant géologue ne tire pas de ces faits la conclusion que la mer a causé tout le mal, en désagrégeant les roches. Il admet, il pense avoir prouvé d'une manière irréfutable l'*affaissement du littoral girondin.*

« En 1727, dit-il, l'ingénieur DE BITRY élevait la tour de Cordouan de 22 pieds, portant ainsi les feux à une hauteur de 38 mètres au-dessus du pavé de la cour.

« En 1787, c'est-à-dire dans l'espace de soixante ans, l'affaissement avait produit une diminution si sensible de la hauteur des feux, que, sur les plaintes des marins, le maréchal de Castries donnait, le 7 septembre 1787, son approbation au projet de l'ingénieur TEULÈRE, qui démontrait la nécessité d'exhausser la tour de 60 pieds....

« Teulère mettait la main à l'œuvre le 27 avril 1788 ; ce travail, considéré à juste titre comme un chef-d'œuvre de hardiesse et d'exécution, était terminé en 1789. Joseph Teulère, ingénieur en chef de la généralité de Bordeaux, en surhaussant la tour de Cordouan, y plaçait le feu tournant à éclipse dont il était l'inventeur, et élevait les feux du phare à 58 mètres au-dessus du pavé de la cour et à 63 mètres au-dessus de la haute mer; or, aujourd'hui, alors que le niveau de la base de la lanterne n'a pas varié, par rapport à la tour elle-même, si l'on demandait à nos anciens capitaines et à nos vieux pilotes s'ils aperçoivent, à l'heure qu'il est, les feux du phare à la même distance qu'ils les apercevaient il y a quarante, trente et même vingt-cinq ans, ils répondraient négativement.... C'est que les feux ont baissé de plus de 2^m,50 *en* quatre-vingt-sept *ans...* »

Et cependant la tour a conservé la même hauteur que lui donnait Teulère. Il y aurait donc lieu d'éprouver de sérieuses craintes.

pourtant, n'est-il pas possible de penser que les mesures prises jadis n'offraient pas toute la rigueur désirable? Les instruments ont fait depuis lors des progrès extraordinaires, et maintenant leur réponse peut passer à l'état d'oracle. Les anciens ingénieurs ne possédaient pas de pareils moyens de contrôle.

Or, quand on voit l'Océan arracher *en une seule marée* des centaines de mètres à une côte rocheuse, il n'est pas téméraire de croire, *tout en se rangeant à l'opinion d'un affaissement lent*, que les modifications apportées à l'îlot de Cordouan sont dues, pour la plus grande part, à l'action des marées et du fleuve combinés.

Cordouan est un véritable monument, différant, par son ensemble, des autres tours du même genre, toutes plus modernes. La commission des monuments historiques l'a pris sous sa sauvegarde. Il possède un beau portique dont les colonnes se répètent au premier étage, en encadrant quatre baies symétriques. L'aspect entier, avec les fenêtres ouvertes sur chaque pan, est d'une rare élégance. On y trouve la *chambre du roi* et une jolie chapelle ornée de verrières. Louis de Foix n'avait rien épargné pour cette superbe construction. GILLES MAUPEOU, conseiller du roi, disait avoir vu, lors de sa visite (en 1596) « grande quantité de marbre noir que ledit Foix dit avoir fait venir des monts Pyrénées pour l'enrichissement de la tour ».

Du sommet du phare, l'horizon est immense, mais il faut se tourner vers la pleine mer pour rêver à l'aise, car, du côté de la terre, l'entrée de la Gironde apparaît effroyablement triste, offrant un chaos de sables, de rocs, de marais, de landes...

C'est l'instant de chercher, pour combattre l'impression éprouvée, l'étymologie du nom de l'îlot. Vient-il du promontoire *Curian?* ainsi que l'affirme VINET[1] dans ses *Commentaires sur Ausonne*. Les savants n'ont pas suivi cette opinion, mais n'ont pas davantage éclairci le point discuté. Plusieurs, cependant, y ont cru reconnaître l'île d'Antros.

L'invasion sarrasine aurait-elle laissé une trace dans le mot Cordouan? Cette hypothèse prouve tout au moins beaucoup de vivacité d'imagination. Une ville d'origine moresque s'apelle Cordoue... L'analogie saute aux yeux... sinon la vraisemblance : le séjour des soldats d'Abdérame fut d'assez longue durée, il est vrai ; mais leur grande préoccupation était de détruire, non de fonder.

Quoi qu'il en puisse être, constatons les minimes proportions actuelles du rocher sur lequel s'élevait autrefois l'abbaye et ses dépendances.

Le phare l'occupe à peu près en entier et, à quelques pas de la tour, la mer présente quatre mètres de profondeur.

Revenons sur le continent : nous passerons au-dessus des murailles englouties du second monastère, bâti dans l'île de Saint-Nicolas, par les moines de Cordouan.

Enfin, avançons toujours, et non seulement nous constaterons les progrès du flot, mais nous reverrons les dunes de sables menaçantes, couvrant de vastes étendues de terrain, jadis habitées, jadis cultivées...

Où retrouverait-on, par exemple, le tranquille estuaire disposé en parcs à huîtres, dont les produits étaient si estimés ? Ausone trouvait ces huîtres meilleures que celles de Baies, chose toute simple, le jeu des marées, uni aux eaux de l'Océan, communiquant à ces mollusques une saveur infiniment délicate. Le poète aimait beaucoup l'*irritamentum gulæ*, ainsi qu'il appelle l'huître, en chantant les excellents produits de Cancale[2], et reprochait à son cher Théon de ne pas lui en expédier autant qu'il l'eût désiré.

Ces parcs n'existent plus et l'estuaire a été agrandi, approfondi en même temps que s'effondrait le sol de la paroisse de *Saint-Nicolas de Grave !*

Aujourd'hui les contours de ce rivage si tourmenté sont littéralement cuirassés par les travaux des ingénieurs, qui y ont élevé des épis en pierre, renforcés de fascines, d'enrochements, de boucliers en clayonnage, bondés de graviers. Plusieurs de ces épis ont une longueur dépassant *cent mètres*, et courent depuis la Pointe de Grave jusqu'à Soulac-les-Bains. Les lames ne brisant plus, dès lors, avec régularité, les courants se trouvent amortis.... quelquefois, car, force est bien de l'avouer, la victoire ne couronne pas constamment ces gigantesques efforts, et sans une vigilance absolue, chaque marée un peu forte détruirait vite le travail de mois entiers ! !

Entrons dans le nouveau Soulac ; l'aspect en est tout aimable;

de jolies maisonnettes s'y abritent au milieu de la forêt de pins dissimulant les dunes.... Soudain, un sentiment de stupeur a cloué sur place l'étranger.

Une immense excavation troue l'un des bancs sablonneux, et l'église du vieux Soulac émerge *à demi* de son tombeau séculaire !...

LE VIEUX SOULAC !!... Il y a donc eu deux bourgs de ce nom ? Pour être exact, on doit dire que le bourg actuel est peu de chose auprès de la *ville* antique, ville renfermant derrière ses murailles une population de *soixante mille habitants !* Ainsi parle la chronique, mais, sans y croire absolument, on est bien obligé d'admettre l'existence d'une ville importante. A défaut d'autres preuves, les proportions de l'église sauvée en témoigneraient... et si l'église avait été détruite, les terriers du seizième et du dix-septième siècle resteraient encore, mentionnant *seize rues*, ainsi qu'un très grand nombre de terres ou maisons dépendant de la *baronnie de Soulac*.

S'appuyant sur une foule de probabilités, M. l'abbé MEZURET regarde Soulac comme ayant été l'ancien *Noviomagus*, ce qui ne l'empêche pas de rappeler toutes les étymologies données. La meilleure rapporte au langage basque l'origine du nom.

Soul, qui forme la première syllabe du nom, signifie *paille, chaumière*, ou *maison couverte de paille*. Or, d'après OIHÉNART (autorité en ces matières), la lettre *a* est l'article employé par les Basques au singulier, et la syllabe *ac*, celle dont ils font usage au pluriel. Soulac voudrait donc dire : *Les chaumières*. L'abbé Baurien fait remarquer combien l'explication est vraisemblable : Ausone disant expressément que, de son temps, les maisons du Bas-Médoc étaient couvertes en roseaux.

Une autre étymologie rapporterait à la légende chrétienne le nom de la ville.

Mais, nous ne pouvons entrer dans la discussion ; il suffit de faire remarquer le contraste existant entre la signification probable « lieu des chaumières » et la splendeur attribuée à Noviomagus.

Seulement, aussi, la mer n'avait-elle pas déjà commencé son œuvre ? Ces questions sont insolubles. Peut-être, toutefois, serait-il possible de retrouver à la Tour de Londres, au milieu de la masse de documents emportés par les Anglais, quand ils furent chassés de Guyenne, des pièces authentiques éclairant le débat.

Contentons-nous, pour le présent, de savoir que tout ce pays du Médoc fut, très sûrement, habité dès l'antiquité la plus reculée.

Une exploration consciencieuse, patiente, du territoire, faite par MM. Dulignon-Desgranges et Daleau a donné la situation exacte de nombre de stations préhistoriques, parmi lesquelles compte Soulac.

Cette dernière ville fut, d'après les traditions chrétiennes, le terme du voyage de sainte Véronique dans les Gaules, et le champ fécond de son apostolat évangélique, en même temps que le lieu de sa mort. Une partie de l'église de Soulac, dédiée par elle à la Vierge Marie, lui était consacrée et un autel lui fut érigé. On prêtait serment sur cet autel, en invoquant le nom de la sainte.

La primitive église fut souvent rebâtie. D'abord par saint Léonce, archevêque de Bordeaux (sixième siècle), et par saint Guillaume (dixième siècle). Le pape Clément V l'enrichit de ses dons.

Elle appartenait à une célèbre abbaye bénédictine, puis les mauvais jours commencèrent avec la marche des sables. Pendant plusieurs siècles on lutta ; mais en 1745, il fallut fuir ; la dune, chaque jour plus monstrueuse, engloutit le sanctuaire, dont à peine la tour se voyait encore, offrant, chose incroyable, quoique vraie, une sorte de carrière de moellons à bâtir pour les habitants ! ! !

L'édifice, si intéressant comme architecture et comme monument historique, aurait été détruit sans l'initiative du cardinal Donnet, archevêque de Bordeaux.

De difficiles et délicats travaux de déblayement furent entrepris, mais bien des vicissitudes devaient suivre encore. Tout n'est pas terminé, il s'en faut ! Un tiers environ de l'église reste enseveli ; un plancher provisoire permet d'y circuler et d'y accomplir les cérémonies du culte.

Le monument (dédié à *Notre-Dame de la Fin-des-Terres*) date des onzième et douzième siècles : il possède une nef et deux bas côtés ; les travées sont au nombre de quatre et voûtées en berceau ; les fenêtres, fort belles, sont cintrées ; les chapiteaux, devenus des colonnes, offrent de curieux sujets d'études. La façade, sans ornements, possède trois portails et, sur les débris de la tour, une balise, fort utile pour la navigation, mais fort laide au point de vue architectural, achève de donner à l'ensemble un cachet étrange.

Le vieux monument était le but d'un pèlerinage très fréquenté. Il avait donné le nom de son vocable : *Sainte-Marie*, au cap situé sur le territoire de Soulac. La ville devait, en outre, posséder un port suffisamment commode, puisque les Northmen y avaient abordé pour piller le Médoc, puisque Henri III d'Angleterre y était venu s'embarquer pour retourner dans son royaume.

Elle devait avoir une très réelle importance, car tous les maîtres du pays, souverains, évêques, seigneurs, s'en occupèrent et cherchèrent à conjurer la ruine commencée par les Normands, continuée par la mer, par les sables...

Aujourd'hui, une nouvelle abbaye bénédictine y a été fondée, mais Soulac lui-même n'est plus qu'une station de bains de mer fréquentée, où les sables sont fixés par de belles plantations de pins maritimes.... Pour combien de temps ? Il est permis de se le demander en voyant *éclaircir* la forêt protectrice qui recule devant les constructions de chalets, de villas.

Puisse l'Océan ne pas se faire cruel pour le nouveau bourg, comme il se montra impitoyable pour la vieille ville.

Puissent les travaux entrepris sur la côte se consolider à jamais....

Le reste du voyage nous dira si ce souhait a chance de se réaliser.

CHAPITRE XXV

LA COTE JUSQU'AU BASSIN D'ARCACHON. — LES ÉTANGS LITTORAUX D'HOURTIN-ET-CARCANS
DE LA CANAU ET AUTRES PETITS ÉTANGS SECONDAIRES

Avec les épis protecteurs qui le hérissent, avec ses immenses montagnes sablonneuses où ne murmure aucun ruisseau, tout ce rivage est souverainement triste d'aspect ; il est, de plus, absolument inhospitalier aux marins.

La côte, si bien appelée *Terrible*, commence à courir dans cette direction rectiligne, qui se modifiera seulement à partir de l'embouchure de l'Adour et, sauf vers l'entrée du golfe d'Arcachon, n'offrira que de rares trouées, déversoirs d'étangs littoraux considérables.

Les tempêtes de sable y sont parfois terribles, redoutables ; elles blessent, aveuglent, étouffent presque le voyageur. De plus, sauf un poste de douane, celui du Guga, placé sur le sommet des dunes, tous les autres sont situés à 4 ou 600 mètres en arrière de la côte, chose fâcheuse pour les excursionnistes, mais surtout pour les navigateurs, ainsi qu'en témoignent les épaves rencontrées fréquemment sur le rivage.

Cependant, deux stations balnéaires, l'Amélie et Montalivet, ont été fondées au milieu de ces dunes, vers le nord, il est vrai, de la région des marais.

Ce sont les maigres cours d'eau venant de l'intérieur des terres qui, en s'épanchant dans les étangs, ont contribué à former des marais immenses, car le sous-sol imperméable ne saurait les absorber, et d'effroyables masses sablonneuses arrêtent leur pente vers la mer.

Les convulsions géologiques éclaircissent ces faits ; elles expliquent, de même, la configuration moderne de la côte, configuration si peu semblable aux documents fournis par les vieux portulans, pour ne citer que cette source d'informations.

On chercherait en vain beaucoup des baies désignées sur ces cartes, ou décrites par les géographes de l'époque. Sous ce rapport, un essai de reconstitution, tenté par M. E. DURÈGNE, ingénieur des télégraphes, semble serrer de bien près la vérité. Loin de montrer la côte *augmentée en largeur*, on la voit diminuée, rangée, et certes les fouilles, autant que l'altitude de plusieurs des nappes d'eau littorales, confirment la théorie. Il y a plus : nous trouverons, chemin faisant, des titres échappés aux ravages des invasions successives ayant pesé sur le pays et qui, tous, démontreront la marche envahissante de l'Océan.

En face de la pointe de la *Négade*, très peu distante de Soulac, gît le banc de sable des *Olives*.

« C'était là, *à trois kilomètres en mer*, que se voyait autrefois la forêt du *Mont*. Sur le *Mont* était bâti le château de LILHAN qui, au *treizième siècle*, appartenait à Olivier de Lilhan, *damoiseau*, et, près du château, l'église de la paroisse. Ce banc s'avance vers la passe du sud (de la Gironde), c'est le pourvoyeur, le fourrier, comme dirait Montaigne, l'ensableur du fleuve. » (J. GOUDINEAU.)

« Une nouvelle station balnéaire, l'AMÉLIE, est le dernier reste de « l'une des plus anciennes paroisses du Bas-Médoc, de celle qui était placée *au premier rang* de toutes les églises de l'archiprêtré de Lesparre ; rang qui lui est constamment assigné par les pouillés du diocèse, tant imprimés que manuscrits... A l'époque où l'on construisit Saint-Pierre de Lilhan, Noviomagus, tout voisin, n'avait pas encore été submergé. » (Abbé BAUREIN.)

Le *banc des Olives* est maintenant un écueil qui a causé de nombreux naufrages. L'un des derniers eut lieu le 3 mars 1886. Par un temps de brume épaisse, comme le redoutent les pilotes de la Gironde, un navire allemand, chargé de tonneaux de vin, toucha le banc et échoua sur la côte. Les sept matelots composant l'équipage furent sauvés. Ils criaient aux douaniers, qui les encourageaient et se dévouaient pour eux :

« — Nous bons prussiens !! »

Que voulaient-ils ainsi affirmer ? En tout cas, on se hâta de leur venir en aide et on leur rendit les services possibles.

Puissent nos compatriotes trouver, dans une circonstance semblable, une hospitalité aussi généreuse !!

Vis-à-vis de MONTALIVET et jusqu'au PIN-SEC, un peu au nord d'HOURTIN, M. Dulignon-Desgranges a retrouvé une forêt sous-marine. Déjà, en 1837, M. DESCHAMPS, ingénieur, parlait de tombeaux et d'arbres encore enracinés, trouvés à la ligne de basse mer, dans la commune d'Hourtin.

Ceci viendrait bien à l'appui de la théorie de M. Delfortrie, concernant l'affaissement du littoral ; néanmoins, l'auteur de la découverte, se basant sur de bonnes raisons, nie l'affaissement, quoique, d'ailleurs, il semble être partisan de la progression du rivage.

Ces contradictions semblent difficiles à expliquer ; mais très souvent, on doit le reconnaître, elles sont plus apparentes que réelles. En tout cas, d'une discussion sérieuse, approfondie, jaillit la lumière, et les chercheurs patients ont droit à la sincère reconnaissance des lecteurs studieux.

La route se poursuit à travers les sables, plantés de pins et de gourbet. Une petite immortelle croît spontanément dans ces terrains arides où la marche est si fatigante. Jadis elle se compliquait de la présence des *blouses* ou *bedouzes*, amas d'eaux cachés sous le sable, mais les progrès des plantations les ont fait à peu près disparaître, et celles que l'on peut encore rencontrer sont insignifiantes. L'eau, pourtant, se trouve de tous côtés ; il suffit de creuser le sable présentant une teinte jaune plus foncée, pour être assuré de voir sourdre aussitôt de brillantes gouttelettes limpides.

Le pays n'en est pas plus beau, tout au contraire. Les Landes proprement dites ont une renommée universelle d'aridité, de tristesse, de pauvreté. Leurs habitants sont comparés à des sortes de sauvages confinés dans d'affreux déserts, où la circulation est impossible, quand on ne l'effectue pas à l'aide de hautes échasses.... Tout cela est de la légende à peu près pure, comme nous aurons occasion de le constater. Mais tout cela, sauf la grande pauvreté et l'extrême sauvagerie, s'applique admirablement aux landes du Médoc où, pendant plusieurs mois de l'année, le sol est transformé en une sorte de marécage continu. La population ne s'en préoccupe guère. Les échasses lui sont un mode de locomotion familier et, rompue à une vie frugale, elle ne paraît pas souffrir des conditions d'un habitat qui serait le pire des exils, si la routine quotidienne, subie depuis l'enfance, ne le rendait indifférent.

Frappé, sans doute, de l'analogie existant entre le mot anglais *skank* (jambe) et le mot local *tchanque*, désignant les échasses, M. Elisée Reclus s'est demandé si ce mode original de locomotion ne remonterait pas à l'époque de la domination anglaise. L'analogie doit être plus apparente que réelle, car l'Angleterre renferme des contrées marécageuses comme les landes médocaines, et les échasses y sont inconnues. Une seule chose reste en dehors des controverses. Les auteurs anciens n'ont pas parlé des échasses, donc elles ne devaient pas être alors employées, car leur attention en eût été frappée.

Quel fut l'inventeur des *tchanques*? Son nom est inconnu. L'abbé Baurein, si exact, ne peut écrire que ces mots :

« Celui qui a découvert une pareille invention et qui en a introduit l'usage, a trouvé, sans contredit, le moyen de tirer parti des Landes (Girondines) et de les rendre habitables. Sans cela, comment aurait-il été possible d'habiter un pays dont la surface est couverte d'eau pendant l'hiver, et même pendant l'été, lorsqu'il survient des pluies abondantes. »

Nous le savons, les sables, et avec eux les marais ne devinrent vraiment redoutables qu'au quinzième siècle. La nécessité est mère de l'industrie. Il fallut s'ingénier, on s'ingénia ; puis l'habitude fit regarder ce qui était un véritable bienfait. Très probablement, on ne connaîtra jamais le nom du hardi inventeur des échasses.

Nous approchons des bords du second étang littoral médocain. Très évidemment, il doit, comme tous les autres, que nous rencontrerons désormais si nombreux, sa formation au refoulement des eaux douces par les montagnes de sable venues de l'Océan.

C'est l'étang d'Hourtin (on écrit aussi Hourtins), réuni aujourd'hui à celui de Carcans.

En 1638, il avait une étendue plus grande, du moins l'atlas de Guillaume Blaeuw, le disciple et l'ami de Tycho-Brahé, le représente-t-il occupant tout l'espace formant l'isthme moderne, long de 6 kilomètres, qui le sépare de l'étang de La Canau.

La carte de Cassini (1744) donne la même indication. Il faut arriver à la carte de Belleyme (1791) pour voir figurer l'isthme,

La marche lente, mais implacable des sables a opéré cette modification.

> « HOURTIN, qui compte à peine deux siècles d'existence, a, pour ainsi dire, recueilli dans les eaux de l'étang son titre paroissial. On montre encore, au milieu d'un îlot sans étendue, quelques arbres que la tradition fait croître sur les ruines de l'ancienne SAINTE-HÉLÈNE, que le peuple appelle encore SANTA-LÉNOTE : Sainte-Hélénotte, la petite Sainte-Hélène. » (Abbé MEZURET.)

Disons tout de suite que le village actuel de Sainte-Hélène possède un très beau *tumulus*, et revenons vers l'étang d'Hourtin. Les transformations sur ce point ont été complètes, décisives. M. Delfortrie a pris soin de relever les indications fournies par les anciens traités, non seulement de géographie, mais de *pilotage*. Ces derniers, à coup sûr, méritent pleine croyance.

Or la carte de France dressée en 1585, par MERCATOR, indique, sous le nom d'ANCHISES, une ville située à l'extrémité d'un vaste golfe existant entre SOULAC et ARCAXON (Arcachon).

Nombre d'autres cartes mentionnent toujours ce port. Chose plus significative, trois manuels destinés aux pilotes donnent les indications voulues sur les passes, le lieu d'ancrage... GUILLAUME JANZOON (1620), dans *le Flambeau de la navigation, ou le Phalot de la mer*, qualifie ANCHISES de « *profond havre accessible aux grands navires* ».

PAUL YVONNET (1700) confirme pleinement cette appréciation ; mais bientôt la ruine allait arriver. En effet, *le Petit Flambeau de la mer* de BOUGARD (1770) constate que l'entrée d'ANCHISES étant devenue difficile, « même *pour les petits navires,* elle n'est plus fréquentée ».

Il restait à déterminer la situation de cet ancien port, que les documents cités plaçaient « entre Cordouan et Arcachon ». Nulle position n'offrait une meilleure analogie que l'étang d'Hourtin. Tout au plus pouvait-on hésiter entre lui et l'étang de La Canau, auquel JOUANNET, citant des opinions diverses, applique le nom d'Anchises ou de PORT MAURICE.

Mais, on s'accorde généralement à retrouver *Anchises* au *nord* d'Hourtin, et puisque jadis les deux étangs n'en formaient qu'un seul, La Canau a bien pu avoir également un petit port. Un instant même, Brémontier songea à rouvrir ce port. Les événements politiques arrêtèrent les travaux.

Comme les diverses nappes d'eau littorales, l'étang d'Hourtin, guéable jusque vers son milieu, incline brusquement du côté des dunes, où il atteint une profondeur de 14 *mètres*; cette disposition constante indiquerait une ancienne communication avec la mer ou, plutôt encore, le travail d'érosion occasionné par la masse des eaux cherchant une issue et toujours refoulée.

La mer et les dunes gagnaient si bien que le village de La Canau a été rebâti *trois fois!!* (Abbé MEZURET.)

Près d'Hourtin, le petit lac a meilleur aspect que vers CARCANS, où les eaux se dispersent en véritables lagunes marécageuses. Partout les pins maritimes dressent leur tige élancée, leur parasol de feuillage vert sombre. On en extrait la résine qui, lors de la guerre de sécession entre les États-Unis d'Amérique, donnait, avec les divers produits de ses manipulations, des bénéfices considérables.

La très belle église de Carcans est un témoignage de cette prospérité passagère. Un pareil monument ne serait pas déplacé dans une grande ville.

Il faut ajouter que le chemin de fer économique tracé au milieu du pays contribue déjà à en augmenter la vitalité. Les transactions portent principalement sur les bois. Chacune des petites gares est encombrée de pins qui, après avoir livré leur résine, sont façonnés en poteaux, surtout pour les mines anglaises, en traverses pour chemins de fer, ou, plus simplement, fendus soit pour la boulangerie, soit pour le chauffage des maisons.

Franchissons l'isthme sablonneux, long de 6 kilomètres, qui conduit à l'étang de LA CANAOU, LACANAU ou LA CANAU [1].

Moins étendu d'environ moitié que le précédent, il lui est bien supérieur en beauté. De forme ovalaire presque symétrique, il n'est pas continué par des marécages étendus. Des communications ouvertes avec les eaux d'Hourtin, au nord, et plusieurs petits étangs disséminés, au sud, jusque vers le bassin d'Arcachon, ont contribué à maintenir ses rives, en même temps qu'elles ont grandement assaini le pays.

Une carcasse de navire y a été retrouvée. Cette découverte prouverait en faveur de l'existence de PORT-MAURICE.

L'étang de La Canau présente à la fois un aspect riant et sauvage très propre à captiver, à retenir l'attention. Ses eaux, légèrement encaissées, clapotent, brillantes et calmes, sur des petites grèves de beau sable jaune, étalées entre les pins, comme autant d'invites au repos rafraîchissant. Deux petits îlots sont, en hiver, le séjour de bandes innombrables de canards, de sarcelles et autres oiseaux de passage.

Si l'on joint à ces séductions diverses de bonnes routes plantées de vieux ormes, un bourg assez bien bâti, auquel il ne manque qu'une église comme celle de Carcans pour avoir tout à fait riche mine, on admettra sans peine que La Canau peut revendiquer le titre d'*oasis des Landes du Médoc*.

Lorsque le bourg est dépassé, la route se trouve prise au milieu d'un véritable dédale de petits étangs marécageux, nommés de Batjin, Bateurtor, de la Granée, ou de la Grave, de l'Eglise-Vieille, du Clat de Longauarde, de l'Ilot, de Porge, de Lège. Ce dernier bourg a été considérable au temps des ducs de Guyenne, qui y possédaient un château de plaisance!!

Les dunes, hélas! ruinèrent tout, là comme bien ailleurs, et l'abbé Baurein, écrivant à la fin du siècle dernier, constatait que Lège ne possédait pas un *seul arbre!*

La rivière ne s'est pas formée au sens propre du mot; on y a suppléé par des canaux de communication, véritables bienfaits pour le pays.

Et maintenant que les dunes semblent être bien fixées, n'y aurait-il pas lieu d'améliorer encore ces canaux?

L'étude du vaste bassin d'Arcachon nous donnera la réponse à cette question.

Attelage d'un marchand de bois landais.

CHAPITRE XXVI

LE PAYS DE BUCH ET LA VILLE DE LA TESTE
LA VILLE ET LE BASSIN D'ARCACHON

Nous voici dans une contrée dont le nom, porté par des seigneurs de grande réputation militaire, a retenti avec éclat au moyen âge. Leurs droits féodaux s'exerçaient jusque sur le marché de Bordeaux et leur procuraient de superbes revenus.

Leur titre était unique en Guyenne. Bien que le *Pays de Buch* se composât seulement des paroisses de LA TESTE, de GUJAN et de CAZAUX, bien que son seigneur fût souvent très puissant dans d'autres fiefs, toujours le titre de *Captal de Buch* figurait au rang premier de ses dignités.

Ces droits, ces honneurs tenaient probablement aux souvenirs laissés par le peuple primitif de la contrée. Nous sommes en effet sur le territoire des *Boïates* ou *Boyens*, dont la capitale, Boïos, marquée sur l'*Itinéraire d'Antonin*, a tant exercé la patience des savants.

Quelle était sa situation ? Personne ne l'a déterminée encore. La Teste, souvent désignée comme ayant dû la remplacer, ne présente aucun vestige de ruines antiques.

Par contre, LAMOTHE, point d'intersection de la ligne d'Arcachon avec la ligne du Midi, se trouve sur le tracé d'une voie romaine et concorde bien, pour les distances, avec l'*Itinéraire*.

Non seulement de nombreux sépulcres antiques y ont été trouvés, mais la position présentait de grands avantages stratégiques, car elle est proche de la mer et offre le *seul* endroit où il soit possible de traverser les marais de la *Leyre*, affluent du bassin d'Arcachon. Il y a plus, le chenal principal du petit fleuve côtier porte encore, sur les cartes de CASSINI, le nom de chenal de *La*

Bougesse, traduction (conservée par le peuple) de l'appellation des anciens Boïens ou *Bougès*, c'est-à-dire : du *pays de Buch*.

Au reste, la grande splendeur attribuée à Boïos exista peut-être tout entière dans l'imagination des écrivains ; une seule chose reste certaine : l'absence complète de documents la concernant et sa très ancienne destruction.

Il est vrai que les invasions barbares ont pesé durement et longtemps sur le pays. Combien de travaux historiques se sont ainsi trouvés anéantis !

La petite ville de LA TESTE semble avoir été fondée dans les premières années du moyen âge, et le plus ancien de ses seigneurs connus fut ALEXANDRE, signataire d'une charte (1141), concédée par la reine d'Angleterre, impératrice d'Allemagne, Mathilde, fille de Henri II.

Nous avons vu figurer parmi les Bordelais illustres le grand Captal JEAN, rival de Du Guesclin et son prisonnier.

Après la maison de Grailly, celle de Foix devint, par alliance, souveraine du pays de Buch. Souveraine est bien le mot, car les habitants n'avaient pas un meilleur rang que celui de *serfs questaux*, c'est-à-dire taillables et corvéables à merci. Les pêcheurs payaient des impôts énormes. Cependant leur rude métier eût dû, au contraire, motiver la clémence des seigneurs.

En dernier lieu, le duc d'Epernon fut maître du pays de Buch...

De tout temps, les pêcheurs de La Teste ont été renommés pour leur intrépidité. Le port, situé dans une des petites baies du bassin d'Arcachon, oblige les barques à franchir les passes souvent redoutables de ce même bassin. La pêche n'en est pas pour cela moins florissante ; les équipages de La Teste s'avancent souvent très loin au large.

Les habitants sédentaires, fort industrieux, s'occupent de la culture des vignes, de l'exploitation des produits de leur belle forêt, ainsi que de leur fabrication de faïences et porcelaines. Des forges sont également établies dans le pays.

Avant la création d'Arcachon, on venait à La Teste prendre des bains de mer.

Riche et commerçante, la petite ville a réclamé l'amélioration de son port. Maintenant terminés, les travaux ont porté sur la construction d'une darse et d'un chenal bordé de terre-pleins, pour le dépôt des tuiles et autres accessoires de l'industrie ostréicole. Ils suffiront longtemps aux besoins de la localité ; néanmoins, on doit craindre un envasement rapide, en dépit des écluses de chasse et dragages.

C'est au printemps qu'il faut visiter La Teste. Sa forêt domaniale se présente alors comme un immense parc tout couvert des fleurs de l'arbousier, de l'aubépine, du genêt. Les senteurs suaves des arbustes et arbrisseaux se mêlent aux effluves marins, aux émanations vivifiantes épandues par les pins.

Si la marche à travers les sables, sol de la forêt, n'était un peu fatigante, l'enchantement serait complet.

Une coutume *toute particulière* régit l'exploitation de cette propriété de la commune.

La forêt faisait jadis partie du domaine du Captal de Buch. Créée sur des dunes sablonneuses qui lui ont valu son nom familier de *Montagne*, elle remonte à une époque des plus reculées ; peut-être même est-elle le dernier vestige des bois des *Piceï Boii*, ces hardis résiniers que saint Paulin représente comme « toujours couverts des traces de leur métier », l'une des sources de la richesse du pays.

En 1468, le Captal, voulant augmenter le nombre de ses vassaux, édicta un règlement pour l'usage de son domaine forestier. Plus de quatre siècles ont passé et le règlement, possédant encore toute sa force, est toujours en vigueur ! Voici les principales de ses dispositions :

« *Le sol et la résine appartiennent seuls aux propriétaires.* En revanche, *tous les habitants de la commune ont droit, pour leur usage personnel, au bois de chêne, à discrétion*, et au bois de pin suivant les désignations de deux syndics.

« Le propriétaire qui souhaite s'approvisionner de bois est astreint à l'obligation de se faire inscrire sur la liste générale dressée, tout comme ses voisins les plus pauvres, et il est servi seulement selon son rang d'inscription ! »

On ne s'attendait guère à retrouver cet original souvenir de la législation féodale au quinzième siècle. Encore moins pouvait-on supposer qu'il eût conservé force de loi ! Probablement ces dispositions sont-elles sages, et les habitants en ont-ils reconnu les bons effets.

En tout cas, le règlement du Captal de Buch prouve que ce seigneur et, après lui, ses descendants, savaient admirablement comprendre certains principes préconisés par le socialisme moderne, bien avant que les réformateurs de notre temps les eussent formulés.

Néanmoins il y a lieu d'ajouter que, si ces principes étaient favorables aux habitants du pays, ils ne gênaient en rien l'application des droits seigneuriaux, tout au contraire, car chacun avait intérêt à la bonne exploitation de la forêt.

Pourquoi, hélas! l'ensemble des questions redoutables de notre temps ne peut-il être ainsi résolu!

Si le nom d'Arcachon est connu depuis des siècles, la ville qui le porte maintenant date à peine d'hier.

En 1823, il n'y existait que quelques cabanes de pêcheurs et la chapelle dédiée à *Notre-Dame des Marins*, but d'un pèlerinage très fréquenté.

Trente-quatre ans plus tard, ce petit coin de terre comptait quatre cents habitants sédentaires. L'érection en commune lui fut accordée. Aujourd'hui, une véritable ville a pris la place de l'humble hameau de pêcheurs, et le nombre de ses habitants est monté à environ huit mille.

Des maisons fort belles, des châteaux superbes y ont été bâtis pour et par la population flottante considérable qui vient chercher dans ce pays la santé ou le repos, ou simplement le plaisir des bains de mer.

Privilégiée par sa situation, la ville d'Arcachon se présente entre un vaste golfe d'environ cent kilomètres de tour, recevant pleinement le jeu des marées, et une forêt de pins assez étendue, couvrant des milliers de dunes qu'elle a fertilisées et fixées au point de les avoir métamorphosées en un épais rideau exhalant des émanations fortifiantes, sur lequel se brise le souffle meurtrier du vent du nord.

Arcachon possède encore cet avantage que, bâti sur une langue de terre, à l'extrémité intérieure de la passe méridionale du golfe, les côtes de la passe nord, prolongeant le chenal, lui forment un abri contre le premier effort des puissantes brises marines.

Il en résulte une véritable *moyenne* de température et la possibilité d'en graduer les effets selon le traitement médical indiqué aux malades.

Chose rare, la mode ici se trouve d'accord avec l'hygiène ! Une fois sur la pente du succès, Arcachon grandit, atteignant une prospérité, une vogue toujours croissantes, grâce surtout à la création, en pleine forêt, d'une *ville d'hiver*, refuge excellent qui a vu commencer et se consolider beaucoup de guérisons d'abord douteuses.

Enfin, la proximité du chef-lieu contribua à la fortune d'Arcachon, qui reçoit pendant l'été un grand nombre de Bordelais, heureux de rencontrer, à une si faible distance, le repos le plus efficace.

L'affluence des visiteurs ne pouvait manquer d'accroître l'industrie locale. La première, importante entre toutes, fut la création de quantité de parcs à huîtres.

Les *crassats* ou plateaux de vase, disséminés sur l'étendue entière du bassin, constituaient un champ exceptionnellement favorable, déjà pourvu de quelques bancs naturels des succulents mollusques. Mais la consommation, de plus en plus active, ne tarda guère à épuiser ces ressources, et l'importation des jeunes huîtres commença. Il en vient d'un peu partout : beaucoup de Bretagne, une grande quantité du Portugal. Nous avons vu ces dernières se multiplier avec une rare fécondité sur nos rivages. Elles n'ont pas présenté plus de difficultés à Arcachon et y sont devenues l'objet d'un fructueux trafic.

Il serait inutile de revenir sur les différentes phases de la culture ostréicole, mais il n'est pas indifférent de savoir que les crassats d'Arcachon fournissent plus de *soixante millions d'huîtres chaque année*.

Les parqueurs sont donc en possession d'un élément durable de travail rémunérateur.

A quelle époque se forma le bassin d'Arcachon ? Les plus anciens et sérieux documents ne le mentionnent pas. Ptolémée, citant tous les ports de la côte gauloise, ne place, entre la Garonne et l'Adour, qu'une seule embouchure fluviale appartenant au *Signatius* ou *Sigmanus*.

Cependant, pas n'est besoin d'une longue étude pour admettre comme très possible ou même très certaine une irruption semblable, par exemple, à celle qui a produit, en Hollande, le Zuyderzée. Les crassats donnent une preuve de valeur. Leur formation géologique représente l'ancien sol des Landes, avec ses couches sableuses, couleur d'ocre, correspondant aux strates de la terre ferme.

Les affleurements littoraux n'ont pas fourni de vestiges de cultures antiques, mais bien des traces de bois de pins et de chênes.

Sur nombre d'autres points des côtes françaises, la mer a couvert de ses eaux des espaces très anciennement habités. Il suffit de citer les baies du Mont-Saint-Michel, de Saint-Brieuc, de Lannion, de Douarnenez, du Morbihan[1]. Et les modifications, étudiées avec soin, du *cap* Ferret, à l'entrée nord des passes du bassin, confirment la supposition. D'ailleurs, serait-il possible que les géographes romains et grecs eussent négligé de mentionner un golfe de plus de cent kilomètres de tour !!

La formation, en tout cas, fut antérieure au moyen âge, où si fréquemment revient le mot d'*Arcaxon* ou d'*Arcasson*.

L'étymologie de ce mot serait dérivée du grec et signifierait *secours* : des navigateurs doriens ayant rencontré un calme inespéré, après avoir franchi la dangereuse barre de l'entrée. L'explication, au fond, était bien peu satisfaisante. M. Durègne en propose une autre qui se présente avec un caractère de simplicité et de vraisemblance des plus attrayants.

A ceci, il faut ajouter que dans plusieurs de nos campagnes, en Normandie, par exemple, la résine continue à être appelée *arcanson*.

Le bassin voyait donc un assez grand mouvement commercial concentré à la Teste de Buch, mais le lieu où depuis a été bâtie la ville d'Arcachon ne possédait qu'un simple hameau de pêcheurs. Néanmoins il avait acquis une grande célébrité, grâce à la chapelle édifiée, vers 1529, par le religieux franciscain Thomas Illyricus, en l'honneur d'une statue miraculeuse de la sainte Vierge Marie.

Cette statue fut bientôt connue sous le nom de la contrée où elle venait d'être érigée : Notre-Dame d'Arcacho ou des Marins. les pêcheurs du bassin l'ayant adoptée pour leur patronne.

Le temps n'est pas encore éloigné où les équipages des barques n'auraient pas franchi les passes du chenal sans entonner les litanies de la Vierge.

La marche des dunes força, plus tard, de reconstruire cette chapelle, ensevelie comme l'église de Soulac. On ne put songer à essayer de la déblayer, les mêmes causes devant produire les mêmes effets.

Car il ne faut pas oublier que les tentatives de fixation en grand des dunes ne remontent pas au delà du milieu du dernier siècle ; mais bientôt nous aborderons cette question, à la fois si grave et si intéressante. Un autre problème, plus spécial à Arcachon, puisqu'il concerne l'avenir maritime de son vaste bassin, appelle notre attention.

Ce n'est pas d'aujourd'hui seulement que l'on songe à créer à Arcachon un port de refuge, si utile sur la longue ligne de rivage des Landes.

La mobilité des bancs sablonneux obstruant le chenal apporte au projet une difficulté immense.

Même la pêche, avant l'emploi des bateaux à vapeur, y était souvent entravée. Il faut lire, dans les *Variétés bordelaises*, le tableau saisissant des périls où s'exposaient les pêcheurs du *peugue* (c'est-à-dire la pêche en *haute* ou *pleine* mer) et ceux de *seine*, ou *senne*, qui ne s'aventuraient pas bien loin au delà des côtes, mais devaient, naturellement, sortir du bassin.

Malgré tout, on désirait créer un port, et peut-être les travaux eussent-ils commencé, sans les événements qui devaient marquer la fin du dix-huitième siècle et le commencement du dix-neuvième.

Depuis, le projet a été souvent remis en avant, notamment en 1874. A cette date, M. Rodolphe, lieutenant de vaisseau, présenta un mémoire pour la création d'un canal maritime entre Bayonne et Cap-Breton, canal alimenté par les eaux de l'Adour, dont l'embouchure actuelle eût été fermée. Ce projet complétait celui M. Krantz, pour l'établissement d'un autre canal reliant Cap-Breton à La Teste et au bassin d'Arcachon.

Un dernier travail, plein de sentiments patriotiques, mais d'exécution au moins bien difficile, proclame la possibilité du creusement d'un canal dit *des Deux-Mers*, reliant l'Océan à la Méditerranée et affranchissant, par conséquent, nos escadres de passer, après un surcroît de navigation, sous le canon de Gibraltar.

Le canal proposé aurait son point *terminus* à Arcachon. Tout d'abord, trois objections frappent l'esprit : la fixation des passes actuelles et, si elle était reconnue impossible, la création d'une nouvelle passe canalisée ; enfin, l'abaissement du seuil important qui sépare la baie d'Arcachon du bassin de la Garonne, objections bien graves et dans lesquelles n'entre pas, même au simple titre de souvenir, l'opposition puissante que Bordeaux s'empresserait d'attiser.

Nous ne pouvons entrer dans tous les détails de ce très remarquable projet, qui deviendrait trop technique pour notre cadre ; mais une remarque s'impose : la simplicité du moyen, la modicité des dépenses qu'il entraînerait, les services certains qu'il rendrait à l'agriculture.

C'est moins grandiose d'apparence : en revanche, c'est très pratique, raison péremptoire pour qu'un tel projet soit réalisé... dans un avenir prochain et ne dorme pas plus longtemps dans les cartons.

Plusieurs communes importantes bordent le bassin : Lège, à son extrémité nord, lui envoie le trop-plein des divers étangs du littoral, connu sous le nom de *rivière* de Lège. Viennent ensuite Arès, Andernos, Lanton, Audenge, Le Teich, Gujan, La Teste. A l'extrémité sud-est, la *Leyre*, petit fleuve côtier, l'unique cours d'eau de la contrée qui mérite une mention spéciale, s'épand et forme de vastes marais avant d'être venu grossir la nappe intérieure du bassin. De Lège à Audenge, les stations préhistoriques sont nombreuses. On en a découvert une dans l'*île des Oiseaux*, petit plateau émergeant du centre du golfe et sur lequel les baigneurs se rendent pour savourer les huîtres sous leurs yeux aux parcs.

La sardine, connue ici sous le nom de *royan*, s'engage dans la baie. Les marins de Gujan et de Mestras la pêchent ainsi que les autres poissons, au moyen de petites embarcations nommées *tilloles*. Les marins de La Teste pratiquent le chalut, avec des chaloupes pontées analogues à celles que l'on voit dans les pertuis saintongeois et en Gironde. De plus, une compagnie engage quatre bateaux à vapeur dans cette industrie.

La ville des bains se déploie sur une étendue d'au moins quatre kilomètres le long de la rive méridionale du golfe. Les collines verdoyantes, abritant la ville d'hiver, lui font un encadrement plein de couleur et de grâce.

Une allée à pic dans la forêt d'Arcachon.

Aussitôt que se produisent les premières chaleurs, une foule élégante vient prendre possession des châteaux, des villas, des chalets. Le mouvement se communique un peu partout dans la contrée en lui apportant un élément de fortune nouveau et toujours renaissant.

C'est dans ce milieu si favorable, par sa position, aux études maritimes, qu'a été fondée une *société scientifique* comptant aujourd'hui, à son actif, des travaux vraiment remarquables.

Avec ses seules ressources, la société a créé de toutes pièces un musée, fort bien organisé, un aquarium et des laboratoires marins. Ces derniers ont fourni les éléments de précieuses découvertes, et leur histoire se compose déjà de fort belles pages. Ils sont nombreux les savants qui ont utilisé leur bonne installation. M. de Quatrefages y a fait de superbes études sur *les synaptes et les annélides*. M. Paul Bert (alors professeur à la Faculté de Bordeaux) vint à Arcachon où il fit des découvertes et des observations importantes.

Grâce à elle encore, M. Moreau a fait des *recherches* physiologiques sur la *torpille électrique*, assez commune dans les eaux du bassin, et sur *le rôle de la vessie natatoire des poissons*. M. Fischer y a écrit des *Mémoires sur les cétacés du genre ziphius*, M. Chéron y a poursuivi des *recherches sur les céphalopodes*. Et combien d'autres savants, patients chercheurs, MM. Des Moulins et Lafont, Pérez, Frank, Gayon, Dupetit... C'est un regret de ne pouvoir les nommer tous, un regret aussi de ne pas enregistrer leurs travaux. Du moins est-il possible de constater brièvement le rang honorable pris par le laboratoire marin d'Arcachon, qui est un des approvisionneurs des laboratoires des Facultés de Bordeaux, comme de ceux du Muséum et du Collège de France, à Paris.

En ce moment même, on y étudie une *actinie*, draguée par le marin du service du laboratoire, actinie qui se trouve être du genre de celle draguée, pour la première fois, par M. le professeur Marion (de Marseille), à bord du *Travailleur*.

Voilà plus de titres qu'il n'en faut pour placer à un rang très honorable la *Société scientifique d'Arcachon* et pour désirer que tous les succès possibles récompensent le zèle, le dévouement de ses administrateurs.

Mais ce qu'il importe de faire remarquer, c'est la date de fondation de la Société : 1863. A cette époque et longtemps encore après, le laboratoire marin arcachonnais était *unique en Europe*. Aussi, en 1867, était-il justement signalé au monde savant comme une « *institution générale dont la création honorait la France autant que la Société qui l'avait fondée* ».

ARCACHON. — L'ÉGLISE

Plusieurs années s'écoulèrent, puis les Allemands fondèrent la station de Naples, qui dispose actuellement d'un immense budget. Enfin, M. Lacaze-Duthiers créait le laboratoire de Roscoff. Nous possédons aussi maintenant le laboratoire de Concarneau (Finistère, et celui de Banyuls-sur-Mer (Pyrénées-Orientales).

C'est au *cap Ferret* qu'il faut se rendre, si l'on veut se faire une idée juste des changements apportés dans le régime du bassin d'Arcachon, depuis sa formation. Tout d'abord remarquons la position de ce cap, placé à distance à peu près égale de Cordouan et de l'embouchure de l'Adour. Les passes qu'il commande seraient donc un refuge très apprécié par la navigation du commerce et même de l'État, si elles étaient plus accessibles, plus stables dans leur profondeur.

Mais il suffit de voir s'engouffrer avec rage le flot montant au milieu de ce fond mobile, pour se ranger à l'opinion de M. Caspari et rester fermement persuadé que les travaux d'art ordinaires n'auraient pas grandes chances de résister à tant de causes de destruction.

Comment lutter contre ces forces impétueuses qui ont modifié et semblent vouloir modifier encore le cap, autrefois de beaucoup moins allongé vers le sud? Des cartes dressées avec soin prouvent cette assertion.

On y relève des différences de plusieurs milliers de mètres, sans compter des aspects tout différents dans le régime des chenaux, ainsi que la disparition d'une île, celle de *Matoc*, soudée aujourd'hui à la terre ferme, et la modification d'un petit bassin secondaire, nommé le *Pilat*.

Et, presque sans le vouloir, on se demande s'ils n'avaient pas raison les écrivains qui voulaient voir dans ce promontoire le fameux *cap Curian*. Seulement, s'ils ont vu juste, la *Leyre* alors serait venue se déverser directement dans l'Océan, et son embouchure, constamment fouillée par le jeu des marées, eût fini par former le bassin, chose difficile à admettre, quoiqu'il faille se souvenir du silence gardé par les anciens géographes sur le vaste golfe.

Pourra-t-on jamais faire lumière complète? En attendant, constatons la physionomie celtique de plusieurs des noms d'écueils ou de localités du bassin d'Arcachon. Par exemple, *Arguin* et

Toulinguet ne viennent-ils pas en droite ligne de Bretagne, province avec laquelle, nous apprend l'abbé Baurein, les pêcheurs du pays de Buch faisaient de nombreux échanges? Ou plutôt, ces noms ne seraient-ils pas un dernier vestige du peuple dont on retrouve, çà et là, comme en Armorique, les sépultures : témoin à Sainte-Hélène, non loin de Carcans ?

Une splendide journée d'été enveloppe Arcachon de ses rayons d'or. La marée est propice. De tous côtés, sur les plages, on entend des appels joyeux. Le Yachting-club ou la Société de la voile d'Arcachon[1] organise des fêtes. Ou encore, des excursions sont projetées pour l'*île des Oiseaux* et pour le *cap Ferret*, d'où la vue, si l'on a gravi l'escalier du phare, s'étend sur les confins d'un horizon immense.

Les barques de pêche se mêlent aux yachts de plaisance, aux bateaux à vapeur, aux chaloupes, aux *tilloles*. Bon nombre de matelots-amateurs vont partir pour leur première *campagne*, tandis que d'autres *peschayres*, moins ambitieux, se contenteront d'aller essayer une récolte de coquillages ou, dans la soirée, une partie de *Haille*, c'est-à-dire une modeste pêche au flambeau, s'ils ne se livrent à la chasse des oiseaux marins.

Des hauteurs embaumées et fleuries de la ville d'hiver, des chalets enfouis sous la verdure, le paysage se déroule avec maints détails imprévus. La ville des bains semble dormir, insouciante et belle, sur le bord des eaux, peut-être menaçantes demain !

Les embarcations laissent sur le flot un sillage merveilleux de couleur et d'éclat, tandis que, des divers points de l'horizon, la brise marine, adoucie par son passage sur les premières plantations des dunes littorales, vient incliner le parasol un peu rigide des pins.

Sur le rivage, au milieu des allées ombreuses, des milliers de promeneurs se retrouvent en fraîche toilette de campagne.

Mais, d'où montent ces chants, pénétrants encore malgré la distance ? Ne voyons-nous pas le clocher de la chapelle de Notre-Dame d'Arcachon ou des Marins ? L'office s'y termine pour des pèlerins. Les traditions des siècles se rallient ainsi à l'heure présente.

Puis, en reportant sa pensée sur les catastrophes, sur les transformations diverses, rapides, subies par cette contrée aujourd'hui si riche, hier si désolée, le voyageur sent grandir un espoir.

La France a traversé un nombre effroyable de mauvais jours. Peut-être devra-t-elle en supporter beaucoup d'autres encore.

Mais elle renaîtra toujours de ses ruines. Elle reprendra toujours sa place, la première !

Car, en nul pays, le travail n'est plus honoré, quoi que l'on puisse dire ; en nul pays, surtout, on ne retrouve plus d'éléments de vitalité nationale, on ne fait meilleur usage de la prospérité conquise.

Cette vérité, nous allons la constater à chaque pas dans la région des Landes proprement dites, département si peu ou si mal connu et qui mérite, à tant de titres, de se voir mieux apprécié.

Types Arcachonnais.

CHAPITRE XXVII

LE LITTORAL DU DÉPARTEMENT DES LANDES
ÉTANGS DE CAZAUX-ET-SANGUINET, DE PARENTIS-ET-BISCAROSSE

Désormais, le rivage, toujours profilé en ligne droite, ne s'échancrera plus que pour livrer passage à des ruisseaux sans importance aujourd'hui : leur rôle unique étant de servir d'écoulement aux nappes d'eau littorales. Néanmoins, à Mimizan, à Contis, à la Huchette, au Vieux-Boucau, les brusques écarts de ces ruisseaux ayant été entravés par des jetées, les pêcheurs profitent de la moindre *embellie* pour aller tendre leurs sennes le long des côtes.

Plus tard, si les jetées parviennent à se maintenir et, conséquence alors assurée, entretiennent une certaine régularité dans le mouillage de ces ports minuscules, on peut espérer y voir se fonder des centres de travail régulier.

Jusqu'alors, on ne rencontrera, sur tout le parcours, que des postes de douanes, où l'arrivée d'un étranger est toujours bien venue. Les journées sont si longues, si monotones au milieu de ces sables et de ces pinadas! Les distances sont si grandes entre les bourgs, les villages !

Il faut, en effet, d'autres pensées pour rendre non seulement supportable, mais intéressante, une telle excursion. Il faut songer aux efforts inouïs, à la persévérance qui, d'un désert sans ressources apparentes ou même possibles, a créé un pays suffisant aux besoins de ses habitants. Alors, cette nature sévère, mélancolique, se pare d'un éclat vrai, et, une fois de plus, on admire la puissance du travail tenace, intelligent.

L'étang ou plutôt le lac de Cazaux-et-Sanguinet forme une des limites des départements des Landes et de la Gironde. Sa partie septentrionale appartient à ce dernier : elle porte le nom de

Cazaux ; sa partie sud a pris le nom de la commune de Sanguinet, qui le touche à son extrémité orientale, mais la première appellation a prévalu.

Une sorte de canal naturel, ou *craste*, permet aux eaux de se déverser, au nord, dans le bassin d'Arcachon. Vers le midi, un

Vieille femme landaise.

autre canal met l'étang en communication avec celui de Biscarosse.

Jadis, un pays fertile occupait l'espace recouvert par la belle nappe limpide dont le nom, dérivé de la base latinité[1], prouve

---

1. *Cazau* ou *cazaux*, vient du mot *casale*. Dans le pays, il signifie également *jardin*.

l'ancien état florissant. Thore rapporte que, pendant les grandes chaleurs de 1803 et de 1804, nombre de vestiges d'habitations du vieux village furent visibles, par suite de la baisse des eaux.

Ombragé de tous côtés pas d'épaisses forêts de pins, découpé en un ovale presque régulier, l'étang présente une surface de quarante-huit kilomètres de circonférence. Très profond, principalement au pied des dunes, il se trouve, néanmoins, à une altitude supérieure de *vingt mètres* au niveau de la mer. Si les flots venaient à s'ouvrir un passage jusqu'à lui, son dessèchement s'opérerait aussitôt.

L'étang de Parentis, ainsi que la plupart de toutes ces nappes lacustres littorales, se trouve dans les mêmes conditions ; il n'y a donc pas absolument lieu de s'arrêter à l'hypothèse émise que ces masses liquides sont d'anciens golfes, à l'embouchure fermée par les sables.

Une levée, plantée d'arbres, forme un petit canal conduisant à l'étang voisin. Fréquenté d'abord, il est maintenant délaissé par la navigation, la Compagnie fondée pour le défrichement des landes de Cazaux n'ayant pas réussi à se maintenir. Près de 45 000 mètres de canalisation avaient été établis. Les points extrêmes se trouvaient à La Hume, près Arcachon, et à Sainte-Eulalie, sur l'étang d'Aureilhan, non loin de Mimizan, qui par sa rivière ou courant offrait un second débouché vers la mer.

Peut-être la Compagnie entreprit-elle trop de choses à la fois. On essaya la culture du mûrier, du riz..., mais il reste bien certain que l'avenir de la contrée est entièrement dans la propagation, dans l'amélioration constante de son régime forestier.

Un petit chemin de fer économique conduit, depuis longtemps, de La Teste à Cazaux. Pour le construire, il a fallu couper des dunes qui s'élèvent à des hauteurs variant de 5 à 30 mètres.

En été, l'aspect de ce lac est charmant, avec ses rives ombreuses, ses eaux limpides, brillantes, sa ceinture de sable fin. En hiver, les chasseurs s'y donnent rendez-vous, car les oiseaux marins ou de passage y sont nombreux.

On peut, à pied, franchir la distance qui sépare de l'étang de Biscarosse, seulement cette distance est de plus de 20 kilomètres, avec de hautes dunes à escalader. Heureusement, des barques et un petit bateau à vapeur permettent d'effectuer le voyage, sans fatigue, ou plutôt, avec plaisir.

Une succession de tableaux, d'une grâce sauvage, mais captivante, se déroulent, soit que l'on s'avance vers les dunes, soit que l'on revienne du côté de la campagne ; au milieu des pinadas tintent les clochettes des troupeaux, et les grèves, comme la pente des monticules, se couvrent d'une flore variée, parfois très rare. Seuls en France, les bords de l'étang de Cazaux voient prospérer la belle *Lobélie* de Dortmann.

Très poissonneux, quelques voiles de pêcheurs jettent toujours un ton vif sur le fond noirâtre des bois de pins, et les oiseaux de mer viennent baigner dans ces eaux claires leurs ailes habituées à la lutte contre les vagues puissantes...

Depuis l'hiver de 1885, l'étang de Cazaux est devenu le réservoir d'eau potable nécessaire à Arcachon, dont le puits artésien, malgré sa grande profondeur, fut presque tari au cours de l'été précédent.

L'expérience, mieux que toutes les analyses, prouva la salubrité de cette eau, à peu près affranchie d'apports marécageux : les lagunes voisines étant peu considérables, mises en regard de la masse du lac, profonde de 23 *à* 25 *mètres* et d'une superficie de plus de 7,000 *hectares.*

D'ailleurs, il est certain que le bassin reçoit, en outre des eaux superficielles landaises, le tribut de sources souterraines. Les tranchées faites pour la construction de l'aqueduc d'Arcachon ont rencontré des nappes considérables. D'ailleurs, encore, les dunes du rivage marin sont, comme toutes les dunes en général, de vastes filtres donnant lieu à une production d'eau très pure, qui vient sourdre en tourbillons le long de la côte ouest, extrêmement accore [1].

Arcachon a donc eu bien raison d'utiliser pour son usage un réservoir si favorablement placé [2] et, en supposant quintuplées la population, ainsi que la superficie de la ville, le calcul a prouvé que la consommation de l'aqueduc enlèverait au lac

---

1. Raide, abrupte, escarpée.
2. *Vingt et un mètres au-dessus de la ville.*

seulement l'équivalent de l'évaporation normale provoquée par un beau jour d'été[1] !

Si les marais bordant le lac de Cazaux sont peu étendus, il n'en est plus de même quand on approche de l'étang dit de *Biscarosse-et-Parentis*.

Des lagunes ou marécages, extrêmement dangereux et très considérables, terminent, au nord, vers BISCAROSSE, ce nouveau lac, dont la rive la plus centrale appartient à la commune de PARENTIS, la rive orientale à la commune de GASTES, et la rive sud à la commune de SAINTE-EULALIE-EN-BORN.

La forme de l'étang est triangulaire. Sur son bord occidental, les dunes plantées se prolongent de cinq kilomètres vers la mer. Le fermage de ces eaux poissonneuses atteint un prix élevé. Elles n'offrent pas moins de 18 mètres de profondeur vis-à-vis de la lète[2] de LESBERT (côté des dunes), appartenant à Biscarosse.

Quoique grand, populeux et assez bien bâti, ce dernier bourg ne garde plus de son ancienne splendeur que les écussons des familles seigneuriales (placés dans l'église), et son château, bien déchu, mais fier encore sous ses tourelles écrasées, en dépit de la perte de son grand mail aux arbres magnifiques dont il reste à peine quelques spécimens.

Le château primitif ne retentit-il pas au douzième siècle des chants des troubadours seigneuriaux, BERTRAND DE BORN ET SON FILS, chants si pleins de couleur et peignant si bien à la fois le caractère des deux poètes, comme les mœurs de l'époque ?

PARENTIS possède un véritable trésor artistique : un christ, *grandeur naturelle*, sculpté avec une rare perfection dans une bille de bois, dont le volume était tel qu'un bras seulement se trouve rapporté.

Par malheur, on ne s'est pas contenté de la couleur de la matière première. Un horrible badigeon recouvre le chef-d'œuvre et empêche de l'admirer comme il le mérite.

Sauf quelques chênes et ormes, les forêts de pins aux aspects uniformes succèdent aux forêts de pins ou sont traversées par

---

1. Renseignements donnés par MM. le docteur LALESQUE et DURÈGNE.
2. Revoir, pour ce mot, le chapitre du présent volume consacré à la *Forêt de la Coubre*.

des landes plates, sans roches, bien différentes des landes bretonnes, si accidentées et parcourues par de jolis ruisseaux.

Très marécageuse, cette partie du pays, comme le pays gascon, ne possède pas de rivières proprement dites, mais les déversoirs de lagunes, au lit fort incliné, à cause de l'altitude des étangs. Il semble que la nature veuille montrer un coin de son travail incessant dans la période de préparation indispensable à l'enfantement d'une autre œuvre.

De maigres prairies, des champs ensemencés de minces récoltes, rafraîchissent quand même le regard saturé de la vue des pinadas. Depuis près de deux siècles, on cultive le maïs, en plus du seigle et du millet.

La faune fournit des sangliers, le renard pullule, le gibier d'eau arrive en bandes et, sur les guérets, chantent d'innombrables alouettes. Sur la lande et sur les dunes, une sorte de vipère rouge ou d'aspic se montre parfois.

Les chevaux, petits, sans beauté, feraient piteuse figure près des coureurs d'hippodromes, mais ces derniers, à leur tour, ne brilleraient pas dans un pays où les difficultés de locomotion ne sont pas encore aplanies. Il y faut ce que donne la race indigène : patience et courage.

Les véritables vaches landaises savent, comme les vaches de pure race bretonne, auxquelles on les mêle souvent, se contenter de la plus faible pâture et donner, en retour, un lait exquis. Malheureusement, les ménagères sont trop peu expertes dans l'art de tirer parti de cette précieuse ressource. Ainsi que les fermières vendéennes [1], elles devraient bien prendre des leçons en Bretagne ou en Normandie. Les troupeaux de chèvres sont nombreux, de même ceux de porcs, très fins de qualité, et fournissant les excellents jambons *dits de Bayonne*.

L'élève des abeilles est assez prospère dans plusieurs localités.

Des troupes considérables de moutons, donnant de bonnes laines, vaguent de tous côtés sous la conduite des bergers. Ici, rappelons un fait inscrit par Thore, dans sa *Promenade sur les côtes du golfe de Gascogne*.

---

1. Voir troisième volume.

En 1801, M. Larreillet, propriétaire à Ichoux, osa, fort de son expérience, inoculer la *clavelée* à ses bêtes à laine, après les y avoir préparées. Il réussit au delà même de ses espérances et parvint à faire adopter son procédé aux bergers voisins.

C'était un premier pas, et à ce titre il ne pouvait être oublié, vers les études où la science allait bientôt s'engager, études que l'illustre Louis Pasteur devait porter à un si rare point de précision, de perfection.

Notons, avant de quitter l'étang de Biscarosse-et-Parentis, les expériences faites dans plusieurs parties des dunes voisines.

Ainsi, certain canton de la forêt de *Sainte-Eulalie-en-Born* a reçu des semis et boutures d'*arbres à thé !*

Probablement faudra-t-il attendre... longtemps une récolte utilisable. La tentative n'en mérite pas moins d'être signalée.

Notons encore les immenses travaux exécutés sur tout le rivage de la mer pour parer, à la fois, aux érosions des terres et à leur ensevelissement sous les sables.

C'est une œuvre des plus difficiles, des plus pénibles, mais l'Administration des Forêts ne se décourage pas plus que ses agents, si méritants [1]. On peut espérer voir tant d'efforts récompensés et les améliorations déjà obtenues sont très grandes, en attendant qu'il soit permis de les regarder comme absolument à l'abri de tout retour offensif des causes destructives.

---

1. Toute la côte est protégée par des dunes littorales *factices*, sans lesquelles seraient compromises les plantations de pin maritime. Ces dunes, ainsi que nous l'avons vu au chapitre précédent, appartiennent à l'Inspection de l'Administration des Forêts. Le système adopté y diffère un peu de celui employé à *La Coubre*. La majeure partie des travaux a été exécutée sous la savante direction de M. Lamarque, garde général à *Liposthey*. Nous devons à M. Lamarque un certain nombre de renseignements intéressants.

CHAPITRE XXVIII

A TRAVERS LANDES. — MIMIZAN

L'étang de Biscarosse-et-Parentis se déverse, à son extrémité sud, dans un canal naturel qui a pris le nom de la commune traversée par ses eaux : *Courant de Sainte-Eulalie* [1].

Suivons-en les berges, tout de suite nous pourrons faire des remarques utiles. D'abord une première constatation.

Les agglomérations d'habitants sont rares, et cela se comprend quand on pense à ce qu'était le pays à la fin du dix-huitième siècle, mais les bourgs sont propres, bien bâtis, étendus, respirant l'aisance. Tous, ou à peu près, possèdent de belles maisons de campagne appartenant à de riches propriétaires qui ne songent pas à émigrer vers les villes. L'habitude leur fait trouver des charmes à ce qui nous semblerait être un véritable exil, et le soin de vastes possessions absorbe assez tous leurs instants pour ne pas permettre à l'ennui de venir les visiter. La chasse, la pêche délassent du travail.

Partout il faut surveiller les exploitations de pins et de chênes-lièges. Le premier de ces arbres a pour principaux ennemis deux insectes lignivores, le bostriche et l'hylésime, qui les minent à l'intérieur, plus la chenille processionnaire, s'attaquant à ses aiguilles. Une autre cause de destruction, c'est le parcours du bétail dans les jeunes semis; enfin les incendies causés soit par l'imprudence des nombreux charbonniers ou des pâtres, soit par les ouragans qui, froissant entre elles les branches résineuses trop sèches, déterminent leur ignition. Aussi, dans tous les *pinadas* laisse-t-on de larges espaces vides, appelés *garde-feu*, destinés à circonscrire le fléau, s'il vient à se produire.

---

1. Le mot *courant* est employé dans le pays pour désigner ces canaux naturels.

Au bout de vingt, vingt-cinq ou trente ans, le cultivateur juge si les arbres ont la force nécessaire pour être *résinés*. Il s'en assure par une méthode des plus simples. Debout contre les pins, il embrasse chaque tronc avec un de ses bras et s'il n'aperçoit pas le bout de ses doigts, l'arbre est aussitôt entaillé. Les *quarres* ou blessures sont pratiquées, d'abord presque à fleur de terre, puis, successivement (pendant sept, huit ou dix ans), elles sont élevées de vingt à quarante centimètres et, selon la force de l'arbre ou le désir du résinier, elles sont multipliées sur toutes les faces du tronc. C'est, alors, *tailler à pin perdu*. L'arbre sera abattu, puis débité pour traverses de chemin de fer, poteaux de mines, charbonnage, bois de chauffage, de boulangerie, de forge...

Autrefois on se contentait de creuser un trou au pied du pin, et la résine s'y amassait, mais, naturellement, se trouvant mêlée à beaucoup d'impuretés, elle exigeait plus de manipulations.

Un Landais, nommé Hugues, imagina de recueillir la sève précieuse dans de petits pots de terre, semblables aux pots à fleur, sauf, bien entendu, le trou de drainage. Fixé par un clou à l'endroit propice, une lamelle de fer-blanc lui forme à la fois une sorte de toiture et une rigole qui y amène la résine. Il suffit ensuite d'y recueillir cette dernière pour la transformer suivant les besoins de l'industrie.

Comme autant de perles, chaque goutte de sève, coulant des blessures, se solidifie sous l'ardeur du soleil et brille de l'éclat des pierres les plus variées, les plus précieuses.

Le pin maritime produit ainsi de la résine jaune, de la poix grasse, du brai sec, de la térébenthine brute ou rectifiée à l'état d'essence, du goudron de deux sortes, dont l'un, nommé *goudron de gaz*, est aussi estimé que les meilleurs goudrons de Suède ou de Russie. On désigne, sous le nom de *barras*, la belle résine, blanche comme la cire, qui se fige le long des entailles.

Et un tel arbre croît dans des terrains où bien peu d'autres cultures donnent des produits rémunérateurs !

Cependant il faut nous hâter, mais non sans remarquer les *caa* et les *brooss*, chars à deux ou quatre roues, traînés par deux bœufs ou deux mules, invariablement dénommés *Chouane* et *Martinn* (Jean et Martin). Attelées de la manière la plus pittoresque, sous une sorte de joug en forme d'échelle placée transversalement, les mules, tout comme les bœufs, vont, conduites à la voix par le charretier, qui ne cesse presque pas de les encourager ou de les réprimander, sur un ton bien compris par les animaux. Le charbon, le bois, les récoltes sont ainsi transportés à d'énormes distances.

Des pasteurs traversent la route, montés sur des *tchanques* (échasses), pour franchir les endroits marécageux ou surveiller, appuyés contre un arbre, les troupeaux dont ils ont la garde. Par-dessus leurs vêtements, ils revêtent, en cas de besoin, la *pélisse*, casaque en peau de mouton et la *mandill*, cape en gros drap, à capuchon et à collet, avec ou sans glands. S'ils vont à pied, la chaussure sera le plus souvent les *esclops* et *escloupettes* (sabots de formes variées). La coiffure est une sorte de chapeau à demi pointu ou le *béret* basque en drap bleu. Les femmes portent fréquemment un capulet semblable à celui des paysannes pyrénéennes.

Presque tous les pâtres tricotent ou s'occupent de sculpter, au couteau, des colliers en bois ornés de dessins primitifs et destinés à soutenir les *arquets canaoülles* (clochettes des bestiaux).

Les *esquires*, avec leurs *battails*, sont les clochettes des troupeaux de moutons, clochettes en dents de chevaux ou de mules, arrondies et percées.

Il y a aussi des jeux complets de sonnettes, avec leur tonalité différente depuis la *toumbe* et le *truc* jusqu'aux *picardes*, *clarottes* et *esquirottes*.

Nous voyons des pêcheurs préparer des *bimiades* (nasses), les *fouennes* ou hameçons divers.

Traverse-t-on des bourgs en fête, au moment du carnaval par exemple, la jeunesse compose des orchestres complets avec les *chioulets* (flageolets), les tambourins, les tympanons, le *çlaroun*, semblable au biniou breton.

Entre-t-on dans les maisons, toutes bien tenues généralement, on verra encore des quenouilles, des fuseaux, des *fusaïolles* pour le chanvre, le lin, la laine; des *glaibes* ou chandeliers à résine en fer, en terre; des *saley*, écuelles en bois pour manger; des cuillers et des fourchettes, aussi en bois. Un autre genre d'écuelles, les *roumatgés*, toujours en bois, sont percées de trous et montées sur quatre pieds ; elles servent à égoutter les fromages.

Les *pégas*, *pitchés* (cruches), les *toupins* (pots à soupe) sont les types principaux d'une infinie variété de poteries, où les modèles romains ont laissé une large trace.

Par-dessus tout, le voyageur éprouve ce grand plaisir de pouvoir constater, avec l'assainissement du sol, l'amélioration des individus. Les fièvres endémiques disparaissent avec les cultures persévérantes, avec l'écoulement donné aux eaux stagnantes. La mortalité diminue partout et les naissances sont très nombreuses. Une hygiène mieux entendue, un travail bien compris, la mise en œuvre de toutes les ressources, ont produit ce changement, destiné à s'accentuer encore.

Mais que disons-nous donc ? Ce changement n'a-t-il pas atteint tout le progrès désirable, au moins dans le canton où nous sommes arrivés ?

De jolis hameaux se présentent, nombreux. Leurs maisons, propres, bien bâties, entourées de jardinets fleuris, laissent échapper une robuste population enfantine, fraîche et rose.

Des champs presque fertiles, des prairies d'un vert superbe, des plantations de chênes-lièges, admirablement tenues, plusieurs essences forestières mêlées aux pins ; des ruisseaux faisant mouvoir de petites forges, et des moulins allant rejoindre le courant de Sainte-Eulalie ou tomber dans le *courant de Mimizan*...

Ce dernier nom est une révélation. Nous sommes sur les bords de l'étang d'AUREILHAN ou de MIMIZAN, beaucoup moins étendu que les étangs précédents, auxquels il sert de déversoir. Son existence est signalée dès le treizième siècle par l'octroi du roi d'Angleterre, à PIERRE ANALH DE PODENSAC, de la permission « de faire construire *sur l'étang, ou ailleurs, entre l'étang et la mer*, un moulin avec autant de meules qu'il voudra » (25 juillet 1284).

Diverses espèces de poissons vivent dans ses eaux et ses bords ne laissent échapper aucun miasme particulièrement pernicieux. Il a pour voisins les petits étangs, ou plutôt les mares de *Sentias*, de *Petit-Jean*, de *Tirelague*, asséchant pendant les grandes chaleurs. Plus près des dunes, on trouve l'étang de la *Mailloueyre*, formé par l'ancien lit du courant. Le port de la ville devait y avoir son entrée..., car Mimizan possédait un PORT : divers titres irrécusables l'affirment et la construction d'un pont sur le courant (1878) vint en fournir une preuve matérielle.

Les fouilles mirent à découvert, sous plusieurs mètres de sable, une carcasse de barque en bois de chêne. Quelques années auparavant, une violente tempête bouleversant le sol, à l'ouest de la dune d'*Udos* ou *du Dos*, des carènes de navires y avaient déjà été visibles !

Les historiens et chroniqueurs, en parlant des invasions normandes, disent que les pirates prenaient pour points de débarquement « les ports de Cap-Breton, de Contis, de *Mimizan* ».

L'office de SAINT GALACTOIRE, évêque de LESCAR, martyrisé au sixième siècle, sur le territoire de Mimizan, désigne positivement des flottes de barbares venant, grâce au port, ravager *chaque année* la Vasconie.

Des atlas du dix-septième siècle représentent Mimizan comme « un port et une rade de refuge ». Un extrait de la carte de Béarn, Bigorre, Armagnac, Born, Marensin et pays circonvoisins, pour l'année 1712, indique à Mimizan une embouchure assez large, assez profonde pour donner passage aux navires de l'époque.

Mimizan, du reste, est d'origine fort ancienne. Les titres du moyen âge le dénomment souvent Menisan, Menusan, Memizan, et une remarquable étude sur les voies romaines [1] l'identifie avec la station *Segosa*, de l'*Itinéraire d'Antonin*. Que cette opinion soit ou non certaine, un fait indéniable subsiste. Des voies, créées par les légions de Rome, aboutissaient à Mimizan ou le traversaient. Il y a plus que le souvenir populaire conservé dans ces mots *camin roumiu* (chemin romain), il y a des actes décrivant « *le chemin de Notre-Dame, grand chemin qui va et vient de Bias à Mimizan, chemin qui va à Bordeaux* », ou bien « *le chemin royal allant de Mimizan à Archus* ».

Impossible, d'ailleurs, de confondre ces voies avec les quelques mauvaises routes tracées dans le pays ; impossible, encore, de ne pas tenir compte des transformations causées par l'envahissement des sables et le refoulement des eaux vers l'intérieur des terres. L'étang d'Aureilhan montre combien elles sont profondes et relativement proches de nous.

Les deux *Tucs du Houns*, c'est-à-dire des débris de vieux châteaux bâtis sur un mamelon ou *motte féodale*, se trouvaient encore bien loin de la nappe d'eau, vers 1786. En 1810, ils formaient un îlot de quatre-vingt-dix à cent pas de tour et dominaient d'environ *cinq mètres* le niveau des plus grandes crues. Maintenant c'est à peine si les ruines émergent de trois mètres ; toutefois, on reconnaît distinctement les fossés qui les entouraient !

Les *Tucs du Houns* faisaient partie des ouvrages commandés par Charlemagne pour fortifier les embouchures de fleuves, de rivières offrant des points de débarquement faciles aux invasions normandes. Ils formaient, avec les *mottes de Castelnau* et *de Lanty*, une ligne demi-circulaire, et gardaient entre eux une distance de 400 à 500 mètres.

Mais ces dernières mottes ont été presque nivelées. On les distingue nettement pourtant, et des débris de tuiles à rebord, ainsi que de maçonnerie romaine, s'y mêlent à d'autres ruines.

Ces groupes de fortifications ne sont pas les seuls que l'on retrouve. Les *Tucs du Castet*, à un demi-kilomètre, sur la commune de Sainte-Eulalie, s'y reliaient avec plusieurs autres, disséminés dans la contrée entière.

Pourrait-on aujourd'hui discuter leur utilité ? Et demain, quand toute trace en aura disparu, deviendrait-il, pour cela, possible de nier leur existence ?

Mimizan dut, avec le reste du pays, se voir ruiner par les invasions normandes et sarrasines et par les luttes guerrières féodales. Découragés, les habitants ou périrent ou abandonnèrent leurs demeures. Après eux, l'entretien des monuments cessant, les églises construites par les premiers évangélisateurs, ou restaurées par leurs successeurs, ne pouvaient manquer de tomber en ruines. Or, plus tard, quand une population nouvelle se hasarda à reprendre possession des terres, les églises, rebâties, virent entrer ces ruines pour une bonne part dans leurs matériaux.

Vers la fin du dixième siècle, Guillaume Sanche, duc et comte de Gascogne, ayant relevé l'abbaye bénédictine de Saint-Sever, lui accorda de grands biens, parmi lesquels on note l'église de *Sainte-Marie-de-Mimizan*. L'abbé envoie aussitôt une colonie de ses religieux s'établir sur le champ de bataille qui avait vu tomber saint Galactoire. Un centre florissant ne tarde pas à se former autour du nouveau couvent, et Mimizan devient assez important pour qu'il lui soit octroyé des lois particulières, ou *Statut*, bientôt enrichi de *privilèges, faveurs, franchises, libertés,* par les rois d'Angleterre, puis, plus tard, par les rois de France.

Il est à peine utile de faire remarquer la valeur d'une telle preuve. Évidemment, on ne se fût pas occupé d'une station insignifiante.

Au onzième siècle, Sainte-Marie-de-Mimizan est signalée comme un des lieux les plus importants de l'Aquitaine. Sa population est assez nombreuse pour que *vingt-deux mariages* puissent être célébrés *dans la même journée*. Il est souvent choisi pour centre de réunion des seigneurs de Gascogne, enfin il est doté d'une *Sauvetat* fort étendue, délimitée par des croix...

Des jours de paix, de travail protégé, semblaient donc à jamais revenus.

Les compétitions seigneuriales qui remplirent le moyen âge, les rivalités entre l'Angleterre et la France devaient, par malheur, faire de nouveau succéder la ruine à la prospérité.

Les phénomènes naturels ajoutèrent à ces causes d'anéantissement.

La mer, rongeant le littoral, secoué d'ailleurs par de violentes commotions, dues peut-être à des volcans intérieurs, la mer se mit à rejeter des masses énormes de sables, dont la marche annuelle atteignait vingt mètres !

C'en fut fait de Mimizan !! A qui réclamer secours ? Au moment où cela eût été possible, le mal devenait irréparable... La ville achevait de mourir, comme, avant elle, son port avait disparu !

Une dernière catastrophe allait la frapper dans la ruine de sa belle église. Le clocher, ancien phare bien connu des navigateurs, s'écroulait, entraînant avec lui des pièces d'artillerie (de fabrication ancienne) chargées de répondre aux signaux des marins.

La masse entière, s'abattant sur les grilles du chœur, causa un immense désastre artistique. Ces grilles, admirable travail représentant des scènes de l'*Ancien* et du *Nouveau Testament,* ne purent résister au choc !... Ce ne fut pas tout. Des fresques ornaient l'église ; elles durent subir un grattage, puis un badigeonnage ! ! !

Le monument ne se releva point de ces catastrophes. Mutilé, il n'a plus qu'une faible partie de ses dimensions originelles. De ses splendeurs passées, il conserve un porche de huit mètres de longueur sur autant de largeur, donnant accès dans le sanctuaire par un portail intérieur, formant une baie de plus de deux mètres de large et de près de trois mètres de haut.

Huit colonnettes, différentes en grosseur, y reçoivent des archivoltes ornées de feuillages ou chargées de statues. Le champ du tympan forme une ogive obtuse et s'en trouve, par suite, diminué d'étendue. L'ensemble du portail présente sur l'aire du tympan l'*Adoration des Mages*, avec des détails intéressants ; au sommet de l'ogive, un agneau sert de trône au Sauveur. Sur la deuxième archivolte, Jésus, assis, un livre dans la main gauche, est abrité par la porte d'un palais composé de sept pavillons. Il se tourne vers six personnages, échelonnés à sa droite, et semble les inviter à entrer, pendant que six autres, placés à sa gauche, se désespèrent : Allégorie des Vierges sages et des Vierges folles.

Les douze prophètes occupent la quatrième archivolte, et la sixième représente un zodiaque aux signes tracés de pleine verve. Des cariatides soutiennent les retombées et, dans les rinceaux comme dans les moulures, des têtes, des figurines offrent les contrastes les plus gracieux.

Ce n'est pas tout. Au-dessus du porche, un retrait, ménagé, a reçu les statues du Sauveur et de dix des apôtres, les deux dernières ont été placées à droite et à gauche, sur un plan inférieur.

Des traces de peinture primitive existent encore, recouvertes par les restes du badigeon dont l'œuvre entière fut déshonorée, achevant de compromettre ces sculptures faites dans une pierre tendre et fine.

Les plus grandes précautions seraient nécessaires pour mener à bien une restauration vraiment utile, ne fût-ce qu'au point de vue seul de l'art : le travail devant remonter à une époque assez éloignée et constituant un legs intéressant l'histoire de la ville disparue.

Mimizan représente, actuellement, un bourg bien tenu, tranquille, souriant, mais on le traverserait après lui avoir donné un simple coup d'œil approbateur, s'il ne conservait, toute menaçante encore, on le croirait, une preuve de la cause de ses désastres.

Les montagnes de sable avaient fini par le toucher, et l'une d'elles vint s'accumuler contre l'église !

La destruction eût été certaine si les semis de pins n'avaient pas réussi. Une fois bien assurés, on trancha dans la dune pour établir le chemin vers la mer.

Il produit une sensation étrange ce passage pratiqué entre l'escarpement sablonneux, désormais fixé, et la pauvre église mutilée, achevant, elle aussi, de *mourir*, si on ne la restaure promptement.

On assiste, semble-t-il, à la première période de l'une de ces fréquentes convulsions qui changèrent entièrement la face du pays, et il semble bien, selon l'expression d'Elisée Reclus, qu'un cratère éteint a laissé déchirer ses flancs.

Les sables, arrêtés, forment maintenant le sol d'une superbe forêt domaniale, qui les contient jusque vers leur limite extrême. A peine cent mètres la séparent-ils du rivage ; seulement, au fur et à mesure que l'on avance, les arbres diminuent de hauteur, de grosseur. Les plus voisins de la côte s'élèvent tout rabougris, balayés qu'ils sont, chaque jour, par les effluves marins, destructeurs de la force de leur sève.

Pendant ce court trajet de six ou sept kilomètres, l'intérêt ne languit pas un seul instant. Le chemin longe la *léte* ou plaine de *Cantegrouille*, qui conserve un des *crouts de Saubeterre* ou *Saubetatge*, autrement dit, une des pyramides de l'ancienne *Sauvetat* ou *Sauveté*, lieu d'asile de Mimizan.

Il était très étendu, ce lieu d'asile, et proportionné à l'importance de la vieille ville, mais, de ses pyramides, que surmontaient des croix, *sept* seulement se voient encore. La pyramide de Cantegrouille est la plus élevée, la mieux conservée ; quelques autres doivent être ensevelies sous les sables.

Des blocs de minerai de fer taillés en sont la matière. Leur forme est carrée et diminuant de grosseur vers le sommet, où se dressait la croix. La base est une sorte de plinthe, établie sur monticule.

Placées à une distance d'environ neuf cents mètres de l'église et laissant, entre elles, un intervalle variant de deux cents à quatre cents mètres, l'immense polygone, ainsi tracé, constituait un asile dont l'inviolabilité faisait partie des privilèges du monastère bénédictin.

Il suffit de se souvenir de l'état de la France, comme du reste de l'Europe, pour comprendre les bienfaits de l'institution des *Sauvetés*. Elles donnaient une sanction réelle à la *Trêve de Dieu*, la complétaient, l'empêchaient de devenir illusoire, et apparaissaient ce qu'elles étaient véritablement : l'unique refuge où les opprimés pussent espérer trouver aide, secours, protection.

Après ce retour vers la vie morale du passé, les yeux sont attirés par l'imposant contour de la dune d'*Udos* ou du *Dos*, énorme montagne de sable, maintenant verdoyante, et qui, selon une tradition tenace, a enseveli la première église de Mimizan. Rien n'est venu confirmer cette tradition, mais rien non plus ne la dément, car les sables ont causé bien d'autres ruines !

Un joli pont de pierre permet de traverser le *Courant*, véritable petite rivière assez profonde, recevant plusieurs gros ruisseaux et se jetant à la mer par une pente rapide. Elle roule sur un lit d'*alios*, ce sous-sol ferrugineux des Landes, à grains si résistants, et n'a pu l'aplanir partout, ce qui, en plusieurs points, la force à ce précipiter en cascatelles ou à entourer des îlettes.

Çà et là, une ferme ornée d'arbres, un moulin, un champ, l'ombrage de la forêt, puis..... les sables blanchâtres et fins du rivage, portant sur leur cime une rangée de chalets destinés aux baigneurs de la contrée. Tout près de là, sous l'abri des derniers pins, une petite chapelle a été élevée.

Sur le revers des dunes, trois appentis, couverts de chaume, reçoivent les trois *pinasses*, c'est-à-dire les trois embarcations, *à fond plat,* permettant aux pêcheurs de se hasarder à jeter leurs filets sur une étendue atteignant un demi-kilomètre au plus en largeur !

Les courants ayant, ici, une direction et une vitesse très dangereuses, l'estacade en bois construite au débouché de la rivière empêche celle-ci de progresser vers le sud, direction commune à tous les cours d'eau landais, mais une barque sablonneuse y est en formation.

Voilà ce qui reste de l'ancien port renommé !...

Mais cette solitude même possède un charme profond qui bientôt enveloppera doucement le cœur.

En rêvant au passé, le présent se montre meilleur et l'avenir plus assuré. L'homme a vaincu de gigantesques obstacles, son travail a reçu une large récompense. La vie circule où depuis longtemps régnaient le deuil et la mort.....

Courage donc, courage toujours ! C'est, avec l'aide de Dieu, le seul appui qui ne saurait faillir !

CHAPITRE XXIX

LES ÉTANGS DE SAINT-JULIEN, DELÉON, DE MOÏSAN. — LE VIEUX BOUCAU
L'ÉTANG DE SOUSTONS. — L'ÉTANG BLANC. — L'ÉTANG NOIR

Dans le *Pilote des côtes ouest de la France*, M. Bouquet de la Grye émet l'opinion que l'ensemencement des dunes n'empêchera pas la formation de nouveaux monticules, toujours de plus en plus élevés, sous lesquels les premiers finiront par disparaître. Cela serait non seulement probable, mais certain, si le manque de vigilance mettait en oubli l'expérience acquise. Mieux vaut espérer ou plutôt croire que les fixations continueront d'empiéter peu à peu sur la mer, au lieu de se laisser gagner par elle.

L'espérance est bonne à entretenir, quand on poursuit l'exploration de cette contrée, où chaque pas rappelle des révolutions géologiques dont il est impossible de retrouver la trace.

Entrons à Bias, ou Biaz, la première agglomération importante au sud de Mimizan. Elle fut, vers 1760, recouverte d'un tel océan de sable que son église et de beaux domaines furent ensevelis! Thore, en 1810, vit les sommets desséchés des ormes entourant l'église et put s'entretenir avec plusieurs des propriétaires ruinés. Lorsque l'on travailla à fixer les dunes, on trouva des traces de forêts de chênes[1].

Le bourg de Saint-Julien, que nous rencontrerons ensuite, est plus éloigné de 4 kilomètres du rivage qu'il ne l'était d'abord..... Ce rivage, où les baleines échouaient, après avoir été très florissant, est devenu un désert!

Entre l'étang de Saint-Julien, très pittoresque, et la belle forêt de Contis, aux arbres superbes, on voit, *à deux mètres en*

---

1. Tassin. *Rapport sur les dunes landaises* (1801).

contre-bas du tablier du pont, le carrelage d'une ancienne chapelle de l'Ordre de Saint-Jean de Jérusalem [1].

De vastes forêts de chênes sont également ensevelies partout ! !

Qui pourrait croire aujourd'hui, si des titres certains ne le prouvaient, qu'un port, celui de Contis, occupait une baie placée un peu au nord de l'embouchure de l'étang Saint-Julien,

Extrémité de l'étang de Léon (Landes).

dont le déversoir a pris le nom de *courant de Contis ?* Une petite station de pêche y a été établie, mais ne semble pas avoir le moindre avenir.

Toujours en avançant vers le sud, l'étang de Lit a submergé le château de *Navarre*, seigneurie des Mauléon. Lit, d'ailleurs, avait aussi un port, comme celui de Samans, aujourd'hui devenu marais. Du port de Terre-Baston étaient, jadis, expédiées des barques de charbon pour Bayonne et pour La Rochelle ! ! !

Saint-Jean de Vielle, Saint-Girons de List, Le Tuc de Chou ont disparu. Sur ces rivages, la vigne était cultivée comme elle l'est

---

1. Dompnier de Sauviac.

encore à MESSANGES, et les premiers navigateurs de l'ouest y venaient trafiquer activement!! Les auteurs anciens nous laissent entrevoir quelle était l'importance de ce trafic.

L'étang de LÉON, à peine fermé depuis trois siècles, présente plus de mille hectares de surface : les sables ayant presque comblé le canal ou courant d'*Uchet*, appelé aussi de la *Huchette*!!

Ainsi qu'il arrive de la généralité des étangs littoraux, celui de LÉON ou SAINT-LÉON, ou simplement LON, est borné par de vastes marais et, du côté de la mer, par les forêts domaniales de pins.

Le bourg est bâti à cinq ou six cents mètres en arrière, au sommet d'un coteau saillant, presque abrupt, du milieu d'une plaine sans relief.

Des chênes lièges énormes, au tronc superbe, contre l'ordinaire de ces arbres, et très élevés, alimentent une fabrique de bouchons.

Le premier écorçage du chêne-liège se fait à vingt ans ; peu estimé, on l'emploie pour les bouées, les flotteurs de pêche ou autres objets de mince valeur. Le second écorçage se pratique vers trente ans : il sert à l'industrie des bouchons ; enfin, vers quarante ans, l'arbre donne son meilleur produit.

L'écorce provenant du Var (on la travaille également à Léon) est la plus estimée ; celle du pays est légèrement trop blanche, quoique d'un grain très fin aussi.

Par une sorte de privilège dû au sol ou à l'air favorable, sans doute, les plantations de chênes-lièges de Léon prennent un aspect infiniment plus beau que celles dont bientôt les premières lignes se présenteront à nos yeux.

Les miasmes paludéens empestaient jadis la contrée. Il n'est plus ainsi : les progrès de la culture, comme ceux de l'hygiène, et, partant, la santé, vont chaque jour en s'améliorant.

On récolte du seigle et du maïs, ce dernier est la base de la *méture*, sorte de pain d'un usage général dans les Landes comme dans les Pyrénées.

Traversons MESSANGES, où commence la culture de la vigne, qui donne de très beaux produits. Les vins, dits de *sables*, car les ceps croissent en pleines dunes, sont estimés et font concurrence à ceux du Vieux-Boucau, de Soustons, de Cap-Breton.

Une légère inflexion de la côte a pris l'appellation de *Cap-Moïsan*, du nom d'un étang voisin, qui fut, au seizième siècle, le théâtre de la plus étrange des aventures.

Alors, le fleuve *Adour* avait son embouchure au Vieux-Boucau et l'étang faisait simplement partie du port. Le capitaine Moïsan y avait jeté l'ancre, attendant tranquillement de terminer l'arrimage de sa cargaison.

Tout à coup (octobre 1579) survient un exprès de ses armateurs, qui habitaient Bayonne. Ils prévenaient le capitaine que l'Adour avait repris son ancien lit ; en conséquence, force était de presser le départ du navire.

La nouvelle laissa Moïsan parfaitement incrédule..... mais, presque en un instant, les eaux lui firent défaut !!

Lorsqu'il voulut reprendre la passe, elle se trouva impraticable, sinon pour les toutes petites barques !!

Le navire demeura donc échoué et ses débris témoignèrent longtemps de la cruelle mésaventure du capitaine, comme de son fâcheux entêtement !...

Nous marchons toujours au milieu de sables de moins en moins résistants, très propres, par conséquent, à continuer l'œuvre néfaste des dunes aujourd'hui fixées. Aussi, malgré soi, ne peut-on s'empêcher de regretter que Henri IV ait cru devoir repousser la demande faite par les milliers de *Maures*, chassés d'Espagne, de venir s'établir dans les Landes.

Ces proscrits ne sollicitaient rien que la permission d'habiter un pays menacé et de le transformer par leur travail énergique. Si l'offre fut bien réelle, comment Sully, le ministre perspicace et zélé, ne l'appuya-t-il pas ? L'avenir agricole de la France le préoccupait beaucoup, cependant !

Par malheur, sans doute, des considérations politiques se mirent à la traverse du projet. Les Landes durent attendre et voir se consommer la ruine d'une bonne partie de leur territoire, enseveli sous des montagnes sablonneuses atteignant 60, 70, 75 et jusqu'à 89 mètres de hauteur.

Nous arrivons aux dunes arides du Vieux-Boucau, humble bourgade aujourd'hui, mais qui pendant un instant a joui d'une véritable prospérité maritime.

Anciennement appelé *Plech* ou *Pleich*, c'est-à-dire *grève* ou *plage*, un phénomène inouï allait changer sa fortune.

Contrarié dans son cours par les sables et ne pouvant forcer leur barrière, l'Adour envahit les terrains situés au nord de son embouchure. Il lui fallut pousser jusqu'à plus de *trente kilomètres* la déviation de ses eaux. Le port nouveau prit le nom d'*Albret* ou de *Labrit*.

On a supposé que ce fait eut lieu en 1380 : mais, d'une enquête datée de 1491, il semble résulter que le fleuve n'avait pas alors atteint cette limite et se déversait à dix kilomètres en deçà. Toutefois, il ne dut pas rester longtemps stationnaire, puisqu'une ordonnance du roi Louis XII, de février 1511, réglant une compétition entre Bayonne et Cap-Breton, maintient la juridiction de Bayonne, sur l'Adour, depuis Hourgave jusqu'au Boucau :

« La rivière nommée l'Adour, les Gaves et la Bidouze (affluents du fleuve), passant à l'entour des murailles et au-dessous de leur ville (Bayonne), se joignent à la rivière de Nive et vont entrer à la grande mer, au lieu appelé BOUCAU, *qui est distant de la ville de sept lieues, par lequel Boucau ont accoutumé* venir les grands navires, et les marchandises en ladite ville et cité. »

Le nom de Boucau, appliqué au nouveau port, s'explique de lui-même ; il signifie *bouche*, ou embouchure [1]. Pendant près d'un siècle, peut-être, le Boucau grandit et fut le point obligé du commerce bayonnais.

Bayonne, pourtant, subissait impatiemment cette éclipse. Elle appela à son secours le plus célèbre ingénieur de l'époque LOUIS DE FOIX, l'architecte du palais de l'Escurial et du phare de Cordouan.

Les travaux de Louis de Foix furent couronnés de succès [2], et le 29 octobre 1570, la capitale du Labourd [3] est toute à la joie de voir l'Adour entrer dans l'Océan, à trois kilomètres de ses murs. La nouvelle embouchure prit le nom de BOUCAU-NEUF, et l'ancien port de Labrit ne sera plus connu, désormais, que sous l'appellation de VIEUX-BOUCAU...

1. Du mot gascon : bucoo.
2. Nous les retrouverons plus détaillés à Bayonne.
3. Au temps de la division par provinces, Bayonne était la capitale du pays basque de Labourd.

Avec le fleuve, ce dernier port perdait tout. Il lutta néanmoins, et sa population, assez considérable pour fournir, au milieu du seizième siècle, une levée de *deux cents matelots* destinés à la marine royale, sans compter un nombre égal, embarqués sur les navires marchands, sa population armait encore, en 1627-1628, « *vingt pinasses* et *vingt chaloupes* destinées à aller, sous l'escorte

Vieillard landais.

des vaisseaux du roi, s'emparer de l'île de Ré et participer au siège de La Rochelle ».

Une supplique adressée (1630) à Louis XIII, par les habitants, le dit expressément et signale « *les notoires services* » rendus.

Ce fait, malgré tout, ne prouve pas, comme on l'a écrit, que le havre du Vieux-Boucau fût accessible aux vaisseaux de ligne, même étant données les moindres dimensions usitées alors, car pinasses et chaloupes pouvaient fort bien avoir été rejoindre ou attendre les vaisseaux en un lieu convenu.

Quoi qu'il en soit, le pauvre port atteignait la fin de son existence.

Actuellement, et malgré de petits travaux exécutés à l'embouchure de son canal, il n'a pas de destinées plus hautes que de servir d'écoulement aux nappes lacustres de SOUSTONS, de l'*Etang Blanc* et de l'*Etang Noir*.

SOUSTONS, riche et grand bourg, aux belles maisons, aux coquettes villas, se développe sur la rive méridionale de l'étang auquel il a donné son nom, étang prolongé par des marais, et réservoir de plusieurs petits cours d'eau. Tout près, on trouve MAGESCQ, l'ancien *Monsconum*, selon les meilleures probabilités, et les restes du *Tuc de la Mothe*, que l'on a supposé avoir été fortifié par les Romains. Une voie romaine passait non loin de là, affirme Thore [1], traversait l'emplacement occupé par l'étang de Léon, les bourgs de Lit, Mixe, Saint-Julien, Mimizan, les étangs de Biscarosse et de Cazaux, pour aboutir à Boïos, la ville dont l'existence est si discutée.

Ces suppositions n'ont pas été pleinement acceptées. Elles seraient, au surplus, sans intérêt pour le Vieux-Boucau actuel et pour Soustons, très occupés, le premier, de ses vignes, conquises sur les sables des dunes ; le second, de ses exploitations de chênes-lièges et aussi de ses vignobles.

Quand vient l'été, les gens du pays prennent les bains de mer sur la grève du Boucau, en dépit de ses sables fatigants, des trous dont elle est jonchée et de la violence des courants qui la balayent trop souvent.

Trois pinasses sont montées par les pêcheurs qui se hasardent en mer. Les étangs fournissent, avec moins de fatigue, une grande abondance de poisson excellent.

Le pin est maintenant presque clairsemé ; cependant il reprend sa prépondérance sur le chêne liège aux environs de l'*Etang Blanc*, qui fait briller ses eaux limpides entre des berges à peu près toujours solitaires ; le chemin en étant difficile, on se trouve forcé, pour le bien visiter, d'employer le *broos* ou char à bœuf. C'est encore presque le seul moyen d'accéder au petit lac voisin, l'*Etang Noir* ou de SEIGNOSSE. Les pins des dunes littorales en

---

1. Il tirait ce renseignement du *Rapport sur les dunes*, de TASSIN (1805).

assombrissent les rives plates, légèrement vaseuses, et ses eaux doivent baigner un fond tourbeux ou fortement aliotique, pour avoir contracté la teinte sombre motivant son nom.

A l'ouest, le bruit de la mer trouble le silence du paysage, à peine animé par quelques habitations et par le clocher du bourg de Seignosse situé au sud.

Ce fut sur la grève, en face de l'*Etang Blanc*, à six kilomètres environ, que, paraît-il, l'Adour se jeta pendant un moment, avant d'aller former le port, maintenant ruiné du Vieux-Boucau.

Par le joli bourg de Tosse, par Saubion et Soorts, à travers les forêts de chênes-lièges, nous pourrions nous rendre à Cap-Breton, limite de la navigation des Landes.

Mais, quoique la route ait été longue au milieu des dunes et sur les rives des étangs, une excursion dans la ville du département la plus rapprochée du littoral ne sera pas inutile.

Dax, il faut se le rappeler, d'ailleurs, devant nous fournir, avec ses sources à température si élevée, sinon une *preuve*, au moins une hypothèse très vraisemblable de la cause d'une grande partie des bouleversements subis par la contrée.

Prenons donc la route de Dax. Le détour comporte au plus vingt-huit kilomètres.

CHAPITRE XXX

DAX MODERNE

On souhaiterait retrouver des traces nombreuses de la splendeur antique de Dax, mais les vieux monuments ont disparu avec l'enceinte fortifiée, dont il reste à peine un ou deux fragments, couronnés par de magnifiques platanes.

Transformé en caserne, après avoir servi de demeure aux marquis de Poyanne, gouverneurs de la ville pendant deux siècles entiers... il a été démoli, en 1891, pour faire place à un établissement balnéaire. La cathédrale date du milieu du dix-septième siècle.

Le titre de cathédrale remonte, pour l'église dacquoise, aux premiers temps de l'évangélisation des Gaules. Le faubourg dit de Saint-Vincent, à cause du martyre de cet apôtre zélé, conserva le siège épiscopal jusqu'en 1050, année où l'évêque Raimond estima devoir le mettre à l'abri derrière les remparts de Dax. Il choisit une église dédiée à Notre-Dame et remontant au septième siècle. Ce monument fut rebâti, vers 1240, par les Anglais, qui élevèrent une enceinte gothique sur la vieille nef romane. L'édifice croula au mois de janvier 1646, et il fallut songer à le reconstruire, ce à quoi l'on s'occupa aussitôt. Un premier plan fut dressé ; son existence est incontestable : elle vient détruire la croyance générale attribuant ce projet à Vauban [1].

L'ordre ionique domine dans ce monument aux belles proportions, mais bien froid dans son ensemble et très peu orné, sauf par une grille en fer forgé, d'excellent travail, entourant le chœur.

---

1. M. le docteur Barthe de Sandfort établit des dates précises : Vauban avait quatorze ans au moment où le plan fut adopté. Tout au plus, donc, pourrait-on prétendre que l'illustre ingénieur donna un avis, lors des remaniements introduits dans l'édifice, en 1661.

Cependant le côté occidental possède encore un magnifique portail, non complètement restauré, dit des *Douze Apôtres*, le sujet des sculptures qui le couvrent étant « les Apôtres recevant la doctrine du Sauveur ».

M. Léon Palustre, savant archéologue, estime ce portail comme étant le seul monument du genre, datant du treizième siècle, qui existe au sud de la Loire. Cette page sculpturale, il faut l'avouer, rend encore plus nue, plus froide, l'église qui a succédé à celle dont elle faisait partie.

Une ou deux maisons, entre autres l'hôtel ayant appartenu à la famille de Borda, peuvent aussi fixer un moment l'attention, quoiqu'elles offrent un mince intérêt architectural.

En réalité, la merveille de Dax, c'est la *Fontaine de la Nèhe*, dite *Fontaine-Chaude*, enfermée dans un bassin carré, avec portique toscan et ouvertures grillées, munies de robinets. Cette nappe bouillonnante de 334 mètres de surface, oscillant, en volume, de 465 à 506 mètres cubes, fournit plus de 1,200 mètres cubes d'une eau atteignant 64 degrés centigrades de chaleur !... Lorsque la fontaine a pris son niveau le plus élevé, elle débite 2,429 mètres cubes par jour ; on estime à *un million de calories*[1] la force perdue toutes les vingt-quatre heures ! Des sondages tout récents faits à la base du lac d'Eauze, au pied même de la Tour de Borda, ont amené le jaillissement à un mètre au-dessus du sol d'une immense colonne d'eau chaude, dont le débit et la température se rapprochent de ceux de la Fontaine-Chaude. On se demande quand l'industrie et la finance françaises voudront bien exploiter ces immenses richesses thermales non seulement dans un but thérapeutique, mais aussi dans le sens économique ? Que manque-t-il à Dax pour qu'on y installe d'ores et déjà une de ces immenses serres qui font aujourd'hui l'orgueil de la Belgique, où, par un admirable renversement des lois de la nature, le travail de l'homme offre à l'œil ébloui, pendant les rudes frimas de l'hiver, le spectacle d'une incessante production de primeurs de toute nature ? (Note du Dr Moray.) C'est donc une bien grande imprévoyance de la part de la ville. En attendant, la population (principalement les boulangers) bénéficie de l'état de choses

---

1. On sait que les physiciens dénomment *calorie* la quantité de chaleur nécessaire pour élever d'un degré centigrade la température d'un litre d'eau.

actuel. Chacun va remplir aux robinets, continuellement ouverts, cruches, seaux ou barriques.

Des découvertes de voûtes bâties sur pilotis, de monnaies, de baignoires, et une enceinte circulaire, pavée de mosaïques, surtout la présence de fortes couches de béton destinées à consolider le sol du marais primitif, laissent supposer que la source de *la Nèhe* était aménagée pour les thermes impériaux romains, quoique, d'ailleurs, il soit actuellement impossible de préciser l'emplacement des célèbres *bains de marbre* dont parlent Oïhénart et une foule d'autres écrivains. Le sol est de beaucoup exhaussé, et les travaux de captation des sources ont réduit la surface de la Nèhe au seul orifice de ses griffons.

Cette source magnifique contribue certainement, par l'évaporation, à adoucir le climat déjà très doux de la ville, et c'est une surprise toujours nouvelle que de voir ces eaux limpides, teintées d'émeraude, gonfler leurs bulles légères ou se couvrir de nuages bientôt dissipés, pour se reformer l'instant suivant.

Plusieurs autres sources sont captées pour desservir les établissements médicaux, où sont traitées avec succès certaines maladies cruelles, réputées incurables : rhumatismes, sous toutes leurs formes insidieuses et entre autres la goutte.

Les eaux dacquoises se divisent en plusieurs groupes, ayant leurs qualités distinctes. Toutes, ou à peu près, déposent des boues reconnues d'une extrême efficacité en médecine.

Mais cette question touche à des faits d'ordre trop spécial, pour que de simples voyageurs comme nous songent à l'aborder. Mieux vaut renvoyer aux consciencieux ouvrages où elle a été traitée avec une autorité si grande [1].

Donnons, toutefois, un regard aux Thermes actuels. S'ils n'ont pas la splendeur des Thermes romains, leur ensemble est des plus agréables ; cela suffit pour les malades qui y viennent redemander la santé.

En plus de ses sources chaudes, Dax possède des salines situées immédiatement dans l'un de ses quartiers. Un propriétaire essayait d'arriver à la nappe chaude souterraine ; il heurta des bancs de sel gemme d'une grande pureté.

---

[1] Par MM. SERRES, BARTHE DE SANDFORT, DUFAU et plusieurs autres.

Ces mines sont aujourd'hui exploitées par une société puissante pour la fabrication du sel d'alimentation : la production en est d'environ 12,000 tonnes par an.

Cette trouvaille précieuse a donné naissance à la création d'un magnifique établissement de Bains, avec Casino, lequel a été élevé sur l'emplacement de l'ancien château de Poyanne. M. le Président de la République en a posé la première pierre le 24 mai 1891, lors de la visite qu'il a faite à la ville de Dax. On y traite, comme à Salies-de-Béarn, et avec un égal succès les affections lymphatiques, la scrofulose, l'anémie, etc., etc.

C'est le samedi, jour de grand marché, qu'il faut voir Dax pour se faire une idée juste de la population landaise. Dans un des bulletins de la *Société de Borda,* on trouve la pittoresque description suivante :

« L'aspect de Dax, à son marché du samedi, est bien fait pour frapper et intéresser l'observateur. Ici, comme presque partout, on trouve les deux races d'hommes, la race grasse et la race maigre, et ces deux types ont un caractère particulier : *on se sent en pays romain, fortement greffé sur le pays gaulois.*

« Ce n'est pas le lieu de rechercher lequel des deux types est de la race autochtone ou de la conquérante ; mais, en voyant ces fortes têtes, aux traits arrondis, au double menton, fièrement porté par un cou vigoureux sur de larges épaules, on pense involontairement à Titus, à Vitellius.

« En voyant ces fronts fermes, ce nez droit, légèrement aquilin, dont la pointe redescend vers la bouche, le maxillaire inférieur largement dessiné, ce menton arrondi qui dénote la force et la fermeté, on semble voir Nerva... Rien que de naturel : la Gaule n'a-t-elle pas fourni à Rome son contingent d'empereurs ?

« Le cou presque nu, reposant aisément sur la blouse, les cheveux courts, la figure rasée complète le type et marquent la tradition romaine.

« Les femmes, auxquelles l'habitude de porter sur la tête donne une souplesse et une élégance particulières, soutiennent avec grâce, sur leurs épaules bien posées, une tête aux cheveux généralement boucles ou ondés, qui rappellent les profils de Julie, de Faustine, de Salonine.

« La forme des noms est restée romaine, et quoi de plus romain que le goût des Landais pour les fêtes publiques, que cette passion pour les jeux du cirque.

« Plus on descend vers le Midi, plus ce goût est dans les masses. Mais il est douteux qu'il soit nulle part aussi répandu que dans les Landes, où la moindre commune a sur la place publique ses arènes en permanence, comme complément de toute fête locale.

« Malgré le temps, la lutte de l'homme contre les animaux est restée dans le sang. Aux combats des tigres et des éléphants ont succédé les courses, non sans danger, des vaches landaises : les écarteurs d'aujourd'hui sont les descendants adoucis des belluaires et des gladiateurs.

« Les chars sont à la fois gaulois et romains. Le *cart*, avec sa couverture de toile, attelé de deux mules aux vives allures, le cou pris dans le long joug carré dont la forme rappelle involontairement la cangue des Chinois, n'est-il pas absolument le char gaulois ? En forme de *cornes* sont les barres qui, derrière et devant, assemblent les planches formant le chariot, comme, de nos jours encore, l'Italien porte la branche ou la petite main de corail, aux deux doigts ouverts, pour se garer du *jettatore*.

« Le char à bœufs est peut-être un peu moins primitif que celui des montagnes, auquel ses roues pleines donnent un caractère tout particulier. Mais, quand, le samedi, au *Sablar*[1], on voit des séries de chars ayant, attaché à chaque roue, un de ces bœufs de l'attelage, au pelage froment, aux cornes élégantes et élancées, le corps couvert de l'*apric* blanc ou bariolé, patiemment couchés en attendant le départ, on ne peut s'empêcher de songer à ceux si bien décrits par Tite-Live et par César.

« Les barques de l'Adour, aux deux bouts pointus et relevés, rappellent ces pirogues primitives taillées dans un seul tronc d'arbre, dont elles sont la tradition évidente.

« Ce qui rappelle encore les pirogues, ce sont ces sabots du pays, au bec hautement relevé, comme toutes les nefs anciennes jusqu'au moyen âge. Etalés en file, côte à côte, on dirait une flotte lilliputienne.

« Après ces barques primitives, les poteries de Dax ramènent aux temps les plus anciens, aujourd'hui qu'il est admis que les formes les plus primitives ont le fond arrondi.

« Terminons ces rapprochements par les élégantes cruches de Saugnac et de Cagnotte. Si gracieusement portées par les femmes, elle sont absolument romaines, comme le sont aussi les brocs du pays, dont l'ouverture, en forme de trèfle, était générale dans les poteries romaines et étrusques[2]. »

Lorsque l'on a vu Dax un jour de marché, ou de couronnement de rosière (car un concours annuel a été fondé le 17 août 1817, par M. DE LOMNÉ), lorsque l'on a vu Dax pendant les fêtes locales du mois de septembre, pendant les courses de taureaux renommées, qui attirent dans son cirque les populations avides de ce spectacle émouvant, on ne peut plus l'oublier.

Et, véritablement, le plaisir est grand de coudoyer cette foule aux vives allures, à la physionomie honnête, à la contenance digne, aux costumes soignés.

---

1. Quartier de Dax, sur la rive droite de l'Adour.
2. Comte Alexis de Chasteignier. Nous devons cette communication et plusieurs autres à l'extrême obligeance de M. ÉMILE TAILLEBOIS, le tout dévoué secrétaire de la *Société de Borda*, le numismate si distingué et si apprécié. Il est impossible d'apporter plus de bonne grâce intelligente dans la diffusion des excellentes annales de la Société.

On est bien au milieu d'un peuple travailleur, d'un peuple méritant toutes les sympathies et appelé, par suite de ses qualités, au meilleur avenir.

Puis, quand on parcourt cette ville si admirablement dotée de sources chaudes minérales merveilleuses, si heureusement placée à l'entrée de la fertile *Chalosse,* au débouché commercial du *Maransin*[1], le pays du chêne-liège, du pin et des étangs poissonneux, au seuil des Landes proprement dites, devenues une admirable région forestière, on sent que la prospérité de Dax est assurée et que, comme *au bon vieux temps* (souvent, hélas ! si dur, mais, pour elle, fréquemment heureux encore), la prospérité ira toujours croissant.

Cette conviction jette un nouveau, un joyeux reflet sur l'antique cité. Ses rues en paraissent plus ensoleillées, ses maisons mieux bâties.

Qu'importe, après tout, les défectuosités architecturales d'autrefois ! Les constructions nouvelles sont mieux comprises ; il s'en rencontre un grand nombre que le luxe moderne ne désavoue pas, et dans lesquelles l'étranger, touriste ou malade, trouve le confortable nécessaire.

De plus, des trouées judicieuses dans les anciens quartiers ont fait abonder un peu partout l'air avec la lumière. Un beau jardin public confine à la cathédrale ; deux ou trois places spacieuses ont été créées ; au centre de l'une d'elles s'élève la statue du savant J.-C. de Borda, inaugurée solennellement le 24 mai 1891, sous la présidence de M. Carnot, président de la République, en présence de MM. les Ministres de l'intérieur et de la marine, des députations de l'Institut, du Bureau des longitudes et de diverses sociétés savantes. Un large boulevard commence près le faubourg Saint-Vincent et se termine sur le quai de la Marine. De nombreuses plantations sont poursuivies avec goût. Un second boulevard extérieur conduit de l'étang des Baïquots à l'avenue de la Chalosse, encadrant la zone nouvelle dans laquelle se construit à la hâte la ville thermale nouvelle, qui prend naissance aux pieds du ravissant coteau du Pouy pour s'étendre jusque vers les

---

1. Le littoral du département sur sa plus grande partie : des deux mots *Maris sinus ;* il y a trois siècles que cette appellation a prévalu.

anciennes tourbières aujourd'hui transformées en riches exploitations maraîchères.

Les grands arbres élèvent de tous côtés leur cime gracieuse ; l'Adour enroule ses flots brillants et purs aux courbes de ses berges, doucement dessinées.

Le tableau n'a pas un éclat triomphant ; il a mieux, peut-être : la grâce tranquille, pénétrant sans secousse au fond de l'âme, mais sachant se rendre inoubliable.

Sur la grève.

CHAPITRE XXXI

AUX PORTES DE DAX. — LE POUY D'EAUZE. — TERCIS. — LE CHÊNE DE QUILLACQ. — NOTRE-DAME-DE-BUGLOSE. — POUY-SAINT-VINCENT-DE-PAUL

Le faubourg Saint-Vincent, commune séparée de Dax au temps où la ville avait encore ses murailles, fut pendant huit cents ans en possession du siège épiscopal. Il devait sa prééminence ecclésiastique à la vénération dont on entourait le lieu du martyre de saint Vincent, apôtre et premier évêque de la contrée. Les étymologistes ne s'accordent pas sur l'origine de son surnom, mais l'opinion la plus vraisemblable lui donne une signification religieuse : Xainctes ou de Saintes, c'est-à-dire « lieu saint ou des martyrs ».

Lorsque la très vieille église fut démolie (1770), on trouva dans ses ruines plusieurs monuments curieux, entre autres les tombeaux des premiers évêques. Par malheur, ils furent recouverts sans que l'on eût même l'idée de les dessiner et de relever leurs inscriptions ! Cependant, le tombeau de saint Vincent y est encore visible. Les archéologues assignent la première époque carlovingienne à sa cuve en marbre blanc, mais le couvercle, avec sa statue d'évêque gisant, ne peut remonter au delà de la fin du douzième siècle. Sans doute, il fut un hommage à la sépulture du prélat martyr.

Par la grande route plantée d'arbres que l'on trouve immédiatement après avoir traversé le vieux faubourg, une excursion de moins de 7 kilomètres conduira à Tercis, charmant hameau qui fut une station préhistorique considérable si l'on en juge par l'immense quantité retrouvée de couteaux, de pointes de lances, et de flèches d'un beau travail.

Plus tard, il fut une station gallo-romaine, et son nom viendrait de la distance qui le sépare de Dax, distance autrefois marquée par une borne milliaire placée devant la cathédrale : *Tertiis leucis*, c'est-à-dire, *trois lieues gauloises* représentées par les 6 kilomètres modernes.

Le bourg jouit d'une grande célébrité pendant tout le moyen âge. Les gentilshommes revenant des croisades allaient demander à ses eaux sulfureuses, chaudes, chlorurées et sodiques la guérison de la lèpre et autres maladies contractées en Palestine.

Ces eaux n'ont rien perdu de leur très remarquable efficacité ; elles sont seulement mieux aménagées et, par suite, rendent de réels services.

On revient vers Dax, qu'il est impossible de quitter avant d'avoir gravi la colline du *Pouy d'Eaüze*[1], berceau de la ville et station préhistorique établie au milieu des roches de basalte dont la colline se trouvait semée. Le peuple primitif appréciait déjà les propriétés des eaux chaudes, car un couteau de silex a été retiré d'une baignoire naturelle, formée par un rocher calcaire, à une profondeur de *deux mètres* au-dessous de l'alluvion quaternaire[2].

Sur cette même colline, dans la tour que l'on y voit encore, l'illustre BORDA faisait ses célèbres observations scientifiques et, en quelque sorte, déterminait la climatologie locale. Héritiers de la famille de Borda, les Lazaristes ont établi dans cette charmante position, dominant un fort bel horizon, un *Sanatorium*, c'est-à-dire un lieu de repos où leurs missionnaires affaiblis, souffrant du séjour dans les pays les plus lointains, recouvrent la santé ou tout au moins un soulagement équivalent à la santé.

On revient toujours avec empressement au point culminant du Pouy d'Eaüze pour jouir du panorama qu'il permet de découvrir. La ville et son faubourg Saint-Vincent paraissent se tapir au fond de l'ancien marais brûlant dont les sources jaillissent encore de toutes parts.

Sur l'autre rive, le faubourg du *Sablar* escalade un monticule, point d'intersection conduisant vers les Landes et vers la Chalosse. Les arbres semblent plonger leur feuillage au milieu de

---

1. Le mot *Pouy* a, dans les Landes, la même signification que *puy*, en Auvergne ; il veut dire élévation rocheuse.
2. Docteur Barthe de Sandfort.

DAX. — VUE DU PONT SUR L'ADOUR

la nuée blanchâtre tourbillonnant au-dessus de la *Fontaine chaude* et se disséminant dans le ciel azuré.

Au loin, le long des rives de l'Adour, la ligne mouvante du flot jette un éclair cristallin.

On s'éloigne à regret. Pourquoi les heures sont-elles si courtes? Pourquoi n'en peut-on toujours fixer l'éclat, le charme fugitif?...

Traversons le fleuve pour nous rendre sur sa berge droite. A moins de deux kilomètres du faubourg de *Sablar*, et presque en face du Pouy d'Eaüze, végète un bois touffu, inondé pendant l'hiver. Dans cette sorte de marais, comme en plusieurs autres endroits des bords de l'Adour, vit *en liberté* une race de petits chevaux du pays, que l'on recherche beaucoup pour les *charrois au fond* des mines de houille. C'est une triste fin pour les pauvres bêtes!

Deux cents pas à peine, en droite ligne, nous conduisent devant une merveille naturelle, un *chêne* absolument étrange d'aspect.

Que l'on se figure un tronc de *neuf mètres de circonférence* et de *trois mètres au plus de hauteur*, faisant saillir hors du sol, sur un développement de *vingt-cinq mètres*, des racines géantes, bosselées, crevassées, ridées, contournées, semblables à d'énormes serpents engourdis. Les branches s'étendent horizontalement grosses comme de superbes vieux arbres. Trois d'entre elles ont une *longueur de plus de douze mètres*.

Leur ombrage suffirait à abriter plusieurs centaines de visiteurs.

Un botaniste belge donne à ce survivant des forêts druidiques une existence antérieure de deux mille ans, et on adopte facilement son opinion. Ce n'est pas tout. Une source, descendue des collines de Saint-Paul-lès-Dax, s'est frayé un chemin dans le fût vermoulu de l'arbre et y forme, à la fourche des maîtresses branches, une fontaine minuscule longtemps réputée miraculeuse.

Aujourd'hui encore, on suspend parfois, à l'entour de l'arbre, des croix, des chapelets; de plus, dans la nuit du 23 au 24 juin, on y vient en pèlerinage, vestige persistant des croyances celtiques.

La tradition commence à s'affaiblir ; néanmoins, elle recouvra toute sa force pour se soulever contre l'administration des forêts, il y a environ cinquante ans, le jour où le Chêne de Quillacq fut menacé de destruction.

On l'a respecté et il faut s'en applaudir. Véritable merveille végétale, on doit le laisser tomber de vieillesse. En attendant, combien d'années ou combien de siècles offrira-t-il encore son robuste dôme de verdure ?

Gravissons la côte du Sablar, faubourg où se transportaient jadis le Corps-de-Ville de Dax, quand des personnages de distinction voulaient entrer dans la cité.

Longtemps, un pont de pierre, construit par les Romains, offrit le passage. Emporté lors de la grande inondation de 1770, il fallut traverser l'Adour en *galupes*, barques peu confortables. Un pont de bois finit par le remplacer. Incendié, un nouveau pont en pierre a été édifié.

Le faubourg du Sablar est le quartier industriel dacquois. On y trouve des distilleries, des fabriques de bouchons, de tissus, d'objets en paille, des manufactures de chapeaux, et principalement d'*espadrilles* ou espartilles, donnant du travail à une population très nombreuse.

Le samedi, on éprouve quelque peine à circuler de groupe en groupe, mais cette animation a un côté pittoresque bien fait pour effacer le léger ennui d'une marche devenue difficile.

Le *couziot*, c'est-à-dire l'habitant du Maransin (appelé *parent* à Bordeaux), arrive d'énormes distances, ne reculant devant aucune fatigue pour vendre ses laines, ses bois, ses charbons. Les gens de la fertile Chalosse apportent des fruits, des légumes, les volailles, et, au milieu de la foule, les jolies Landaises trouvent l'occasion de faire remarquer leur bonne grâce, sous un costume cependant très simple, bonne leçon pour les élégances modernes.

Un second pont, celui du chemin de fer, sépare le faubourg de la commune de Saint-Paul-lès-Dax.

Au milieu de grands arbres et d'un fort joli jardin s'élève la vieille église, précieux monument archéologique.

Elle possédait une *spélunque* ou crypte chrétienne, renfermant d'antiques tombeaux en marbre dont deux sont encore exposés dans la cour du presbytère. Des peintures murales ornaient le chœur et la nef de l'église (reconstruite du quatorzième ou quinzième siècle). Elles sont malheureusement détruites.

L'abside est surtout remarquable à l'extérieur, où les lignes de l'architecture carlovingienne sont conservées. Les fenêtres hautes, étroites, en plein cintre, sont encadrées de colonnettes entièrement sculptées.

Des bas-reliefs fort curieux ornent cette abside, et les chapiteaux des colonnes ne sont pas moins remarquables.

Tout le symbolisme du moyen âge passe sous les yeux charmés de l'observateur, qui admire cet art si vraiment fort et vivant dans sa simplicité naïve.

Dix kilomètres encore, et nous voici à l'extrémité du territoire de la commune de Saint-Vincent-de-Paul, dans la section dite de Buglose, du nom d'un pèlerinage très suivi. Le hameau, bien construit, possède non seulement l'humble chapelle primitive, bâtie en l'honneur d'une statue miraculeuse de Notre-Dame mais une très belle église moderne.

L'industrie du fer fait vivre ici la population, comme d'ailleurs sur nombre de points du département. Plusieurs modestes hauts fourneaux sont disséminés aux environs de Dax, et Buglose en possède un, appelé de Pouy, du nom ancien de la commune.

Il est très bien situé pour le pays, non loin de l'Adour et sur un autre petit cours d'eau, ayant un réservoir naturel inépuisable sous la forme d'un étang. Une voie ferrée le rattache à la station de Buglose.

On y occupe, selon les besoins, de cinquante à cent ouvriers. Le minerai arrive d'Espagne; il est travaillé au bois, abondant dans la contrée. On y exécute de la fonte pour acier et des pièces en fonte ou en acier moulé pour machines agricoles moulins ou autres usages.

La dernière main qu'il y a lieu de donner aux pièces s'exécute dans le département de la Loire. Ces forges sont à la vérité peu rémunératrices, mais elles n'en constituent pas moins un élément de prospérité pour le pays.

Nous venons de l'apprendre, la commune portait anciennement le nom de Pouy. Par ordonnance royale du 3 décembre 1828, elle s'appela Saint-Vincent-de-Paul, et c'était justice, puisqu'elle a eu l'honneur de voir naître l'Apôtre de la Charité au dix-septième siècle.

La maison dite de *Ranquines* fut témoin de cette heureuse naissance. Elle a été reconstruite avec soin tout proche le magnifique asile bâti par les Lazaristes pour les vieillards et les orphelins, en souvenir de leur fondateur.

Le chêne qui abrita si souvent le petit pâtre des Landes végète encore devant la grille de la belle église de l'asile.

Il est doux au cœur de repasser les principaux traits de la vie de l'infatigable Apôtre, en contemplant son humble, bien humble berceau...

Jamais existence fut-elle mieux remplie ! Jamais œuvres répondant mieux aux tristesses, aux misères, aux aspirations de l'humanité furent-elles fondées !

Jamais gloire plus pure brilla-t-elle d'un plus vif éclat !

Jamais charité plus ardente, plus féconde, plus active, prit-elle à tâche de consoler toutes les douleurs !

Les larmes viennent aux yeux, larmes rafraîchissantes, effaçant beaucoup de souvenirs mauvais, lorsque l'on étudie cette âme rayonnant pour toujours sur le monde, car elle n'a pas seulement proclamé la *nécessité* de la charité, elle l'a rendue visible, forte, désormais indéracinable !

Et la petite maison prend soudain les proportions d'un vaste temple où trouvent place tous les protégés du « Bon Monsieur Vincent ! »

Gloire sublime du pauvre jeune paysan, devenu le conseil, l'ami des souverains de son pays. Elle rayonne aux confins de l'univers par les missions, comme dans nos villes, dans nos villages où passent les Filles de la Charité.

Les Landes n'auraient-elles eu que ce nom béni, fièrement elles pourraient prétendre à l'un des premiers rangs sur le Livre d'or de la Patrie, car ce nom veut dire la charité même... et l'humanité saurait-elle vivre avec courage sans la charité qui la soutient, qui la console ! !

CHAPITRE XXXII

CAP-BRETON

Ainsi que la plupart des routes du département conduisant vers la mer ou vers la région des Landes proprement dites, le chemin de Dax à Cap-Breton est assez monotone, sauf aux environs de Saint-Vincent-de-Tyrosse, grand et riche chef-lieu de canton, où le sol présente quelques ondulations bien venues pour le plaisir des yeux.

Plaisir très court... La ligne uniforme reprend vite possession du terrain. On avance entre des plantations de chênes-lièges au feuillage grisâtre, triste, aux troncs tordus, demi-sanguinolents car ils suintent une sève presque rouge, et comme grelottants, dépouillés qu'ils sont de leur écorce.

Sérieuse richesse pour la contrée, ils alimentent nombre de petites fabriques où les bouchons se confectionnent, soit à la main soit à la mécanique, où tous les débris de liège trouvent un emploi utile.

Des pins montrent également leur beau panache vert foncé, mais ils restent plus dispersés. Entre ces arbres, poussent des fourrés de houx, de genêt, de gourbet, de toutes les plantes qui savent étendre leurs racines dans un fond sablonneux, incapable, semble-t-il, de nourrir la plus humble des touffes d'herbe...

Maintenant, un clocher se dessine au loin, annonçant, par ses proportions, un bourg important, sinon une véritable ville.

Nous approchons de Cap-Breton[1] et cette double apparence s'accentue.

---

1. On écrit, le plus souvent, ce nom en un seul mot. Pourtant, il y a beaucoup de partisans de l'orthographe que nous employons, orthographe conservée à l'égard d'une île de la Nouvelle-Écosse et qui semble, en vérité, être la plus rationnelle. Cette île avait été découverte par des marins landais qui lui donnèrent le nom de leur pays.

Très évidemment, l'enceinte habitée a été fort étendue, le nombre des maisons beaucoup plus considérable.

Les vieilles chroniques ont donc raison.

Le bourg actuel succède à une ville riche, peuplée, à un port florissant, dont le clocher de l'église était le phare et dont les marins, connus du monde entier, laissèrent leur nom aux découvertes faites par eux dans le nord de l'Amérique.

Il y a plus encore... Nous venons de parcourir une grande étendue de côtes inhospitalières à la navigation.

L'établissement même d'un simple port d'échouage y semble impossible ; mais ici, au milieu des dunes, sur ce littoral d'où ne s'élancent aujourd'hui que de chétives barques, un bassin naturel, à profondeur énorme, constante, offre non seulement un refuge excellent, mais tous les avantages promettant un avenir assuré.

Alors ??

Feuilletons les vieilles chroniques, les vieux titres : ils sont très nombreux et, si nous devons lire très vite, la lecture, pour cela, ne sera pas cependant dénuée d'intérêt [1].

Nous ne nous arrêterons pas à méditer sur l'origine du nom de Cap-Breton : ce genre de recherches étant vraiment oiseux, quand il ne s'appuie pas sur des preuves indéniables.

Que les Romains aient eu une station ici, nous le croyons avec d'autant moins de peine qu'il y a des probabilités assez concluantes pour faire de *la Fosse*, ou gouffre (*le Gouf* des matelots ou l'ancien port), l'embouchure primitive de l'Adour. La découverte d'une voie, de ruines, de vases ou amphores, tend à prouver le séjour des conquérants de la Gaule et peut-être à expliquer les vers souvent cités de Lucain « sur le gracieux recourbement des vagues de l'Adour avant sa perte dans l'Océan ».

Un exact et judicieux chroniqueur du diocèse « d'*Acqs* », Com-

---

[1]. Plusieurs fois, Cap-Breton a inspiré de beaux, de très sérieux et solides travaux. Parmi les défenseurs du bourg, il faut compter, au premier rang, deux de ses curés, L'ABBÉ BÉSELLÈRE et L'ABBÉ PUYOL, dont les publications sont vraiment excellentes et estimées. Le curé actuel, M. L'ABBÉ GABARRA, marche avec distinction sur la trace de ses devanciers. Nous empruntons à ses substantielles brochures : *Cap-Breton et son ancien port ; Une alerte à Cap-Breton*, les principaux renseignements historiques contenus dans ce chapitre.

paigne, écrit que l'année 930 vit des pirates s'introduire dans le pays « par le Cap-Breton ». Il ne fait, sur ce port, aucun commentaire, le jugeant, probablement, assez connu.

Dans un autre travail, la *Chronique de Bayonne*, le même écrivain cite un acte du douzième siècle, portant le droit de l'abbaye de Lahonce à recevoir, annuellement « *une baleine de celles que l'on prend au port de la Pointe* », c'est-à-dire au port de Cap-Breton[1]. Le mot *Pointe* étant pris pour désigner l'extrémité de la rive gauche du fleuve.

Une pièce importante des Archives de Bayonne intitulée : « *Costume eus hostalatges de les causes de marcaderie* » (coutume de l'hostellaige ou louage à marchandise) nous apprend que :

« Si le passadgeyre o la pinassot va per passadge de Capbreton a Baïone, o de Baïone a Capbreton negun no deu pagar saup médailh morlane de passadge per sa persone; empero si augun a affreytat a treuers losditz pinassot o passadgeyre, lo qui borra passar seu deu auin ab aquet que le costume no si puyra ajudar. »

Autrement dit : « Si le passager ou la pinasse va du passage du Capbreton à Bayonne ou de Bayonne à Capbreton, personne ne doit payer plus qu'une médaille morlane de passage pour sa personne; mais si quelqu'un a affrété lesdits passager et pinasse, celui qui voudra passer s'en entendra avec lui sans que la coutume lui puisse venir en aide. »

On ne pourrait plus aller maintenant, en suivant simplement le cours du fleuve, de Bayonne à Cap-Breton.

Dans une charte des *Navigateurs Bayonnais*[2], donnée en 1186 et 1213, le port de Cap-Breton est nommé jusqu'à *cinq fois* et désigné « comme un asile *sûr* pour les navires fuyant le gros temps ». Mais, déjà, mille tracasseries, mille défenses étranges venaient, de la part de Bayonne, entraver la navigation et surtout la pêche à Cap-Breton. Bertrand de Podensac, maire de Bayonne, en 1255, ordonne ceci :

« Tout pêcheur de mer salée, au retour de la pêche, arrivera avec son embarcation à *la pointe*, devant les cabanes du côté de la terre de Labourd. Là, il pourra vendre son poisson franchement à tout marchand.

---

1. Dans ses *Études historiques sur la ville de Bayonne*, M. Jules Balasque confirme aussi l'existence de ce port et en puise la preuve aux meilleures sources.
2. M. Pardessus : *Collection des Lois maritimes*.

« S'il veut le vendre à Bayonne, il pourra l'y apporter franchement, mais *s'il l'apporte et le vend ailleurs, il perdra poisson et embarcation.* L'EMBARCATION SERA BRULÉE et du poisson il sera fait trois parts : l'une pour le seigneur, l'autre pour les gardes, la troisième sera *détruite* à Bayonne... »

Ce règlement n'était, du reste, qu'un rappel aux vieilles coutumes. Toutefois, n'y a-t-il pas lieu de s'émerveiller que, sous de telles servitudes, les pêcheurs consentissent à se livrer à leur périlleuse industrie !

En décembre 1294, une flotte anglo-gasconne vient aborder à Cap-Breton pour aller assiéger Bayonne, Dax, Saint-Sever.

Alors, le commerce de la ville est si considérable que les négociants bayonnais ont voulu y établir des magasins, des comptoirs. Plusieurs d'entre eux s'intéressent à la culture des vignes de BOURET, créées dans le sable, vignes dont les récoltes devaient susciter les plus graves querelles entre Cap-Breton, défendant ses droits, et Bayonne voulant s'arroger tous les privilèges de la vente des vins et de leur transport. Édouard Ier d'Angleterre, duc de Guyenne, tranche le différend (1302) en faveur des Cap-Bretonnais et de leurs voisins de LABENNE.

Tous les titres parlent de l'embouchure de la *Pointe* et des « riches chargements qui y arrivent ». Aussi les Bayonnais, prenant un détour, s'attaquent aux pêcheurs, qu'ils maltraitent et dont ils détruisent les embarcations. En même temps, pour devenir maîtres absolus du cour du fleuve, ils parviennent à se faire concéder (1335) le bailliage, c'est-à-dire l'administration judiciaire de Cap-Breton et de Labenne.

Or, six ans auparavant (1329), Édouard III avait donné ce bailliage, en récompense de ses hauts faits d'armes et labeurs incessants, à l'un des ancêtres des futurs barons de Cap-Breton, au chevalier PIERRE DE SAINT-MARTIN, son écuyer. Ce bailli était donc mort, ou les Bayonnais bien puissants, pour avoir pu lui arracher la dignité qui le constituait défenseur de ses compatriotes !

Le même Édouard III déclarait, en 1343, le port du Cap-Breton, « le plus commode de la côte entière et le *seul* où les navires puissent facilement se retirer et se mettre à l'abri ».

Une foule d'autres pièces extraites des *Rôles gascons* ou des Archives bayonnaises donnent raison à ceux qui placent jusque vers le milieu du quinzième siècle l'embouchure de l'Adour à Cap-Breton. Bayonne est des plus florissantes, l'entrepôt de toutes les marchandises du sud-ouest.

Cependant, les premières années du quinzième siècle (de 1420 et 1430) voient s'accomplir une catastrophe inattendue. Après une tempête inouïe, les sables s'interposent entre l'Adour et le *Gouf* : le fleuve, n'ayant pas assez de force pour s'ouvrir une issue, roule ses flots vers le nord, et bientôt le nouveau port de Labrit, le futur Boucau-Vieux, sera formé.

C'était la ruine pour Bayonne. Toutefois Cap-Breton, grâce à sa Fosse, conserve son port; cela résulte d'un document trouvé à la Tour de Londres. Charles VII posant, en 1437, les préliminaires d'un traité pour l'évacuation de l'Aquitaine par les Anglais, refuse de consentir à leur laisser « la côte de Guyenne, car s'ils gardaient *le boucal de Cap-Breton* et Calais, autant vaudrait pour lui n'avoir que l'Océan ! »

Les textes sont formels. A maintes reprises, ils parlent du port de Cap-Breton, et font mention des impôts que les Bayonnais y peuvent percevoir sur les navires étrangers, impôts confirmés par Louis XI, Charles VIII, Louis XII, François Ier.

C'est sous Charles VIII qu'une commission bayonnaise est élue pour aller faire une enquête sur la côte, en vue de l'amélioration du havre.

La commission donne une description pleine d'intérêt de la *Fosse* cap-bretonnaise et conclut à la facilité d'y ramener l'Adour. Charles approuve et ordonne de « *rouvrir* le boucault au lieu du Gouf » (1494).

Ordonner était bien, tenir eût mieux valu : les guerres d'Italie empêchèrent de trouver l'argent nécessaire. En 1500, Louis XII fait commencer des travaux qui, maladroitement dirigés, ou peut-être arrêtés encore, faute d'argent, ne donnent pas de résultats.

Ces travaux étaient entrepris pour « le bien de Bayonne » qui dépérissait, Cap-Breton, lui-même, croissant en prospérité, car il conservait toujours son port où arrivaient d'Angleterre, d'Espagne, du Portugal, de Bretagne, de Bordeaux, les navires cap-bretonnais : *la Marie, le Nicolas, la Madeleine, la Sainte-Catherine, le Saint-Esprit, le Lion de Bayonne*.

Une telle situation enflamme de jalousie les Bayonnais : la guerre est déclarée, guerre sans merci, un navire et des barques sont brûlés ! Les Cap-Bretonnais ripostent en entravant de tout leur pouvoir le commerce de Bayonne.

Louis XII intervient inutilement. La lutte devait, en somme, être profitable à la ville la mieux située. Cette position fut encore meilleure, lorsque l'Adour parut vouloir revenir à son ancienne embouchure, et Cap-Breton garda tout son renom.

Mais, depuis longtemps, un grand projet tenait les Bayonnais.

« S'ils pouvaient régulariser le cours du fleuve errant et en ramener l'embouchure tout près de leur ville ? »

Les sollicitations, les démarches se succédaient sans relâche entre les expéditions contre la ville de Cap-Breton. On intéressait de grands personnages à la question ; finalement, le lieu appelé *Trossoat* est choisi pour creuser un havre nouveau. Les Cap-Bretonnais veulent s'interposer ; Louis de Foix, le grand ingénieur de l'époque, n'en continue pas moins les travaux ordonnés et, en 1578, le *Boucau-Neuf* est créé !

Les rivaux n'ont pas désarmé pour cela. Ils désarment d'autant moins que l'Adour semble devoir renverser ses barrières et « retourner à son ancien lit ».

Les Cap-Bretonnais sentent grandir leurs espérances, quand le roi de Navarre, le futur Henri IV, vient les visiter, qu'il écrit une lettre flatteuse aux marins de la localité, lettre précieusement conservée (1584) et qu'il reçoit sèchement une députation bayonnaise aussitôt accourue.

Espérances vaines ! On sait quels soins devaient bientôt absorber le roi, obligé d'accomplir des prodiges d'activité, de politique, pour conquérir le royaume de France, son héritage.

Ne prenant alors conseil que de leur énergie, les Cap-Bretonnais se résolvent à creuser eux-mêmes un havre, complément du *gouf*, et leurs navires continuent à partir pour Terre-Neuve, la Barbarie, le Portugal.

Ainsi « bravés », les Bayonnais reprennent une guerre sans trêve, où ils n'ont pas toujours l'avantage, car, en 1698, Cap-Breton compte encore *cent capitaines de navires*, et bientôt Vauban, chargé par Louis XIV d'examiner les points du golfe de Gascogne qui se prêtaient le mieux à l'établissement d'un port, déclare que « *le seul lieu où l'on pouvait croire à une réussite certaine était Cap-Breton* ».

Probablement la vérité eût triomphé, mais les désastres, subis par la France à cette époque, empêchèrent tout.

D'un autre côté, on n'avait pas encore idée de la possibilité de fixer les sables. L'heure de la décadence irrémédiable sonne pour Cap-Breton !!

Les eaux refoulées des étangs et de la petite rivière *Boudigau* détruisaient, submergeaient peu à peu le malheureux bourg. Un instant, ses plaintes furent écoutées, sa détresse prise en pitié, on travailla à le sauver. Travaux insuffisants et qu'il eût été, pourtant, si urgent de mener à bien : l'entrée du Boucau-Neuf de Bayonne devenant « si difficile qu'on ne peut la tenter sans appréhender presque un péril évident ; sa sortie est aussi dangereuse, comme le prouvent les naufrages, les échouements... »

Oui, rien n'était ignoré, ni les obstacles de la nouvelle embouchure de l'Adour, ni les avantages présentés par la Fosse, toujours fréquentée, ni le dévouement des marins cap-bretonnais à la cause royale... Seulement, on entrait dans une autre période de misère, de troubles, de pénurie d'argent, de guerre... Une ville comme Bayonne était certaine d'attacher à sa cause des défenseurs qu'un bourg ruiné ne trouverait pas.

Le littoral de Gascogne resta, en conséquence, aussi inhospitalier ; les derniers vestiges des anciens ports landais disparurent sous les sables. Le Vieux-Boucau devint un souvenir, le Boucau-Neuf continua à voir « de fréquents échouements et naufrages », pendant que le *Gouf*, autrement dit *la Fosse de Cap-Breton*, « cette baie en pleine mer qui protège les naufragés au jour de la tempête, et conserve la vie à ceux qui viennent se réfugier dans son sein », resta inutilisée !

La délaissera-t-on toujours ainsi ?

Une excellente publication va répondre, mais elle mérite un chapitre spécial. Achevons, auparavant, cette courte excursion dans l'histoire de Cap-Breton.

Les archives du bourg landais sont, tout comme les archives de Bayonne, une mine fort riche à exploiter. Les unes et les autres prouvent de manière irréfutable la renommée acquise par les hauts faits des marins cap-bretonnais, ces hardis pêcheurs.

« de baleines », ces intrépides explorateurs de mers inconnues.

Comme les Basques, ils se lancèrent vers le Nord américain, dès que les colosses poursuivis essayèrent de trouver un refuge au milieu des glaces descendues des océans polaires. A eux aussi, on attribue la découverte du Nouveau Monde : les *Us et coutumes de la mer* contiennent, entre autres choses intéressantes, ces lignes précises :

> « Les grands profits et la facilité que les habitants de CapBerton (sic). près Bayonne, et les Basques de Guyenne ont trouvé à la pescherie des Balenes, ont servi de leurre et d'amorce à les rendre hasardeux à ce point que d'en faire la queste sur l'océan, par toutes les latitudes du monde ; à cet effet, ils ont, cy-devant, équipé des navires pour chercher le repaire ordinaire de ces monstres. De sorte que, suivant cette route, ils ont découvert, *cent ans* avant les navigations de Christophe-Colomb, le grand et petit banc de morues, les terres de Terre-Neufve, de CapBerton et Baccaleos, le Canada ou Nouvelle-France, où c'est que les mers sont abondantes et foisonnent en balenes... »

Le souvenir de ces exploits se perpétue dans le nom donné à une île du golfe Saint-Laurent et conservé par elle : CAP-BRETON, dépendante de la NOUVELLE-ÉCOSSE.

Les marins landais ne se contentent pas des profits de leur industrie ; ils se montrent aussi bons guerriers que pêcheurs habiles. En 1570, on les voit partir, au nombre de cent cinquante, dans six pinasses, « pour garder la rivière de Bordeaux contre les protestants ».

Sous les ordres des chevaliers de Malte, qui possédèrent à Cap-Breton une commanderie et une église, aujourd'hui détruite, l'*église du Bouret ;* ils vont de même lutter contre les Turcs, ou restent chez eux, pour défendre leur pays de l'invasion des pirates.

En 1587, ils se protégeaient des attaques « d'une compagnie de gens de guerre de soixante ou quatre-vingts harquebusiers, qui se trouvaient à Saubrigues en Gone et ravageaient la contrée entière ».

Partout, on les voit braves et dévoués. Le 7 septembre 1638, le prince de Condé, qui assiégeait Fontarabie, est mis en déroute par l'amiral de Castille, et se trouve en danger de périr. « Deux patrons *pinassiers* de Cap-Breton, nommés DE CAMPAX et DE LIBET », s'élancent au milieu du feu le plus terrible, sauvent le prince, et l'emmènent sur un misérable brigantin.

En 1760, les Cap-Bretonnais se font remarquer partout où les envoie le sort de la guerre, et tombent au premier rang !

Aujourd'hui, Cap-Breton attend que l'on veuille sérieusement utiliser ses avantages maritimes. Toutefois, sa laborieuse population ne perd pas le temps en lamentations vaines.

Elle s'occupe de l'exploitation des chênes-lièges, si prospères dans la contrée ; elle cultive des vignes produisant de bons vins dits « de sables », parce que les ceps croissent en pleines dunes, maintenant à peu près fixées. De plus, grâce à l'opiniâtre, à la généreuse initiative de M. LE BARON DE SAINT-MARTIN, maire de Cap-Breton, l'élevage des huîtres a fini par prospérer dans l'étang de *Hossegor*, reste de l'ancien lit de l'Adour, voisin de la Fosse.

Importées d'Arcachon, les jeunes huîtres trouvent à Hossegor un milieu si favorable que, peu de mois plus tard, elles sont devenues « marchandes ».

Délicates de goût et atteignant de superbes dimensions, elles commencent à rémunérer les parqueurs.

C'est une industrie nouvelle, une ressource sérieuse destinée à se développer, à s'améliorer encore, avec de la persévérance.

La pêche, toujours active, grâce à la présence de la Fosse, qui permet aux marins de sortir le plus souvent sans danger, donne beaucoup de poissons très délicats, très estimés.

Enfin, les bains de mer, renommés depuis longtemps, sur ces plages au sable si doux, provoquent l'arrivée de nombreux touristes. Les chalets, les villas ordinaires des stations estivales, forment maintenant un nouveau bourg aux portes de l'ancien. Des promenades y sont créées. La berge gauche de la petite rivière du *Boudigau* est bien entretenue ; on y a placé des bancs ombragés par de rustiques tonnelles...

En continuant la route, on atteint la mer. A quelques pas de la jetée en bois, la maison-abri du canot de sauvetage de la *Société de secours aux naufragés* garde, dans une niche, une belle statue du quinzième siècle, ayant appartenu à une confrérie, fondée en 1492, par les marins de Cap-Breton, sous le nom de *Notre-Dame-de-Pitié*.

Cependant le vent s'est élevé, la mer brise, c'est le moment favorable pour contempler la Fosse.

CHAPITRE XXXIII

LA FOSSE DE CAP-BRETON. — LE CANAL DES DEUX-MERS

Le 22 juin 1491, une commission venant de Bayonne, sur l'ordre du roi Charles VIII, étudiait tout le pays pour reconnaître le lieu le meilleur où creuser un havre, celui de Labrit (depuis le Vieux-Boucau) commençant à devenir difficile.

Les commissaires, tous gens experts et instruits, s'exprimèrent ensuite de la façon suivante :

« ... Arrivés en ung lieu nommé le *gouf*, lequel *est le plus perfont lieu de la mer qu'on sache de cest coste*, auquel selon la commune renommée des anciens, anciennement souloit estre lentrée de la mer de la rivière de Ladour et le boucault et havre dudit Bayonne.... Montés sur une dune pour mieux voir le païs.... un phénomène extraordinaire attire lattention.... La mer rompoit grandement sur les bords des sables par tous les quartiers, excepté tant seullement en une pièce du païs durant environ demy lieue, en laquelle pièce elle se monstroit bien paisible... c'est le *gouf*, ainsy nommé à cause de la grant profondeur de leaue, aussi la mer ne rompt ne tempeste comme fait ailleurs... les pêcheurs surpris par l'orage, se rendent à terre aisément et sans aucun péril et, de fait, deux petits bateaulx à pescher étaient alors sur le rivage retirés à icelluy Gouf, refuge contre la tempeste. »

La description est complète, et elle est vieille de quatre siècles !! Comment peut-il donc se faire que, devant une chose si bien constatée, les Bayonnais s'obstinèrent et entreprirent cette campagne au résultat si problématique, si coûteux, de la création du Boucau-Neuf?

Les dunes, dira-t-on, menaçaient tous les travaux, et on ignorait encore l'art de les fixer. Mais les dunes règnent sur tout le littoral, jusqu'aux environs de Biarritz, par conséquent au delà de la rive gauche actuelle de l'Adour.

Il y a pourtant lieu de croire que si Bayonne avait compris son véritable intérêt, Cap-Breton fût devenu alors son havre, sa rade et, elle-même, le point d'entrepôt du commerce le plus florissant, au lieu de se voir à la merci des caprices de l'Océan, remuant, changeant, augmentant sans cesse la barre du fleuve.

Mais en quoi donc, au juste, consiste cette célèbre « *Fosse* ou *Gouf ?* »

Sauf de rares exceptions, la côte émergeante de la Gascogne entière est formée de terres facilement désagrégées par le flot. La nature du sol sous-marin est autre. De grandes vallées s'y dessinent au milieu de parois rocheuses très dures.

La plus importante de ces vallées commence à *cent cinquante mètres* du rivage de Cap-Breton. Sa *largeur* y est alors de *douze cents mètres,* progressivement étendue, car, ainsi que l'a dit M. Puyol, elle rayonne au loin comme « un éventail ouvert de telle manière que, le *manche étant à Cap-Breton,* l'un de ses côtés s'appuie sur le littoral de la Bretagne, l'autre sur le littoral du Portugal ».

Déjà, sur le rivage même de Cap-Breton, les profondeurs sont bonnes : *vingt mètres* au maximum (sauf quand on va toucher le pied des dunes). Mais dans la Fosse, dans le Gouf, elle est tout de suite autrement considérable.

Cent sept mètres d'eau sont trouvés sur le point le plus élevé de la vallée marine, et la nappe liquide varie en épaisseur, jusqu'à donner un sondage de *trois cent quinze mètres !*

Il est facile de comprendre comment, dans ce véritable gouffre, l'Océan perd tout de suite son agitation : les murailles de roches formant obstacle aux vagues et l'immense profondeur maintenant, ou plutôt créant, la stabilité de l'équilibre.

Connue depuis des siècles, superficiellement à la vérité, la Fosse, aujourd'hui, a livré une partie de ses secrets et son exploration a encouragé la continuation de ces féconds travaux de recherches sous-marines, l'honneur de la France.

Il y a vingt-cinq ans environ, le capitaine du port de Pauillac lisait la *Géographie de la mer* du célèbre capitaine de la marine des États-Unis, Maury. Une telle lecture lui donna à penser que l'étude de la zoologie océanique pouvait aider à celle de la météorologie : tout se tenant dans le monde, et les phénomènes de l'atmosphère lui paraissant être en rapports étroits avec ceux des mers, ces derniers, d'ailleurs, devant se ressentir de ce qui se passait en leurs abîmes.

Le judicieux capitaine du port de Pauillac réussit à faire partager ses idées à un habile chimiste, M. Léon Périer, aujourd'hui professeur à la Faculté de médecine de Bordeaux, et tous deux cherchèrent le moyen de réaliser l'œuvre générale de l'étude des mers.

Plus tard, M. le marquis de Folin, car c'était lui, communiqua sa manière de voir au professeur Agassiz, au docteur Baird, du *British Museum*, et à plusieurs autres.

Dans l'entrefaite, M. de Folin passait du port de Pauillac à celui de Bayonne. Tout aussitôt, il se jugea assez favorisé, et l'était, en effet, pour donner, par la pratique, une application sérieuse à ses vues, la Fosse de Cap-Breton lui offrant un merveilleux champ inexploré.

Le résultat des recherches et sondages ne tarda pas à émouvoir le monde savant. Il était si surprenant que les Anglais surtout, jaloux de nous comme toujours, ne voulant pas y croire, accoururent à Bayonne et à Cap-Breton. Parmi eux se trouvaient Gwyn Jeffereys et les professeurs de géologie de Cambridge et d'Oxford.

Ces recherches avaient prouvé l'existence, dans la Fosse cap-bretonnaise, d'un grand nombre d'animaux appartenant à des espèces jusque-là (croyait-on) spéciales à la faune méditerranéenne ; entre autres, le *Lambrus Massena*, crustacé des plus curieux par sa forme très caractéristique

Aussi y eut-il doute sur l'authenticité de découvertes qui se permettaient de bouleverser les règles scientifiques établies !

Bien entendu, M. de Folin se trouva, lui, encouragé à poursuivre ses études et, fort des dragages effectués à Cap-Breton, il demandait (en 1880) un navire qui devait, sous ses ordres, faire une campagne zoologique sous-marine.

Par bonheur, la demande fut accordée, et le *Travailleur* fit une exploration de *quinze jours*. C'était peu en apparence, c'était beaucoup en réalité : l'exploration ayant donné des résultats si productifs, si féconds, que d'autres campagnes furent résolues.

Celle du *Talisman* a eu le plus mérité des retentissements. La faune marine profonde commence à être connue et, sans doute possible, on sait, maintenant, que la Méditerranée ne possède à elle rien en propre, les dragages effectués dans l'Océan ayant ramené, avec maintes espèces nouvelles, toutes les espèces considérées jusque alors comme exclusives à la mer intérieure européenne.

M. de Folin obtenait le prix de sa persévérance et la Fosse de Cap-Breton, désormais célèbre, prenait place dans les annales de la science, comme un champ fertile en découvertes admirables.

Était-ce assez pour cette baie en pleine mer, refuge de la côte entière, pendant la tempête ?

« Non ! » répond M. A. La Lauze, docteur en droit et ingénieur, auteur du travail intitulé : *Un port* et signé de deux points interrogatifs.

Nous avons failli ne pouvoir écrire en toutes lettres le nom si originalement caché sous ces deux points. Une défense formelle nous l'interdisait.

Le nombre est grand, en province, de ces savants modestes qui, absorbés par des travaux dignes de bénédictins, n'ambitionnent pas même de voir leurs œuvres appréciées en dehors du petit cercle local où s'exerce leur légitime influence.

Pourtant, l'auteur d'*Un port*, défendant une aussi bonne cause, ne pouvait conserver un incognito, fâcheux en somme [1].

Quoi qu'il en soit, ouvrons son livre.

M. La Lauze commence par rappeler les travaux persévérants de plusieurs des curés de Cap-Breton :

Le Gouf et l'Adour, l'*Etude sur la création d'un port à Cap-Breton*, de M. l'abbé Puyol ;

La Question bayonnaise, de M. l'abbé Bessellère, ouvrages si remarquables, au point de vue maritime, que l'on ne saurait parler du port futur cap-bretonnais sans les consulter ;

Cap-Breton et son ancien port, de M. l'abbé Gabarra, historique des luttes soutenues contre Bayonne, résumé plein d'enseignements philosophiques et sociaux.

Il fallait toutefois préciser les moindres points de la discussion : ce court exposé d'une question aussi complexe a été donné, par l'auteur d'*Un port*, avec une simplicité tellement grande et lumineuse que les esprits les moins familiarisés avec les choses de la mer peuvent aussitôt le comprendre.

---

1. *Un port ??* a été publié à Dax, en 1883, chez Amédée Forsans.

M. La Lauze, ensuite, ne manque pas d'enregistrer deux faits indiscutables :

1° La profondeur constante de la Fosse, les sondages opérés depuis un demi-siècle ayant donné des chiffres invariables ;

2° La force d'expulsion de la Fosse, opposée à l'envahissement des sables.

Tout fond, dépassant *dix mètres,* résiste à l'ensablement, par cette raison que les molécules sablonneuses, y étant tenues en suspension, ne peuvent briser l'énorme résistance des ondes inférieures, différant par leur température, par leur mouvement propre, des conditions des couches supérieures.

Il y a davantage encore pour la Fosse de Cap-Breton. Les parois rocheuses, admirablement disposées, permettent bien à l'Océan d'y pénétrer librement, mais comme elles descendent à de grandes profondeurs, si la lame conserve son mouvement d'oscillation verticale, elle ne peut trouver facilité pour grossir.

Voilà pourquoi, par les jours de danger, si fréquents sur la côte de Biscaye, on voit la mer grossir « d'une manière affreuse sur les plateaux nord et sud de la Fosse, pendant que la surface de la Fosse elle-même jouit d'un véritable calme ».

Il faut bien qu'elle jouisse de ce privilège, car, sans cela, comment les chétives embarcations des marins de Cap-Breton pourraient-elles se hasarder à sortir, sans guère prendre souci du temps ?

Ces *pinasses* à fond *plat,* sortes de radeaux, en somme peu maniables, ne résisteraient pas au choc incessant des vagues démontées.

Mais la Fosse secourable ne connaît pas le bouleversement des tempêtes. Qu'ils l'atteignent, et les navires en détresse sont sauvés. Que les pêcheurs cap-bretonnais se contentent de la parcourir, en y jetant leurs filets, la sécurité sera complète, la pêche fructueuse.

Pourtant, ce merveilleux refuge reste sans emploi, alors que depuis l'embouchure de la Gironde, si difficile, jusqu'à celles du bassin d'Arcachon et de l'Adour, plus dangereuses encore, jusqu'à Saint-Jean-de-Luz, entretenu à grands frais, nos navires ne peuvent compter sur la moindre escale, même précaire !

Que manque-t-il donc à Cap-Breton pour attirer sérieusement

l'attention? Rien. Une plage magnifique, mesurant près de deux kilomètres et sur laquelle la mer ne brise jamais, présente un point des plus favorisés pour l'établissement au moins d'un port de pêche.

Il ne faut pas oublier, fait remarquer avec raison M. La Lauze, que cette plage constitue même un danger pour le pays, car l'ennemi pourrait y aborder sans crainte : aucune défense ne la protégeant.

Facilement accessible, la Fosse offre ce rare bonheur qu'aucun fleuve limoneux ou sablonneux ne vient s'y jeter. « C'est bien une véritable baie naturelle, non sujette à des perturbations, comme les sondages l'ont prouvé. Un port, établi là, serait le vrai port en *eau profonde*, rêvé par tous les ingénieurs, désiré par la marine entière, qui n'y redouterait aucun danger, pourrait y entrer comme en sortir à l'improviste, et trouverait facilités nécessaires : bassins naturels, communications promptes au moyen d'un raccordement insignifiant de quelques kilomètres avec le chemin de fer du Midi... »

Tout est là et tout semble devoir rester inutilisé, du moins sérieusement. Pourtant, des projets remarquables ont été présentés et si, dominant le débat, le grand nom de Vauban vient plaider pour Cap-Breton, il est impossible de ne pas souhaiter voir que l'on reprenne la question, tant au point de vue de l'intérêt commercial du pays tout entier qu'à celui de sa défense bien comprise.

Car, ne l'oublions pas, une idée a pris corps qui, si elle était réalisée, ferait de la France la première nation maritime militaire de l'Europe : cette idée a pour objet le CANAL DES DEUX-MERS.

On ne peut la regarder comme étant d'origine très moderne, puisque, sous François Ier, elle germait déjà; les malheurs du temps l'étouffèrent à peu près. Elle parut devoir renaître sous Henri IV, mais fut, de nouveau, abandonnée jusqu'au jour où l'un de nos plus clairvoyants ministres, Colbert, la réalisa.

Quand un homme intelligent, énergique et dévoué son à pays arrive au pouvoir, il sait toujours trouver les collaborateurs dont il a besoin pour assurer la prospérité commune.

Colbert écouta PIERRE-PAUL DE RIQUET. Il approuva les plans du grand ingénieur, qui sollicitait, quoique âgé de plus de soixante ans, le fardeau d'une entreprise gigantesque et ne craignait pas d'en assumer les frais énormes !!

Riquet s'adjoignit François Andréossi, et en quinze années (1666-1681) un canal de 240 *kilomètres* reliait la Méditerranée à Toulouse, c'est-à-dire à l'Océan ; le lit de la *Garonne* offrant, depuis la grande cité languedocienne, une route commode vers les rivages du sud-ouest.

Riquet, hélas ! ne put pas voir achever l'œuvre par laquelle il avait doté toute une région d'une source nouvelle de richesses.

La postérité ne l'a pas oublié, parce que, pour l'époque, le canal du *Languedoc* ou des *Deux-Mers* suffisait largement à la navigation intérieure.

Aujourd'hui, avec les chemins de fer, non seulement il est devenu moins utile, mais on critique son peu de profondeur et ses écluses trop nombreuses, sans réfléchir aux difficultés inouïes qu'il avait fallu vaincre.

Ces difficultés seront certainement plus grandes encore, quand il s'agira, non pas de permettre à de faibles barques le trajet d'une mer à une autre, mais de donner au nouveau canal projeté les dimensions exigées par le passage d'une flotte de guerre !

Ici, il s'agit de rendre la France maîtresse absolue de ses mouvements militaires, en temps de guerre ; il s'agit d'empêcher que ses vaisseaux se trouvent jamais dans l'impossibilité de se concentrer sur un point choisi de l'Océan ou de la Méditerranée, ce qui, étant donné la traversée du détroit de Gibraltar, pourrait arriver.

Seulement, dans un pareil travail, aucune faute, sous peine de ruine complète, ne doit se produire.

Et dès lors, où choisir les points extrêmes du futur canal ?

M. La Lauze répond : a Cap-Breton, sur l'Océan ; a Port-Vendres, sur la Méditerranée.

Mais, objectera-t-on, n'y a-t-il pas entre ces deux havres une distance d'au moins quatre cents kilomètres ?

Oui et pourtant, quand on a étudié le travail de M. La Lauze, rien ne semble impossible dans ce projet ; au contraire, on se passionne pour lui et l'on trouve tout naturel de compter sur la science de nos ingénieurs. Riquet ne disposait pas des moyens mis couramment dans les mains de nos ouvriers, il n'en vainquit pas moins les plus immenses obstacles.

Au reste, l'idée fait son chemin ; *le canal des Deux-Mers* est, en principe, accepté ; il n'y a désaccord que sur le tracé à adopter. Cette question, à la vérité, reste la principale, et d'elle, naturellement, naîtra le résultat final : heureux ou cause du plus coûteux désastre.

L'estuaire de la Gironde, quoi qu'on puisse dire, présente les plus discutables conditions. Déjà, il offre des difficultés aux grands navires de commerce !.... Que serait-ce s'il fallait y faire entrer les lourds vaisseaux de guerre ! !

Le bassin d'Arcachon semblerait, au contraire, être tout disposé pour l'entreprise, si la mobilité des passes, l'impossibilité à peu près complète de les fixer [1] ne rendaient inutilisable cette superbe baie naturelle.

A Cap-Breton, au contraire, on se trouve en présence d'une rade toujours accessible, de profondeur invariable, et d'un rivage dont les dangers seraient très facilement neutralisés.

A Port-Vendres, le havre actuel, situé, lui aussi, en eau profonde, peut être, sans difficultés sérieuses, mis en état de répondre aux exigences de l'exploitation du nouveau canal.

De plus, des voies ferrées, longeant le canal, en compléteraient l'ensemble, car il faut prévoir la nécessité du remorquage.

Nous le croyons fermement, aucun obstacle ne se présente dont nos ingénieurs ne puissent avoir raison.

Maintenant, supposons cette ligne adoptée, entreprise, terminée.... Quels en seraient les avantages ?

Le premier de tous, c'est que nous nous trouvions BIEN MAÎTRES CHEZ NOUS. Le second, c'est qu'une grande étendue de pays fertile rencontrerait un débouché nouveau, une animation favorable au commerce, à l'industrie, à l'agriculture. Les populations des régions en cause le comprennent si bien que des pétitions nombreuses, pressantes, couvertes de signatures, demandent l'adoption définitive d'un projet et le commencement des travaux.

Le troisième avantage c'est que notre littoral serait enfin VRAIMENT DÉFENDU !

Avec BREST, à l'extrême pointe occidentale; avec LORIENT et ROCHEFORT, améliorés ; avec CAP-BRETON, devenu avant peu, par

---

[1]. Revoir le chapitre consacré à Arcachon.

la seule force des choses, un port de premier ordre, nos rivages de l'Atlantique n'auraient plus rien à redouter.

Avec Toulon, à sa limite orientale, et Port-Vendres, vite grandissant, à sa limite ouest, que pourrait craindre notre littoral méditerranéen ? Et que nous importerait si l'Espagne continue de garder cette plaie vive, cette menace insolente qui s'appelle Gibraltar !!

Les objections ne manquent pas. D'abord, un plus récent projet promet un canal de près de 10 mètres de fond ; mais ses points extrêmes sont toujours Narbonne et Bordeaux ou sa banlieue. On craint ensuite : 1° qu'une barre ne se forme aussitôt devant le nouveau port de Cap-Breton ; 2° en jusant, l'eau y manquerait ; 3° les sables, toujours en mouvement, s'amoncelleraient vite dans les passes ; 4° comment parvenir à pousser des jetées jusqu'aux approches de la Fosse ? 5° ce qui se passe devant l'embouchure de l'Adour ne peut manquer de se produire sur un point quelconque de la côte, depuis *Grave* (Gironde) jusqu'au cap Saint-Martin (près Biarritz).

Peut-être ces craintes sont-elles fondées ; mais, en lisant le travail de M. La Lauze, on se sent entraîné et les obstacles n'apparaissent plus comme étant insurmontables, loin de là ! En tout cas, une étude sérieuse, approfondie de ce plan est indiquée et, pour le moins, un embranchement sur Cap-Breton en serait le résultat. Car le but à atteindre, s'il comble une espérance, ne doit pas aboutir, faute de soin, à un insuccès où, avec des sommes énormes, périrait une bonne partie de notre prestige.

Pensons, enfin, aux efforts de l'étranger. C'est ainsi que l'Espagne s'occupe de faire un excellent port au Passage : cependant la France ne semble pas s'émouvoir d'une telle menace pour son commerce !

Aussi est-il bon ne nous rappeler quelques mots de l'introduction du premier volume du *Littoral de la France*.

« Notre pays, assez riche, a-t-on toujours dit, pour payer sa gloire et, hélas ! ses désastres..... peut trouver, quand on le voudra sérieusement, la saine, la fructueuse rançon de la paix, surtout lorsque cette rançon fait entrevoir l'aurore de la délivrance. »

A l'œuvre donc, mais agissons avec une sage entente des questions à résoudre. Le succès est à ce prix.... Prix bien minime, si nulle faute n'est commise !.

CHAPITRE XXXIV

ASPECT DES CÔTES DU DÉPARTEMENT DES BASSES-PYRÉNÉES LES ANCIENNES EMBOUCHURES ET L'EMBOUCHURE ACTUELLE DE L'ADOUR. — LE BOUCAU-NEUF

Sur ses 55 kilomètres d'étendue, le rivage des Basses-Pyrénées participe à tous les aspects des côtes visitées depuis La Rochelle.

Sablonneux jusqu'au delà de la berge gauche de l'Adour, il a fallu, comme dans les Landes, le doter de plantations de pins maritimes. Bientôt, les derniers contre-forts de la chaîne rocheuse, dressée entre l'Espagne et la France, viennent trouer le sol.

Des falaises, abruptes ou découpées en golfes, reçoivent l'effort de la mer : c'est Biarritz. Peu après, les rocs s'effondrent au milieu d'un ancien marais, à Saint-Jean-de-Luz, qui forme la partie orientale d'une admirable rade semi-circulaire, toujours par malheur, menacée.... Un nouveau soulèvement, et les plages recouvrent leur forte ossature pour se terminer, sur la rive droite de la Bidassoa, aux belles « Pierres de Sainte-Anne », gardiennes naturelles de la frontière française.

Nos intérêts commerciaux exigeraient impérieusement qu'un port, à l'entrée et à la tenue faciles, existât sur cette limite du pays. Jusqu'à présent aucune solution n'a été trouvée, il ne semble pas même qu'elle soit possible : l'Océan gagnant un peu partout sur ses bornes et se montrant violent, armé de courants redoutables. On suppose même qu'un courant secondaire se détache du *Gulf-Stream*[1], à la hauteur du *cap Finistère* (Espagne), pour s'infléchir dans le golfe de Gascogne, où il produit des remous auxquels on attribue la formation des dunes landaises.

---

1. Voir *Côtes Vendéennes*.

La théorie est séduisante, mais nous venons de voir d'autres causes produisant les mêmes effets.

Nous avons déjà constaté, au Vieux-Boucau et à Cap-Breton, comment, aidées par les sables que la mer a vomis, qu'elle vomit chaque jour, les perturbations les plus extraordinaires se sont effectuées.

Ici, nous entrons dans une région non moins curieuse à explorer, non moins troublée par des vicissitudes contre lesquelles toute l'énergie de l'homme peut à peine espérer un succès précaire.

Nous assistons à ce fait géologique, encore mal expliqué, d'un fleuve roulant une masse d'eau assez considérable et ne pouvant, néanmoins, se frayer une route bien tracée vers l'Océan.

Depuis les temps historiques, l'embouchure de l'Adour a changé plusieurs fois de situation, portant avec elle la ruine ou la prospérité, mais ne parvenant pas à obtenir une stabilité durable.

Le Vieux-Boucau est tombé dans l'oubli, d'où, selon toutes probabilités, il ne sortira plus. Cap-Breton attend et attendra peut-être longtemps encore que son « gouffre » soit utilisé.... Bayonne souhaite voir renaître ses jours de marine prospère. Cette belle route de l'Adour pourrait-elle donc arriver au délaissement absolu ?

Récapitulons en quelques lignes les diverses anomalies connues ou probables du régime du fleuve.

Selon toute vraisemblance, l'Adour, au temps des Romains, devait déboucher dans l'Océan, sur un point très voisin de *Lapurdum*, maintenant Bayonne. Les conquérants de la Gaule étaient trop bons stratèges pour négliger d'utiliser une position importante, ce qu'ils auraient fait si le fleuve se déversant à Cap-Breton, ce dernier port eût été sacrifié au profit de Bayonne. Plusieurs textes anciens désignent assez nettement cette dernière ville et son port.

Les historiens qui se sont succédé n'ont pas éclairci la question, justement pour cette raison que la tradition a confondu entre eux plusieurs événements, plusieurs dates. Les enquêtes de la Chambre de commerce de Bayonne ne donnent pas non plus une certitude. On peut, néanmoins, en comparant divers actes, **diverses interprétations, arriver à dire, sans risquer une trop grosse erreur :**

1° Que l'Adour, au temps de la domination romaine, se jetait dans la mer très près de Bayonne et s'y maintint jusque vers la fin du douzième siècle.

2° A cette époque (fin du douzième siècle), un cataclysme refoula l'embouchure vers Cap-Breton.

3° Une nouvelle perturbation changea encore le cours des eaux et les rejeta beaucoup plus au nord, vers le port d'Albret ou de Labrit, connu depuis sous le nom de Vieux-Boucau [1].

4° Enfin, au seizième siècle (1578), Louis de Foix entreprend de rendre à l'Adour une route plus rationnelle, et il y parvient après avoir failli perdre le fruit de tous ses travaux, ainsi que bientôt nous le verrons en suivant l'histoire de Bayonne à travers les âges.

Depuis, le fleuve a conservé sa nouvelle embouchure : un gros bourg, LE BOUCAU-NEUF, s'est élevé sur sa rive droite, et les digues à claire-voie permettent d'espérer que, cette fois, le travail gigantesque sera en même temps durable.

Reste le problème de la *barre* ou banc de sable obstruant le chenal, barre vraiment dangereuse et tenant en échec la science des ingénieurs, barre toujours renaissante, car si, par impossible, on arrivait, pour un moment, à en neutraliser les effets, le moindre coup de vent, aidant l'action des courants et des sables mobiles, la rendrait peut-être encore plus dangereuse.

Elle occasionne, par suite, de très sensibles pertes à la navigation et contribue à la décadence commerciale du port bayonnais. Sur la liste des grands travaux projetés, l'amélioration de l'Adour figurait pour près de quatre millions.

C'est peu, si on a la certitude de remédier au mal ; c'est beaucoup, si on ne parvient qu'à le pallier !

Il faut voir, même par un jour calme, la mer bondir sur le banc du fleuve, pour se faire une idée de la difficulté des abords de la passe. Toute l'habileté, tout le sang-froid, tout le dévouement des pilotes de l'Adour y sont parfois inutiles. Les échouages s'ajoutent aux échouages, jetant un discrédit nouveau sur le port de Bayonne, débouché naturel d'une contrée qui aurait besoin de ne pas perdre cette voie de communication.

---

1. Revoir, à ce sujet, les chapitres consacrés au Vieux-Boucau et à Cap-Breton.

Cependant, quelques faits semblent démontrer que le danger a été, est encore fort exagéré. Ainsi, lors de la dernière guerre civile espagnole, un navire de guerre anglais, *le Lively*, entra plusieurs fois dans l'Adour, soit pour venir chercher à Bayonne l'ambassadeur d'Angleterre, soit pour donner à l'équipage un moment de relâche de sa croisière. Deux autres bâtiments de même nationalité, dont une canonnière, y vinrent également, et n'éprouvèrent pas plus de difficultés.

L'Amirauté anglaise avait, d'abord, jeté les hauts cris, et déclaré impossible l'entrée de l'Adour ; puis, sur l'avis favorable donné par le capitaine du port de Bayonne, alors en fonctions, M. le marquis de Folin, l'expérience fut tentée et le succès y répondit.

Plus tard, un négociant en grains de Bordeaux, suivant l'exemple donné, parvint à décider des armateurs américains à lui faire leurs expéditions par bateaux à vapeurs jaugeant jusqu'à deux mille tonneaux. L'entreprise réussit ! !

« En effet, dit M. de Folin, à moins d'un changement dans la direction du chenal qui, par suite de grandes crues, peut devenir *très oblique*, la barre n'est plus rien. Depuis qu'un remorqueur peut servir à l'entrée et à la sortie des bâtiments, il en est là à peu près comme ailleurs. Ceci, du reste, est prouvé par la statistique des naufrages, inférieurs, en nombre, à ceux des autres ports et ne causant jamais de pertes totales. »

Il semble donc qu'une contradiction flagrante existe entre la renommée du chenal de l'Adour et ses difficultés réelles. Ceci, comme beaucoup d'autres faits déjà mentionnés, prouverait la nécessité pressante, absolue, d'une étendue nouvelle de plusieurs de nos ports, condamnés, quoique très améliorables.

Près de l'embouchure de l'Adour, le bourg nommé Boucau-Neuf, peuplé surtout de pilotes et de pêcheurs, possède actuellement une usine à rails de chemins de fer.

C'est un beau tableau, le soir, par une nuit légèrement obscure, quand, de la butte du Calvaire, au pied du sémaphore, on embrasse d'un coup d'œil le fleuve, roulant ses ondes, colorées par les reflets de l'usine, vers l'Océan, dont les vagues blanchissent, impatientes, sur la barre et font voler leurs embruns jusqu'aux premières cimes des pins escaladant les dunes sablonneuses.

La rive gauche reste silencieuse ; mais ses prairies, ses marais laissent flotter un léger brouillard qui fait corps avec la fumée des trains du chemin de fer roulant sur la rive droite.

Peu à peu, pourtant, les derniers bruits s'éteignent dans le bourg, car les signaux des gardes maritimes ont annoncé le beau temps : la lumière des phares brille, claire, limpide, sur le fond sombre de la nuit.

Quelques heures de repos bien gagné rendront toute leur force aux vaillants pilotes ; mais, vienne la tempête, et soudain, comme par enchantement, chacun se retrouvera au poste du combat sublime, le seul qui devrait jamais être livré, parce qu'il fait souvent triompher l'énergie morale des causes de destruction menaçant l'humanité.

CHAPITRE XXXV

BAYONNE MODERNE

Malgré son rang de place de guerre importante, malgré sa forteresse, ses remparts, ses portes, ses ponts-levis, Bayonne conserve une physionomie aimable, dont nulle ligne fâcheuse n'altère le charme souriant.

Si elle fut vraiment la ville antique reculant au loin, dans les siècles oubliés, sa noble origine, elle porte bien ce lourd passé et rien ne donne lieu de croire qu'elle puisse marcher vers la décrépitude. Baignée par la *Nive* et l'*Adour*, qui mêlent leurs eaux sous ses murs, empanachée de grands arbres prodiguant, un peu partout, l'ombre de leur feuillage, sillonnée par une foule gracieuse, amie du mouvement et de la gaieté, Bayonne, en dépit de ses rues étroites, de ses vieilles maisons noirâtres, sans caractère, plaît dès l'abord, et l'impression première, loin de s'affaiblir, va toujours grandissant.

L'un des plus séduisants aspects de la ville se déroule du haut du pont Saint-Esprit.

A perte de vue, soit vers l'ouest, soit vers le sud, le regard suit les courbes élégantes dessinées par la Nive, rivière aux bords romantiques, et par l'Adour majestueux. Des navires remplissent le port. Les uns vont profiter de l'heure pour reprendre la mer ; les autres, arrivant à peine, se mettent en mesure de décharger leurs cargaisons.

Le long des quais, l'animation est grande. Elle augmente encore quand vient l'heure des fêtes données par la Société nautique, et elle se communique aux diverses artères de la ville, étagée sur ses fleuves et sur sa colline, dominée par les restes de son vieux château, par le glacis des remparts plantés d'arbres, par les flèches de sa belle cathédrale...

Des admirateurs enthousiastes comparent cette vue de Bayonne à la vue de l'un des mille points pittoresques offerts par Constantinople.

Si tous les voyageurs ne peuvent vérifier l'exactitude de l'affirmation, tous, à coup sûr, garderont le souvenir de l'impression éprouvée et reverront Bayonne à travers ce cadre charmant.

Sa position sur notre frontière sud-ouest a fait de la ville une place de guerre de premier ordre ; elle en a fait aussi un entrepôt commercial très important, la majeure partie de notre trafic avec l'Espagne devant forcément prendre cette route. De plus, l'industrie bayonnaise a su se créer une réelle notoriété et, quels que soient les obstacles apportés par *la barre* de l'Adour à la navigation, les intrépides marins du pays n'entendent pas perdre leur renom séculaire.

La vitalité, une vitalité robuste, intelligente et fière, se reconnaît partout à Bayonne.

C'est bien là le peuple jaloux de sa liberté, de son initiative, qui sut se faire craindre des Romains ses vainqueurs, non ses maîtres.

Et, au milieu de la foule, on distingue des hommes, des femmes au type caractéristique : front large, développé, annonçant la pensée forte ; bouche fine, faite pour le sourire ou le commandement bref, réfléchi ; visage ovale, expressif, avec de grands yeux noirs brillants, des sourcils, des cheveux foncés, accusant encore le teint brun ou un peu pâle. La démarche a toute la grâce, toute l'aisance données par une taille moyenne, mais bien proportionnée, et une grande agilité naturelle.

On devine une race distincte et on n'éprouve aucune surprise quand un langage inconnu frappe tout à coup l'oreille. Cependant, si cette surprise n'est pas produite dès l'abord, elle vient rapide, complète, après un instant d'attention.

Quoi, de nos jours encore, on peut parler un idiome sans analogie avec les langues anciennes ou modernes ! Cela ne saurait être, il y a illusion, bientôt dissipée, sans doute.

L'illusion n'existe pas. On vient d'entendre, on essaye de s'assimiler quelques mots *euskariens* ou, vulgairement, *basques*. On est en présence des derniers représentants d'un peuple dont l'origine et le langage ont exercé la science des plus illustres, des plus intrépides chercheurs, sans que, toutefois, ces questions soient définitivement résolues.

Pourtant, ce peuple est encore nombreux. En France seulement, il compte cent vingt mille âmes et occupe deux arrondissements, correspondant à trois petits pays [1]. C'est à lui seul, ou à peu près, que se rapporteront les divers événements dont Bayonne et son territoire furent le théâtre.

La vaillance des Basques, leur intrépidité sur mer, leur penchant aux découvertes lointaines, leur facilité d'émigration, quoique, n'importe où ils s'établissent, le caractère d'origine soit nettement reconnaissable, toutes ces qualités et les défauts qui y correspondent, forment le plus intéressant des sujets d'étude.

Il n'est pas possible aux voyageurs du *Littoral de la France* de chercher à approfondir le problème ; mais, avant de toucher la frontière, ils auront pu réunir quelques traits principaux dont ils n'oublieront plus la saveur et l'originalité.

Si proche voisine de l'Espagne, Bayonne, nécessairement, devait en emprunter un certain reflet, reflet rendu plus intense par ce fait que les provinces nord-ouest espagnoles sont elles-mêmes peuplées d'au moins un demi-million de Basques [2]. Il en résulte un piquant mélange de mots espagnols et de noms euskariens, source d'étonnement pour les Français, heureusement de plus en plus rares, qui voyagent sans daigner se mettre au courant des usages, des coutumes, des mœurs autres que ce qu'il est maintenant convenu d'appeler *le parisianisme* !

Quant aux Bayonnais eux-mêmes, ils répondent avec l'aisance de véritables polyglottes aux touristes de nationalités diverses, qui traversent leur jolie ville.

Dans la même minute, l'anglais, le français, l'espagnol, le gascon, le basque, frapperont l'oreille attentive, sans que, du reste, nulle confusion fâcheuse en résulte, et ce n'est pas le moindre des attraits d'une exploration de la vieille cité.

---

1. La SOULE, capitale MAULÉON ; le LABOURD, capitale BAYONNE ; la BASSE-NAVARRE, capitale SAINT-JEAN-PIED-DE-PORT. Il faut remarquer ici que le mot *Port*, dans les Pyrénées, correspond à celui de *passage* au milieu des montagnes dont le pays est couvert.

2. Ces provinces sont la HAUTE-NAVARRE, capitale PAMPELUNE ; le GUIPUZCOA, capitale SAINT-SÉBASTIEN ; l'ALAVA, capitale VITTORIA ; la BISCAYE proprement dite, capitale BILBAO.

BAYONNE. — L'HÔTEL DE VILLE ET LE THÉATRE

Comme La Rochelle, Bayonne devait autrefois posséder beaucoup de maisons précédées de porches. On n'en trouve, maintenant, qu'un petit nombre et ces porches sont généralement très bas, tout écrasés, sans caractère architectural.

Rien, non plus, d'absolument remarquable dans le *Château Vieux*, bâti au douzième siècle, mais flanqué de quatre tours rondes, datant du quinzième siècle, époque où le *Château Neuf* fut construit.

On peut encore retrouver quelques vestiges de l'enceinte gallo-romaine, et, avec cette aide, se retrace devant l'esprit tout le passé incertain de la ville.

Bayonne ne possède qu'un seul véritable monument : sa cathédrale, noble édifice du treizième siècle, auquel on s'efforce de rendre sa splendeur passée. L'extérieur en est un peu lourd et manque de proportions, mais l'intérieur force l'admiration.

Le temps coule trop vite pendant que l'on admire la grande nef, si majestueuse sous sa voûte élevée, avec ses piliers, détachés ou engagés, aux colonnettes et nervures si délicates ; la superbe mosaïque du chœur, les larges fenêtres aux ornements si purs ; les débris de vitraux dont une seule partie, très belle, il est vrai (datant de 1531), a pu traverser sans dommage la suite des temps ; les clefs de voûte, les arcs doubleaux sculptés, peints, dorés, armoriés, la large rosace étincelante du chœur, les collatéraux et l'abside renfermant de charmantes vieilles chapelles ; les porches qui, bien que privés de leur ornementation première, sont encore si imposants d'aspects ; les derniers tombeaux et les restes du cloître, par malheur mutilé.

Puis, comme pour donner à l'ensemble une beauté dernière, la cathédrale se dresse sur le point culminant de la ville et se couronne de flèches gracieuses, construites au seizième siècle.

C'est bien là une des perles du trésor artistique dont notre pays est fier et qu'il doit conserver avec un soin jaloux, comme un legs précieux du passé.

Des bastions de la citadelle, un horizon merveilleux se déploie. Il mériterait d'être plus célèbre, mais les stations balnéaires attirent ; on se hâte vers elles, souvent même sans soupçonner ce que l'on néglige d'admirer et ce vers quoi l'on s'empresserait de courir, si un tel tableau se rencontrait seulement au delà d'une frontière étrangère !

La citadelle est située dans le faubourg SAINT-ESPRIT, autrefois commune landaise, et détachée (1857) avec raison de cette juridiction pour être réunie à Bayonne dont, en fait, elle restait partie intégrante.

Ce faubourg important, lieu d'élection d'une très riche colonie israélite, doit son nom à un Ordre hospitalier qui y fut fondé au douzième siècle. Plus tard, Louis XI transforma cet hôpital en Collégiale puissante.

Saint-Esprit possède aussi le cirque destiné aux courses de taureaux, car l'Espagne est trop proche et les Basques se rappellent trop leurs vieilles coutumes pour que ces spectacles leur puissent être absolument enlevés.

Mais, on le sait, l'odieuse tragédie n'est pas complète en France. A leur vif regret, les véritables amateurs de tauromachie se voient forcés d'émigrer, s'ils veulent ne perdre aucune phase des sensations qu'ils recherchent. L'émigration, d'ailleurs, n'a rien de fâcheux et se peut borner à un voyage d'une journée à SAINT-SÉBASTIEN, le beau chef-lieu du *Guipuzcoa*, jadis dépendant du *Labourd*.

Les Bayonnais n'ont que le choix entre les plus agréables des promenades. Les *Allées marines*, les quais, les bords de la Nive, ceux de l'Adour, accessibles, avec la marée, jusqu'à PEYREHORADE, limite extrême de la navigation, sont autant de buts d'excursions, sans compter les rivages de l'Océan, dont on ne saurait se lasser jamais.

Quel avenir est réservé au port de Bayonne? Les plus habiles entre tous les ingénieurs ne pourraient donner une réponse décisive.

Les derniers travaux ayant produit un meilleur résultat, on peut espérer, pour le moins, que les passes actuelles de l'Adour se maintiendront. D'un autre côté, l'histoire du fleuve nous ayant appris à combien de bouleversements son régime s'est trouvé soumis, il n'y a aucune témérité à penser qu'un changement dans la direction des courants du golfe de Biscaye et, par suite, dans l'accumulation des sables vers l'embouchure, n'apporte une solution heureuse, définitive aux **difficultés présentes**.

Nous avons vu, d'ailleurs, les mêmes préoccupations se faire jour sur tout le littoral sud-ouest, et Bayonne n'en est plus à compter les révolutions géologiques de son territoire. Son nom, à lui seul, n'est-il pas un enseignement ? Puisque, d'après les meilleures interprétations, il signifie *bonne baie* ou *bon port* (du basque *baya ona*), la redoutable *barre* n'a pas dû toujours exister. Si des cataclysmes l'ont produite et ont forcé l'Adour au rôle de *fleuve errant*, une dernière tourmente peut bien balayer l'obstacle...

En attendant, il ne faut rien négliger pour le cas où des études dégagées de toute idée préconçue, prouveraient la nécessité de sacrifices continus.

Au surplus, il est vraisemblable que la patriotique question à l'ordre du jour, LE CANAL DES DEUX MERS, va conduire à un examen nouveau, général, définitif, complet de cette partie de notre littoral bornant le golfe.

Ainsi que nous l'avons dit et que nous ne nous lasserons de le répéter, l'exécution heureuse d'un pareil travail doit primer toute ambition, tout intérêt de clocher, si respectables qu'ils puissent être.

La France doit veiller avec énergie à sa défense ; mais il importe que l'or prodigué profite réellement au pays et que l'entreprise utile ne puisse sombrer dans une lutte sans merci contre les forces naturelles, victorieuses sur un champ de bataille mal préparé.

Ces études nouvelles, Bayonne peut en profiter; mais si, par impossible, le mouvement maritime devait aller toujours en faiblissant, la vaillante ville ne se trouverait pas pour cela ruinée. L'industrie comme l'agriculture lui réservant encore plus d'une exploitation fructueuse qu'elle ne laissera pas échapper, et son excellente situation faisant d'elle un de ces points privilégiés qui ne peuvent tomber dans la décadence ou l'oubli.

CHAPITRE XXXVI

LES BASQUES ET LEUR MARINE. — LE PORT DE BAYONNE.

La géologie et l'anthropologie sont d'accord avec la linguistique pour affirmer la haute antiquité des Basques, et rien n'est plus captivant que l'exposé complet de toutes les opinions émises à ce sujet, opinions appuyées sur des faits tellement probants qu'ils deviennent une certitude.

Toutefois, une étude de ce genre ne rentre pas dans le cadre du *Littoral de la France* et n'y pourrait être entreprise. Heureusement, une de ses faces, et non la moins pittoresque, tient dans nos limites : c'est l'aptitude nautique des Basques, aptitude remarquable chez un peuple montagnard et qui, révélant un don d'origine, donne raison aux historiens partisans d'une émigration maritime des Ibères dans la péninsule, devenue leur patrie d'adoption.

Passons donc rapidement sur leur aptitude militaire, beaucoup mieux compréhensible, à cause des circonstances dans lesquelles ils furent placés au cours des siècles. Il est très naturel qu'Annibal, cherchant à tirer parti de la haine qu'ils portaient aux Romains, leur ait donné place dans son armée. Très naturel, encore, qu'ils accordassent leurs services aux seigneurs souverains du Midi : tels les comtes de Toulouse ou de Provence et les rois d'Angleterre, possesseurs, en France, du duché de Guyenne[1]. Ne pouvaient-ils, ces braves soldats espérer que les compétitions des princes leur permettraient de réorganiser fortement leur propre pays ?

1. « Les Basques servirent longtemps Richard Cœur de Lyon, qui les aimait beaucoup, contre Philippe-Auguste, et, lorsque Richard fut tué d'un coup d'arbalète devant le château de Chalus, en Limousin, il avait près de lui un chef basque nommé MARCADEZ, qui fit écorcher vif le soldat (qui avait tué le roi) après la prise du château. » Prosper de Lagarde : *Voyage dans le pays basque*.

Leur courage ne se démentit jamais : il a laissé une trace inoubliable dans nos fastes, et dans notre matériel de guerre, puisqu'on leur doit la *baïonnette,* cette arme si terrible aux mains de nos soldats.

C'est peut-être quand tout espoir d'indépendance fut perdu que la nostalgie de la liberté poussa les Basques vers l'Océan. Alors, au goût des voyages de simple trafic sur les côtes du vieux monde, succéda l'ambition des découvertes, le désir d'établissement sur des terres nouvelles, où nul joug n'était encore connu.

Célèbres depuis longtemps pour leur infatigable travail de pêcheurs, qui avait mérité l'inscription de leur nom, avec l'*octroi de franchise,* dans les *Rôles d'Oléron*, ils allaient donner des preuves particulières de leur intrépidité, en se lançant dans les expéditions les plus aventureuses.

Ils excellaient surtout à capturer la baleine, abondante encore, aux premiers siècles de l'ère française, dans tout le golfe cantabrique. Peu à peu, cette ressource devint précaire, les baleines cherchant un refuge vers des mers moins accessibles.

Elles y furent suivies par les Basques, qui ne redoutaient aucune des conséquences de ces périleux et si pénibles voyages : les ressources de la marine étant alors très limitées, au double point de vue des approvisionnements et de la construction des navires.

Quand on songe à tous les dangers, à toutes les privations, à tous les obstacles auxquels devait faire face l'équipage d'un bâtiment baleinier, l'exclamation si caractéristique d'Horace revient à la pensée et, comme lui, on s'écrie :

« Ils avaient donc, ces navigateurs, le cœur revêtu d'un triple airain ! »

Ce fut à qui, parmi les marins basques, se lancerait au milieu des aventures de la mer. Rien ne les arrêta. Au nord, au sud, ils se dispersèrent, et leur vive intelligence s'aiguisa encore des déceptions subies.

Par exemple, une difficulté, en apparence très grave, les arrêta tout d'abord. Capturer une baleine pouvait être presque un jeu : restait à en tirer parti. Impossible de reprendre le chemin du port avec le produit brut de la pêche.

Eh bien ! on trouvera moyen d'accomplir, au lieu même de la capture, le travail utile pour en assurer le fructueux produit. Le capitaine MARTIN SOPITE (de CIBOURE) y pourvoira.

Dépecée avec soin, la baleine fournira son huile, son *blanc*, ses fanons et, si aucune terre ne se trouve à proximité pour que l'équipage puisse y installer commodément cette sorte d'atelier, tout aura lieu sur le navire même !

Arrimé à l'aide de puissants cordages, le long du flanc du bâtiment (souvent beaucoup moins volumineux que lui !), le cadavre du cétacé sera *parcouru* par des pêcheurs, chaussés de bottes à crampon. La besogne est lestement faite. Le *lard* de l'animal tombe, par grosses pièces, dans les chaudières bouillantes, puis, transformé en huile, coule dans des tonneaux soigneusement préparés.

Comme ils oublient vite, alors, ces rudes marins, le danger, la fatigue : comme ils supputent joyeusement le produit probable de « la campagne ! »

Leur activité est si grande qu'ils ne se contenteront pas, d'ailleurs, d'un genre unique d'expéditions. La pêche des phoques les attirera et la découverte des *bancs de morue* de Terre-Neuve donnera un élan nouveau à leurs armements.

Il est, en vérité, bien fâcheux que les populations maritimes de nos côtes, et spécialement les Basques, ne soient pas en mesure de donner des notions précises sur leurs expéditions. Plus d'une légende accréditée s'en trouverait détruite.

Pour la seule pêche de la morue, on ne sait encore d'une manière irréfutable, à qui, des Dieppois, des Malouins ou des Basques revient le mérite de l'exploitation première.

Une chose, seulement, semble certaine ; aux Basques remonte le mode de préparation de la morue, comme ils avaient déjà inventé celui appliqué au dépècement sur place des baleines.

L'orgueil national va plus loin : Bayonne, Saint-Jean-de-Luz, Biarritz, réclament pour leurs marins la découverte du fleuve Saint-Laurent et, par suite, du Canada. Pour eux encore, on réclame davantage : l'honneur d'avoir ajouté l'Amérique au monde connu.

Saint-Jean-de-Luz, en effet, était bien un port de grande réputation, près du port si renommé de l'Adour, que les vieilles chroniques en appellent avec enthousiasme les flottes « *Les marines du Royalme de Bayonne.* »

La *barre* du fleuve n'existait pas alors, ou elle ne semblait pas aux marins bayonnais, constituer un obstacle trop fâcheux, car leur ville avait atteint le plus haut degré d'opulence et son nom, latin ou basque, avait disparu, pour faire place à une appellation exprimant les facilités affectées par son port à la navigation.

Lorsque, plus tard, force fut bien de compter avec l'obstacle, Bayonne ne se découragea pas. Elle entreprit de vaincre le mal et des insuccès nombreux n'ébranlèrent pas sa constance. Ne défendait-elle pas sa vie même, tout ce qui l'avait faite riche et glorieuse ? Certes, comme l'histoire de Cap-Breton le révèle, il y eut plus d'un excès dans la manière dont « les droits et privilèges bayonnais » furent maintenus, mais le péril devenait extrême pour la capitale du Labourd qui, au lieu de flottes superbes, voyait à peine des barques de *trente tonneaux* remonter l'Adour !

Il faut lire les enquêtes de la fin du quinzième et du milieu du seizième siècle, pour comprendre la décadence où en était arrivée Bayonne, lorsque la peste cruelle de 1547 s'abattit sur sa population.

Mais, ainsi qu'il se produit souvent, de l'excès du mal naquit le bien.

Henri II, d'abord, puis ses fils, s'occupèrent de la possibilité de rendre l'embouchure de l'Adour moins dangereuse, tout en la rapprochant de Bayonne.

Charles IX, lors de son voyage dans cette ville (1565), avait voulu se rendre compte par lui-même de la situation. C'est lui qui chargea le célèbre ingénieur Louis de Foix d'étudier le pays et d'exécuter les travaux, s'il y avait lieu.

Charles mourut, mais Louis de Foix n'en continua pas moins son œuvre. Plusieurs projets étaient déjà en la possession du Corps-de-Ville bayonnais, qui les lui soumit. L'un d'eux avait pour auteur un ingénieur basque, DOMINGO DE IPARRAGUIRE. Tous furent rejetés...

De ses visites minutieuses sur la côte entière, le nouvel ingénieur conclut à l'ouverture d'un canal rationnel creusé entre la mer et le point où l'Adour, gêné par les sables, déviait brusquement vers le nord, ce qui fut fait.

De plus, une forte digue fut établie au lieu dit *Trossoat*; elle obligeait le fleuve à entrer dans le chenal qu'on venait de lui préparer. Trois fois, à cause de la nature du terrain et de la force des eaux, cette digue ne put résister, trois fois on la releva. Tout n'était pas fini, cependant :

« Lorsque la digue fut achevée, les eaux, au lieu de détruire les derniers bancs de sable qui les séparaient de la mer, se répandirent au loin, formant une vaste étendue d'eau qui menaçait d'engloutir le pays tout entier et y causa les plus grands dégâts. On a même prétendu que l'on fut obligé d'amarrer les bateaux, dans la ville, aux fenêtres du premier étage des maisons.

« Tout semblait perdu, la population était prête à se soulever, et réclamait à grands cris la destruction de la digue, lorsqu'il survint une crue d'eau extraordinaire, qui, redoublant la force du courant, détruisit tous les bancs de sable qui lui faisaient obstacle, et dirigea le fleuve dans l'Océan, au lieu prévu par Louis de Foix et nommé, depuis lors, le Boucau-Neuf. Ainsi fut établie l'embouchure actuelle de l'Adour[1]. »

L'événement se produisit le 28 octobre 1578, jour de la fête de saint Simon et saint Jude. En reconnaissance, Bayonne institua une procession annuelle qui eut lieu exactement jusqu'à la première Révolution. Ce fut, de plus, l'occasion de grandes réjouissances, et on décida de fondre une table d'airain pour en conserver la mémoire.

Louis de Foix reçut, comme gratification, quittance de « quatre mille cinq cents livres qu'il devait à divers bourgeois de Bayonne ».

Le pays de Labourd, tout entier, s'était intéressé à l'entreprise. Il avait même offert de fournir mille travailleurs pour le creusement du nouveau lit de l'Adour. L'allégresse y fut d'autant plus vive que les craintes avaient été plus grandes.

Pourtant, quatre années après, ces craintes se renouvelèrent. Le fleuve reprenait ou semblait être près de reprendre la route dont on l'avait détourné. Vite, les Bayonnais supplièrent Louis de Foix de revenir à leur secours. Le grand ingénieur se trouvait alors occupé aux travaux du phare de Cordouan. Il accourut en hâte et, sous son habile direction, le mal fut conjuré.

1. Henri Poydenot.

La récompense accordée eut quelque chose de patriarcal. Des lettres patentes de Henri III gratifièrent Louis de Foix « d'une conque de froment ou sa valeur sur chaque journée de terre bonifiée par l'ouverture du nouveau havre ».

Avec raison, les historiens de Bayonne font remarquer que la ville s'endormit dans une fausse sécurité, des travaux comme ceux dont le fleuve venait d'être l'objet, nécessitant une surveillance constante. On ne s'en aperçut que trop, quand les sables, accumulés à l'embouchure de l'Adour, la menacèrent de nouveau.

Il fallut, dès lors (1696), y aviser constamment, car les passes ne présentant aucune fixité, le commerce en éprouvait un dommage considérable. L'ingénieur général Ferry donna un projet, repoussé par Vauban.

D'études en études, le premier tiers du dix-huitième siècle passa et on en revint au projet de l'ingénieur Ferry, modifié par l'ingénieur de Touros.

Ce ne furent pas la seule modification ni le seul travail nécessités au Boucau-Neuf. Ils ont été poursuivis avec persévérance et on a, maintenant, un espoir sérieux d'obtenir enfin un tirant d'eau stable en même temps qu'une sorte de calme sur la dangereuse barre.

Tout ce qui concerne le port excite à Bayonne, on le comprend sans peine, un intérêt puissant. Privée de son commerce maritime, la ville se croirait absolument déchue et, en effet, elle y perdrait une belle source de prospérité.

Elle s'opposera donc toujours de toutes ses forces à l'établissement d'un port à Cap-Breton, que ce port (bien problématique, hélas !) soit ou non complété par un canal venant déboucher sous ses murs.

Son intérêt, croit-elle, y est diamétralement contraire, car la batellerie du Haut-Adour, aussi importante pour son commerce que la navigation maritime, lui échapperait comme cette dernière.

Seuls, le temps et l'expérience pourront donner le dernier mot du débat. Souhaitons qu'il devienne, ce mot, un signal de prospérité nouvelle : le bien particulier d'une ville ne pouvant manquer de contribuer au bien général du pays.

CHAPITRE XXXVII

ANGLET. — BIARRITZ

Les sables se retrouvent à Anglet. Ils paraissaient être de nature à empêcher toute réussite de culture, sinon celle du pin maritime.

Pourtant, un homme est venu dont on disait qu'il réalisait l'énergique proverbe espagnol :

« Celui qui *veut* fait plus que celui qui *peut !* »

L'abbé Cestac, un Bayonnais, *voulut*, en 1838, fonder, dans le désert avoisinant la côte, trois établissements reliés entre eux par la pensée commune qui les dirigeait : un couvent, véritable ferme-modèle ; un refuge pour de malheureuses femmes, victimes d'une mauvaise éducation, et une maison destinée à abriter des jeunes filles effrayées par les dangers auxquels elles se trouveraient en butte.

« Homme aux vues larges et pour ainsi dire universelles, » l'abbé Cestac ne s'épargna ni soins, ni fatigues, ni travaux, et il réalisa pleinement ses projets.

Le monastère d'Anglet, dit *Notre-Dame du Refuge*, a, depuis longtemps, fait ses preuves. C'est maintenant un domaine florissant, où les résultats les plus admirables ont été obtenus en cultures de toute sorte, maraîchère, horticole, vinicole, agricole, sylvestre.

Ces résultats, le labeur des religieuses et de leurs protégées l'a produit ! Des *femmes* ont métamorphosé un sol ingrat qui semblait devoir être plutôt abandonné.

Voilà le meilleur exemple de ce que peut obtenir une volonté énergique, appuyée sur une intelligente ténacité. Anglet est certainement, sous ce rapport, l'une des plus intéressantes haltes du littoral des Basses-Pyrénées.

Un moment, en décembre 1723, à la suite d'une violente tempête et d'une très forte crue, l'Adour dévia de la route que Louis de Foix lui avait créée, cent quarante et un ans auparavant. Les eaux, coulant vers Anglet, creusèrent un chenal sur sa côte, par conséquent infiniment plus au sud que l'embouchure actuelle. Mais ce fut l'affaire de peu de jours. Le Boucau-Neuf resta en possession de l'entrée du fleuve.

Le rivage d'Anglet est très visité pour sa *Chambre d'amour*, grotte tirant son nom, paraît-il, de la mort de deux fiancés, surpris sous sa voûte par la marée montante. La *Chambre* est située au milieu d'un entassement de roches perçant les sables apportés par le flot[1].

Il n'est pas très facile d'y accéder. L'ouverture étroite, longue, basse, conduit cependant à une sorte de salle très spacieuse, mais comme écrasée sous l'amoncellement des rocs, car elle peut avoir une soixantaine de mètres de tour, sur une élévation de quatre à cinq mètres au plus. Rien n'y excite d'ailleurs l'intérêt. Cent autres grottes marines ou terrestres méritent mieux d'être explorées. Le seul charme qu'elle présente, c'est, par une mer agitée, la vue des vagues se brisant, furieuses, à quelques pas à peine du visiteur, comme pour le menacer d'un destin semblable à celui des fiancés problématiques, parrains de la caverne.

Le mieux, après tout, est de ne pas trop se fier à son agilité naturelle et de ne faire cette petite excursion que vers le milieu du reflux.

Le relèvement de la côte s'accentue. Les sables s'amoncellent toujours, mais il leur faut bientôt se tasser au pied des roches, où ils formeront une place superbe, invite pour le bain dans les capricieuses vagues si bleues, si brillantes sous un soleil resplendissant.

A l'ouest, la mer, sans limites, se confond, majestueuse, avec la ligne du ciel. Vers le nord, les cimes des pins se profilent ; au sud, des sommets grisâtres viennent surplomber l'Océan, pendant que, du côté de la terre, des pics sombres, voisins des premiers nuages, paraissent élever une barrière profonde entre le sol et les eaux.

---

1. D'après une constatation sérieuse, les sables avancent, à Anglet, de $3^m,33$, chaque année, vers la pleine mer.

Les ramifications de ces pics viennent défier le flot. Partout elles le dominent, et la falaise la moins imposante est élevée encore d'une trentaine de mètres. Déchirées ou abruptes, ces falaises enserrent plusieurs petites baies d'aspect très varié. Les constructions dont elles sont entourées ajoutent à leur diversité, car nous sommes entrés dans BIARRITZ, le vieux bourg devenu une ville de bains opulente et dont la renommée, fait assez rare, n'est pas au-dessous de la réalité.

Les maisons, les villas, les contrefaçons de chalets suisses ont envahi les points d'où le regard peut mesurer le grandiose horizon maritime.

Les rues montent à l'assaut des collines ou dévalent rapidement dans les petites gorges creusées sur le flanc des monticules.

Certaines constructions plus audacieuses ont pris pour base les aiguilles de roche, saillant, comme les pointes d'un diadème, au front de la côte.

Et, de toutes parts, la lame, arrivant puissante, se heurte, étonnée, à l'arête des promontoires ; se répand, calme ou folle, au milieu des baies ; se répercute, sonore, contre les parois des grottes, pendant que, du large, le murmure éternel, glissant au-dessus de l'abîme, ajoute sa douceur à ces multiples harmonies.

La scène change autant de fois que l'heure et le vent, ce dernier si variable au bord de l'Océan, se montrent ou non favorables ; mais toujours elle reste pittoresque. Comment se lasser de parcourir un rivage où chaque pas, pour ainsi dire, conduit à une nuance nouvelle du tableau.

C'est le cap Saint-Martin, couronné d'un phare projetant à 22 milles la lueur colorée de son feu.

Du balcon de la lanterne, le panorama semble immense. D'un côté, les sables des Landes paraissent tout proches ; puis, successivement, cèdent la place aux falaises, qui se poursuivent jusqu'au delà de notre frontière, après s'être inclinées devant leurs sœurs, premières assises des Pyrénées neigeuses. Mille détails enchantent le regard, soit qu'il s'arrête sur l'Adour brillant, sur ses coteaux, sur la campagne, sur les pentes de la *Rhune,* des *Trois-Couronnes,* du mont d'*Aran,* sur la silhouette du *Pic du Midi* ou sur les montagnes espagnoles du *Guipuzcoa.*

Après le cap, la grande plage et ses belles roches, habitées par plusieurs couples d'oiseaux vénérés des pêcheurs ; la côte des *Fous*, réputée par la violence des lames qui s'y brisent, après avoir passé sur une ceinture d'écueils : son nom lui vient de cette circonstance.

Les roches de l'*Atalaye* sont dominées par le sémaphore et gardent les ruines d'un château. A leur base, une sorte de petite grotte, l'*Ouille*, reçoit les vagues et retentit, à mer haute, sous leur choc, semblable à l'écho puissant éveillé par une canonnade.

La *Roche-Percée* est le dernier plan d'une ligne de brisants, contre laquelle la mer se jette toujours avec furie et éparpille ses embruns comme des flocons de neige brillante.

Le *Rocher de la Vierge* a malheureusement été *arrangé* d'une manière trop..... élégante ! Le *Port de Refuge* s'y achève.

Tout voisin est le *Port-Vieux*, calme petit golfe, où le flot dépouille à peu près sa violence ; aussi est-il très fréquenté.

Un pont permet de franchir la ligne de la marée, qui vient rebondir dans un creux de la falaise, et on arrive à la *côte des Basques*, ainsi appelée parce qu'une partie de la population indigène l'affectionne tout particulièrement.

La mer y est le plus souvent très forte, mais elle n'effraye pas les *Biarrots*, aussi agiles à défier la vague qu'à parcourir les sentiers de chèvre conduisant au sommet de la côte, sommet très élevé d'où l'horizon est splendide.

Biarritz s'est merveilleusement développé depuis une trentaine d'années. Le temps semble beaucoup plus éloigné encore où on n'y arrivait pas autrement qu'en *cacolet*, véhicule primitif, composé de deux sortes de sièges garnis de coussins et disposés sur les flancs d'un cheval. Le voyageur prenait place sur un des côtés, la *cacoletière* sur l'autre, car les femmes, à peu près seules, exerçaient ce genre d'industrie.

Aujourd'hui les choses ont bien changé ! Non seulement les moyens de transport abondent, mais tout, dans la belle ville, se hausse au diapason du luxe le plus mondain.

Les jeunes Biarrots, eux-mêmes, adoptent quelques-unes de nos innovations modernes. Ainsi, ils viennent de fonder une *Société de gymnastique et d'exercices militaires*, semblable à celle qui existe à Bayonne. Avec de pareils adeptes, cette Société ne peut manquer de prospérer.

Renommés pour leur intrépidité, les matelots de Biarritz contribuèrent à la célébrité de la marine basque. Ainsi que leurs frères de Saint-Jean-de-Luz, de Guétary, de Ciboure, de Bayonne, ils faisaient la guerre aux baleines, dans le golfe de Gascogne, où elles étaient si nombreuses qu'une foule de titres prouvent la dîme payée aux églises sur ce genre de pêche. On réservait à ces dernières les parties réputées les plus délicates de la chair des cétacés. Couramment, cette chair était vendue fraîche sur les marchés de Bayonne et des autres villes maritimes du pays de Labourd.

Édouard III, roi d'Angleterre, usant des prérogatives attachées à son titre de duc et seigneur de Guyenne, affecta le produit de la pêche des baleines (1338) aux dépenses et à l'équipement d'une flotte, placée alors sous les ordres de l'amiral Pierre de Poyanne.

Plus tard, les baleines devenant rares, et, enfin, ayant complètement déserté le golfe de Gascogne, les Biarrots, comme les Bayonnais, comme les pêcheurs de Saint-Jean-de-Luz et autres se lancèrent vers le nord, bravant les glaces, les banquises du Groënland et de Terre-Neuve pour capturer les malheureux animaux, aujourd'hui presque relégués à l'état de souvenir !

Les habitants de Biarritz devaient la dîme des produits de leur pêche de la baleine à l'église Sainte-Marie de Bayonne.

A Biarritz, nous retrouvons la continuation des beaux travaux de M. de Folin, qui avait désiré doter la ville d'un laboratoire de zoologie maritime. On comprend maintenant les immenses services rendus à la science par ces établissements et peu de stations offrent un meilleur emplacement que Biarritz, favorisé par son climat, comme par la nature du fond des eaux de sa région.

Si l'on songe que Biarritz se trouve à proximité de dépressions énormes du sol sous-marin, que sa situation au fond de l'angle formé par la côte espagnole et la côte française constitue, en quelque sorte, ses eaux le réceptacle naturel, l'impasse où, forcément, sont refoulées, par le jeu des marées, les productions du monde océanique, on applaudit à l'idée qui eût présidé à la

BAYONNE. — LA RUE DU PORT-NEUF

fondation d'un laboratoire, idée ayant pour elle, entre autres mérites, l'irréfutable autorité des magnifiques résultats déjà obtenus.

C'est ici le lieu de faire remarquer la concordance des affirmations de M. La Lauze, l'éloquent défenseur de Cap-Breton, avec la réalité. « Si les plages de Biarritz restent stationnaires et non envahies par les sables, c'est grâce à l'existence des gouffres dénoncés par les pêcheurs. Ces abîmes, situés non loin du rivage biarrot, le protègent, et l'un des plus utiles d'entre eux, celui de la *pointe Saint-Martin*, apporte un obstacle efficace aux sables débordant la côte d'Anglet. »

« Il n'y a pas dans le climat de Biarritz ces exagérations que l'on trouve quelquefois dans les contrées méridionales. Si l'hiver n'y montre pas un ciel toujours bleu, si les nuages s'amoncellent, si le vent apporte les tempêtes et les ouragans, tout cela est passager et, à la pluie, succède le beau temps, un de ces beaux temps qui font vite oublier le mauvais. Le printemps, qui commence dès la fin de février, y est souvent ravissant, et quand l'été est là, on ne ressent nullement ces chaleurs sénégaliennes que l'on éprouve, avec les vents violents du mistral, sur les bords de la Méditerranée. Le soleil peut être ardent, mais, à cette ardeur, se joint un air pur, et la brise de mer, se croisant avec le vent frais de la montagne, rend la chaleur supportable dans ses degrés les plus hauts. Quant à l'automne, il y est long et, lorsque le vent du soir se fait sentir, il en prolonge la durée, contrebalançant, par sa température attiédie, l'influence du refroidissement qui s'opère dans la nature. » (P. Miquel.)

Ces avantages ont conduit à la pensée de créer aux portes de Biarritz une sorte de « ville d'hiver », véritable sanatorium où se fortifieraient les organisations délicates, trop ébranlées par le séjour de Paris.

Pour n'en donner qu'un exemple, il ne faut pas oublier combien est grande la pureté de l'air de la mer : « Dans 10 mètres cubes d'air marin, on trouve cinq à six bactéries ; 10 mètres cubes de l'air du parc Montsouris en renferment sept mille six cents, et la même quantité d'air prise dans la rue de Rivoli, cinquante-cinq mille[1] ! »

---

1. P. Miquel : *Des organismes microscopiques de l'air de la mer.*

Biarritz peut donc espérer voir apprécier le projet de sa ville d'hiver. Ce serait, pour la commune entière, ainsi que pour les communes avoisinantes, un élément nouveau et durable de prospérité.

La *Statistique des pêches maritimes françaises* nous apprend que la pêche en mer est pratiquée, à Biarritz, par les trois bateaux à vapeur : *Union, Verdon, Charles-Maurice ;* qu'elle a donné de très bons résultats à l'encontre de la pêche en rivière (saumon, truite, alose), et que la situation des pêcheurs est satisfaisante.

Les Biarrots n'ont pas démérité de leurs ancêtres. Ils se montrent constamment vaillants, presque trop téméraires. Le golfe de Biscaye ne leur semble pas être redoutable « autant qu'on veut bien le dire », à condition, il est vrai, d'avoir, comme eux, la sûreté du coup d'œil, l'intrépidité, la connaissance exacte de la mer et des rivages.

L'aptitude maîtresse de ces populations, est bien, semble-t-il, la science, innée en elles, de la mer, aussi figurent-elles au premier rang près de nos meilleurs marins du littoral.

Quand la France le voudra, sa flotte sera incomparable, puisqu'elle peut compter sur des hommes d'élite, dont la plus grande ambition est de lui rendre la place qu'elle n'aurait jamais dû perdre !

CHAPITRE XXXVIII

SAINT-JEAN-DE-LUZ

La vieille cité labourdine est en fête. Les cloches sonnent à volée, la population se livre à mille jeux, mille réjouissances, les maisons se pavoisent. A travers les rues, c'est un grand fracas de chevaux montés par les plus nobles gentilshommes ; de carrosses remplis des plus grandes dames d'une cour célèbre.

Plus tard, un superbe cortège s'avance, à pied, entre les balustres du chemin construit exprès pour la circonstance. Le souverain du plus envié des royaumes porte « un habit de drap d'or tout couvert de dentelles noires. Les grands seigneurs qui l'accompagnent en ont un pareil, de sorte qu'il ne se distingue des autres que par sa bonne mine [1] ».

La jeune princesse, française par sa mère, qui va devenir l'épouse du souverain, son cousin, porte déjà (ayant été mariée par procuration) la couronne sur sa tête.

L'église paroissiale de Saint-Jean-de-Luz reçoit le cortège. Sur un même trône, les deux époux prennent place. La Reine, mère du prince et tante de la nouvelle souveraine, s'agenouille sur un trône voisin.

Les acclamations, les vivats, les volées de cloches recommencent. L'union de Marie-Thérèse d'Autriche et de Louis XIV est proclamée : la paix se trouve enfin conclue entre la France et l'Espagne. C'est, pour le premier des deux royaumes, la possession des riches provinces de Flandre et de Franche-Comté...

Quelques années encore, et il faudra que la guerre sou-

---

[1]. *Lettre de l'abbé de* Montreuil *à* Mme *de* Hautefort, datée de Saint-Jean-de-Luz : juin 1660.

tienne les droits méconnus de Marie-Thérèse; mais aujourd'hui, 9 juin 1660, on ne prévoit pas la triste éventualité. Le règne de Louis, inauguré par la glorieuse victoire de Rocroy[1], éveille les plus magnifiques espérances, et, maintenant qu'un lien familial unira la Maison française à la Maison espagnole, l'équilibre européen ne saurait être compromis.

L'histoire nous dit ce qu'il advint de tous ces rêves grandioses; mais l'existence des peuples, comme celle des individus, présente des haltes secourables où la force se retrempe, et sans lesquelles la marche en avant serait bientôt impossible.

La France respirait donc et Saint-Jean-de-Luz était en fête, dans cette semaine de juin 1660...

Plus de deux siècles ont passé. Pourtant, la vieille ville du Labourd semble encore résonner du bruit joyeux des sérénades, des cortèges, des divertissements inventés par la population et qui émerveillèrent fort la Cour tout entière.

On ne se lassait pas d'admirer les jeunes Basquaises, « pour la plupart plus belles, plus propres et mieux habillées qu'en France... Telle villageoise était si ajustée, d'une taille si belle et si majestueuse que si nous n'eussions vu que son corps et son visage, et qu'on nous eût caché ce qu'elle portait sur la tête, au lieu de deviner que c'était un panier, nous eussions juré que c'était une couronne[2]... »

On s'extasiait sur l'agilité, la bonne grâce, l'entrain des « *danseurs crascabilaires* » ou royaux qui, se plaçant « en tête des chevaux du roy, bondissaient au son des grelots et des tambours du pays, en exécutant le pas national, intermède piquant et goûté ».

Certains souvenirs sont ineffaçables et priment tous les autres. Voilà pourquoi tel pays, telle ville se présentent toujours à travers le reflet, ou sanglant ou joyeux, imprimé sur leur nom par un fait si bien lié à lui, que nul événement ne le dépouillera ensuite de sa popularité.

Ainsi pour Saint-Jean-de-Luz. Sauf dans la mémoire des Basques,

---

1. Remportée par le duc d'Enghien, depuis le *Grand Condé*, le 19 mai 1643. Dix ans plus tard, Condé reprenait cette ville, pour les Espagnols ! Elle ne nous revint qu'en 1659, par la *Paix des Pyrénées*, prélude du mariage de Louis XIV.

2. L'ABBÉ DE MONTREUIL.

peu se mettront en peine de rappeler que la ville possède de riches annales et que son nom brilla dans les luttes pour la liberté du pays, comme dans les exploits de la marine labourdine en général.

A quelle époque fut-elle fondée ?

« Une profonde obscurité couvre les origines et les premiers temps de Saint-Jean-de-Luz. Son nom même a été matière à controverse pour les étymologistes. Les uns y voyaient un radical purement latin : *Lux* ou *Saint-Jean-de-Lumière*. Les autres, avec une intuition plus exacte, trouvaient dans *Luz* le nom basque *Lohitzun*, altéré en *Loys* et *Luz*.

« Une charte en gascon, portant la date de 1414 et existant aux archives, tranche la question en faveur de ces derniers. Saint-Jean-de-Luz y est appelé *Cent-Johan-de-Lohitz*, partie essentielle du mot *Lohitzun*.

« Lohitzun fut, de tout temps, le nom usité chez les Basques fondateurs et sa signification : « lieu paludéen », rappelle l'état antérieur et primitif des localités.

« D'après les savantes observations de M. Bouquet de la Grye, dans son *Etude sur la baie de Saint-Jean-de-Luz*[1], 1876, le débit de la rivière Nivelle[2] était, aux premiers siècles, beaucoup plus puissant qu'il n'est de nos jours : son embouchure se développait dans une grande étendue et embrassant, comme un vaste estuaire, à peu près tout l'espace occupé actuellement par la plage et par la ville, donnait à la baie cet aspect marécageux d'où le nom de Lohitzun est sorti. Mais, si cette épithète a eu naguère son à propos et sa justesse, disons avec empressement qu'elle les a perdus désormais.

« Sans remonter aux colonies ibériennes que Jules César rencontra dans le sud-ouest de la Gaule et nous bornant aux plus simples hypothèses, nous reporterons la fondation de Saint-Jean-de-Luz à l'époque de la moderne effusion de la race vasco-euskarienne, en deçà des Pyrénées, effusion qui s'arrêta d'abord aux limites de l'Adour, puis, se répandant deux siècles après, imposa à l'ancienne Novempopulanie une dénomination et une influence nouvelles.

« Élevée par les montagnards sur les confins de leurs provinces natales, à portée des côtes et ces villes habitées par leurs frères transpyrénéens, la petite bourgade vécut longtemps d'une vie obscure, dont les annales franques n'ont pas eu à recueillir les traces. La tradition raconte que les premiers colons sédentaires se groupèrent d'abord sur les hauteurs d'*Accotz*, riches en pâturages, et cette tradition qui fait d'Accotz le quartier prédécesseur et le berceau de la ville, semble se trouver confirmée par les observations scientifiques citées plus haut, qui montrent la plage maritime comme inhabitable aux premières époques, et la Nivelle, par contre, baignant alors les collines d'une nappe d'eau large et profonde, formant port à leur pied.

« Quoi qu'il en soit de cet état de choses antéhistorique, il faut arriver

---

1. M. Léon Goyetche : *Saint-Jean-de-Luz historique et pittoresque*.
2. Son embouchure est à Saint-Jean-de-Luz.

jusqu'au dix-septième siècle pour se trouver en présence de titres authentiques et recueillir une mention certaine de l'existence de Saint-Jean-de-Luz.

« Le premier de ces titres est l'acte de donation faite par Bertrand, vicomte de Labourd, au Chapitre de la cathédrale de Bayonne, de la baronnie de Saint-Jean-de-Luz, avec tous ses droits utiles, la justice moyenne et basse, et le patronage de la Cure (1137). »

Il n'est pas surprenant que Bayonne fût mise ainsi en possession d'une réelle suprématie sur la ville basque.

Bayonne était fortifiée ; l'Adour et la Nive formaient, sous son enceinte, un vaste bassin, tête de la navigation active du haut pays tout entier. Elle devenait donc le refuge, en même temps que la gardienne des habitants du Labourd et il était naturel de la doter de privilèges égaux à ses devoirs.

Nul doute, d'ailleurs, que Saint-Jean-de-Luz n'ait, pendant cette époque de transition, participé à toutes les immunités accordées si libéralement aux Labourdins, comme à toutes les vicissitudes qui les tourmentèrent.

Nul doute encore que la tutelle du Chapitre canonial bayonnais fût aussi favorable à Saint-Jean-de-Luz que l'avait été, pour Bayonne, celle de ses évêques. Elle devait emprunter une nouvelle douceur au mode d'exercice des droits donnés « en afferme » aux habitants. Ce mode exista jusqu'en 1570, époque où une somme de *deux mille livres* (monnaie du temps) racheta de ses servitudes la Communauté Saint-Jean-de-Luzienne.

Certainement aussi, la petite ville dut ressentir l'influence des mouvements maritimes, si fort patronnés par les souverains anglais, pendant les trois siècles de leur occupation de la Guyenne et de la Gascogne.

Lorsque ces provinces firent retour à la patrie française, Charles VII n'eut garde de mécontenter les fières populations du Labourd et étendit, au contraire, leurs privilèges.

La seconde moitié du quinzième siècle fut signalée, à Saint-Jean-de-Luz, par un assez long séjour de Louis XI, que les rois d'Aragon et de Castille (nous l'avons déjà vu) appelaient comme médiateur entre eux[1].

Le monarque fut si content de l'hospitalité offerte, qu'il donna

---

1. Voir COMMINES, l'historien intéressant à l'égal du plus habile des romanciers.

SAINT-JEAN-DE-LUZ. — VUE GÉNÉRALE

à « ses amés et féaux sujets » des lettres patentes les exonérant de tout « droit d'assise » sur leurs denrées et marchandises permettant qu'elles fussent distribuées « en franchise » soit par mer soit par terre.

Ces privilèges, constituant une exception aussi remarquable qu'avantageuse... furent respectés, en leur forme, durant toute la période monarchique, et Saint-Jean-de-Luz conserva ce caractère de ville franche et libre qui lui avait été reconnu dès le commencement. Les dernières confirmations sont de 1784. (L. Goyetche.)

Très probablement, tout cela influa beaucoup sur la prospérité ascendante de Saint-Jean-de-Luz ; mais une autre circonstance : le déplacement de l'embouchure de l'Adour, en compromettant la marine bayonnaise, donna une vive impulsion au port basque.

On sait quelles controverses se sont élevées autour de la priorité de découverte du Canada, de Terre-Neuve, du Groënland. Sébastien de Cano ou Cana et Sanchez de Huelva, pilotes basques, auraient eu des notions certaines sur le Nouveau-Monde et en auraient (l'un ou l'autre) fait part à Christophe Colomb.

La seule chose absolument hors de toute contestation, c'est que les marins de Saint-Jean-de-Luz prirent leur part des grandes découvertes du quinzième et du seizième siècle et furent des premiers à explorer l'Islande, Terre-Neuve, le Groënland.

Ils prirent également part aux guerres d'Italie, en équipant, pour Charles VIII, de « grandes galères », et des Basques se joignirent volontairement à l'armée royale, puisque Paul Jove les signale, avec force détails sur leur costume et sur leur aspect.

Ces guerres d'Italie devaient engendrer des dissensions violentes sur la frontière franco-espagnole. Elles redoublèrent au moment de la captivité de François Ier. Saint-Jean-de-Luz ne pouvait manquer d'y figurer avec les alternatives ordinaires de succès ou de revers.

Toutefois, sur l'Océan, ses marins se firent craindre au point de lui mériter des Espagnols le surnom de « *nid redoutable de corsaires* ». Bientôt, ils firent davantage en osant s'attaquer même aux vaisseaux de guerre ennemis. Leurs escadrilles se signalèrent brillamment et des lettres patentes de François Ier le constatent. A défaut de ces lettres, des titres espagnols nous l'apprendraient, car ils sont nombreux les témoignages de la valeur des capitaines Saint-Jean-de-Luziens.

Par malheur, ces exploits appellent des représailles et la ville en subit de cruelles : une première fois, en 1542 ; une seconde fois, le 31 juillet 1558. Cette dernière détruisit complètement Saint-Jean-de-Luz et ses flottes ! !... sans abattre le courage de ses habitants qui reprirent peu après, grâce aux exemptions commerciales confirmées par Henri II, une situation prospère.

Placée sur la grande route d'Espagne, la ville de Saint-Jean-de-Luz reçut de nombreuses visites royales, conséquence des relations amicales ou ennemies, mais forcément étroites, entretenues par les deux couronnes.

C'est en recevant les félicitations et les témoignages affectueux des habitants que François Ier, délivré de son étroite captivité, s'écrie : « *Je suis encore roi de France !* »

C'est ainsi, malgré la dureté si pesante des temps, que les royaux visiteurs sont toujours admirablement reçus.

C'est par un effort de nationalité exaltée que, douze ans après le désastre « espagnol » (1570), Saint-Jean-de-Luz, moyennant le payement d'une somme convenue, reprend sa vitalité propre et dépendra désormais, des seuls magistrats élus par ses habitants. L'autorité royale est représentée par « le bailli du gabourd » mais sous la réserve que les paroisses du pays nommeront ce magistrat.

Ce fut l'origine d'une violente querelle éclatant (1643) entre les seigneurs d'Urtubie et de Saint-Pée.

Les partisans du premier (gentilhomme d'antique origine) se distinguaient par « une ceinture blanche, d'où leur dénomination de « *Sabel souri*[1], ventre blanc », les tenants du second arboraient la couleur rouge et étaient désignés par l'appellation de « *Sabel gorri*, ventre rouge ».

« Ainsi voilà en petit, dans notre histoire, la lutte acharnée des *roses rouge et blanche*, de Lancastre et d'York. Seulement, au lieu de la couronne d'Angleterre, il ne s'agissait que de la perruque d'un bailli ! » (Prosper de Lagarde.)

Malheureusement, les désordres et les meurtres ne manquè-

---

1. Erreur : Il faut écrire *churi*.

rent pas à cet épisode des annales du pays basque où, en fin de compte, la noble maison d'Urtubie l'emporta.

Ce ne fut pas tout. Des jalousies, des rivalités se rallumaient sans cesse entre Saint-Jean-de-Luz et Ciboure[1], ancienne petite ville, construite en face, sur la rive gauche de la *Nivelle*. Les prétentions de Ciboure ne connurent plus de bornes, lorsqu'elle se trouva affranchie de sa dépendance envers Uérugne, par son érection en Commune (1603).

Le sang coula trop souvent, puis vinrent des procès ruineux, continuels. Entre temps, les fameux scandales des « Sorciers du Labourd[2] » (où *cinq cents* personnes périrent par le fer et le feu) désolèrent Saint-Jean-de-Luz.

Le règne de Henri IV remit le pays basque, comme le royaume entier, de ces terribles secousses et la ville put espérer un nouvel avenir très brillant. Il fut alors question (1605) d'y créer un vaste port, « nul lieu, en Guyenne, n'offrant de commodités meilleures ».

Le plan était grandiose, on en commença l'exécution par l'ouverture du port et du bassin de Socoa. Une cinquantaine de navires y pouvaient séjourner. Rien de plus avantageux pour Saint-Jean et Ciboure, dont les flottilles avaient, désormais, un hivernage assuré. Cependant Urrugne combattit opiniâtrement le projet et son exécution. En sa qualité, disait-elle, de « propriétaire du sol » ! Toujours et partout, hélas ! on retrouve l'intérêt particulier, luttant en aveugle contre l'intérêt général, par suite contre lui-même.

Une sentence arbitrale du duc d'Épernon, gouverneur de Guyenne, trancha le différend, en adjugeant, par tiers, les produits des droits du port nouveau à chacune des trois communes.

Ces droits ne tardèrent pas à s'élever rapidement. Un navire labourdin, chassé par la tempête vers le nord, découvrit sur la côte du Spitzberg une des stations favorites des baleines.

Saint-Jean-de-Luz fut alors à l'apogée de sa gloire; nulle marine ne pouvait rivaliser avec ses matelots pour cette pêche

---

1. Ciboure ou Çubiburu, « *tête de pont* », parce qu'elle est bâtie vis-à-vis de Saint-Jean-de-Luz, à l'extrémité du pont jeté sur la rivière. (L. Goyetche.)
2. Lire dans M. Goyetche cet étrange épisode peignant si bien les mœurs de l'époque.

spéciale. Les Hollandais et les Anglais y vinrent s'instruire. Le Havre, en 1632, s'associa des armateurs basques pour organiser sa première escadrille baleinière.

La pêche de la morue ajoutait à la prospérité du pays, et bientôt, la marine de l'État elle-même réclama le concours de l'expérience des capitaines Saint-Jean-de-Luziens : c'était au moment des hostilités déclarées de La Rochelle contre le pouvoir royal. Les vaisseaux basques firent flotter fièrement leur pavillon rouge et noir, accouplé au pavillon fleurdelisé.

« FRANÇOIS DE LOHOBIAGUE, JEAN D'ARRETCHE, MARTIN DE HIRIGOYEN JOAQUIN DE HARISTEGUY furent les capitaines élus par les habitants confirmés et commissionnés par le roi. »

Les Rochelais durent compter avec les Basques et les virent enlever plus d'un de leurs navires. L'île de Ré fut, de même, ravitaillée par les Saint-Jean-de-Luziens, qui fournirent quinze pinasses et vingt-six flûtes. Un seul des négociants de la ville, JOANNOT DE HARANEDER, fit don au roi de deux navires munis d'artillerie.

Le commandant de la flotte labourdine était le sieur d'IBAIGNETTE. Tous ces noms prouvent l'origine exclusive des armements, car tous sont basques.

La flotte bayonnaise était sous les ordres des capitaines VALIN et d'ANDOUINS. L'honneur de l'expédition fut attribué exclusivement à Bayonne, mais une lettre de Louis XIII rend à Saint-Jean-de-Luz la part qui lui en revenait (1627).

Cependant, les jours prospères allaient être obscurcis. En 1636, la guerre avec l'Espagne faillit écraser totalement Saint-Jean-de-Luz et ruina Ciboure.

L'occupation étrangère dura une année, ce qui n'empêcha pas quatre des habitants de manifester leur patriotisme, en contractant un emprunt pour prendre part à l'expédition de l'archevêque de Bordeaux, HENRI DE SOURDIS, lieutenant général des armées navales, contre Guetharia[1].

Avec justice, M. Léon Goyetche a transcrit les noms de ces bons citoyens : SAUBAT DE LOHOBIAGUE, AUGEROT DE LASSON, SAUBAT

---

1. Il y a un Guéthary ou Guetharia en Espagne ; on ne doit pas le confondre avec Guéthary, près Saint-Jean.

d'Etcheverry, Michel de Hayet. Le succès de l'entreprise fut d'ailleurs complet, de même que l'exécution sommaire, menée par un des descendants d'Augerot de Lasson, contre un navire britannique, pour se payer des déprédations dont un de ses propres vaisseaux avait souffert du fait de l'Angleterre !

Le séjour de Mazarin allait réveiller l'attention sur Saint-Jean-de-Luz.

Le cardinal y arriva en grande pompe (28 juillet 1659) et y séjourna quatre mois entiers, mois bien employés, puisque, des conférences tenues avec don Luis de Haro, dans un obscur petit îlot de la Bidassoa, allait sortir la paix momentanée de l'Europe.

Moins d'une année après, c'était le roi lui-même, le fastueux Louis XIV, qui venait recevoir l'infante d'Espagne et l'épousait dans l'église paroissiale de la ville basque. Le roi arriva le 8 mai 1660, et ne repartit que le 15 juin suivant. Saint-Jean-de-Luz n'a pas oublié cette date mémorable, et c'est encore une de celles que les habitants aiment à rappeler entre toutes.

Colbert porta au plus haut point la fortune de la marine Saint-Jean-de-Luzienne qui, jointe à celle de Ciboure, ne comprenait pas moins de trois mille hommes. Pourtant, la décadence était proche. Les guerres continuelles de Louis XIV ne tardèrent pas à épuiser le pays d'hommes et d'argent. Les Basques surtout ne pouvaient se résoudre au joug de l'*Inscription maritime,* créée par Colbert pour sauvegarder le recrutement de la flotte royale. Habitués à suivre « leur seule fantaisie, ils ne voulaient pas courir à l'est ou à l'ouest », bien que leurs propres voyages fussent infiniment plus longs, plus difficiles.

Les *Documents sur l'histoire de France* fournissent, à ce sujet, les plus curieux renseignements, tirés de la correspondance du comte de Guiche, qui fut chargé de ramener à l'obéissance ses compatriotes rebelles et y réussit fort bien. Mais la ruine de Saint-Jean-de-Luz était proche.

Quand fut signée la paix de Ryswick, son port n'avait pas plus de *vingt navires,* mal armés, et, quand le traité d'Utrecht eut reçu force de loi, un cri général retentit dans le Labourd, comme sur le reste des rivages français : c'était la puissance anglaise substituée à notre propre puissance, c'était la perte de plus de la moitié de nos riches colonies américaines, en attendant que les trahisons multipliées, l'insouciance ou la force des choses, amenée par le plus complet aveuglement, nous fissent perdre le reste, ainsi que notre empire colonial indien ! ! !

Puis un nouvel ennemi surgit soudain (1673-1675). La mer, bouleversant ses limites naturelles, envahit Saint-Jean-de-Luz ; c'était le dernier coup et le plus terrible [1].

Désormais, le mal irait toujours s'aggravant.

Vauban voulut y remédier. Son plan, admirable, dotait la ville d'une rade et d'un port praticables aux plus grands vaisseaux... L'argent manqua. Comment, au milieu des ruines accumulées de la fin du règne de Louis XIV, s'occuper de ces travaux gigantesques ! ! !

A peine quelques mesures urgentes furent-elles prises, aussi les catastrophes se renouvellent avec une désespérante régularité. Envahissements de la mer, débordements de la rivière *Nivelle*, tempêtes de sables, trombes de galets, rien n'est épargné à la malheureuse ville. A peine quelques éclaircies donnent-elles une espérance, qu'on la voit s'évanouir. Le 22 janvier 1749 fut, surtout, une journée terrible : « sept maisons et vingt enclos de jardins sont renversés ; cent quatre-vingts maisons se trouvent minées par la base et on est contraint de les abandonner ! »

En même temps, *le port reste pendant deux mois entiers intercepté !*

C'en est trop l'épouvante devient générale. Saint-Jean-de-Luz et Ciboure perdent, ensemble, près des deux tiers de leur population.

Divers projets furent mis en avant pour relever le commerce maritime des deux malheureuses villes ; mais les finances, sous Louis XV, se trouvaient dans un trop déplorable état pour que rien d'utile put être achevé.

En 1767, un gouverneur fut nommé pour Saint-Jean-de-Luz. Les habitants réclamèrent au nom de leurs « franchises et privilèges » ; ils parvinrent à se soustraire à cette obligation.

En mars 1782, nouvel et terrible assaut de la mer, qui emporte deux rues, un couvent, quarante maisons.

---

1. Dans un style imagé, M. de Quatrefages a donné l'explication de ces catastrophes successives : *Souvenirs d'un naturaliste* (1850).

VUE GÉNÉRALE DE CIBOURE

La consternation étant au comble, il fallut bien songer à trouver un moyen plus efficace que tous ceux jusqu'alors employés.

Louis XVI s'occupa beaucoup de Saint-Jean-de-Luz, car il avait à cœur de relever notre marine et, le premier, il songea à reprendre le plan de Vauban. De même, il crut bon de se rendre aux plaintes des habitants, réclamant leurs vieux droits commerciaux. Des lettres-patentes de 1784 restituèrent, non seulement à la ville basque, mais à Bayonne, les libertés jadis concédées. Aussitôt, un réveil heureux se produisit et les armements recommencèrent dans les deux ports.

Les secousses de la fin du dernier siècle interrompirent la prospérité renaissante.

Successivement pris et repris, les travaux du port reçurent une impulsion nouvelle en 1819. La victoire semblait être assurée. Une tempête de huit jours ruina toutes les espérances.

« On voyait les blocs de maçonnerie de l'estrade, dit un rapport officiel, rouler dans les flots et déferler, soulevés par la lame, sur le perré, dont ils hâtaient la destruction. De mémoire d'homme, jamais spectacle n'avait été plus terrible. »

C'en fut fait de Saint-Jean-de-Luz pendant une longue période d'années. On s'occupa exclusivement du petit port de Socoa, et la ville basque tomba dans un état d'abandon, de solitude extrêmes. Son aspect désolé frappait tous les visiteurs. Elle mourait littéralement et, avec précision, on pouvait calculer l'instant où la mer aurait accompli son œuvre !!!

Saint-Jean-de-Luz, cependant, n'accepta pas cette destruction à brève échéance. Ses sollicitations furent entendues : en 1863, d'abord, puis en 1867 et 1875 ; enfin, de nos jours, les travaux de défense ont marché sans interruption. Ils semblent destinés à remplir le but désiré, car, déjà, la marine en a reçu de bien grands services. Les espérances, cette fois, peuvent se donner libre cours : les célèbres travaux des ports de Cherbourg et d'Alger seront presque égalés. Comme eux, probablement, la rade et le port Saint-Jean-de-Luziens se trouveront être solidement établis.

Une autre circonstance a sauvé la vieille ville de son abandon. Les bains de mer devenant de plus en plus en faveur, l'admirable situation des plages des bords de la Nivelle ne pouvait pas être négligée.

L'amphithéâtre de montagnes, la rivière, l'Océan largement ouvert devant la ligne d'horizon, les constructions ou riches, ou humbles, ou pittoresques répandues sur les collines. Ciboure, avec son clocher bouddhique ; la ville de Saint-Jean-de-Luz, elle-même, bâtie sur une langue sablonneuse et s'avançant, pareille à un radeau, vers les flots ; la ville ranimée, rajeunie par sa population si largement accrue, par le bruit, l'éclat de la foule qui vient lui demander santé ou séjour agréable... Quel plus gracieux tableau, digne du cadre à la fois souriant et sévère dont il est entouré !

Saint-Jean-de-Luz possède quelques vieilles maisons très dignes d'attirer l'attention de l'artiste. *Esquerenea* est la plus ancienne de toutes ; elle date du quatorzième siècle. Une tour carrée la domine. Ses hautes fenêtres possèdent des croix de pierre sculptées et sa grande porte affecte la forme ogivale.

Le château *Lohobiague* ou de Louis XIV, parce qu'il reçut le roi de France, est situé sur la grande place. On le remarquerait rien que pour son toit aigu, ses deux tourelles et les figures sculptées au-dessus de ses croisées. Il donne également sur le port, mais, de ce côté, son aspect est altéré, car il a perdu une partie des galeries à arcades qui l'ornaient.

La maison des Heraneder, dite *Joanoenia* ou plutôt *Château de l'Infante,* depuis le séjour de Marie-Thérèse d'Autriche, est le plus célèbre des monuments de la ville. Par malheur, la restauration intelligente qu'on en avait faite (vers 1855) disparaît sous un badigeonnage, dont le moindre inconvénient est de lui enlever sa grâce très réelle, avec à peu près toute son originalité...

Il faut visiter encore la maison des *Dasconaguerre*, où descendit Mazarin, et celle de Jean Casabielhe, *bayle*, c'est-à-dire premier magistrat de la ville en 1656[1].

L'église paroissiale n'a rien de remarquable, mais on s'y souvient qu'elle fut choisie pour être témoin de l'union de Louis XIV.

La place du Jeu-de-Paume rappelle, par son nom, un exercice

---

1. M. Léon Goyetche a donné une très complète description des monuments et maisons de Saint-Jean-de-Luziens.

de tout temps cher aux Basques. Ils y excellaient et y excellent encore. La pelote ou *pilota* était jadis l'occasion de défis portés non seulement contre les habitants des paroisses voisines, mais contre les Basques espagnols, qui s'empressaient de répondre à la provocation. Des paris, souvent très élevés, faisaient arriver les enjeux à des sommes considérables. Comme pour les luttes de Bretagne, un *jury des jeux* prononçait en souverain absolu sur les questions qui pouvaient diviser les joueurs.

Depuis quelques années, la *pilota* reparaît dans les fêtes locales. Biarritz en a donné l'exemple, et ce n'est pas un des moindres attraits de ces fêtes pour les étrangers.

CIBOURE conserve encore le vieux cloître de son couvent des *Récollets* et la belle citerne dont le cardinal Mazarin dota les religieux. « Elle est si bien cimentée que, quoiqu'elle soit entourée d'eau de mer, il n'y en est jamais entré une seule goutte », dit un manuscrit daté de 1780.

C'est des belles hauteurs de Sainte-Barbe que l'on peut jeter un coup d'œil d'ensemble sur le pays et se rendre un compte exact des travaux de la rade et du port.

C'est en voyant rouler la puissante lame de l'Atlantique, en voyant se dresser contre la masse des défenses les vagues toujours menaçantes, que les noms des marins labourdins reviennent en foule à l'esprit.

JEAN PERTRIS DE HARANEDER se distingua autant dans la marine commerciale que dans la marine de guerre. Rentrés des expéditions de la pêche à la baleine, ses navires couraient sus aux ennemis de la France. Universellement connu, estimé, riche, anobli par Louis XIV (1694), il vit son alliance briguée par les plus orgueilleuses familles et put établir magnifiquement tous ses enfants.

Les deux frères DUCONTE se signalèrent brillamment dans les guerres soutenues par la France contre les Anglais et les Hollandais.

CEPÉ, redoutable corsaire, se fit tellement craindre de nos ennemis que Louis XIV voulut l'appeler près de lui pour le féliciter.

Vers la fin du dix-huitième siècle, FRANÇOIS SOPITE (de la même famille que MARTIN SOPITE, inventeur du procédé de dépècement en mer de la baleine), s'illustra par les exploits accomplis sur la corvette *la Basquaise*.

A la même époque, Jean d'Olabaratz combattait vaillamment et d'Etcheverry accomplissait à l'âge de *soixante-dix ans !* sur le navire *l'Etoile*, une mission périlleuse aux îles Moluques, d'où il rapportait, après plusieurs combats, les fameuses « graines d'épices », c'est-à-dire de muscadier et de giroflier, cachées avec un soin jaloux par les Hollandais et, depuis lors, répandues dans les Indes.

Combien d'autres noms encore : Dornaldéguy, Etchegaray, Dermit, Larreguy, Lermet, tous intrépides, tous loyaux serviteurs du pays.

Et pourrait-on négliger d'enregistrer l'éloge fait, en 1718, des marins de Ciboure, par M. Lespes de Hureaux, lieutenant du roi à Bayonne.

« Ces matelots, disait-il, sont estimés les meilleurs de l'Europe, tous braves jusqu'à la témérité. Il y a parmi eux, tout le long du quai de Ciboure, un grand nombre de familles appelées *Achotars*, qui, de père en fils, font profession de donner secours aux vaisseaux battus par la tempête, qui se trouvent à la rade de Saint-Jean-de-Luz. Ils s'exposent familièrement aux plus grands dangers et font des espèces de miracles pour sauver des vaisseaux prêts à faire naufrage. »

Il est doux de méditer de telles paroles devant le grandiose horizon dont les beautés merveilleuses ne peuvent, aux yeux de l'observateur, dissimuler les dangers.

Cette mer si bleue, si brillante, elle a déjà causé tant de douleurs, tant de ruines ! Elle en causera bien d'autres encore !

La voici domptée en apparence ; à peine si une brume irisée décèle l'effort des flots, mais viennent les coups de vent d'ouest !... Sur la falaise formant le fond de l'angle dessiné par les côtes d'Espagne et de France, sur ces roches si fréquemment assaillies, la houle fera rage, les vagues monstrueuses se succéderont sans relâche...

Cependant, fidèles à leur mission sublime, les *Achotars*, les sauveteurs de Ciboure, ne trembleront pas devant le péril. Ainsi qu'aux jours d'autrefois, ils braveront l'Océan furieux pour arracher à la mort des frères menacés !

Oui, il est doux, quand le monde entier frissonne aux bruits de guerre toujours renouvelés, de penser que des cœurs généreux veillent, non pour aider à la destruction, mais pour conserver des existences...

A tous les moyens terribles, journellement inventés pour rendre les luttes entre nations de plus en plus meurtrières, combien nous préférons la découverte d'un nouvel engin de sauvetage, et combien avec joie, avec enthousiasme, nous applaudirons à la mise en relief de la gloire de ces héros trop modestes, trop méconnus, qui devraient tenir une si large place dans nos annales!

CHAPITRE XXXIX

LE CAMP DE LA BAÏONNETTE. — QUELQUES MOTS ENCORE SUR LES BASQUES. — URRUGNE-BÉHOBIE. — L'ILOT DE LA CONFÉRENCE
HENDAYE

Sur le seuil des premiers défilés pyrénéens et très près de Saint-Jean-de-Luz, on rencontre une position militaire appelée *Camp de la Baïonnette*.

La tradition rapporte que là-même, dans un combat soutenu contre un parti espagnol, des Basques français, se voyant acculés, et ayant épuisé leurs munitions de guerre, songèrent à faire usage de leurs longs couteaux. Ils les fixèrent au bout des fusils et, impétueusement, se ruèrent sur l'ennemi qui ne put soutenir un choc aussi effroyable.

Une seconde tradition fixe l'invention de ce mode nouveau de défense à l'année 1523 ; elle en fait honneur à la garnison et aux habitants de Bayonne, assiégée par Charles-Quint. Des prodiges de valeur furent accomplis, et les Bayonnais se seraient servis, pour la première fois, de longs couteaux placés au bout des fusils.

Laquelle de ces versions est la vraie ? Le nom donné à l'arme nouvelle ferait incliner pour la seconde, mais peu importe ! Nul n'ignore que la baïonnette resta, pendant longtemps, une simple dague munie d'un manche rond, disposé de manière à glisser aisément dans le canon du fusil, c'est-à-dire rappelant parfaitement le couteau basque dont elle dérivait. Sous Louis XIV, elle prit en quelque sorte droit de cité dans les armées françaises. On sait combien son usage peut devenir terrible entre les mains de nos soldats.

La frontière est tout proche, et chaque pas prouve que l'on se mêle à une population bien distincte, ayant gardé ses mœurs, son type, son langage. Le costume, toutefois, s'est un peu modifié.

Les Basques ont à peu près délaissé les culottes de velours pour le pantalon moderne ; mais ils ont gardé la ceinture de laine rouge, le béret bleu en drap, incliné sur l'oreille ou légèrement avancé sur le front ; la veste souvent jetée sur une seule épaule, les espardilles ou espadrilles, chaussons en tresses de cordes de sparte, ornés de rubans en laine de couleur.

Ils aiment toujours aussi le gros bâton de néflier, noueux ou ferré, terminé, en bas, par une sorte de boule et, d'habitude, suspendu au poignet à l'aide de cordons de cuir. C'est le *maquilla*, semblable, pour l'aspect et l'usage, dangereux souvent, qui en est fait, au *pen-bas* des paysans bretons.

Les jeunes filles portent le mouchoir coquettement enroulé autour du chignon. Elles ont une démarche élégante et simple, fort attrayante.

Chacun, du reste, garde quelque chose de fier dans l'allure. Tous les Basques ne sont-ils pas de « race noble » ! Mais l'urbanité n'est point exclue, au contraire, des habitudes : le regard est hardi, sans cesser d'être doux, et, souvent, amicalement railleur.

Vifs, agiles, infatigables, jadis la contrebande n'avait pas de plus actifs partisans, et quoique leurs souvenirs guerriers gardent mille récits honorables pour leur courage, constamment le service militaire leur a répugné.

Cette répugnance, sans doute, influe sur la disposition des Basques à émigrer. Depuis trois siècles, ils se sont tournés vers l'Amérique, où ils ont fondé des nationalités prospères : témoin le peuple chilien.

« Les premiers immigrants français dans la République Argentine, dit M. Émile Daireaux, furent les Basques, entraînés par l'exemple de leurs frères transpyrénéens ; ils apparurent vers 1825.

« Le courant, assez faible d'abord, s'est vite accru et est devenu considérable le jour où la navigation à vapeur lui a fourni des moyens de transports commodes et à bon marché. Ce grand mouvement s'est produit de 1853 à 1870. Il a perdu depuis son intensité, et les Basques français, qui n'ont pas cessé d'émigrer, se dirigent aujourd'hui en plus grand nombre vers le Chili : ils y trouveront, du reste, dans la population chilienne, le souvenir des traditions de leur race ; c'est en effet le pays basque qui a fourni, pendant les trois siècles de l'ère coloniale, les éléments de constitution les plus vigoureux de la race chilienne ; c'est à l'infusion du noble sang euskarien que cette race doit cette allure noble qui la distingue parmi ses congénères, à la fois comme nation guerrière et nation industrieuse : elle n'a pas seulement vaincu et repoussé les Araucans, qui ne lui étaient en rien inférieurs en noblesse et en énergie, elle a tiré d'un sol rude les produits agricoles et miniers qui l'ont vite enrichie »

Cette assertion donnerait raison à Humboldt.

Il raconte, en effet, que, s'informant auprès des Indiens, réfugiés dans les Cordillères, s'ils se regardaient comme les plus anciens habitants du pays, son étonnement fut assez grand de les entendre répondre négativement et affirmer qu'une autre race, celle des *Astegui* (mot basque signifiant : *les premiers*), avait précédé la leur.

Il s'agit peut-être d'une simple similitude de mots. N'a-t-on pas, tour à tour, trouvé les plus exactes ressemblances entre l'euskarien et l'hébreu, le sanscrit....

La question est loin encore d'être tranchée avec certitude.

Un préjugé a dérivé de l'émigration euskarienne et c'est encore M. E. Daireaux qui le détruit.

« Si les Basques, dit-il, sont toujours, en France, considérés comme les seuls émigrants qui se dirigent vers la Plata, c'est par habitude, mais la vérité est tout autre : toutes les provinces fournissent leur contingent, une seule peut-être en fournit un plus considérable, c'est la Savoie. Il y a assez de Savoisiens à Buenos-Ayres pour qu'ils y aient formé une société spéciale d'aide et de protection à leurs compatriotes ; beaucoup sont aisés et propriétaires ; la spécialité où ils se confinent est le jardinage et la culture de la vigne.

« Signalons encore ce fait qui a son importance. Depuis que les premières laines de la Plata ont été exportées, en 1842, pour la France, elles ont peu à peu déterminé la création, dans le Tarn et quelques autres départements voisins, de centres industriels et manufacturiers qui ne vivent d'autre chose que de l'exploitation des laines de la Plata. Si l'on songe que la France reçoit annuellement pour 150 millions de francs de laines et de peaux de moutons, on s'expliquera quelle importance ces centres industriels peuvent avoir ; leur aire d'action, loin de se rétrécir, se développe continuellement. Il s'établit entre eux et le pays producteur un va-et-vient d'échanges qui entretient, en même temps que les relations journalières, commerciales, financières, une émigration continue que les vapeurs des Messageries prennent à Bordeaux, et les Transports maritimes à Marseille. »

Mais il faut tout au moins considérer que si les Basques ne sont plus les seuls Français émigrant vers les contrées du sud-est américain, ils ont eu le mérite de frayer la voie et de commencer des relations dont nous pouvons, en compulsant nos registres de douane, apprécier la haute importance.

Ces réflexions et mille autres concernant l'histoire, la légende, les coutumes de l'*Eskualherria* (pays de l'*Eskuara* ou langue basque) viennent à la pensée, quand on voit cheminer, graves ou souriants, les cultivateurs. Ils conduisent, avec la plus pittoresque aisance, leurs petits chars romains, aux roues pleines, traînés par des bœufs portant sur le front les multiples franges espagnoles de couleurs voyantes.

On demande un renseignement... Des yeux d'un noir profond, les yeux basques, pleins d'éclairs, se fixent sur le questionneur, la main touche légèrement le béret, pendant que la voix harmonieuse, quoique un peu gutturale, répond à la demande...

Non, ce n'est pas là « une race qui s'en va ! » comme on l'a souvent affirmé. Avec M. DERRÉCAGAIX nous disons :

« L'émigration peut diminuer cette race; ses rapports avec les peuples voisins peuvent augmenter graduellement les mélanges qu'elle subit; tout cela est possible ; mais une puissante raison s'oppose à sa disparition, c'est sa situation géographique. Il n'y a que les peuples des plaines qui se fondent dans le sein des nations conquérantes ou des groupes humains qui les entourent et les pénètrent.

« Au contraire, les races d'une même origine que le destin a cantonnées dans les régions montagneuses, même les plus accessibles, y conservent leur cachet indélébile et opposent à toute fusion de leurs voisins une force de résistance et de vitalité dont rien ne triomphe. Ce fait s'est reproduit dans tous les coins du monde. Les Suisses, les Tyroliens, les Monténégrins, les Tcherkesses, les Kabyles, les Abyssins, les Thibétains, les Afghans, ont toujours conservé une autonomie, une individualité qui leur est propre. Cela tient à la difficulté des communications dans les pays de montagnes, à la fierté, à l'amour de l'indépendance que développe leur séjour, à la force physique, à la valeur morale que le climat, les aspérités du sol, les dangers de l'existence, les habitudes qui en dérivent, donnent aux populations de ces contrées. Il y a dans leur vie un isolement forcé, au moins pendant la mauvaise saison, une lutte contre les forces de la nature, un sentiment d'individualité de peuple et de pays, qui les préservent non seulement des chances d'absorption, mais encore des contacts trop fréquents. Le Basque est dans ces conditions, et elles suffisent pour lui conserver indéfiniment son caractère et ses qualités.

« Il subira des modifications, sans nul doute ; et, sans aller bien loin, il est probable que celui d'Espagne perdra, par suite de la dernière guerre [1],

---

[1]. Ce travail est déjà ancien de dix ans ; mais les idées exprimées, les lignes, les traits principaux sont toujours vrais.

tout ce qui reste de ses anciens privilèges, d'ailleurs peu compatibles avec les exigences des législations modernes. Mais il ne faut pas oublier que si le Basque espagnol a conservé jusqu'à ce jour des droits particuliers, il n'en a pas été de même du Basque français. Mêlé, en effet, depuis près d'un siècle, à notre vie nationale, ce dernier a, comme ses concitoyens, donné à notre cher pays bien des preuves de son concours et de son dévouement. Dans la marine, dans l'armée, dans la politique, il a eu des représentants qui ont largement servi la chose publique. Et cependant, malgré cette fusion de son existence dans celle de la patrie, il a gardé sa personnalité et le cachet original de sa race....

« Il n'y a donc pas lieu de craindre que nos Basques s'effacent peu à peu et perdent successivement les caractères qui les distinguent. Tout nous fait croire qu'ils se perpétueront dans leurs montagnes. Ils y conserveront leur culte pour le sol de leurs pères, pour la maison qui les a vus naître, pour leur langue sonore, pour leur costume traditionnel, pour les fières vertus de leurs aïeux, enfin pour tout ce qui leur rappelle qu'ils descendent d'une noble race et, qu'avant d'être Français ou Castillans, ils furent longtemps le peuple *eskualdunac*. »

Tout cela est, certainement, très vrai, bien que, d'ailleurs, certains aspects du pays puissent paraître familiers au voyageur.

Souvent, pour ne citer qu'un exemple, si les Pyrénées ne se dressaient, immenses, de toutes parts sur le ciel, et si on ne rencontrait des champs de maïs (appelé par les Basques *artoa*[1]), on se croirait dans les plus belles, les plus poétiques campagnes normandes ou bretonnes.

Çà et là, on trouve des chèvres, revenant peut-être de Paris ! car leurs maîtres sont d'humeur volontiers voyageuse. On voit de grands troupeaux de moutons, descendant des montagnes, si l'hiver commence, retournant vers les cimes, quand le printemps promet d'être clément... Mais, sans le costume des bergers, on pourrait s'imaginer fouler la terre des landes armoricaines...

Nous nous sommes un peu éloignés de la mer, détour justifié par le désir d'aller visiter, au milieu de la Bidassoa, l'îlot qui reçut plusieurs hôtes royaux et qui vit, en 1659, établir les bases du célèbre traité des Pyrénées.

Nous voici sur le territoire d'Urrugne, dont, autrefois, dépendait Ciboure.

Le beau château d'Urtubie, berceau d'une race guerrière, figu-

---

1. Ce même nom est donné aux préparations où entre le grain de maïs ; c'est la *méture* des Landes, le *milloc* béarnais, le *millet* gascon.

rant déjà brillamment au onzième siècle, près des vicomtes de Bayonne, est situé dans cette commune, la plus importante du canton. Louis XI y reçut l'hospitalité.

Urrugne possède un fort beau blason : *d'or, à un lion de gueule, tenant de la patte dextre une flèche un peu en barre, la pointe en haut, de même, porté d'azur à une fleur de lis d'or.*

L'église garde des restes de fortifications qui ne pouvaient être superflues dans une localité-frontière. D'ailleurs, combien de fois, aux temps barbares et même ensuite, les églises furent-elles le refuge des populations assaillies !

Sur l'horloge ont été inscrits ces mots d'une vaillante philosophie, résumant le rôle joué par les heures dans la vie humaine :

Vulnerant omnes, ultima necat.
« Toutes blessent, la dernière tue ! »

Le plateau de la *Croix des Bouquets* retiendra, un moment, les yeux charmés par le bel horizon qu'il embrasse. On arrive enfin devant un très mince cours d'eau, allongeant, au pied des montagnes, ses petites vagues murmurantes.

Une modeste agglomération de maisons et un pont, mi-partie français, mi-partie espagnol, composent BÉHOBIE (dépendant d'Urrugne), qui tire tout son relief des conditions politiques du traité signé dans l'île voisine.

Jusque-là, cette île, bien qu'elle eût vu les conférences de Louis XI avec Henri IV, roi de Castille, n'était pour ainsi dire pas connue. On la désignait, dans le pays, sous le nom d'*île de l'Hôpital*. Quant aux échanges de prisonniers royaux : tels François Ier et ses fils ; quant aux échanges de princesses : telles Anne d'Autriche, future épouse de Louis XIII, et Elisabeth de France, future femme de Philippe IV d'Espagne, la cérémonie se bornait à l'établissement d'un pont de bateaux sur la rivière.

Mais il s'agissait, cette fois, de Louis XIV, monarque fastueux, s'il en fut. Les choses ne pouvaient avoir lieu d'une manière aussi simple. Un choix se trouva tout indiqué : l'îlot de la Bidassoa qui venait, l'année précédente, de recevoir un pavillon construit pour les négociations entre MAZARIN et DON LUIS DE HARO.

Des travaux splendides y furent exécutés. Une belle gravure du temps les rend encore visibles aux yeux et complète les écrits de Mme de Motteville, de l'abbé de Montreuil, de la Grande Mademoiselle.

Cette dernière raconte fidèlement ce qu'elle a vu :

« Monsieur (Gaston d'Orléans, son père) eut envie d'aller au lieu où se tenaient les conférences ; j'eus la même curiosité et j'y allai avec lui. C'était à deux lieues de Saint-Jean-de-Luz, en un lieu qu'on appelle lle du Faisan. L'on passait un pont, qui était comme une galerie qu'on avait tapissée. Il y avait au bout un salon qui avait une porte qui donnait sur un pareil pont bâti du côté de l'Espagne, de même que le nôtre du côté de la France. Il y avait une grande fenêtre qui donnait sur la rivière, du côté de Fontarabie, qui était l'endroit par où on venait d'Espagne ; ils y arrivaient par eau. Puis il y avait deux portes, l'une du côté de la France et l'autre du côté de l'Espagne, pour entrer dans deux chambres magnifiquement meublées avec de très belles tapisseries. Il y avait d'autres petites chambres tout autour avec des cabinets, et la salle de l'assemblée était au milieu, à l'autre bout de l'ile. Elle me parut fort grande. Il n'y avait de fenêtre qu'à l'endroit qui avait vue sur la rivière, où l'on mettait deux sentinelles lorsque les rois y étaient. Le corps de garde se tenait hors de l'île. Les gardes étaient dans deux salles auprès du vestibule. Chaque chambre n'avait qu'une porte, à la réserve de la salle de la conférence, qui en avait deux vis-à-vis l'une de l'autre, et qui était, comme j'ai déjà dit, fort grande. La tapisserie du côté de l'Espagne était admirable et du nôtre aussi. Les Espagnols avaient par terre, de leur côté, des tapis de Perse à fond d'or et d'argent qui étaient merveilleusement beaux. Les nôtres étaient d'un velours cramoisi, chamarrés d'un gros galon d'or et d'argent. Il me semble que les serrures étaient d'or, et, si je ne me trompe, il y avait deux horloges sur chaque table. Tout y était égal et bien mesuré. Lorsque nous fûmes de retour, nous contâmes à la reine (Anne d'Autriche) comme tout cela était fait.... »

De son côté, l'abbé de Montreuil a des réflexions très piquantes. Ainsi, écrit-il :

« L'île de la Conférence s'appelle l'île des Faisans, la rivière qui l'environne, Bidassoa ; mais je vois bien que c'est une île et une rivière qui, cette année, ont fait fortune. Elles vont prendre sans doute le titre d'île et de rivière de la Paix, ou quelque autre plus auguste, l'île de l'Union, la rivière des Rois. Il me semble que je vois une Nanon ou une Catau, à qui il est arrivé une heureuse aventure et qui se fait appeler « Madame », gros comme le bras... »

La « Nanon » est restée une bonne petite rivière toute modeste et qui ne chercherait pas souvent à se gonfler, si la mer n'y

SAINT-JEAN-DE-LUZ. — MAISON DE LOUIS XIV

remontait parfois avec grande impétuosité. Elle n'a pas perdu son nom d'origine : la *Bidassoa*, et l'îlot, seul, a retenu le titre d'*île de la Conférence*.

Incessamment rongé par le flot, peut-être aurait-il depuis longtemps disparu, si on n'en avait protégé les bords.

Le paysage, lui-même, a toujours son air calme, quoique légèrement sauvage ; mais, sans peine, on reconstitue les scènes de la *Conférence* et du mariage. Voilà bien les prairies où se divertissaient les troupes et le peuple ; voilà les routes par où arrivaient les courtisans, « chantant le Grand Cyrus à pleine bouche, et si peu ménagers de leurs biens que plusieurs, de deux moulins, avaient fait un seul habit ». (L'abbé de MONTREUIL.)

Magnificences évanouies, mais souvenirs ineffaçables, dont on se sent pénétrer et que l'on ne se lasse pas de méditer tout en suivant le cours de l'humble petit fleuve, qui va se perdre dans la mer, entre HENDAYE et FONTARABIE.

Le cœur tressaille, la méditation prend un tour plus mélancolique. Fontarabie n'a-t-elle pas été enlevée, successivement, par Bonnivet (1521-1522), par Berwick (1719), par Lamarque (1794) ; mais ses boulets ne ruinèrent-ils pas souvent Hendaye, sa sœur d'origine, spécialement en 1795 ?

Longtemps, celle-ci contempla ses maisons effondrées ou croulantes, ses débris de toits, de murailles, que l'on ne songeait pas même à écarter du chemin !

On comprend encore la lutte entre des races bien distinctes, mais quand elle devient cruelle, cette lutte, entre deux nations sœurs... ne revêt-elle pas un caractère particulier de douleur et n'est-il pas permis de maudire les ambitions dont l'avidité a fait naître des haines presque inoubliables, là même où eussent dû germer la fraternité et l'amour ?...

Mais Hendaye s'est relevée de ses revers. Toute une flottille de pêcheurs s'y rencontre et, chaque année, l'affluence des baigneurs espagnols ou français devient de plus en plus grande, car sa plage fort belle, ses environs ravissants en rendent le séjour très agréable.

Seulement, il ne faudrait pas, sur la foi d'une renommée

antique, y chercher la *véritable*, la fameuse *eau-de-vie d'Andaye*[1], maintenant fabriquée à Bayonne.

Ce qu'il faut voir et ce que l'on ne se lasse pas d'admirer, dans notre petite commune frontière, c'est le panorama dont elle se trouve entourée.

Le promontoire *Sainte-Anne* domine à la fois la mer et le bassin de la Bidassoa, il embrasse tout un coin charmant de la France, avec une partie merveilleuse de la terre espagnole.

Près de soi, le château d'*Arragory*, demeure d'un savant et célèbre Basque, M. ANTOINE D'ABBADIE, représente fidèlement les fiers manoirs du treizième siècle, pendant que la petite ville d'Hendaye se pare, coquette, des mille recherches du luxe moderne.

La rive droite de la Bidassoa se prolonge au milieu des champs, des prairies, et entend le signal d'arrêt des trains du chemin de fer, qui tout à l'heure entrera en Espagne.

Les premières culées du pont, appartenant par moitié aux deux nations, s'y appuient. C'est la route conduisant à IRUN, *la loyale*, Irun au lourd hôtel de ville, aux maisons blasonnées, aux toits soutenus par un double rang de chevrons sculptés.

Sur tous les points du ciel, se profile la silhouette des montagnes qui, plus arides au sud, semblent vouloir fermer la route de la mer. Une de leurs masses domine FONTARABIE, bâtie sur un roc, bien humble auprès de ces géants.

Les brèches énormes des murs, noirs de poudre, de la *très noble, très valeureuse*[1] Fontarabie, datent, on le croirait, de quelques jours à peine.

Ville morte, elle garde, comme en un tombeau, sa place sur laquelle s'élève le château de Sanche le Fort, rebâti par Jeanne la Folle, mère de Charles-Quint; son église, toute brillante de colonnes, de retables dorés et, surtout, sa grande rue bordée de vieux palais, aux portes armoriées, aux balcons à persiennes, vision du seizième siècle, que l'on ne rencontrera plus, sinon bien loin dans les très anciennes cités espagnoles.

L'abandon, la tristesse, la ruine vis-à-vis de la renaissance triomphante d'Hendaye...

---

1. Le nom de la petite ville s'écrit indifféremment Hendaye ou *Andaye*, quoique la première orthographe ait prévalu.

Mais, immuable jusque dans ses caprices, l'Océan baigne les deux rivales et ses flots, ou paisibles ou menaçants, reçoivent, côte à côte, les barques de leurs pêcheurs.

Ne serait-ce pas l'oubli commandé par la nature elle-même... La nature, contre les forces de laquelle l'homme doit, chaque jour, lutter pour sauvegarder son existence.

Elle est belle, elle est consolante l'espérance invincible qui pousse les cœurs généreux vers le travail utile, vers la paix, source de tous les biens.

Puisse la France, notre Patrie bien-aimée, marcher à grands pas vers l'idéal entrevu, ardemment souhaité.

Puissent les nations, ses sœurs, concourir au même but.

Alors se dissiperaient tous les nuages noirs et, une fois encore, mais plus sûrement, car elle serait pacifique, la domination latine s'imposerait au monde entier.

Rêve, sans doute !... Ah ! comment ne pas rêver devant le splendide tableau passant sous nos yeux ?

Comment ne pas souhaiter à son pays toute la grandeur, toute la prospérité qu'il pourrait si facilement atteindre ?

Réconfortons nos âmes par ces rêves généreux.

Seuls, ils peuvent faire oublier de cruels mécomptes.

Seuls, enfin, ils peuvent donner le courage qui prépare l'avenir heureux et change l'illusion en Réalité triomphante !!

TABLE DES MATIÈRES

Chapitres.		Pages.
I.	Le littoral sud-ouest français.	1
II.	La Rochelle historique	6
III.	La Rochelle moderne.	18
IV.	Les Rochelais célèbres	29
V.	Le port actuel et le port nouveau de La Pallice.	42
VI.	Au nord de La Rochelle. — Marans. — Esmandes. — La culture des moules. — Laleu. — Les marais salants de la Charente-Inférieure.	49
VII.	L'Ile de Ré	59
VIII.	Au sud de la Rochelle : les souvenirs celtiques de l'Aunis Chasel-Aillon. — L'Ile d'Aix. — Fouras.	76
IX.	Rochefort ancien et moderne. — Ses hommes célèbres.	92
X.	Utilité du port de Rochefort pour la défense du littoral français sud-ouest	108
XI.	Les environs de Rochefort. — Tonnay-Charente. — Le port des barques. — Soubise.	123
XII.	Brouage	131
XIII.	Marennes. — Les parcs à huîtres. — La pointe et le port de Chapus.	140
XIV.	L'Ile d'Oléron.	149
XV.	La Suèdre et ses ports. — La grève et la Tremblade. — Les dunes d'Avert.	166
XVI.	La pointre et la forêt de la Coubre.	175
XVII.	Royan. — Mescher et la côte jusqu'à la limite du département de la Gironde.	184
XVIII.	Blaye. — La rive droite de la Gironde. — Le bec d'Ambez.	196
XIX.	Bordeaux actuel.	202
XX.	Bordeaux à travers les siècles	217
XXI.	Bordeaux et son avenir	231
XXII.	La rive gauche de la Gironde. — Les vignobles du Médoc et de la Garenne	247
XXIII.	La rive gauche de la Gironde. — Les Planquefort. — Castelnau-de-Médoc. — Pauillac. — Saint-Esparre. — Lesparry.	253
XXIV.	De Lesparre à la pointe de Grave. — La rade de Verdon. — Le phare de Cordouan. — Soulac.	262
XXV.	La côte jusqu'au bassin d'Arcachon. — Les étangs littoraux d'Hourtin-et-Carcans, de la Canau et autres petits étangs secondaires.	272
XXVI.	Le pays de Buch et la ville de la Teste. — La ville et le bassin d'Arcachon.	279
XXVII.	Le littoral du département des Landes. — Étang de Cazaux-et-Sanguinet, de Parentes-et-Bescarasse	294
XXVIII.	A travers landes. — Mimizan.	301
XXIX.	Les étangs de Saint-Julien, Deléon, de Moisan. — Le vieux Boucau. — L'étang de Soustons. — L'étang blanc. — L'étang noir.	312
XXX.	Dax moderne	320
XXXI.	Aux portes de Dax. — Le pouy d'Eauze. — Tercis. — Le chêne du Quillacq. — Notre-Dame-de-Buglose. — Pouy-Saint-Vincent-de-Paul.	327
XXXII.	Cap-Breton.	335
XXXIII.	La fosse du Cap-Breton. — Le canal des Deux-Mers.	345
XXXIV.	Aspect des côtes du département des Basses-Pyrénées. — Les anciennes embouchures et l'embouchure actuelle de l'Adour. — Le Boucau-Neuf.	353
XXXV.	Bayonne moderne.	358
XXXVI.	Les Basques et leur marine. — Le port de Bayonne.	366
XXXVII.	Anglet. — Biarritz.	372
XXXVIII.	Saint-Jean-de-Luz.	381
XXXIX.	Le camp de la Baïonnette. — Quelques mots encore sur les Basques. Urrugne-Béhobie. — L'îlot de la conférence Hendaye.	400

ÉVREUX, IMPRIMERIE DE CHARLES HÉRISSEY

█████ & ███████, Éditeurs, 174, rue Saint-Jacques, PARIS

LE
LITTORAL DE LA FRANCE

PAR

V. VATTIER D'AMBROYSE

OFFICIER DE L'INSTRUCTION PUBLIQUE

Ouvrage **Deux** fois couronné par l'Académie française (Prix Montyon et Marcelin Guérin)

MÉDAILLE D'HONNEUR DE PREMIÈRE CLASSE (SOCIÉTÉ LIBRE D'INSTRUCTION ET D'ÉDUCATION)

ILLUSTRATIONS

PAR SCOTT, BRUN, LALANNE, TOUSSAINT, FRAIPONT, CIAPPORI, CAUSSIN, DUPRÉ, CHAPON, KARL, SAINT-ELME-GAUTIER, ETC.

OUVRAGE COMPLET

Honoré d'une souscription du Ministère de l'Instruction publique

---

COTES NORMANDES	**COTES GASCONNES**
DE DUNKERQUE AU MONT SAINT-MICHEL	DE LA ROCHELLE A HENDAYE
COTES BRETONNES	**COTES LANGUEDOCIENNES**
DU MONT-SAINT-MICHEL A LORIENT	DU CAP CERBÈRE A MARSEILLE
COTES VENDÉENNES	**COTES PROVENÇALES**
DE LORIENT A LA ROCHELLE	DE MARSEILLE A LA FRONTIÈRE D'ITALIE

CHAQUE PARTIE SE VEND SÉPARÉMENT

Chaque volume est orné de très nombreuses gravures dans le texte et hors texte.

ÉVREUX, IMPRIMERIE DE CHARLES HÉRISSEY

www.ingramcontent.com/pod-product-compliance
Lightning Source LLC
Chambersburg PA
CBHW052120230426
43671CB00009B/1053